终局之地——南明那些事儿

士承东林 著

中国大百科全书出版社

图书在版编目（CIP）数据

终局之地 / 士承东林著. —北京：中国大百科全书出版社，2021.4

ISBN 978-7-5202-0910-6

Ⅰ. ①终… Ⅱ. ①士… Ⅲ. ①中国历史—南明—通俗读物 Ⅳ. ①K248.409

中国版本图书馆CIP数据核字（2021）第017825号

作　　者　士承东林

出 版 人　刘国辉
策　　划　刘　嘉
责任编辑　陈　光
责任印制　邹景峰
装帧设计　今亮后声
出版发行　中国大百科全书出版社
地　　址　北京阜成门北大街 17 号
邮　　编　100037
网　　址　http://www.ecph.com.cn
印　　刷　北京君升印刷有限公司
开　　本　710 毫米 ×1000 毫米　1/16
字　　数　480 千字
印　　张　25.25
版　　次　2021 年 4 月第 1 版
印　　次　2021 年 4 月第 1 次印刷
定　　价　68.00 元

目录

第一章　反正

在桂林再次获得战争胜利的同月，永历一行也终于到达了转移的目的地——南宁。此时跟随在皇帝身边的大臣其实也不多了，只有大学士严起恒、锦衣卫指挥使马吉翔、兵部尚书萧琦和给事中吴其雷、洪士彭等六七人而已。处理日常政府事务的人手明显不足。

不仅如此，当时浔、柳二府被陈邦傅占据，不听朝廷招呼，更不按时缴纳赋税，以致在南宁的永历君臣生活相当拮据（资用乏绝）。不过，好在大学士严起恒是一个比较有办法的人。为解决朝廷财政困难的状况，他派出吏部官员前往周边地区进行了一场有效的“捐功名”的集资活动，将附近二十四县三州众多富得流油的盐商、药商划入仕籍，很好地改善了政府的经济状况。

这里有必要说明的是，严大人倡导的这次集资活动并不同于我们今天熟知的买官卖官。大明毕竟是有王法的，在政治人事方面还是比较公正严明的。虽说近年来境遇大不如前，可是像晚清时期那样卖官鬻爵公开化、市场化的事情，还是干不出来的。

堂堂中华礼仪之邦，如果连官职都可以拿到市面上明码出售，那也未免太掉价了。买卖官位的事情，严大人自然是不会干的，因为干了肯定会被严打的。因而吏部卖出的不是官，而是功名，用我们今天的话说就是名誉学位。

众所周知，当时的广西一直被公认为未开化地区，经济并不发达，文教工作也自然很落后，却并不能阻碍莘莘学子对科举的热捧，很多人都想拥有一个国家认可

的功名。即使实力有限，自己考了 N 年也没中学毕业，但是有个荣誉毕业的证书也是很不错的，哪怕就是个秀才的名号也行啊！

基于群众的普遍呼声，其实早在万历时期，朝廷就已经开始允许那些想拿到一个学历却屡试不中的成功人士，通过向有关部门缴纳一定费用的方式，获得在国立大学（国子监）挂名监生或贡生的资格。此政策一经出台，马上就得到了全国人民的热烈追捧。尤其是那些考了几辈子都没考取功名却将除考试外的副业做得有声有色的商人世家，纷纷慷慨解囊，在为自己搞到一个可以拿出去吹牛的监生资格的同时，也为减少国家财政赤字做出了突出的贡献。

当然，对于捐功名一事的尺度，朝廷的把握那是相当准确的。向外明码标价出售的只是不经考试便可进入国子监读书的名额和资格（类似于今天各大学招收的自费生），那些可能会真正影响帝国根基的秀才、举人、进士的名分，最终还是要靠考的。估计就算是盖茨拿出全部家产来买，政府也是拒绝出售的。

严起恒于此时沿用了这一政策，在笼络了当地民心、满足大家需要的同时，还解决了朝廷的燃眉之急。其对政治策略应用的灵活和办事手法之巧妙，不可不说是相当高明。

远在桂林的瞿式耜似乎也考虑到了永历等人身在南宁，生活可能并不如在大城市时那样自在。为了再次请御驾返还桂林，坐镇指导中兴大业，瞿式耜和何腾蛟商量了一下，准备为实现这第一步，先扫清道路。两位大人认定的首先要清除的障碍就是全州的清兵。

永历二年（1648）五月，督师何腾蛟率领明军收复全州，堵住了湖广清军再度入侵广西的口子，这样广西总算更加安全了点。事实上，何腾蛟这次出击基本上并没太费力，因为当时全州城内的清军基本上已被打成残废了，何时攻破城池对双方而言不过是个时间问题。

造成这一切的原因，还得从第三次桂林保卫战说起。

桂林保卫战虽然在当天就圆满结束了，可对明军和清军来说，真正的战斗才刚刚开始。就在桂林的战斗结束后不久，明军就再次展开了对清军的追击，并一直打到了岩关。战斗中，督师何腾蛟身先士卒，与清军大战于兴安的三里桥。清军连日被自己曾经的手下败将追着打，这时也急了眼，转过身来在塘铺营列阵。一时间清兵布满山谷，意图与何腾蛟决一死战。

清军兵分四路侵入岩关关外（在兴安县城西南十七里）的明军大营，何腾蛟闻讯后则先命赵印选率滇营进行阻击。明军将士们由于桂林之战的胜利，士气高昂，所以一得到出击的指令，士兵们奋勇当先，先给了清军一个下马威，斩获清兵多人。清军见明军竟然表现得如此积极，愤怒更是到达了极点，也不再想着跑了，撸起袖子就和明军混战成一团。双方的战斗从朝阳初升一直打到了日薄西山，可是两军都毫不退让，因为双方将领都十分清楚，无论是谁，只要再坚持一会儿，胜利就必然会属于己方。

在我看来，战斗进行至此，谁能将士兵们逐渐低落的士气激励起来，谁才有可能坚持到底，成为最后的赢家。胡一青和赵印选做到了，所以明军获得了三里桥战斗的胜利。清军不得已再次退却，躲进了兴安。

初八日，两军再战。何腾蛟督诸将行进至凤凰坪三里外的松林，与清军遭遇并随即展开大战。其实何腾蛟之所以会在此处遇上这群老相识，是有着深层次原因的。鉴于何腾蛟麾下的滇营兵过于勇猛，且胡一青与赵印选的配合天衣无缝，清军将领自知除非八旗骑兵亲自出战，否则难以取胜。所以几经思索，清军将领们就制定出了一个不惊动八旗兵便可击败滇营的计划，那就是清军唯一的选择——打埋伏。

为了实现这一目的，本来已经连败两阵而伤亡惨重的清军，就这样忽然出现在一直在苦苦追寻猎物的明军眼前。这股小部队的目的就是引诱滇军进入伏击圈，随后全力歼灭明军的这一主力。

在外搜寻的明军在发现敌人之后，果然不出所料，想都没想就追着这支小部队来了。清军在认定这支滇军的带头将领是胡一青后，也马上全速赶路（被追上就惨了），并成功地实现了预定目标，将明军引入了设在松林的埋伏地点内。清军迅速堵住了松林的入口，此时清军将领惊喜地发现，进入到自己这一圈套的不仅有让他们很是头疼的赵印选和胡一青，竟然连明军的最高指挥督师何腾蛟也跟着来了。

这下可真的钓到大鱼喽!

随着几声的隆隆炮响，清军伏兵出现在松林的四面八方，并以一种我吃定你了的眼神看着钻入圈套的明军。谁知，见到四周闪现的大批伏兵，明军阵列内并未出现大的骚动。士兵们在督师何腾蛟的指挥下，四路出击，分头迎击从东南西北四面逼近的敌兵。赵印选、胡一青也没有让自己人和敌人失望，率领手下军士往来冲杀，鏖战良久，搞得清军打了半天也没能按照预期效果顺利实现围歼，有部分参战清军反而被滇兵冲得七零八落，四散奔逃。

就在清军将领为滇营这块硬骨头太过难啃而大伤脑筋时，又一路人马突然出现在战场之上。从这支部队的旗号上来判断，很明显，这是明军。

总喜欢将他人随便当傻子看待的人，往往才是这个世界上最为愚蠢的人。清军将领用实际行动验证了这一道理。他们本想欺负一下非科班出身的何腾蛟，好好地玩上人家一把，可似乎还是忽略了一点，现实生活中一些起初并非专业的从业者，往往会被证明比受过专门训练的人玩得更好。

何腾蛟虽不是洪承畴那样的军事天才，刚放下书就能拿起令旗指挥打仗，还做得到百战百胜，但他却是一个懂得学习的人，在短短几年的戎马生涯中逐渐认识了战争，了解了战争，并初步掌握了些战场上的潜在规律，因而一般的小把戏是逃不过他那双久经沙场的法眼的。现在清军将领们竟然以为能够用小股骑兵诱敌深入进而打埋伏这种简单花招骗过何腾蛟，这也实在是有点侮辱何大人的智商了。

为了给这些轻视自己的敌人一点颜色看看，何腾蛟决定将计就计，主动闯入敌人的包围圈以吸引清军出战，而在战斗进行到最为关键的时候……哼哼。

按照何督师的指令，周金汤、熊朝佐二人率领楚军突然从凤凰坪左山杀出，横击清军阵列，将敌人的队伍轻而易举地分割成了两截。清军上下猝不及防，阵脚大乱。一般状况下，两军对垒，一旦一方乱了阵脚，那离失败也就不再远了。这一次也是一样。

明军将士们得到自己人的接应，再度精神焕发，随之踊跃向前，无不以一当百。在此基础上清军很快大败，死者堆积如山，就连伏击地点旁的鸾桥下的河水亦为之不流。这下可真的伤到元气了。

想撒网捕鱼，没想到捕到的竟是鲨鱼，且最后鱼没死，网却破了，实在是丢大发了。于是当月十六日，已是黔驴技穷的清军无奈退走。

明军虽然识破了对方的诡计并漂亮地将计就计给予敌人迎面痛击，可何腾蛟等人对战果还并不满意，因为明军真正的目标是乘胜收复全州。五月十五日，明军兵临全州，何腾蛟亲自赴前线指挥三军攻城，又是从早晨打到了晚上。这一次攻势虽没打下全州，可却有很多城内的清军将领收到了城外何督师精心为大家准备的礼物——上百颗从天而降的大铁球。据后来清军自己统计，小兵们不算，仅清军副将、参将一级的将官就在一天内被明军炮伤了四十五人之多。

二十六日，夜。感觉攻城事业一直没有取得过多进展的何腾蛟下达了夜战的命令。他派出赵印选督滇营攻北关，前来助战的另一猛人焦琏督所部突袭南关，并令战斗力较强的蒲镇一营同时进攻西关，分三路攻城，以达到出其不意攻其无备的效果。

事实证明，这几年的战场，何督师没有白上。这一策略果然十分有效。次日日出时分，全州告破。战斗模范胡一青当仁不让，率先登城，士兵在胡一青的鼓舞带领下也不畏箭矢奋勇爬城，所以全州终于被拿了下来。清廷任命的巡抚李懋祖没能跑成，老老实实做了明军俘虏，后被押送到桂林斩首示众。随着明军各营相继攻入，城内清军基本上全军覆没，就连部分孔有德从辽东带来的老兵也同时被明军一举歼灭（悉斩清军精锐），可谓是上上下下一干二净。

自三月的桂林保卫战开始到五月的全州收复战为止，明军在三个月内转守为攻，大战八次，进攻五次，收复了桂林到全州的所有失地。史称“全州大捷”。

对永历来说，进入永历二年，这日子是越来越好了。三月，首辅瞿式耜平安无事，有惊无险还打了个胜仗，很不错；四月份，王皇后又给自己生下了嫡长子朱慈炫（又作朱慈煊），更是让皇帝陛下乐到不行；现在时值五月底，何腾蛟收复全州的捷报又紧跟着传来，永历真有开香槟好好庆祝一番的打算了。

但永历最好还不要过于兴奋，因为一个月后即将传来的那个消息才是真正激动人心的。我们或许也可以说，正是从那时开始，永历的个人事业和南明才正式开始走向起步。

转机即将自此开始！

永历二年六月，朝廷收到了一封来自江西的奏折。按理说，当时永历能真正进行有效管理的也就是广西那么大点地方，广西之外各地要么已经落入了清廷手中，要么是被张献忠占据，突然得到早已沦陷的江西送来的奏折，这在外人看来应该是一件匪夷所思的事。但皇帝陛下对此并不感到惊异，因为这并非是第一次收到这样的折子了。他照例翻开了奏折，想知道对方这一次又想说些什么。

永历开始浏览，发现这封奏折的语气和用词同之前那几次大不相同，因而好奇地看了一下落款，没想到竟看到了一个自己十分熟悉的名字，姜曰广。

对这个名字，相信大家应不会陌生。这位仁兄在前文中曾长期担任男配角，是当年弘光朝的内阁大学士，东林党新一届领导核心的成员之一，当然也是阮大铖致力要除掉的主要对手。在被阮大铖等人诬陷而被迫致仕回乡后不久，姜曰广便得知了南京沦陷的消息，之后不到一年，就连姜曰广本人的老家江西南昌也被清军占领了。

国破家亡，姜曰广逃到深山隐居。他本以为自此将要作为明朝的遗臣终了一生，殊不知上天这才要将更为艰巨的担子交托给他。

永历二年正月二十七日，一件大事在江西境内突然发生。事实证明，这件事不仅彻底改变姜曰广一个人的人生道路，同时也对整个南明的发展产生了巨大影响。因为这一天，清廷任命的江西提督金声桓联合属下的副将王得仁，趁江西巡抚章于天正出巡瑞州之际，在清廷毫无防备的情况下发动了兵变，并一举擒杀了江西巡按董学成、布政使迟变龙、湖东道成大业，随即宣布反清复明。

金声桓、王得仁这两位昨天还是清朝大臣的仁兄，一夜之间就成了明朝的官员。二人取得了城市控制权后，在城内发布安民告示，改称隆武四年。金声桓自称豫国公，王得仁则自封建武侯，并当即派人入山寻找姜曰广，强调务必要把人迎接到南昌城中。

对姜曰广而言，金声桓和王得仁也算得上是老相识了。这是由于两年前，两人

中一个是姜大人的同事，而另一个是姜大人的敌人。

金声桓，字虎符，陕西榆林人。在整个明代史上，榆林绝对是一个比较特殊的地方。这里自明朝开国后不久就被朱元璋选中了，作为明朝的九边之一，承担着重要的为祖国守边的重任。特殊的职能也就造就了这里不同于其他地区的民风和地方特色。出生和居住在榆林的人从来是不种地的，因为在他们眼中，有件东西明显要比锄头能更令人感到亲切。这件令当地百姓喜闻乐见的东西就是刀。

由于是边境，自然就事多，再加上榆林百姓的邻居蒙古人并不是那么友善，时不时地来抢一把，因而榆林居民就跟今天来自武术之乡的沧州人一样，无论男女老幼都至少会一手，那民风真是彪悍二字难以概括的。由于这一点，榆林自然而然地就成为明军士兵在北方的主要供应地之一。明末曾经将闯王高迎祥打得满世界乱跑并彻底完蛋的猛人孙传庭手下的秦兵，主要成员就是榆林人。

可是再往后，高迎祥是死了，比他更难对付的李自成和张献忠接过了前辈的衣钵继续跟着朝廷闹，所以天下就大乱了。天下一乱，前来榆林招兵的人反而多了起来，不止有政府还有民军。这样下来，榆林人的就业道路倒是宽了起来，不仅能当兵，还能当匪。当时金声桓就选择了那条新的就业出路。

步入匪界后没几年，金声桓多少也算混出了点名堂，在北方小有名气，对外号称“一斗粟”（真搞不懂为啥要用这个绰号），部众逐渐发展到万余人。虽然这肯定是和李自成那样大哥级的人物没法比，但整天大碗喝酒大块吃肉，日子过得还算不错。

然而没过多久，金声桓就投降了，不是因为折腾得太厉害遭到了政府军的全力围剿，而是因为遇到了一个可以镇得住他的人——左良玉。

就这样，金声桓归顺了朝廷，并在左良玉部下的四十八营中自领一营，成为左兵的一员。弘光年间，又有幸修成正果，被授予了总兵官的职衔。照这个状态就此干下去，估计到了晚年（当然是在不战死沙场的前提下），一个都督府都督的位置大致是能保证的。不过，这个世界的奇妙之处就在于时刻处于发展变化之中，一个人的未来走向往往会有上万个可能，只要没有到达那个关头，没人能预料到自己的人生在下一秒会变成怎样。

不久，左良玉发动了清君侧的军事行动，东下锄奸，金声桓跟着去了。然后左良玉就在半路上病死了，其子左梦庚就此掌控了全军。再然后，缺乏军事经验的左梦庚被黄得功击败，左公子走投无路就投降了清朝。作为左梦庚的手下，金声桓没得选择，也就跟着降了。

左梦庚降清之后，按照清廷的一贯政策被送往京城觐见最高领袖顺治。据我所知，顺治先生长得并不帅，且当时仅有七岁，套用现在的说法，人还没长开呢，就算进京瞻仰一下圣容估计也没啥震撼心魄的效果。所以在我看来，入京面圣不过是一个美丽的谎言，清廷真正要做的是将明军主将与其军队分隔开来，一面通过软禁主将控制降兵，防止其发动叛乱，一面为的是让南征的清军可以就地取材，用明军打明军，减少己方八旗兵的伤亡。

这点小算盘，两百多年间已经把阴谋诡计、尔虞我诈搞到了炉火纯青的明朝官员很少有看不出来的。但就算看出来了，也没有办法。谁让现在人家处于强势地位呢？你不想陪着玩，就永远别玩！

那就先凑合着吧！

金声桓相对于其他一些明军降将，其实运气还算不错。左梦庚是在东流县（今安徽东至县）境内率部向阿济格投降的，阿济格受降后就令左梦庚带领麾下将领前往北京朝见天子。当时金声桓并不在场，而是被留在了江西。因为金声桓很清楚，一旦进京面圣就意味着永远丧失兵权，所以不想失去兵权的金声桓主动请命，要率领所部兵马为清朝开疆拓土，收取江西。阿济格同意了金声桓的请求，授予他提督江西全省、军务总兵官的职务，并让金声桓与同样刚刚投降自己的原大顺军将领王体中一起行动，充当清军攻取江西的先遣队。

金声桓与王体中合兵一处，先把部队开往九江暂住，然后派人手持令牌前往南昌传话，说是满洲大军马步二十余万在近期内即将抵达南昌城下，如若不迅速归降，清军必将屠城，一个不留。南明的江西巡抚邝昭比较胆小，听闻金声桓的使者传达完消息，连信息的真伪验证工作都没顾得上做，转头就丢下官印跑路了。其他官员得知领导弃官而逃，当然也就一哄而散，江西的省城南昌就这样转瞬入了无政府状态，随即被金声桓等人轻松接管。

进城以后，驻于西城的金声桓和驻于东城的王体中闹起了矛盾。金声桓就趁着王体中拒不执行清廷下达的剃发令的机会，联合王体中部下游击王得仁，假称议事，把王体中做掉了。想当初，王体中本是大顺军镇守德安的大将白旺的部下，他就是趁李自成死讯突然传来，借大顺军内部发生混乱之机杀害了自己的老领导白旺，转而率部向阿济格投降的。没有想到自己的部下竟会如法炮制，用同一招来对付自己，王体中如果泉下有知，不知会作何感想。

王体中遇刺身亡后，部下人马大部分在王得仁的招诱下最终归附了金声桓，那些不听招呼的则被干净利落地收拾掉了。吞并了王体中部后，本来手中兵力有限的金声桓马上硬气了起来。他率军击败了据守抚州的永宁王朱慈炎，占领了吉安，并将逃往该地的巡抚邝昭给抓了起来押送到南昌处理。接着，金声桓与王得仁又陆续攻占了广昌等府。至此，江西十三个府除了赣州、南安在明军的死守下坚持了下来，其余各地都已经被金声桓纳入了控制之中。

这下子，金声桓和王得仁终于做到了清廷最想让降军做到的事情：在不费满洲一兵一卒的情况下，为清廷攻城略地，占州据县，且保证信誉，按时交货。

金声桓履行了自己当初的承诺，可是收到货物的买家此时却不想如约付款。费尽九牛二虎之力，平定江西大部分地区的金声桓最终得到的仅是一个镇守江西等地总兵官的委任状，而为了前途搞掉老领导的王得仁则更惨，只是得到了一个副将的职务。

两位仁兄毕竟不是要饭的，干了那么多违心的事儿，即使不给封个王，给个侯爵也行啊。可是最终等来的，只是两张写了些两种自己基本上看不懂的字的废纸而已。

就打算这样把我们打发了？那可不行！

气不过的金声桓向清廷提出了强烈抗议和严正交涉，并与此同时提出了自己想要的封赏：节制文武和便宜行事的权力，以及清廷为此颁发的敕书。

对金声桓的这一请求，清廷极为重视，下发兵部议奏。此时兵部的办事效率不可谓不高，没过多久就给出了让多尔衮满意的答复。

在我看来，清廷的答复大致可以用这几个字表示：滚娘球！

在清朝统治者看来，大清的天下何时由你们蛮子（清朝对明军将领的称呼）说了算？愿在我这儿做官就给我老老实实地干，不愿意干的，完全允许你走嘛，至少你还是有辞职的自由的。

得到的是这么个结果，金声桓很愤怒。不过更让他感到愤怒的是下面这一规定：“剿抚机宜事关重大者，该镇应与抚、按同心商略，并听内院洪督臣裁行。”这意思就是明确告诉金声桓，别以为你在江南是最牛的，我们派到南方的洪承畴才是真正的总裁，你要听他的话！

鉴于清廷还没来得及向江西派出官员接管，那些让多尔衮看到流口水的地皮尚未完全落入自己手中，所以清廷还是稍微做了一些妥协的，但也仅限于口头上。按照上级指示，兵部决定破例将金声桓的官衔由镇守江西等地总兵官提升为提督江西军务总兵官，管的地方虽然没什么变化，但是每个月的薪水毕竟是多了，就不要再有什么非分之想了吧。

听完清廷使者宣读圣旨，跪在下面的金声桓、王得仁估计很有各找一块豆腐磕死的冲动。转念一想，自己又能怎么样呢？该干不该干的事都已经干尽了，如今唯一的出路似乎也只有跟着清朝一路走到黑了。

金声桓一咬牙，王得仁一跺脚，忍了。

但两个人这时并不知道，忍无可忍的那一天终究是要到来的。

不久，由清廷任命的江西巡抚章于天和巡按董学成来到了南昌，接管了江西的政务。起初，金声桓和王得仁对于这两位新同事还是比较客气的。因为清朝基本上继承了以文制武的制度，章于天和董学成虽初来乍到，但论地位要比身为提督的金声桓高上那么一点点。

可对于金声桓的这番客气的举动，巡抚章于天却并不太感冒。在章巡抚看来，按规矩自己是领导，金声桓的客气那是应该的。当他发觉金声桓开始在背后露出些许不满时，章巡抚打算好好教训一下这个不知好歹的下属。

当然，据一些史料的记载，这只不过是章于天找的一个冠冕堂皇的借口。事实上，章于天找金声桓的麻烦其实还有一个不能公开的理由。

章于天到任后没过几天，就从路边社获得消息：金声桓在攻占江西各府县时曾经顺便干了些诸如武力勒索、抢劫之类的勾当，因此即便后来清廷给予金声桓的物质奖励并不算多，单凭搞来的那批金银财宝也足以成为暴发户了。

章于天得知这一消息，心情异常激动。他找巡按董学成商量，决定联手将这些财宝从金声桓手中转移到自己这里来。

既然已敲定对策，章于天就展开了行动。他先借故将金声桓叫到衙署，当面指责其在攻略江西时犯下的恶行并在言谈中暗示金声桓必须拿出其中一部分与自己和董学成共享，否则自己就要联合董学成把金声桓的所作所为写成奏折报告给清廷，请多尔衮下令治罪。

金声桓自打长这么大以来，从来就只有他老人家威胁别人，却从来没有人敢这样威胁他。听完章巡抚的话，金声桓当即愤怒了。不过，理智还是占了上风，为了还能继续留在清政府工作，金声桓再次选择了忍耐。所以面对章于天的质问和恐吓，金声桓拒不承认对方的一切指控，假装不知道。章巡抚恰好手头上也没有什么确凿的证据，不得不暂时放了金声桓一马。

通过第一次与金声桓面对面交锋，章于天感到这厮虽说是个武将，但心思缜密，很有点脑子，不是那种一击即破、一诈就蒙的大老粗。在又一次同董学成商议后，二人决定从长计议，耐心寻找金声桓的弱点。

你的弱点我一定会找到的！你的宝物也注定将会属于我！

怀着这样的信念，章于天与董学成耐心寻找和等待时机。好在等待的时间并不太长，两人很快就找到了看似密不透风的金声桓身上的那个弱点——王得仁。

王得仁自从做掉王体中后，就一直追随金声桓东征西讨。他与金声桓关系之亲密，不用说大家十分清楚。章于天打算以王得仁为突破口，让他出面指证，逼迫金声桓老实就范。然而出乎二人意料的是，王得仁竟然拒绝了与他们联手的要求。原因很简单，王得仁从刺杀王体中的那天开始，就下定决心这辈子就跟着金声桓干了。所以王得仁没有同意章于天的要求，反而将这件事暗中告诉了金声桓。

金声桓一直以来都认为，自己投降了清军并自愿充当前锋为清廷攻略江西，连下各地，自己的老东家大明王朝一定恨自己之入骨，可是经过一段时间才慢慢意识到，自己可能是错误的。

早在隆武二年（1646）春天，大学士黄道周做好准备要由福建进入江西进行北伐时，就曾经先后三次写信给金声桓，希望老金能够改弦易辙，再次回归明朝怀抱，以“建不世之功”。当时金声桓刚刚降清，且清廷还没有给予金声桓正式任命，因而金声桓虽说是收到了信，但估计后来都直接扔进废纸篓里了，加之黄道周始终兵力非常有限，对金声桓基本构不成什么威胁且很快被灭，所以这次招降自然是无果而终。

然而这一回，情况却大大不同了。金声桓在章于天那里受了气，清廷又不肯为自己出头，老金正在愤懑之中，所以当再一次收到从明朝那里送来的劝说信时，金声桓终于决定拆开信看一看了。

写信的是当时驻守赣州的万元吉。早先在崇祯年间，万元吉曾任督师杨嗣昌帐下的参谋，而在那段岁月里，杨嗣昌的主要负责工作是灭掉张献忠，具体负责执行的则是左良玉。就这样，在同左良玉及其部下将领的多次接触中，万元吉同金声桓慢慢熟络起来。因而时隔几年，万元吉派遣密使带着自己的亲笔信件找到了金声桓，希望凭借这层过去的老关系，来劝金声桓回心转意，反清助明。

可是，对此金声桓的回应只能用暧昧两个字来形容。读完万元吉的信，金声桓似乎并没有写回信的意思，反而出乎众人预料地当众逮捕了万元吉的使者，并让手下将人绑在庭院内监禁起来。

看来这城是回不去了！吾命休矣！就在送信的使者认为自己就要这样被杀掉的时候，事情发生了戏剧性的转折。

当天夜里，金声桓偷偷来到使者跟前，乐呵呵地为他解开了绳子，随即又安排使者饱餐一顿，并于饭后再次接待了使者。这一次，万元吉的使者发觉眼前的金声桓，言行竟与之前判若两人！

金声桓这一回不仅表现得很有耐心，而且十分礼貌。他先殷切地向使者询问了万督师的情况，然后又反复向使者强调了自己降清后的不得志。尽管如此，金声桓依旧没有明确表示自己的态度，只是在发完一番牢骚后就将人秘密放回去了，搞得使者和万元吉一头雾水，莫名其妙。

不过从这件事情中，我们可以明显看出金声桓与清廷的关系已经不再是铁板一块。老金心中的不满似乎也是积攒了很多，所以他才会找万元吉的使者诉苦。我们也有理由相信，在这段时间内只要再给金声桓一些刺激，他的愤怒肯定会很快爆发。

不久，刺激来了。

永历元年七月的一天，王得仁提兵公干回来后进入建昌城休息。本来操劳了一天的王得仁打算早早洗了就睡，巡抚章于天手下的一个差官却在这时找到了他。具体说了些什么我不太清楚，但据史料记载，王得仁的反应却很激动（声如嘶吼，目睛皆出）。因为这位官员此来是为了传达章巡抚的命令，让王得仁限期缴纳粮饷三十万，以补充军中的不足。

要知道，王得仁并非兵部官员更不是户部尚书，粮饷方面的事应该不是王得仁的工作，章于天明知如此还向王得仁要饷，这摆明了是话中有话。王得仁不愧为道上混出来的，当场二杆子精神大爆发，命令手下将章于天的差官拖出去结结实实打了三十军棍，临了还送给被打的差官一句话："这就是三十万饷银，把他捎给章于天吧！"

王得仁打了章于天的人，这件事很快就传到了金声桓和章于天的耳朵里。虽然事发后章于天并未向清廷上书告状，也没有进行任何明显的打击报复，但金声桓很清楚，章于天绝对不是那种会善罢甘休的人。

事实上也确实如此。在得知自己的人挨打后，章于天十分愤怒，可为了早日讹到那笔银子，还是忍耐了下来。不过章巡抚虽在表面上不予追究，然而自事发之后就一直在干一件事：搜集金声桓或王得仁与明朝官员暗中来往的证据。

很快，章于天得知了黄道周的劝降和金声桓私放明督师万元吉使者的事情。在确认自己掌握了相当的证据并准备即日上报清廷的时候，得意扬扬的章于天却做了一件极为愚蠢的事情。

一次，南昌城中的大小官员聚在一起吃饭，包括金声桓在内的几乎所有文官武将都在场。几杯酒过后，章于天估计是喝高了，趁着酒劲笑着对金声桓说："王得仁和你想要造反吗？"

虽说当时环境比较嘈杂，但章于天的这句话还是准确无误地传达了出去，当即就将金声桓和王得仁吓出了一身冷汗。

不得不反了！看来章于天是不见银子不罢休，必要置我等于死地。好吧，既然这样，就给你一点颜色看看。

趁章于天还没动手，金声桓和王得仁果断宣布反正，并在极短时间内迅速控制了南昌城，稳定了局面。搞定了城内反对派，金声桓派兵将闻讯逃走的巡抚章于天在江中的一条船上抓获，随即这位章巡抚被金声桓的士兵带入了南昌。

令金声桓没有想到的是，这个时候章于天竟然一见面就主动向自己施礼，没等金声桓开口就马上明确表示愿意弃暗投明，在金声桓部下效劳。听到这些，原本想要杀掉章于天出口恶气的金声桓这下也没了脾气。经过考虑，金声桓同意放过章于天一马，将他留在军中发挥专长，负责制造炮车。

金声桓与王得仁一夜之间突然反正，让清军感到措手不及。随着弘光朝大学士姜曰广的入主加盟，江西境内很快掀起了反正的浪潮，那些原本就没打算降清的府县随即纷纷竖起了反清复明的旗帜。吉安府守将刘一鹏、李士元首先宣布率部归附，紧接着饶州守将潘永禧，袁州守将汤执中、盖遇时也据城反正。短短一个月内，江西绝大多数地区再次回归了明朝的版图。用后来清廷的江西巡抚朱延庆的话来说那就是："江西变乱之时，全省已无坚城。"

可在我看来，朱延庆的说法是绝对错误的。因为在反正之风吹遍江西大地的时刻，有一个地方始终没有宣布反清复明，而就后来事情的发展来看，这座城市将成为金声桓心中永远的痛。

南昌宣布反正后不久，金声桓等人确切得知隆武帝已遇难而桂王朱由榔在两广即位为帝的消息，于是金声桓即刻发布告示改称永历二年，并派自己的亲信幕客雷德复为密使，假扮成和尚，携带着一部内藏给永历奏疏的佛经，前往广西行在报告江西反正的情况。

雷德复好不容易到达了广西，见到了永历，却发现永历对江西各府相继反正的消息并未表现出他想象中的喜悦。事实上，永历先生在接到金声桓的奏疏后并非是不高兴，而是不太乐观。

其实，早在永历元年，反正之风就已然在清朝新近征服的土地之上吹起了，每次听说在清廷地域有人发动了反清起义，皇帝陛下都会感到十分高兴。特别是当年四月十六日在苏州发生的苏松提督吴胜兆反清事件，曾给了永历不小的希望。

因为首倡起事的提督吴胜兆是辽东人，曾经在关外明军中任过指挥，比较能打，后来又在扫荡太湖等地的抗清武装过程中招降了不少义军，兵力也相当可观，且有鲁监国部将定西侯张名振的舟山明军接应，所以永历一直对吴胜兆的反清活动寄予厚望。谁知，反正行动仅坚持了一个多月就失败了，这让永历很是神伤。

值得一提的是，在这次并不成功的反正行动中，一个主要负责组织联络的前兵科给事中因起事失败被俘，随即乘看守不备，突然投水而死。他的名字叫陈子龙。

这是一个在当时极为有名的人，堪称明末清初江南风云人物。但是，更多的人熟悉他的名字或许还是因为他的弟子，那个在父亲和师父为国尽忠后毅然接过父辈的旗帜继续奋斗在南方抗清第一线的少年英雄，夏完淳。

有志不在年高，弱冠亦知道统！

当时身在广西的永历虽然可能并不知道夏完淳的先进事迹，但有一点还是有着非常清醒认识的，那就是想要在清廷统治区内建立并稳定发展起一块敌后根据地是件相当有难度的事。因而后来虽说在接下来的时间里陆陆续续又有浙江宁波的华夏、襄阳的王光泰兄弟等人在当地组织起反清活动的消息传来，可是有了一定预见性的永历先生的那颗激动的心，也逐渐随着一次次的失败而变得冷静了下来。

但这一次情况有所不同。金声桓和王得仁不仅手中掌握着相当数量的部队，控制着江西的大部分地区且战争经验十分丰富，更为重要的是与吴胜兆他们不同，金声桓方面请到了声名在外的老臣姜曰广坐镇南昌执掌政务，甚至还建立了一套比较完整的政府机构统筹协调，这样看来在姜曰广与金声桓、王得仁的配合下，江西地区必将大有可为！

经过商议，永历决定下诏加封金声桓为昌国公，王得仁为繁昌侯（后金声桓改封豫国公；王得仁改封建武侯），并由朱由榔亲自写信给二人以鼓励。

事实上，事情的发展也证明，得到朝廷积极回应的金声桓和王得仁并没有辜负永历君臣寄予的厚望。

有了曾在内阁工作过的姜曰广鼎力支持，江西各地的各级政府很快就恢复了往常的运作，一切工作有条不紊地进行着。金声桓与王得仁没了处理政务的烦恼，也很快就将精力用在了他们擅长的领域——攻城略地上。

永历二年二月初，王得仁领兵进抵九江，清廷任命镇守九江的总兵冷允登当即带领部下士卒五千余人宣布归明，并主动开城接应王得仁军。紧接着，王得仁军又是一路高歌猛进，先后收复了湖口、彭泽。清朝的九江知府吴士奇等地方官纷纷跑来归附。

自出征以来，王得仁军行进异常顺利，基本上没有遭遇什么像样的抵抗，但是一向鲁莽的王得仁这回却没有以往那样掉以轻心。得知九江反正后，王得仁派出了自己的心腹部将吴高接管九江府防务，而将冷允登、吴士奇送往南昌另加任用，这样就算一些别有用心之徒再想搞点小动作，也是不可能的了。

王得仁除了面对接连而来的胜利的冷静态度外，还变得更加善于倾听。出师后不久，王得仁帐下效力的幕客胡澹就向王得仁提出了假借章于天之名，以清兵旗号服色顺流而下奇袭南京的建议。王得仁对这个建议深表重视，当即调整了部署，一面按照原计划继续派兵入长江，收复九江上下游地方，另一面派使者回南昌，征求金声桓和姜曰广的意见。

王得仁的军队占领九江一带后，湖广、安徽等许多地方再次掀起了一次反清运动高潮，各地拥明势力迅速随之响应，一时间南方各省抗清义师风起云涌，搞得南京的洪承畴焦头烂额。

趁着江西突变的有利时机，明军在湖南的颓势也终于为之一变。四月，堵胤锡、马进忠利用孔有德等三王兵马撤出湖南的机会，对常德发动了突袭。在战斗中，身为兵部尚书的堵胤锡亲身督师出战指挥，并命自己的侄子堵正明担任先锋队

统领，率部先发。

士兵们看到领导把自己的爱侄都送上了战场，且负责的还是最为危险的工作，自然士气大振，无不以一当百，跟随着先头部队奋勇登城。经过三天的血战，明军大败守城清兵，于二十四日收复了常德。

我一直认为，如果要给南明诸多主要大臣做一个人格感召力（或者说是统御下属的能力）的评选，堵胤锡绝对能够进入前三。众所周知，在堵大人手下干活的将领成分比较复杂，有像马进忠、王进才这样早就在明军中摸爬滚打都快成精了的老兵油子，也有像高必正、李赤心那样原本是明朝的敌人后来迫于形势才转而归明的前民军头领。总之一句话，个顶个的都不是省油的灯！

不要说把这么一帮子刺头儿安排在同一支军队里，就是随便挑出一两个来凑在一块，估计也得够一般的领导喝上一壶的。真是放哪哪添堵，给谁谁吃不消。可令人奇怪的是，这些人做了堵胤锡的手下后，众将间不仅没有发生过不愉快、出现内讧，而且还无一例外地对堵大人恭敬有加，奉若神明，就差手拉着手冲着堵胤锡先生唱“就这样被你征服”了。

堵胤锡是怎样做到这一点的，相信大家都很想知道。堵先生的这一处理与下属的关系的方法，直到今天也绝对具有极大的借鉴与实用意义，且可以被写入中国人际交往十大成功范例，供后世顶礼膜拜。本人对此自然也感到十分地好奇，因而为了探究堵胤锡先生的高明技巧，特意去图书馆找到了许多资料，翻了半个多月，最后的感觉归纳之后是两个字：头晕。

或许古人对人际关系学这一实用科目并不十分重视，因此这些庞杂的史料中虽说有不少记载了堵胤锡的言行，可总是对他如何处理与这些刺头儿部下的关系的部分一笔带过，使得我们很难得知堵大人的高招了。对此，我也只能深表遗憾。

但可以肯定的是，诸将对于堵胤锡绝对是百分之百地心悦诚服，因而在战场上几乎不需要堵胤锡的动员，将领们就自觉自愿地带领所部奔着敌人去了。

在堵胤锡的指挥下，明军战果颇丰。王进才收复桃源，袁宗第克复澧州，李锦等连拔荆门、宜城等州县，湖广清军被打的叫苦不迭。最令人感动的一幕发生在明军攻打衡州的战役中。

当时，明军已一举拿下了衡阳、湘潭，进而围困了衡州，准备趁清军大部队未到的时机尽快攻克城池。然而，清军再一次以实际行动证明了一点，那就是自南下以来短时间占领南方各省靠的并非仅是运气，更多的是实力。接到了衡州被围的消息，附近清军各部立即采取行动，上万的清军没耽搁几天就迅速集结起来。双方在衡州城外的草桥遭遇，并随即展开激战。

湖广明军兵力本来不很充足，在屡次的攻城战役中之所以会连战连胜，很大原因是孔有德等人率领大军撤出湖南北上，湖广各府兵力空虚。一旦清军集结了大量兵力，突然间全力来援，明军就有些支持不住，初战失利。得知这一情况，堵胤锡不顾连日指挥疲劳，亲自来到阵前。在召集全体官兵后，堵胤锡拿出刀来将手臂刺破，当众用血写下了给永历的奏疏，紧接举起血书遍示众将士，大声说道："此战若败，我必将以死报国，决不辜负各位！"

这时在场的众将士恍然大悟：原来这是堵大人准备交给皇帝的最后表章！听完堵胤锡的发言，全体官兵深受感动，当即纷纷表示愿与强敌拼死一战。

两军相逢勇者胜！

在兵部尚书堵胤锡大人的带头冲锋下，明军奋勇出战，最终击败了清军，并乘胜将湖南大半地区再次恢复为明朝的疆土。

清军做梦也没想到，一向势态疲软的南明军队竟然在堵胤锡几句话影响下，能够发挥出如此惊人的威力。堵胤锡实在是个能人啊！

清廷一如既往是比较重视人才的，特别是在见识了堵胤锡的能量后，就连清朝实际上的老大多尔衮都对这个手无寸铁却能化腐朽为神奇的堵胤锡深感兴趣。于是清廷开始更加频繁地向堵胤锡方面派出使者，希望堵大人能够即刻跳槽为大清服务。开出的价码也十分诱人：大者王，小者亦不失封侯之位。换句话说，只要您不太过分，提出要坐顺治屁股下面的那把椅子，有什么条件尽管提！

面对不厌其烦、隔三岔五跑来自己营中劝降的清廷使者，堵胤锡先生用一个字简单而坚决地表示清楚了自己的一贯态度：滚！

虽然有些人由于某些原因对于堵胤锡不太友好，但我知道，这是一个重义轻利的人。

我们活在这个世上，有三件事情虽说会让我们痛苦和无奈但却不得不做：等待、忍耐与妥协。在残酷的现实面前，有时人必须选择妥协，然而这却并非代表屈服，更多情况下是为了等待时机，有所突破。事实证明，刘承胤的部将陈友龙就是这样的一个能屈能伸、懂得隐忍的人。

当清兵大军压境，刘承胤决心以武冈降清时，他受制于主将，跟随降清，这是屈；受命于孔有德，带兵进攻何腾蛟的老家贵州黎平，俘虏何腾蛟的家属，这也是屈。陈友龙无一例外全部照着做了，没有表现出一点犹豫，也没有人听到他一句怨言。然而，当他听说金声桓在江西宣布反正，孔有德等三王的大军已经基本撤出湖南时，陈友龙知道，一雪前耻的时刻已经到了。

孔有德对陈友龙进行了层层考验，渐渐放松了戒备。在孔有德看来，陈友龙既然已经出兵抄了南明重臣何腾蛟的老家，还真的将何腾蛟的老婆孩子绑来交给自己，那么此时陈友龙后路已断，绝对会从此真心实意地为清朝打工的。原因很简

单，如果陈友龙真敢反正，别说是自己，就算是何腾蛟也不会放过他。

因此，孔有德临行前仅随军带走了刘承胤和巡抚傅上瑞同自己一同北上，将陈友龙和他的军队放心大胆地安排在了靖州城内驻守。

事后的形势发展再次证明了一句至理名言，人算不如天算，孔有德的预料只正确了一半。

四月，孔有德委任的贵州巡抚彭而述来到靖州述职，但陈友龙明显是很不给面子的，因为陈友龙就在这月十五日正式开始实施谋划已久的行动。

前文中我们介绍过陈友龙深入叛军，身执敌首、孤军作战，抵挡孔有德大军的彪悍事迹。可是很多人也许并不知道，陈友龙不但很勇敢，很强悍，同时也是个极有头脑的将领，且从不蛮干。清朝的靖州守将马上就将以亲身经历去重新认识一个智勇双全的明军将领陈友龙。

开始行动之前，陈友龙先将自己的部队带出了城，屯驻在黎平。到了黎平后，靖州方面就开始陆续收到消息，说陈友龙在黎平每天招收当地的少数民族和汉人进入自己的军中，其兵力日渐膨胀，形迹可疑。

新来的巡抚彭而述是孔有德的人。相信孔有德在离开之前很可能嘱咐他要多少提防着陈友龙，所以这些来自黎平的情报很快就得到了彭而述的高度重视和密切关注。彭巡抚随即下令，加强对陈友龙的监视并务必适时向自己反映陈军的最新动向。

不久，一个令彭而述担心的情报终于传来，陈友龙真的要反了。

消息的来源是从黎平的陈友龙军中逃出的几个士兵。事关重大，彭而述亲自接见了这些告密者。据士兵们描述，陈友龙其实很早就下定决心谋反，谁知手下的士兵们都不愿跟着干，所以只好率部出城，重新招募新军。新军的人数有限且战斗力还有待完善，但陈友龙却已经秘密与在粤西的瞿式耜取得了联系，打算里应外合，同时举事。

听完士兵的叙述，彭而述十分高兴。他从这些人的话中明确了两点：一是陈友龙真的要反，自己很有先见之明；二是陈友龙方人心不齐，上下离心，新军又不足为惧。因而彭而述认定，只要先下手为强，搞定陈友龙绝对不是问题。告密士兵的另一句话，更是坚定了彭而述的这种信心。

“若许我辈自新，当以某日缚友龙诣城下献功。”

听到这句话，彭巡抚当即大喜，简直如获至宝，许诺保证事成之后会向清廷上报，让士兵们各自官升一级，金银珠宝大大地给。

呵呵，想要里应外合包抄了我，先看我把你包了饺子。

到了约定的日期，靖州城下果然聚集了一大批的士兵做投降状。巡抚和靖州守将登城观看，真的在众多的兵士中发现有一人是被绑着的，且在此人的身后，几个貌似十分愤怒的士兵手持武器逼迫着他前行。

陈友龙，你做梦也想不到会有这种事发生吧！

见陈军士兵真的拿下了陈友龙并将人带到了城下，彭而述乐得不行，马上下令守军开门，放义兵们进城，并派靖州守将出城迎接。

靖州守将知道不用自己费事就搞定了很难搞定的陈友龙，当然也是十分激动。他没多想就来到了城门口，准备听平叛成功的士兵首领讲述一下俘获陈阎王时发生的惊心动魄的情景。

然而，当他见到了所谓的带头小校时，惊心动魄的情景却出乎意料地发生在自己的身上。

众多士兵中间，一人突然闪了出来。清将没来得及反应，就结结实实地挨了一刀，被砍翻在地。尚在发蒙中的清将在致命的一刀砍向自己的身体之前，还是清楚地听到了这个杀掉自己的人所说的那句话："我就是为了拿你的头而来的陈阎王。"

看来这绝对不是在做梦，或者准确地说，是自己从最一开始就搞错了做梦的主角。不过到了这个时候，说什么都已苍白无力了。

陈友龙干净利落地了结了清兵的主将。由于事发实在突然，城内外的清兵基本上都还在发呆，且不乏也认为是在做梦的人。身经百战的陈友龙自然绝不可能白白放过这个绝佳的空档，趁此机会麾兵奋击，城外陈军一拥而上，很快杀散了守门的士兵，突入城中。"辽、汉兵千余人，皆歼"。清军副将贺进才被击杀，巡抚彭而述仅带着几个亲兵逃往宝庆，靖州告破。

十七日，陈友龙派兵进入贵州黎平府，活捉了清朝的会同县知县宋云梯。黎平府推官蔡珽逃往黔阳。

七月初一日，陈友龙部攻克武冈州，清副将贺云、知州何衡泗自杀。

八月初五日，陈友龙军又攻克宝庆府，击败了率兵来争夺宝庆的清将魏守职，并乘胜克复湘乡。"驰檄治兵，将下长沙"。

在不到一个月内，陈友龙以一己之力复城二十余，斩敌首数千。原来随着刘承胤的归降而拱手归清的黎靖、沅州、黔阳、平溪、清浪、镇远、武冈等城，全部回到了明军的掌控之中。此时的陈友龙从军中精选了苗、汉士兵加以严格训练，战斗力已然今非昔比，加上沿途收拢到的各地武装，攻克湘乡的陈友龙手中已经有了数万军队，并同收复常德地区的堵胤锡、马进忠部互相呼应，大有一举拿下长沙、恢复全湘之势。

得知陈友龙的这一壮举，广西的朝廷众臣弹冠相庆，欣喜异常。永历先生更是

激动不已，下旨嘉奖。除口头表扬外，皇帝陛下也真的很实在，大笔一挥，授予陈友龙左都督（一品）总兵官的职衔，加封远安伯。跟着陈友龙一同反正的杨文义、王国柱等将领也没白忙，依次得到了朝廷的封赏，湖广形势也随之大好。

就在南明王朝上下一片欢腾的时刻，清朝方面却欢腾不起来。摄政的睿亲王多尔衮不得不在百忙之中停下给豪格挖坑的工程，过问并关注此事，然后就是从兵部开始一级级地往下问责，逐级追究相应的领导责任。孔有德等三人则是被骂得够呛，多半个月连大气也不敢喘上一声。

清廷在湖南统治秩序濒临崩溃，虽然不能全怪孔有德他们，可是着眼大局、指点江山的多尔衮等王爷是绝对不会也不能有错的，所以奉命撤兵也就变成了鲁莽撤兵，此即所谓传说中的风萧萧兮易水寒，犯了错兮由你担。

孔有德在朝中受了气，自然不乐意就这样了事，因此就要找事儿。找来找去，孔先生就找到了最后的替罪羊：刘承胤和傅上端。

收到陈友龙反正报告的几天后，孔有德先在汉口杀掉了傅上端，又过了一段时间以刘承胤狡诈暴虐为由，将其于军中处决并没收其家产。当然，孔有德为什么要杀刘承胤，说法很多，有的说是为了泄愤，有的说是看上了刘承胤带着的财产，有的则说是当初投降时两人谈好的条件中有些不可告人的地方，孔先生怕还师北京后刘承胤给秃噜出去，因而来了个杀人灭口。但是不管怎样，刘承胤的折腾自此完全终结，且绝无续集。

第二章 李成栋的救赎

以前在看一些古代文学作品时，往往会读到“屋漏偏逢连夜雨”“福无双至祸不单行”之类的句子，所以这也就慢慢地让我以为人在倒霉时是没有最坏、只有更坏的情况。可是当我读到永历年间这段历史时，我才发现，原来老天爷并没有想象中的那样爱折腾人，事实上他不过是爱热闹且通常喜欢把一件事情弄得更大更深刻而已。

是落井下石还是锦上添花，决定一切的不是上天，往往是人们自己对这个世界的态度。

在短短几年之内几乎经历了常人一生的大喜大悲、大起大落后，永历不仅在政治斗争中了解了政治，同样也在与命运的抗争中掌控了自己的命运，因此命运之神决定给予永历先生一份大礼，好让他的事业和国家真正获得新生与转机。

这份大礼具体说来是三个人，三个足以改变这个时代且将带给大明国运转机的人。我们不妨称他们为“转机三人组”。

三人组中，第一个主动向组织靠拢并为朝廷带来惊喜的人，正是我们十分熟悉的那个明朝前天的反对者、昨天的拥护者、今天的破坏者、明天的守护者李成栋。

如果说李成栋是个好人，相信反对我的人很多；而如果说李成栋是个败类，相信反对我的人也不少。但是在这里，我并不想为李成栋来个盖棺定论，因为历史人物的最终评价并不是由我来定的，真正能够评定一切的只有两个事物，一个叫时间，一个叫人心。所以，我能做的只不过是将我所知道的，我所理解的，以我的方

式写出来，让大家用自己的心去甄选善恶，辨别是非。

李成栋，出生年月、家庭背景、少年经历，通通不详。就连他的籍贯，史料上也有两种说法，一说是陕西，一说是山西（我们这里倾向于占主流的陕西说）。在我看到的史料中，大多都以这样一句话作为李成栋的登场介绍："少起群盗。"用今天的话就是，年纪轻轻就当了强盗。

不过在我看来，仅从这点并不能说明李成栋从小品行不好，为人凶残，有严重的暴力倾向，因为说这句话之前我们有必要结合一下当时的时代大背景，否则就是自欺欺人或是别有用心。经过悉心查看，我发现李成栋年轻时期家乡的状况比较特殊，而这种特殊也必然会促使像李成栋这样的人投身于强盗的行列。

这种特殊的背景基本上可以用一组句子来展示：崇祯元年，陕西旱灾；崇祯二年，陕西旱灾；崇祯三年，陕西旱灾；崇祯四年，陕西旱灾……这样仅有一个字不同的句子，在史书上一直出现到崇祯七年。当本人读资料读到这里，本以为次年情况至少该好一点时，又恰好瞥到了下面的句子：崇祯八年，西安、延安、榆林和临洮四府特大旱灾，次年，波及平凉、巩昌二府。崇祯十年至十二年，每年约有半数的府遭受特大旱灾。崇祯十三年，陕西再次发生全省性的特大旱灾，次年旱情持续。崇祯十六年七月，一些府城又瘟疫大作……

也就是说，崇祯上台执政的十七年间，陕西基本上年年在闹灾。所以有一些人开始主动拿起了武器，只为了一个极为朴素的理想——活到明天。

在这样的情况下，李成栋跟着落了草。入行之后，他就在李自成部下勇将、我们熟悉的高杰麾下工作。当然为了工作方便，李成栋也按照行业规矩起了个绰号叫虎子。或许后来李成栋觉得自己的这个外号有点二，所以就又给自己改了个名叫"李诃子"。后来李成栋随高杰投降政府，当了官军，不过还是跟着高杰干。可是好景不长，弘光元年（1645）高杰在睢州被许定国刺杀了，清兵随之南下攻打南京，关键时刻高杰的老婆邢氏和朝廷闹了点矛盾，邢氏不干了，李成栋等高杰旧将也跟着不干了，因而众人一合计，就投降了清朝。

降清之后的李成栋为清廷平定南方各省立下了汗马功劳，职位逐渐提升，从当初的吴淞总兵一直做到了广东提督。可是，李成栋对这一任命是很不满意的。

在李成栋看来，自己从清军南下那天起，就开始率部在江浙、福建、广东、广西一带四处征战，为清廷攻占了大片领土，工作还是十分认真的，表现也是比较出众的。或许是由于自己当时并非主力，只是帮多铎等人打下手，才未被加以重用。

不给记大功也就算了，但接下来清廷的态度却让李成栋无法忍受。在清军进攻福建和两广的战役中，众所周知，李成栋起到了相当关键的作用。隆武和绍武哥儿俩可以说都是被李成栋一个人搞定的。李成栋为人还算现实，并没有裂土封王那么过分的要求，可是以如此卓著的功勋，至少两广总督的职位还是要的。

当初清廷很多官员都认为，李成栋是坐定了两广总督的位子的，而李成栋本人也一度认为此位非已莫属。然而令众人所料未及的是，在论功行赏之际，清廷并没有按照大家的看法行事，李成栋最后获得的消息是自己被吏部提拔为广东提督，而两广总督的位子却另有他人。

这个他人，就是后来李成栋的顶头上司兼搭档，佟养甲是也。

有清一代自始至终，仅从用人制度上看那绝对是不像某些清宫戏中表现得那样开明。清廷一贯的用人主张是能用满蒙就用满蒙，实在不行了才用汉族官员。而事实上这些所谓的汉人还并不是普通的汉人，在历史上有一个特定的专有名词——“辽人”。

顾名思义，所谓“辽人”就是辽东之人，说得更为准确一点就是清朝入关之前或者更早的还叫后金时便投奔过去的汉人，譬如说最有名的佟养正便是其中的优秀代表。早过去，就早认识，即便无缘跟努尔哈赤、皇太极这样的大人物混个脸熟，可资历毕竟还是熬出来了。所以说清朝在任用汉人做官时总是优先选用辽人，也算无可厚非。在清军南下时才入股清朝的李成栋看上去，似乎也很难有什么不满。

可是，情况具体到佟养甲先生那里，原本还算合理的政策却出了问题。这是因为佟养甲虽然的确是辽人（辽阳人），可实际上佟养甲先生却是跟李成栋一样，是在弘光元年清军南下时才投靠清朝的。

为了把这个问题说清楚，在此我们有必要转换一下时空，先来了解一下辽东佟家这个在明清之际占据着特殊历史地位的家族。当年的佟家在辽东是个极有影响力的世家大族，这个家族自明初以来就有不少人担任辽东卫所的军职，类似军人世家，家很大，业很大，能量自然也很大。所以在有明一代，东北发生的几乎所有的大事都有佟家人活跃的身影。然而佟家开始与清朝扯上关系并就此纠缠不清，那就是佟养甲降清二十多年前的事了。

佟养甲降清二十多年前，努尔哈赤先生感到自己的翅膀够硬了，宣布建国称汗，并发动了进攻抚顺的战役。在这次战役中，佟家当时的主要人物之一、镇守抚顺的佟养正战败后随即叛变投降，成为和李永芳同一期的最早汉奸。不过，按理说佟家在朝中混的并不只有佟养正一个人，佟养正的降清本不应该会对这个家族带来太大的影响，可是问题在于，佟养甲虽不是佟家唯一的在职官员，但却是家里面最有影响力的那一个。

投降后金不久，佟养正就开始频繁地给家里写信。信的内容也并非是简单的“我在这里过得还好，不要为我太过担心”之类的报平安的话，而是“我在这里过得好极了，你们也赶快跟着过来”这样的言语。听说佟养正在后金的日子过得比在

明朝当官时还要舒服得多，许多佟家人心动了，随即付诸行动，纷纷前仆后继、携家带口地逃往后金，投奔努尔哈赤，这下可就麻烦了。

在我看来，佟养正信中的水分含量应该是相当高的。要知道，那个时候后金经济的主要支柱型产业还主要是游牧业。部民们四处放羊牧马，了不起搞点副业去深山老林里采点人参再与明朝互市时卖到内地，这样才基本上能混到温饱。如果真的像佟养正说得那样人人小康，家家富足，估计努尔哈赤先生也不用每隔一段时间就费劲带兵南下去抢上一把了。遗憾的是，当时的佟家人似乎并不了解实际的情况，所以佟养正在那边一个招呼，家里人就真的乐呵呵地跑去了。没想到的是，去了之后，心碎无限。

去了之后再想回来，估计努尔哈赤肯定是不让的，所以就只能像普通的后金百姓一样平时放牧，穷时抢劫，战时当炮灰了。也就是由于此事，那些没有轻信佟养正的话仍留在明朝的佟家人也跟着被拖下水了。佟氏家族的反叛举动很快便引起了明朝政府的注意，事情被反映到内阁，举朝一片哗然，骂声不绝于耳，且余音绕梁，三日不绝。

群情激奋之下，朝廷决定对世受国恩却一朝反叛、连个招呼都不带打的佟家采取比较严厉的制裁。佟氏家族中想走却没来得及走的一部分，在查明情况后被政府下令在辽阳当地公开处决，没有明确证据的一部分则被朝廷派兵悉数押进了山海关内拘禁。原本在关外声名显赫的佟家，就这样一夜间彻底走向了崩溃。

后来这个家族在清朝又很是牛气了一把，不仅在朝中一时间形成了“满朝汉官，半数姓佟”的佟半朝的局面，而且还有幸与顺治、康熙、雍正这几位知名皇帝沾亲带故，成为让人艳羡不已的豪门望族。通过对于历史的了解，事实再次向我们证明，世上从来就不会有天上掉馅饼还恰好砸在你头上的好事，有收获，是因为有人在付出。

佟养甲的父亲是个比较老实的人，从来就没有投奔后金的打算，可是由于同族的佟养正搞了这么一档损人不利己的事，他也受到牵连，被押进关内，关到了牢内。入狱之后，佟养甲他爹越想越气，最后竟然就这样悲愤而亡。这个时候，佟养甲却侥幸从这场家族的劫难中逃了出来，开始在关内四处流窜。

为了避祸另谋生计，佟养甲改名董源，找了个机会投入当时的名将左良玉幕下。鉴于当年大明还未想到通过发行身份证的方式对国家人口进行管理，改名董源的佟养甲不仅成功逃避了通缉，还在左良玉那里谋得了一个督理盐饷的差使，就此随军征战。

清军南下，佟养甲趁左良玉病死军中的机会，恢复了自己的真实姓名，跑去投靠清廷。没想到清廷对于这位经历曲折的辽阳佟家人似乎有着超天然的亲切感，佟养甲一来立即就获得了满洲上层贵族的一致信任，给了个总兵干。这还不算，不久之后清军占领广州，尽管佟养甲刚刚进入清朝工作，手里没有多少军队，也没立多大战功，却被当即任命为两广总督兼广东巡抚。

两广总督兼广东巡抚实际上还是比较谦虚的简称，因为圣旨上这一职务的全名应该是“总督两广等处地方提督军务、粮饷兼巡抚事”。换句话说，佟养甲可以管的不仅有两广的政务，两广地区的军务也是佟总督的监理范畴。如此一来，佟养甲在短短一年内一跃成为兼辖广东、广西两省的实质上的最高统治者，清朝仅有的几位封疆大吏之一。

辛苦了大半年的李成栋只被任命为两广提督，正式划归佟养甲麾下办事。不仅无权过问地方政务，在军事行动上还要接受佟养甲的调度和节制。两人的关系突然从原先的同僚变成了上下级关系。这样巨大的现实反差和不公平的对待，换成是谁，短时间内在心理上也是承受不了的。

好在李成栋比较识趣。他十分清楚，佟家与满洲皇族的关系相当密切，所以虽然对清朝的区别性破格任用不满，但也没多说什么，依旧老老实实地在佟养甲领导下干活，一边忙着镇压省内陈邦彦等人组织的抗清运动，一边谋划着西取桂林，时刻准备着再次为清朝征服全国的事业添砖加瓦。

所以说，像某些人所谓的李成栋因对清廷用人政策极度不满，失望至极，外加此人本身就野心勃勃，心怀不轨，因而才头脑发热冲动了一把，宣布反清复明，是缺乏根据的。个人以为，持这种看法的人应该先去接盆凉水，洗把脸，清醒一下。

李成栋一开始并没有反正的打算。他最终之所以反正，这期间是经历了一个相当漫长的过程的。

李成栋早年并没接受过系统的儒家教育，忠义道德观念不像读过书的人那样强烈。下面一件事就是这一情况突出且集中的体现。

当时李成栋率部随同贝勒博洛出征福建。打到福州时，隆武朝工部尚书郑瑄带头投降，礼部尚书曹学佺自缢而死，而另一位在当地十分有名的人，曾任崇祯、隆武两朝大学士的傅冠却趁乱避居到了邵武府泰宁县，投入自己门人江亨龙家中躲避搜捕。

清军自入关以来，素有招降明朝官员为自己工作的传统。如果一个人高考（科举）成绩越好，官做得越高，名气越大，清军就越是喜欢。不巧的是，傅冠刚好符合上述所有标准。此人虽然从未在前文中出现过，却绝对是个名人。傅冠是天启二年的榜眼，又历任礼部尚书、文渊阁大学士，在朝野之中人脉很广，名望很高。博洛一入城，听说当地有这么一个人，就马上命令属下四处寻找。活要见人，死要见尸！

傅冠的学问很好，人品也不错，但事实证明在一个方面的修行还不够火候，那就是看人。他在危急之际前往投奔的学生江亨龙就是一个比较无耻的人。

江亨龙得知博洛派人四处查访自己老师后，毫不犹豫地就跟儿子把傅老师捆了起来交给清军。负责接收傅冠的清兵统帅正好是李成栋。

见到傅冠，李成栋按照要求先赔笑着前去行礼，并当场为老头松绑，奉如上宾。紧接着就是有条不紊地开展劝降工作。工作开始，李成栋率先发言："傅公，您是国家的大臣，只要您肯遵制剃发，您一定会得到大清的重用。"

"自从中华有冠裳制度以来，你听说过有髡头宰相吗？"

"傅公，您现在五十多岁了（五十一），头发本来就已经稀疏了，和剃了头也并没有什么区别啊（华发已稀，与髡何异）！只要您在头上顶块布包头，略加遮掩，我便可报闻说您已经遵制剃发。"

"你既说我年岁已高，何不放我走！"

"你是前朝重臣，是放是留该由令旨决定，这不是成栋说了算的。况且国法之中剃发令甚严，违令者必以逆命论之。倘若您能委曲相从，成栋保证您安然无恙，此后是入仕清廷抑或归隐山林，您可随便。"

傅冠坚决拒绝剃发，还将声音提高了八度，大声说道："汝知千古有文文山乎？我乡先进也。吾乡无叩头宰相，但有断头宰相耳！"

这里提到的文文山就是著名的文天祥同志（傅冠也是江西人），傅冠既然连文天祥都搬出来，那肯定是宁死不降了。

李成栋知道文天祥的事，所以他放弃了劝降。但是之后很长时间内他都难以理解傅冠的所作所为：难道这个世界上有比生命更为可贵的事物么？当时的李成栋不知道答案，而更重要的是，他也不在乎那个答案。但是两年后，一个人以自己的生命为代价，以最刻骨铭心的方式让李成栋对这个题目有了清楚的了解。

在李成栋看来，虽然现在佟养甲凭借与佟养正的堂兄弟关系暂时成为自己的上级，但只要永历朝廷还在，清廷还没有完成对全国的征服，自己总有翻身做领导的机会的。然而等着等着，李成栋等到的却是江西的金声桓反正的消息和陈友龙归明、湖南尽失的战报。

作为一个久经沙场的将领，李成栋很快认识到金声桓等人的反正将会给战局带来的巨大影响。江西、湖广再次归入明朝，这就意味着在广西的永历朝廷不仅免除了腹背受敌的麻烦，反而有了一个稳固的大后方，一旦三地联合起来统一行动，广东势必陷于孤立，容易受到来自各方的攻击。一时间，李成栋感到自己的压力很大，整天愁眉不展，唉声叹气（金声桓反正，成栋以为忧）。

这时，一个与李成栋关系很好的人来到了烦恼不已的李成栋身边。他告诉李成栋，在自己的帮助下，一切忧愁必将迎刃而解。这个人就是时任广东提学副使的袁彭年。

袁彭年，湖广公安人，崇祯七年（1635）进士。这是一个在当时经常被人忽略的人，或许也是由于这一点，他才能跟一直得不到清廷信任和重用的李成栋成为好朋友。说起来袁彭年之所以得不到周围人的认可，倒不是因为他能力太差，水平不够，而是因为自他懂事以来就慢慢发现，自己活在并且势必将长期活在巨大的阴影之中。具体说来，造成这片阴影的是三个人：袁宗道、袁宏道、袁中道。

相信爱好文学的朋友应该对这三个名字并不陌生吧。没错，这三个人就是享誉明清文坛的公安派代表人物，“三袁”。袁彭年就是“三袁”之中最小的袁中道的儿子。

公安三袁也就是袁彭年的爹和两个伯父，都是当时非常有名的人物，所以袁彭年的仕途基本上一帆风顺，历仕崇祯、弘光、隆武三朝，官至吏科都给事中。后来清军入闽，明军溃散，于是就随风降了清，被安排到了新占领的广东搞教育工作。

当时广东广大人民群众基本上都在忙着抗清或是躲避战乱，清廷在当地的统治秩序从来就没有稳定下来过，因而派袁彭年到兵荒马乱、大家四处乱跑的两广主管教育，本来就是一件让人哭笑不得的事。估计当时的吏部实在是没啥位置留给袁大人了，因此就想糊弄一下，随便给个职务，完事。

然而，袁彭年向来不属于那种可以被糊弄的人。鉴于长年生活在父辈阴影之下，一遇到人就会被指认：这就是袁中道的儿子！所以久而久之，袁彭年的性格开始变得敏感，人也越来越爱较真儿，且特别在乎别人对自己的态度（注意这几点）。因而当袁彭年发现自己被吏部派了这么个“鸡肋型”的差事，虽然异常愤怒，但面对现实，他也很清楚自己是无能为力的。

通过一个偶然的机会，袁彭年得知李成栋对清廷的用人制度同样深感不满，又听说李成栋得知金声桓反正后一直若有所思，就此决定前往拜访自己的这位朋友。

见到李成栋后，双方先是像往常一样就共同关心的国家与地区问题交换了看法，相谈甚欢。说着说着，袁彭年看似不经意地把话题扯到了江西的金声桓事件上。谈及此事，李成栋似乎想了很久，所以说得也很多。不过袁彭年敏锐地注意到，李成栋在回答之初曾有一段短暂的沉默。

与李成栋告别后，袁彭年并没有回家休息，而是转身找到了自己的另一个好朋友李元胤，因为他认为自己在这次同李成栋的对话中有了特殊的收获。袁彭年悄悄告诉李元胤，他在刚才的谈话中发现李成栋似乎有学习金声桓反正的意思，证据就是在自己用类似的话挑动李成栋时，李成栋虽然没有回应，但却并未生气且面有愉悦之色。由此袁彭年断定，假以时日，成栋必反！

袁彭年之所以会将如此机密且关系重大的事情第一个传达给李元胤，不仅是由于两人关系相当好，李元胤绝对不会加害自己，此还出于另外两个因素。第一是因为李元胤与李成栋的关系比较特殊，具体说来，李元胤是李成栋的养子，虽然两人之间并无血缘关系，但是感情极深。第二，也是最重要的一个原因，那就是袁彭年和李元胤有着一个共同的愿望，就是期待李成栋能像金声桓一样宣布反正。

这里我们有必要先介绍一下李元胤。这不仅是因为他是李成栋的养子，将会在接下来劝导李成栋反清复明的过程中发挥不可忽视的作用，更为重要的是，此人同样将在南明历史上留下难以磨灭的影响。

李元胤，字元伯，河南南阳人。出生在一个书香门第，本来是应该姓贾的。不过后来由于战乱被李成栋收养，因而就改姓李了。也许是幼年时接受传统教育的缘故，李元胤人虽然长得很轻浮，但却“心计密赡，有器量”。与养父李成栋不同的是，李元胤读过不少书，而且十分推崇儒家所讲的君臣大义。所以当李成栋降清之时，李元胤明显表现得很不高兴（元胤尤怏怏）。

不过李元胤显然十分清楚老爹的脾气，因此在他面前从来不明确表明自己的立场，一直等待时机。金声桓、王得仁反正的消息传到广州，李元胤认定时机已经成熟，于是趁着李成栋看着奏报沉吟不语的机会说：“父亲大人不需忧虑，即便事情的发展尚不可知，但最差也不过做金声桓第二罢了。”

李元胤这一次劝导虽未得到李成栋的积极回应，史书还是留下了这样的记载：成栋色动。色动，就是脸色有变的意思，但是仅是脸色有变，李元胤还是不能确定老爹在想些什么。于是乎几天之后，李元胤又瞧准了一个机会问了李成栋一个问题，正好是李成栋这几天一直在考虑的那个问题。

“万一金将军以尺书至，大人当如之何？”这句话翻译成现代汉语就是，假如金声桓写信劝您投降，您打算如何回复人家？

李元胤不愧为心思缜密、善于把握时机的人，这样突然一问，当场就把李成栋给问住了。然而，不等李成栋回答，李元胤就替李成栋说出了心里话：

“从之，则必屈于金将军；不从，又不能悬军万里，为丑类守海峤。”

是啊，答应金声桓跟着一起反正的话，势必功勋会在金声桓等人之下；而如果不答应，广东这一亩三分地又不一定能在明军日盛、义师纷起的局势下守得住。这实在是个两难的选择。恰好此时，佟养甲正打算命李成栋率军入援正在被金声桓、王得仁两人急攻的赣州守将高进库，不合作势必就要兵戎相见。在这种情况下，李成栋毅然决定，还是听听儿子有什么高见吧！

于是李成栋和李元胤一起登上了越王台，并就此事一起讨论了整整三天（语三日）。

父子俩这三天具体说了些什么，我不太清楚，书上也没写，可是最后的结果，史籍的记载却是十分明确的。李元胤“涕泣陈大义益切”，而李成栋则干脆是拔刀而起，并一语成谶说出了自己未来的命运：“事即不谐，自当以颈血报本朝（指的是明朝）！”

激动完了，发言完毕，李成栋就回家睡觉去了（估计这三天没怎么睡）。

不过，一觉醒来，李成栋又开始犹豫起来。毕竟反正是件大事，绝非儿戏！况且自己曾间接逼死了隆武、绍武两位明朝的皇帝，复明之后，朝臣是否会因此找自己的麻烦？一系列的问题又再次萦绕在了李成栋的心头，让他再次变得举棋不定。

有人曾经这么告诉我：男人是冲动的英雄。他们之所以会成为英雄，大多是因为一时的冲动。倘若能给这些人以充足的思考时间，或者是第二次选择的机会，其中的许多人或许不会再做出同样的选择。

对于这个观点，我深表同意。

这个时候要让李成栋自己重拾反清复明的信念并下定决心，是一件几乎不可能的事。关键时刻，一个人的出现帮助李成栋最终坚定了反正的心，虽然是以一种极其刚烈而凄美的方式。

李成栋的一个爱妾当时正在广州陪侍左右，而这个爱妾不仅对胭脂水粉这一类的事情感兴趣，同样也十分关心时事。在她看来，李成栋深受明朝恩典且本来就是大明子民，不该为清廷效命，因而一有机会就不断劝李成栋反正。此时她发觉李成栋似乎又所顾虑，因此为了让李成栋下定决心，这位爱妾持刀来到了李成栋的面前，说出了她最后的愿望：“公如能举大义者，妾请先死尊前，以成君子之志！”

言毕，横刀一挥，香消玉殒。

事发突然，李成栋来不及抢救，只能眼看着爱妾在自己的面前自刎而死。事后，李成栋除了抚尸恸哭之外，也明确了自己要做的事情，那就是实现爱妾的遗愿，反正归明！所以在埋葬爱妾后不久，李成栋如约发动了兵变，宣布重归明朝。

这件事还同时存在另外两个版本。

一种说法是，李成栋攻取两广后，从丁魁楚那里缴获了印信数千颗。在交接的时候，李成栋唯独没有把两广总督的印送上去，而是私自藏了起来。他的一个爱妾得知此事后，就趁机劝李成栋起事反清。李成栋却以自己的家眷和全部财产留在松江为由，拒绝了爱妾的请求。没想到这时爱妾突然起身劝李成栋说，大丈夫如果不能割弃自己所爱的事物就不能成大事。然后就趁李成栋不备拔出刀来，大声说道：“请先死君前，以成君志。”于是自刎。李成栋见状大哭，感叹了一句：“我乃不及一妇人！”因而最终下定决心反正。

上述两种版本的情节大致相同，都是说李成栋在下定决心反正之时出现了犹

豫，而他的爱妾为了帮助李成栋痛下决意，不惜以死相谏，最后李成栋深受感动，决心终于下定，反了。不过，个人以为，更加可信的还是最后一种说法。

在这版故事中，李成栋的这位爱妾据说是刚刚到达广州，可由于她在南下途中目睹了金声桓等人在江西展开的轰轰烈烈的反清活动，受到了感染，所以一见到李成栋便私下怂恿他举兵响应。事实上此时李成栋早已下定了反正的决心且正在与李元胤等心腹将领密谋策划此事。

李成栋突然听到爱妾的这些话，当即产生了疑心。为防止走漏了消息，李成栋假装愤怒，厉声斥责了爱妾的这一反动言行，并送给了她胡言乱语的四字评价。谁知李成栋这场戏演得太过逼真，爱妾不知内情，加之性格比较刚烈，竟然自杀了。李成栋闻知则是肠子都悔青了，但一切已经太晚了，只好将爱妾厚葬，并尽量低调地处理了此事。

在我看来，这件事之所以会吸引后世的众多目光，不仅是因为当事人是历史名人，且故事版本较多但都十分让人感动。更为重要的是其中女主人公的真实身份在民间也是众人争论不已的焦点。

有人认为这个用自己的生命改变了李成栋的命运和明清历史走向的奇女子，出身于松江妓院，但不知其姓名。有的人则说这个伟大的女性叫张玉乔，在嫁给李成栋之前的身份是陈子壮的侍妾（至今当地还流传着一出反映此事的名为《万世流芳张玉乔》的粤剧）。

其实，这个问题实际上本来不应该成为一个问题的，因为早在事发后不久即广东反正之后的第十天，李成栋这位爱妾的身份便已被公之于众了。据说搞定一切事务后的李成栋专门要求前大学士何吾驺为自己的这位爱妾作传，又命广东著名诗人邝露为其作歌以示纪念。根据时人钱澄之等人的记录和何、邝二人的作品，我们不难知道这个堪称传奇的女性应该姓赵，是李成栋的侧室之一。

不过，所谓历史真相在老百姓的心中往往并不那么重要，人们有时更愿意认为那个从容赴死激反李成栋的就是陈子壮的侍妾张玉乔，以便让这个故事更加凄美深刻，从而引来更多好奇的目光。

在明代，武将一直被视为粗人的代名词之一，然而事实证明，李成栋虽是个武将却不算太粗，至少在佟养甲眼皮子底下搞反正这件事上，李成栋体现出了一个标准的地下工作者所应具备的一切素质。

按照史书的说法，李成栋在从事反正准备的那段日子里，相当小心谨慎，以致有时还要假装身体不舒服，通过这种假借探病的方式把李元胤和袁彭年等主要策划者招入自己卧室内商讨密谋。四月十五日，一切准备就绪，明清史上一场经典的大戏即将上演！

四月十五日，这一天，应李成栋之邀，两广总督佟养甲来到府衙，参加由广大官员和当地知名人士共同举办的泛龙舟、游园会大型娱乐休闲活动。佟养甲先生上任两广总督的这一年半以来，一直在忙，既要对付广西方面具有相当实力的南明永历政权，又要集中精神搞好两广的内政，顺便镇压一下广东境内此起彼伏的反清起义，所以佟总督的精神始终是处于紧绷的状态。好不容易有了这样一个忙里偷闲、休息娱乐的机会，佟总督没有多想就来出席了。

佟养甲没有料到的是，这次活动将让他自此彻底获得身体与精神上的双重解放。

见到佟总督大驾光临，各级官员在广东提督李成栋和刚升任为广东布政使的袁彭年等人的带领下，一起出府迎接，等到佟总督落座。随着一声招呼，活动正式开始。

如同今天的大型宴会一样，会场除了有丰盛的菜肴和来来往往的人群外，一些助兴的消遣节目也是必不可少的。在那个表演形式尚不发达的年头，大家的主要娱乐方式就是看戏。据说李成栋这次还特意请来了当地极为有名的戏班子唱戏，以切实担当好为宴会助兴的重任。佟养甲得晓后更是打心里高兴，警惕性也由此降至了有史以来的最低点。相信倘若几个月后的佟养甲忆及此事，或许会深感悔不当初吧。

不过，戏还是要继续的。

在李成栋因有事回了一趟衙署，随即又立马返回后，宴席正式开始。戏台后面的艺人也随之冠带登场，敲锣开唱。

一曲唱罢，李成栋意味深长地对坐在身边的佟养甲感叹了一句：“峨冠博带，何等威仪！”

对于李成栋的赞叹，估计还在品味方才精彩演出的佟养甲似乎并没有体会到这句话中的深意，只是顺口回了李成栋一句：“一朝自有一朝衣冠制度，你何必羡慕他们。”

在佟总督看来，李成栋不过是因看到了戏台上的表演而对前明服饰产生了一丝怀念，所以自己稍微劝解一下，了却他对明朝的留恋就行了。然而，这一次佟养甲错了，实际的情况并非如此。

“大丈夫须作千年有名的事，岂能拘拘受制于人哉？我今要归明了。”

李成栋接下来的这一声大喝，差点将佟先生吓得从座位上跌落下来。正当佟总督怀疑自己的耳朵出了毛病时，令他更为意想不到的一幕发生了。

会场上的一切声响随着李成栋的这声大喝戛然而止。跟着就是李成栋当着自己的面用刀割掉了背后的辫子，再然后是李成栋把割完辫子的刀随手交给身边的侍

从，而那个侍从便转过身来请佟养甲本人去辫。

情况的变化似乎有些太过迅速，佟总督一时之间没能反应过来，所以没说话。好不容易佟养甲搞清楚了情况——这是兵变！不过已经太迟了。

然而佟养甲不愧是经历过大场面的人。在众人注目下，佟总督最后还是及时给出了他的意见："还须商量为是。"

在这种局面下，佟养甲这一回答很明显不能让大家满意，至少李成栋是这样觉得的。李成栋明白无误地告诉这位前上级兼搭档，自己趁方才出去的那段时间已经派兵控制住了全城，现在整个广州包括这个会场都是自己的人，所以你佟养甲想搞缓兵之计，等待救援，那基本是不可能的事。

打消了佟养甲要花招的念头，李成栋看着叫破喉咙也不会有人搭理的佟总督，给出了他的回复。

"有不同心，请汝颈试之，安用商量？"李成栋一边说着，一边离开自己的座位做了个要拔剑砍人的动作（越席以剑拟之）。事实证明，李成栋先生不去做演员那真的是可惜了。他一做完那个经典的动作，素来号称铁腕总督的佟养甲居然当场认了怂，老老实实地当众割去了那条象征忠于清廷的长辫，宣布同意李成栋的建议，即日起归附明朝。

见佟养甲先生行动配合，态度恳切，李成栋很是高兴。然而他所需要佟总督做的也仅限于这些了，所以佟养甲一表完态，李成栋就命人将佟总督软禁在军营中严加看守。不过对于佟养甲标下的千余辽兵就没那么宽容了。这些辽兵从来就是清廷的忠实拥趸，且一向只听佟养甲一个人的命令，李成栋在发兵将这些人逮捕后就采用了一种极为简单的方式解决了这个可能会很复杂的问题，那就是历史上闻名遐迩、屡试不爽的那招：斩草除根，永绝后患。

相对于江西的金声桓而言，李成栋在清除城内亲清分子方面做得很彻底且很成功。当时南昌兵变虽也是在清廷委派的主官没有防备的情况下突然进行的，可由于工作中存在疏漏，一个叫柳同春的都司乔装成和尚，趁乱缒城而出，星夜前往南京报信，后来此人又在明清双方在江西的斗争起到了极为关键的作用，造成了很大的影响（关于这些我们在后面的文章中会专门讲到，这里就不多说了）。所以说办事时切忌虎头蛇尾，最好要做到两手都要抓，两手都要硬，全因一个众所周知的理由——细节决定成败。

李成栋早先和袁彭年等人已经做足了功课，一旦真正行动起来，用简单的雷厉风行似乎已经不足以形容广州反正工作的高效了。李成栋等人在控制住广州城的第二天，立即下令全城士兵居民一律解辫，恢复汉族衣冠。城内官员士绅立刻响应李成栋的号召，带头变易冠服。随即政府机关恢复办公并在城内张贴告示，发榜安民，正式改尊永历为正朔。

广东大部分地区本来就是靠李成栋的部将镇守的，所以广州方面的消息一经传来，两广各地纷纷响应。就连清廷一直苦心拉拢、委以广西巡抚重任的耿献忠也公开表明不再为清廷卖命，联合梧州总兵杨有光、苍梧道陈轼在梧州率部宣布反正。自此，广东十郡七十余县兼广西的部分失陷领土外加共计十多万兵士，在李成栋等人带领下重新回到了明朝掌控之中。

李成栋在广东反正的消息传到广西，朝廷的反应很平静，不是永历和大臣们不相信，而是确实不敢相信。直到原已降清的广西巡抚曹烨、高雷巡抚洪天擢等人奉李成栋命令前来朝见皇帝陛下，并向永历递交了两广户籍图册，永历亲眼看了一遍以李成栋名义递交的贺表和奏疏，永历君臣才相信自己不是在做梦。

永历虽然对李成栋等人反正的具体缘由不太清楚，可是当确认情况属实，随即显示出一个成熟政治家的胸襟。他并没有像李成栋起初担心的那样对这些曾经失节的臣子有所歧视，反而大方地表示对众人之前的所作所为全部既往不咎。于是，李成栋凭借反正之功获封为广昌侯（不久，又晋封为惠国公），李成栋的养子、反正行动的主要参与者李元胤被任命为锦衣卫指挥使，反正活动的总策划袁彭年为都察院左都御史，耿献忠为兵部尚书。就连迫不得已才表示愿意投降且“亡明之心不死”的佟养甲，也被永历大度地封为襄平伯、工部尚书，甚至最后一直被加封为兵部尚书、汉城侯才算到头。

佟养甲也在不自愿的情况下创造了一个历史记录。虽然获此殊荣的佟先生拒绝对此发表任何看法，但我想还是有必要提一下，那就是佟养甲成为自清朝建立以来降明的职位最大、品级最高的清廷官员，且有幸成为这一记录的终身保持者。

这里也要说一说佟养甲的最终结局。在广东宣布反正后不久，佟养甲就给朝廷上了一道奏折。在佟养甲看来，自己参与反正本来就是被迫的，虽被封为襄平伯且给了一个管理中军都督府事的职务，但在身边都是李成栋的人的情况下，佟养甲感到十分痛苦。因此在那份奏章中，佟养甲竟然直白地向皇帝陛下表明，如果不相信自己大可直接把自己杀掉，不必只给虚位而不给实权，把自己晾在一边（疑臣则杀之，不疑则任之，何能郁郁居此）。

没想到朝廷的回复却让佟养甲哭笑不得。永历先生虽然是“优诏”应答，对处于郁闷状态的佟养甲表示安慰，甚至马上给佟大人升了职，可实际上还是不给他任何实际权力。结果佟养甲彻底想不开了。

或许是出于对清廷宠信的怀念并切身感到了自己在朝中备受猜忌，佟养甲做出了一件出格的事。他暗中派人递表给清廷，说明了两广事变的详细经过，同时言辞恳切地请求清朝立即派兵南下，攻打广东，而自己则会戴罪立功，充当清军的内

应，配合行动。

不料，替佟养甲送信的使者在半路上被李成栋的士兵查获了。这封密信随之被搜出，送到了李成栋的手里。李成栋随即向朝廷告发佟养甲的阴谋，并就此取得了朝廷的默许。几天后，时任锦衣卫都督同知的李元胤启奏永历帝，派无所事事的佟养甲前往祭祀兴陵（即朱由榔之父桂王朱常瀛的陵墓）。对于这个提议，皇帝、内阁全部批准。

尚不知情的佟养甲就这样在前往梧州的路上，被预先安排在自己船只必经之处的伏兵擒杀。他剩下的几个少得可怜的亲信也在不久之后随佟养甲去了。清代首任两广总督佟养甲就此结束了他曲折的一生。

李成栋反正归明后，朝野之间一片欣喜。但有一个人的脸色很难看，这个人就是陈邦傅。

当初李成栋率军攻破梧州时，陈邦傅琢磨着明朝可能要完，就秘密派人拿着自己的请降书跑到李成栋那里，主动要求投降。不过那时李成栋已有意反正，所以就没搭理陈邦傅的使者，拒绝接见了（不报）。使者回去后一汇报，把这位本来胆子就不大的仁兄给吓得够呛，陈邦傅误以为李成栋嫌弃自己礼数不周，诚意不够，暗中又向广州派出了第二批使者，再次请降。这一次陈邦彦不仅将自己手中的记载土地甲兵户籍的文书全部打包给李成栋送了过去（在当时这是表示归降的一种主要形式），与此同时还预备送给李成栋一个绝对无法拒绝的大礼：永历。

前文说过，当李成栋第三次发起对桂林的进攻时，永历和大臣们离开桂林而避居在南宁。南宁正好是陈邦傅的地盘。因此，陈邦傅打算像刘承胤先生看齐，把皇帝陛下和群臣作为见面礼送出去（这样看来陈先生的胆子也不小）。可是悲剧的是，和刘承胤一样，陈邦傅的这一愿望最终没能达成。

当陈邦傅的幕客兼使者沈原渭行至梧州时，广州的李成栋已下令反正，广东各地的守将官吏都依照李成栋的指示开始换装，改奉正朔，因而沈原渭虽与李成栋的属下碰上了头，表明了来意，可由于李成栋的部属们都在忙活着，这件事也就被放到一旁了。按理说，事已至此，就赶紧销毁证据回南宁吧。可是，沈原渭却干出了一件谁也没有想到的事情。

小的时候，老师曾经告诉我，要判断一个人是什么样的人，方法很简单。不必主动和他接近，没事找他唠嗑，更不需要费事请私家侦探调查，只需要注意经常出现在他身边的都是一些怎样的人就可以了。

老师毕竟不是社会学家或人类行为学家，她的话看似没有任何科技含量，不足为信。然而随着我的阅历日渐丰富，见识到的人越来越多，我却开始逐渐相信那时老师说的这句话了。虽然这之中确实没有什么理论作为基础，不过在我看来却是可信的。那是因为在我们的先人口中也说过一句与之类似的话：物以类聚，人以群分。

根据陈邦傅之前和之后的种种表现，我们不难得出一个准确结论：这人就是个人渣。不但无能，还特别地无耻。无能如果归结为纯能力问题还好商量，一旦无耻了，那基本就不能要了。无数事实还告诉了我们这样的一点，那些主动聚集到无耻之人身边为其服务做事的人，往往会比此人更为无耻。当年阉党之于魏忠贤是这样，十多年后的沈原渭之于陈邦傅同样如此。

话虽如此，但不能不承认，无耻的沈原渭却是一个脑子很灵活的人。听到李成栋在广东反正的消息后，沈原渭当即毁灭了随身携带的所有物证（遂焚降籍），马上命令自己的船夫驾驶小船昼夜兼行往回赶。不过沈原渭这样做并不是为了赶紧回南宁帮助陈邦傅妥善处理残留在城内的证据。他这样做的真实意图是抢功！

相信许多朋友在看到上面的那句话后都会感到难以理解，不过不用着急，我马上解释。如果当时有人想要从广西的水道上认出沈原渭乘坐的那条船，那是相当简单的。因为沈原渭的船非常有特色，且极易辨识，相信只要不近视够细心，是个人就能办到。那么沈原渭船的特色到底体现在何处呢？据史料记载，当时沈原渭的船的桅杆上有面大旗子，且迎风招展，色彩鲜艳，走在江上，十分拉风。

不过，沈原渭弄出这么惹人眼球的旗子，为的绝不是出风头。他的目的是吸引沿途行人的注意力没错，可是更为关键的是在于让大家进而看清旗子上的那四个"招安粤东"的大字。

所谓"招安粤东"，主要是为了说明目的。这个意思就是在表明，我沈原渭此次东行是招安去了，而招安的具体对象沈原渭没有讲明，只因为他不用讲明，随着广东方面的消息传来，本来毫无关系的两件事事实上是很容易被联系在一起的。

沈原渭回到南宁，立刻帮陈邦傅写好了一份奏疏交了上去。在疏中陈邦傅煞有其事地向皇帝陛下表示，正是在自己和自己的幕僚沈原渭的共同努力下，广州的李成栋才终于被说服，同意反正的。

果然不出沈原渭所料。当时永历和李成栋等人尚未碰面，只听说李成栋在广东反正，但一直没搞清楚原因，现在经沈原渭这么一忽悠就信以为真，重奖了陈邦傅，与此同时还破格提拔说降有功的沈原渭为佥都御史，负责联络两广。

可是假的虽然可以做得很真，甚至以假乱真，不过终究还是假的，所以被曝光的时刻最后还是要来的。

不久，李成栋的使者到达南宁，拜见了皇帝陛下。从朝中一些官员的口中，他发觉到了此事中的蹊跷。不过，这个使者并没有当着皇帝陛下的面揭穿陈邦傅的谎言，而是选择了沉默。

或许很多人会就此指斥这个使者的胆小，然而在我看来，这才是此人真正聪明的地方。

不当廷揭露陈邦傅等人的谎言，原因很简单：南宁是陈邦傅的地盘。如果当众拆穿西洋镜，谁也不敢保证陈邦傅会不会恼羞成怒，当场翻脸。自己的生命与安全还是小事，要是不小心连累到了皇帝陛下和朝中的各位大臣，那这罪过可就大了去了。面对这一局势，这位聪明的使者做出了冷静且是最为正确的判断，开始装起了糊涂。

据说陈邦傅听到李成栋的使者进城面圣的消息时，也是吓得够呛，且做好了最坏的打算，大不了就劫驾反了。当他得知这个使者并没有多说一句多余的话，绷紧的神经才渐渐地松弛下来。

既然你不拆穿我，就放你小子一马吧！

就这样，李成栋的使者终于完成了使命，安全回到了广州，把南宁方面的情况如实反映给了李成栋。

不出所料，李成栋得知陈邦傅把自己结结实实地耍了一把后，气得跳脚，甚至准备当即提兵打到南宁，让陈邦傅这种无耻的生物自此彻底在地球上消失。不过好在李成栋身边还有像李元胤、袁彭年这样的人在，经过众人的劝解，李成栋打消了出兵的打算，但是大家都很清楚，李成栋心里的怒火此时依旧尚未平息。

其实与其说是怒火，倒不如说是担心。李成栋深知陈邦傅是一个心理极其阴暗的人类，虽然成功抢了广东反正的头功，但事实上还是十分害怕真相暴露或是遭到李成栋等反正官员的打击报复的。以李成栋对于陈邦傅的了解，很清楚此人必将先下手为强，在皇帝面前找自己的麻烦。如果皇帝陛下真的一不小心再次轻信了陈邦傅，自己之前所做的一切必然将会功亏一篑。

出兵不行，派人向皇帝说明真相也不行，李成栋感到很郁闷。

每当李成栋郁闷时，总会有李元胤的影子出现，这一次也不例外。

李元胤等人十分清楚李成栋现在担心什么。在一番讨论后，李元胤帮助父亲找到了解决问题的方法。这个方法虽说看似简单，但却实用，因而广东的大臣一致推荐用它。听完袁彭年的解释，李成栋当即表示同意，于是几天后，身在南宁的永历收到了李成栋的那份反击于无形的绝妙奏疏。

如果仅从文字和内容上来看，这绝对只能算是一份极普通的奏疏，类似这样普通的奏疏皇帝陛下一天估计可以收到上百份。可是这份奏疏却没有因表面上的普通而归于窠臼之作。就在这短短的几百字中，展现了袁彭年等广东官员的集体智慧与深厚的厚黑学功底。

鉴于奏疏篇幅较长，这里就不引用了。可奏疏中向永历提出的要求还是必须要说一下的。奏疏以李成栋为首的广东大小官员的名义，要求皇帝陛下批准移跸广东，把明朝的行在（临时首都）设置在广州。

这下相信大家清楚了吧！这一招就是传说中闻名不如见面，见面不如实践的避实就虚，借尸还魂。李成栋方面想通过请永历迁居广州的方式，让皇帝和大臣们摆脱陈邦傅的控制，至少和他保持一定的距离。如此一来，李成栋既不怕陈邦傅会乘自己朝中无人的情况下挑拨是非，又能借此机会完全获取皇帝的信任与支持，就此成为大明真正的支柱。

然而，这封奏疏送上去不久，南宁那边就传来了消息。果然不出所料，奏疏在朝中引起了轩然大波，有许多人上书表示抗议和反对。只不过李成栋没有预料到的是，在这些反对者中，抗议得最为激烈、态度最为坚决的人竟然不是陈邦傅！

平心而论，就当时的局势来看，原先明清对峙而明朝底气不足的格局在江西和两广相继反正后，已然发生了巨大的改变。皇帝陛下如能趁此大好局面，迁入广州这样的大城市主持进一步的恢复工作，不但能极大地鼓舞两广乃至整个南方的反清士气，也可以起到稳定人心等重要的作用。对于这一点，相信朝中的许多大臣应该是有着较为清楚的认识的。可是尽管如此，众臣还如此强硬地表示反对，这就让人觉得很难理解了。

此事虽说看上去说不通，但是我们要知道，这个世界上往往最难以理解的事其实同时也是最容易想明白的。而之所以总也想不通，大多数的情况只因为人们缺乏一双懂得四处看的眼睛和一颗善于联系的心。

就拿这件事来说，在给出一些提示的情况下，只要稍微联系一下就能明白。

提示一：大臣之中反对最为激烈的那个人叫瞿式耜。

提示二：永历和大臣们跑到南宁的原因。

好，提示只需要这两个，再给大家五分钟的时间，联想并回忆下！

如果你已经想到了，在此先表示祝贺。如果你很遗憾地没想出来或花费了过多的时间，现在就由我来揭晓其中的答案。

答案实际上很简单，以瞿式耜为首的朝中大臣们对皇帝陛下的安全很担心，更是由于一些一直跟在永历身边的官员对于一件事还依旧记忆如新——武冈变乱。几个月前，皇帝陛下险些就“崩”在武冈那儿了，而你李成栋刚刚反正，且之前有过一摞不良记录，这样，您让大臣们怎么能安心地将大明的最高领导人托付给你！

当初还真忘了这么一档子事儿了。

李成栋方面在探知朝中大臣的这一忧虑后，适时调整了计划，并主动派人前往桂林与首辅瞿式耜进行沟通。最终双方在你来我往的交流后，内阁给永历递交了最终的处理意见，综合李成栋的广州行在论和瞿式耜的桂林行在论，两边折中一下，

朝廷决定以两地中间的一个地方，曾经见证永历登上帝位的肇庆作为行在的所在地，这下满意了吧。

永历二年（1648）六月初十日，打好包袱的永历君臣正式由广西南宁起程，前往肇庆。李成栋对于皇帝陛下的大驾光临也表现得非常重视。他先派自己的养子李元胤率兵前往梧州迎接永历一行，又在皇帝陛下赶路的途中殷勤地派出使者前往问安。

八月初一日，永历君臣终于乘船到达了肇庆。早已在此等候多时的李成栋带领广东的百官恭敬地列队于城郊，等待着朝见永历。

永历对李成栋还是比较有好感的。毕竟正是因为他及时反正，才使得在外人眼中眼看着就要不行了的明朝重新振作了起来。对于这样的功臣，明朝自开国以来就从来没在奖赏方面含糊过，向来是有功的就赏，要银子给银子，要爵位给爵位，不像几百年后的道光兄把银子都揣到自己兜里，给底下臣子的最高赏赐也就是几件黄衣服（黄马褂）。

现在朝廷虽说是经济上不太景气，手头上比较拮据，可永历先生还是照例在行宫中预先准备了白银一万两，准备给广东参与反正的大臣们一一发放，以示奖励。

史书上并没有对这次朝见作过于详细的记载，但有两件事我们还是可以知道的。

一是在这一次的召见中，李成栋依旧没有趁机向皇帝说出事情的真相，这不仅是因为陈邦傅本人也死缠烂打地跟着永历和百官迁居到了肇庆，还因为陈邦傅找来了一个特殊的人从中协调帮助。就是由于这个人的出面，使得原本一定要穿帮的事件再次被圆了过去，可见此人的能量之大。至于这个特殊人物的身份和他与陈邦傅的关系，我们会在后面的文章中详细说明，这里就只先提一下。

第二件事，事实上才是最为重要的。这次在肇庆的召见，在南明历史上有着深远的意义和影响，它标志着一个人对另一个人的彻底折服。后来事情的发展也证明，这种折服是永恒的。

李成栋自打出来混，从来就没有彻底服过任何人，即便对方是能征善战的高杰抑或是不可一世的多尔衮，也没内心上被这些一时俊杰征服过。但这一次是个例外。

前文提到过，永历先生长得很像他的祖父万历。然而很多人不知道的是，永历这个人虽然乍一看并不出众，没有朱元璋的相貌那么有个性，很是慈眉善目，可实际上他还是从父祖身上继承下来了一种特有的东西——气质。在朝堂之上往龙椅上一座，那是相当有分量，可以做到不怒自威。用我们今天的话说，这是一个有“气场”的人。

据说李成栋在见进之前，特地派人请来了几位对朝廷礼节深有研究的儒臣宾客，向他们请教面君时的规矩，且在公务之余每天反复练习进退和应答的相关礼节，其严肃认真的状况浑似今天将要面试的大学毕业生。然而，模拟演练果然和亲临其境的状况是不一样的。李成栋先生虽说已经在家里演示过了多次，可是等一见识到气势逼人的永历，竟然不自觉地慌了。

不得不承认，王坤这个太监虽不是啥好人，却绝对是一个很合格的礼仪老师。在他的教导和永历先生历时两年的皇帝工作实践后，此时的永历举手投足之间很有皇帝范儿，他身上的高贵气质也随着一言一行充分表露出来，足以让那些从来没有见到皇帝的人站在下面不知所措。

李成栋上来了，永历很高兴（温颜接之），立马派人赐座，很关心地询问起李成栋近期的身体和工作情况（慰问再四）。对于皇帝陛下的热情，李成栋感到受宠若惊。据某些史料反映，这个从前杀人如麻、嗜血成性的李成栋居然在永历面前表现失常了：只是跪伏在地上浑身乱颤，永历问他的话也没一句回答出来的，最后只能战战兢兢地“叩头趋出”。

出殿后，李成栋这才逐渐从方才的惊慌失措中恢复过来。他的幕僚从太监那里听说李成栋在面圣之时没有与皇上对话，感到很奇怪，就找李成栋打听情况。谁知，李成栋的答复却让这位幕僚深感惊讶。

吾是武将出身，容止声音，虽禁抑内敛，犹觉勃勃高声，恐怕回言时惊动皇上，有失人臣礼节。

这种话居然从李成栋嘴里说出来，这位幕僚有点不敢相信自己的耳朵。

然而没等这个幕僚惊讶完，下句紧跟着来了：

为我嘱咐布、按二司官员，皇上到，造册（官员花名册）一本送部（吏部），或用，或不用，或更调，听部为之。

这个意思很明确，说明李成栋并非像某些人描述的那样，不过是为了掌握两广的军政大权才反清归明并要求皇帝入驻广州的。从这句话中可以看出，李成栋是主张地方官员应该由朝廷任免，并能带头做到尊重朝廷，恪守臣节，严令属下遵从朝廷制度。

尽管广东全省和广西的部分地区是由李成栋的反正而重归南明版图的，但李成栋却能做到功高不居，不把尾巴翘到天上，更没打算挟持永历以号令群臣。在我看来，这是很难得的。

人，真是会变的啊！

此时的永历终于结束了四处奔走的逃难生涯，甚至可以静听各地纷至沓来的捷报，自是感到无比幸福。兴奋之余，永历决定趁着如今安定的形势先完成自己的一个夙愿，入教。

首先需要说明的是，永历准备要入的这个教，既不是中国土生土长的道教，也不是在中国流传了上千年时间的佛教，出人意料的是当时才刚刚再次传入东方的天主教。

我们知道，当时南明内阁首辅瞿式耜就是一个名副其实的虔诚的天主教徒，且教龄较长，工作之余偶尔也会顺便传下教。但事实上，真正将天主教引入朝中并使其传入内宫，受到上至皇帝下到宫女太监们的普遍欢迎与热捧的另有他人。这个人在前文中也提到过，他就是庞天寿。

庞天寿是继王坤之后最受两宫皇太后和皇帝陛下信任与重用的太监。王坤一下台，他就掌控了司礼监，成为宫廷之中炙手可热的人物之一。庞天寿在追随永历从武冈出奔的事件中没有跟着老朋友刘承胤干，而是坚定不移地站在皇帝这边，为永历及太后们的成功脱险立下了汗马功劳，因而得到上级的一致好评和百分之百的信任（由是益为上所亲信）。庞天寿不仅受到了赐穿一品朝服的特殊奖励，还被委以提督宫内侍卫的重任。

不过，庞太监虽然手中的权力很大，却依旧保持着质朴的本性，既不挑事，更不惹事，而是专心致志继续为皇家服务，鞠躬尽瘁，死而后已。

庞太监看似没有什么更大的追求，实际上也是有一个愿望的，那就是获得皇帝和太后等人的支持，并借此将上帝的福音传遍神州四海！

就入教的时间来看，庞天寿只比瞿首辅晚了那么几年。瞿式耜是在天启年间于家乡入教的，而庞天寿则是在崇祯时代。当时庞天寿虽已是北京城中宫廷内的太监，但出于对上帝的信仰，还是积极排除了各方的干扰，在崇祯五年（1632）受洗，从此正式成为一个基督徒，还起了个教名叫亚基娄。为庞天寿施行洗礼的人也很值得一提，就是后来在《鹿鼎记》中跑了好几次龙套的洋龙套，那位著名的汤若望。

在宫里的庞天寿其实一直在寻找机会传播天主教。但众所周知，当时的皇帝崇祯是个比较务实的人，他并不相信每天只要按时按点地说上几句愿天主保佑，天主就真的会保佑大明。因为即便是上帝再神通广大，让他老人家在短时间内一举扫平遍布西北的民军和关外虎视眈眈的清军，那也是件比较困难的事。再者说了，上帝是讲究博爱的，要求他帮助自己做这些见血的事情，估计上帝会先考虑把自己召唤上去。

崇祯看来这辈子是不会考虑与上帝建立直接的关系了，庞天寿也只好把他的远大理想深深藏在心里，继续等待实现它的时机。

时隔几年，沧桑巨变，皇帝换人了，且每天被人追着跑，感到很郁闷。此时庞天寿也已获得了苦难中的皇帝的无比信任，所以决定帮助永历找到信仰，进而脱离苦海。

庞天寿为实现这一目的，借此机会向整天愁眉不展的永历推荐了一个人。当然，这个时候不能说是为了宣传天主教，所以庞天寿就换了个名义，说是给找来了一个精研西洋先进火器的耶稣会传教士。对此，朝廷自然十分重视，立刻命令礼部安排时间，准备接见这位火炮专家。

庞天寿找来的这个传教士是不是真对于大炮之类的玩意儿有着深刻的认识，我不是很清楚，但我清楚的是，此人对《圣经》的研究绝对是到了一个相当的高度。这个人对于庞天寿而言并非外人，而是一个再熟悉不过的人，他就是庞太监的老师、耶稣会德国籍教士瞿安德。

当时的瞿安德因为庞天寿的关系被留在南宁行在掌管钦天监。洋仁兄在得知永历同意接见自己后，兴奋不已。欣喜之余，他委托庞天寿赠送给永历一件礼物。这件礼物在当时的大臣们的眼中应该有一个特殊的名字——“图谶”。

所谓的“图谶”，古时候又称谶纬之学。简而言之，就是记载着预言、预兆的书籍，因其中常附有图画，以达到图文并茂、忽悠人没商量的效果，所以一般情况下都使用第一种称呼。据说这是个很玄的事物，上到宇宙形成下至人类未来都隐藏在其中，极具研究意义，只不过有一个问题，古往今来真正能看得懂的人实在不多，但借此大做文章骗吃骗喝的倒实在是不少。因而早在汉代，伟大的唯物主义思想家王充就对谶纬之学这一系列虚头巴脑的说法进行过系统而深刻的批判。不过，从欧洲远道而来的瞿安德是神父而并非神棍，他送的自然不可能是极具中国传统特色的图谶，只不过是朝中的大臣们不太识货，就给随便安了这个名字罢了。

事实上，瞿安德送给皇帝陛下的这份礼物，相信许多朋友都见到过，那是一幅西洋画，绘有圣母玛利亚怀抱新生耶稣，旁边站着刚为耶稣施洗礼的圣约翰。据说当皇帝陛下见到庞天寿带回来的这幅画，显得非常高兴。因为不久之前，王皇后才为他生下了嫡长子朱慈炫。所以对于永历来说，画中的玛利亚母子正好对应着王皇后母子，而刚刚出生的朱慈炫则被朱由榔先生看成将挽明朝于衰亡的救世主。至于圣约翰的那个角色么，理所应当就该由献画的瞿安德扮演。

就这样，瞿安德得以成功出入宫廷并在朝中自由宣传天主教，大量接触明朝的皇亲国戚和朝廷大员。事实也证明，这位外国老兄的宣传与说服手段是极为高超

的。在庞天寿积极协助下，短短的几个月内，朝中先后有许多人皈依了天主教。其中比较重要的无疑是这几位：永历的嫡母王太后（教名列娜），永历的生母马太后（受洗后教名为娅娜），永历的大老婆王皇后，还有刚出生的皇三子朱慈炫。甚至连王太后她妈都改信了天主教，据说老人家还起了一个比较时尚的教名叫朱莉娅。

如此看来，永历先生的一家子都成了基督徒了。

但奇怪的是，虽然永历的主要家庭成员都入了教，永历也对上帝很感兴趣，可永历本人却并没有接受洗礼。原因其实很简单，永历不太符合规定。

众所周知，天主教向来是讲求一夫一妻制的。然而永历出于职业的特殊性和为老朱家留下更多血脉的使命，所以无法受洗（不然，后宫的妃子们就要集体失业了，而她们的再就业问题也势必会成为一大难题）。因此基于这些原因，永历起初是打算和瞿神父商量一下，破例入教的。不过由于瞿神父的态度很坚决，永历不得不放弃成为基督徒。

相信读到这里，许多认真阅读前文的朋友会质疑我：照你这么说，为什么永历的嫡子朱慈炫能够接受洗礼，皈依天主教呢？你这不是自相矛盾了么！

正如某些朋友指出的那样，身为永历的嫡长子也是未来最有可能继承皇帝宝座的人（当时还不是太子），朱慈炫本来和他老爹一样出于种种条件的限制，是不太适合入教的。但是一件事情的发生却使得一切变成了可能。

在朱慈炫三个月大时，有一天突然得了重病。宫中御医虽然立刻成立了专家组进行了全面会诊，可一时间朱慈炫的症状依然没有减轻的迹象。当时的人毕竟自然科学理论知识的修养不足，外加中医用药见效较慢，所以永历就慌了。永历先生认为这是皇子出生之时，自己拒绝瞿安德要为其举行洗礼的要求，而使得上帝发了火，降灾于自己的儿子。于是为求天主的庇佑与宽恕，永历找来了瞿安德，表示决定同意让朱慈炫入教，并且还特地选择庞天寿充任三皇子的教父。

不知是不是巧合，朱慈炫在永历答应下来后的不久，竟然日渐康复了。为此永历特遣一使节团前往澳门的耶稣会教堂，在祭坛前举行祭礼，以表达对皇子病愈的感激。所以本来不适合入教的朱慈炫就在机缘巧合之中成为基督徒。这件事对本人的影响则是每当我看到这里，都要不由自主地感叹一下命运的奇妙。

还有一点值得提到的是，朱慈炫的教名十分彪悍，叫君士坦丁。也就是那个因颁布了米兰敕令而被西方人视为“千古一帝”的第一位信仰基督教的皇帝，拜占庭帝国的首都君士坦丁堡就是以他的名字命名的。瞿神父特意选择这个名字作为朱慈炫的教名，可见他对这个未来的皇帝是寄予相应的厚望的。

天主教在皇帝和大臣们的推崇下，在两广地区得到了进一步的传播，明朝也从此开始与西方的天主教势力建立并保持了相当良好的关系。

后来担任会中国副省省长的曾德昭也曾亲自前来拜见永历，并代替永历在澳门耶稣会教堂主持了规模极其盛大的谢恩弥撒。两年后，在华的耶稣会士向朝廷提议向欧洲派出赴罗马教廷的使节团，而这一意见马上就得到了王太后和庞天寿的积极回应。

经过一番安排，朝廷最终决定派遣波兰籍的耶稣会士卜弥格充任明朝出使教廷的特使，出使欧洲，并且同时安排加入教会的游击陈安德和两名中国船员随行。船队于当年十一月从澳门启行。卜弥格带着的，除了曾昭德的致教廷公函，还有以王太后和庞天寿私人名义写给当时的教皇和耶稣会总会长的信。

明朝使团于永历七年（1653）春抵达罗马。

欧洲的罗马教廷在得知大明使臣随之前来的消息后，轰动不已。就卜弥格出使一事，据说教廷传信部先后举行了四次枢机会议进行讨论。虽然最后罗马方面为避免得罪清廷，婉转地拒绝了向明朝提供军事援助的请求，可是新上任的教皇亚历山大七世还是决定以书面方式回复南明，并亲自写下了《教宗复明太后书》和《教宗复庞太监书》，派卜弥格带着回函从里斯本返回中国。

不过，由于当时交通条件太差和其他因素的影响，明朝历史上这最后一次主动出访竟然一共花费了七年时间，而更为可惜的是，当时南明的战局已经处于不利的局面，内地与澳门之间的陆地交通就此断绝。在澳门的葡萄牙人不敢得罪清廷，拒绝让已抵达暹逻（今泰国）的卜弥格一行入境。卜弥格无奈，只得转道安南，但也由于战争的原因无法再向前进入云南，只得在安南和广西的边境上等待时机。

几年后，一直等待复命的卜弥格因久居安南，水土不服去世。永历终于未能收到来自教宗的回信，这不能不说是一个遗憾。但是，几百年后的我们应该知道的是，郑和之后，明朝并没有放弃与外界的接触和联系，即使是在它生命的最后那段时间里。

第三章 闹腾

永历二年，李成栋朝见皇帝陛下回去之后没多久，就被加封为公爵。这本来没有什么不妥的地方，毕竟李成栋反正的功劳实在不小，基本上整个广东都是在人家的招呼下才重新并入明朝的，因而消息一经传出，朝野间基本上没有表示反对的意见。就连之前对李成栋还多少有些戒备的瞿式耜，也认为此举并不过分。

可是，这个世上一旦某些人坐到了某个位置，就算他不去主动招惹麻烦，麻烦也会上杆子地来找他。更何况在朝中，李成栋还有一个早已存在的敌人，所以在这种情况下，如果不发生什么事情的话，那才是真正不正常了。

听说永历将李成栋进位为公爵，陈邦傅十分不爽。当年陈邦傅因迎接永历君臣入居南宁有功，被皇帝加封为庆国公兼少师，赐云鹤服，而且还获得了位列百官班列之首的特殊荣誉。可是现在永历居然在瞿式耜和李成栋的鼓动下离开南宁，转居肇庆，还他娘的对李成栋那个叛徒那么信任，这就使得本来心胸就不算宽大的陈邦傅感到压力很大。

压力大，就要解压，但当陈邦傅和他的亲信们遍视周围，才惊异地发现，举朝几乎所有的官员都对反正了的李成栋抱有极大好感，而在李成栋入见皇帝并与朝臣碰面后更是与日俱增。所以陈邦傅的幕僚们经过一番分析，只能遗憾地告诉陈邦傅，想要在这种条件下往李成栋的身上泼脏水，技术含量太高，而以咱们目前的实力，这件事绝对是做不了的。

陈邦傅郁闷了。堂堂的庆国公竟然连一个初来乍到的李成栋都收拾不了，自己这几年混得实在是太失败了。

然而，就在陈邦傅垂头丧气，准备申请回到南宁就此休息时，一个人找到了陈邦傅，并对他说，我们来联手对付李成栋吧！

陈邦傅笑了。他爽快地接受了此人的邀请。因为他十分清楚，这个人绝对具有足以影响李成栋在朝中地位的能量。这个能让陈邦傅如此自信的人，名叫马吉翔。

与几个月前相比，今时今日的马吉翔早已不可同日而语。在武冈事变中，马吉翔临危受命，率领锦衣卫承担起了保护两宫太后和皇帝陛下的使命，且出色完成了任务。在郭承昊随刘承胤降清，严云从因同样护驾有功被升为左都督并调职到后军都督府工作的情况下，这时马吉翔实际上已成为锦衣卫唯一的老大。再加上国人向来就有按资排辈的光荣传统，之后朝廷虽也派人进入锦衣卫工作，然而由于锦衣卫上上下下已经都是马吉翔的人，因而基本上不会对马大人一言堂的局面产生任何的威胁。

造成这一情况的更为深刻的原因是皇帝陛下和太后实在是太信任和感激马吉翔了。在第一家庭遭遇劫难、朝不保夕的前提下，马吉翔竟然没有反叛，更不溜号，而是始终坚持着锦衣卫的本职工作，保卫皇上及其家人。两宫皇太后的车驾陷在泥里，马吉翔就马上带人来推，且细心地命人用草莽将泥泞的道路填平。遇到羊肠小道，皇帝陛下不能骑马了，马吉翔就跟着下马，陪在后面步行或主动搀扶着。到了晚上，皇帝和大臣们都走累休息了，马指挥使却依旧不知疲倦，带领士兵在周围巡警御敌，直至天明。从武冈到柳州，再从柳州到南宁，马吉翔就是这样跟着皇帝和大臣们一路走来的。所以在我看来，如果碰上这么个体贴周到、勤敏有加的人，相信但凡是个人都会被深深感动的。

正是因为有了这样一段共患难的经历，两宫太后和永历本人对马吉翔的倚重与信任与日俱增（慈圣太后与上益眷倚之）。刚抵达南宁，皇帝陛下就马上下旨加马吉翔为少保，晋封文安侯，甚至把一些敕旨跳过内阁（当时基本上也处于没人的状态）直接交由马吉翔去下发。

这样，马吉翔一跃成为朝中的一号红人，就连在南宁横到不行的陈邦傅都要给马指挥使三分面子。事实也证明了一点，陈邦傅虽然比较蠢，可是在这个关系的处理上还是搞得比较好的。所以当陈邦傅听闻李成栋要面见皇帝时，他找来帮忙的那个神秘人正是马吉翔。

接到陈邦傅的委托，马吉翔表现得很够哥们，啥要求也没提，上了马就去见李成栋了。事实上，马吉翔此番行动为的并不只是陈邦傅，其实还有一个不宜公开的目的。

既然马吉翔不太方便说明，那在这里就只好由我替马大人说了。两个字：

显摆。

要知道，这个时候由于京师的失陷和朝臣的一致反对，一直压在锦衣卫头上的东厂已经不复存在了。这就意味着在点头哈腰两百多年后，锦衣卫终于可以再次做回全国第一的特务组织了。马吉翔则相应地成为朝中唯一的特务组织中最大的特务头子。当意识到自己的地位之高、权力之大后，马吉翔同学十分自负。这一次他派人邀请李成栋来家里会面，不仅是为了帮陈邦傅解决问题，更重要的是想向李成栋证明一件事，我，马吉翔，能量很大。

李成栋碍于面子，在马吉翔的劝导保证下，同意了不向皇帝揭穿陈邦傅的请求。本来事情可以就此圆满解决了，谁知此时马吉翔突然二杆子精神大爆发了一把，为了向李成栋显示自己足以左右朝政的能耐，临行前马吉翔突然叫住了李成栋，要求他把手下跟着反正的诸将名单交给自己，以便自己见到皇帝后可以向皇帝提出要求，使诸将得到所期望的奖赏。

李成栋对眼前信誓旦旦的马吉翔半信半疑，不过最后还是列了个名单派人递了过去。没想到，马吉翔接过名单后居然当着李成栋和诸将的面，当场写下了一份奏疏封好后，派人快马送入了宫中。然后马吉翔带着自信的微笑，招呼众人少安毋躁，静等消息。

果然不一会儿，消息传来，永历依据马吉翔递交的那份奏折拟好了诏书，决定封赏李成栋的部将。诏书上除了多出了象征皇帝批准的玉玺印外，其余的一切几乎和马吉翔方才写好的折子上的一模一样！

杜永和被封为江宁伯、阎可义被封为武陟伯、张月被封为博兴伯、董方策被封为宣平伯、罗承耀被封为宝丰伯、郝尚久被封为新泰伯……范承恩、杨有光、叶承恩、马宝加为都督同知。就连名字和顺序都不带变的。

见识到马吉翔的表演后，在场的诸将都目瞪口呆。此时李成栋的脸上却开始露出些许不悦。离开马吉翔府邸，李成栋一回到住所就对手下的将领们叹息了一声：早就听说过马吉翔人称“马皇帝”，本来以为只是街头谣传，路边社，没想到竟然是真的！

李成栋认为朝中赏罚如此随意，爵位说封就封，实在是太不符合规矩了，而马吉翔的威福自得更让李成栋十分不满。于是接下来又是情不自禁的一声叹息：我弃老母、幼子为此举，惟望中兴有成，庶不虚负，今见权奸如此，宁有济哉！

李成栋性格直，发点牢骚，可以理解。

可是他还是忽略了一个问题，那就是说这些话的时间与地点。要知道，马吉翔本来就是干特务的，两广各地的风吹草动基本上都多有了解，因此就不用提李成栋的这句牢骚了。所以，李成栋的这番叹息很快就被原原本本传到了马吉翔耳朵里。

得知李成栋对于自己的评价（权奸），马吉翔怒了。

这也难怪，马吉翔本来并没有做什么对不起李成栋的事，甚至还以最快的速度帮助李成栋的属下落实了奖励和待遇的相关问题，按理来说李成栋该请马大人吃饭才是。但是，饭局没有等来却被人在背后当众骂了一遍，马吉翔的愤怒大家应该很能理解。

从古至今，除个别智力极其低下或是道德极为高尚的人，从来没人愿意干损己利人的事。纵观马吉翔出道以来的表现，这位仁兄的智力和能力都是相当可以的（不然也得不到皇帝的重用，坐到特务头子的这个位置上），但他的道德水准又明显没有瞿式耜那样高，所以受到了这样的侮辱（至少马吉翔是如此认为的），不报仇是不行的。

李成栋，老虎不发飙，你当我病危啊！

于是，下定决心要一雪前耻的马吉翔很快便和陈邦傅联手，准备对李成栋展开报复性打击。

马吉翔手中有特务，陈邦傅底下有军队。不过在两个人看来，仅有这些资源是不足以构成强大的战斗力，将他们共同的敌人一击毙命。所以两人虽说结成了联盟，却没有急于出击，毕竟他们追求的效果是让李成栋一倒之后就再也难以翻身。

为了实现这个目标，我们还需要帮手。哪个愿意助咱一臂之力？马吉翔和陈邦傅在朝中发出了号召。这个时候，内阁的一位大人主动向他们挥了挥手。

此人不是别人，而是我们的老朋友，王化澄。

这时早先为躲避战乱而隐居乡间的王化澄见朝廷的局势稍见稳定，早已返回朝中，且凭借与皇后家的特殊关系得以官复原职，重新入主内阁。但是，王化澄的这次主动示意，其实为的并不是加入马吉翔的统一战线，共同打击李成栋，因为当时的王化澄本人正处于很大的麻烦之中。

当初永历起行去南宁时，王皇后由于怀孕，行动不太方便，永历出于安全的考虑便把她留在了象州，并派王维恭（皇后的哥哥）、王化澄等亲族陪侍身边。体贴的永历除了留下御医团队和皇后的亲友团外，为了保证皇后在兵荒马乱中顺利生产，临行前特地赐予王皇后十道空头敕令，以便“俾皇后猝有缓急，征调防卫”。

所谓的空头敕令就是盖了皇帝公章但却没写内容的圣旨。在那个年头，这些空头敕令绝对是相当了不得的玩意，因为有了这些就相当于可以暂时过把皇帝瘾，想干嘛，就干嘛，而且机会不少，有十次之多。这些敕令虽说名义上给了王皇后，但实际上最后是到了王化澄的手里。

王化澄拿到敕令时，眼里是冒着金光的。利用这个机会，王化澄怂恿王维恭在城内明码标价，大肆出售官职。既然有人敢卖，自然就有人敢买。最终作为明朝皇族远支的朱统鍪等人经过竞拍取得了名额，被王化澄动用敕令分别封为佥都御史等官。这件事应该说王化澄做得比较完美，银子一分没少全部收入了囊中，还严密封锁了消息，不仅远在南宁的永历不知道，就连内阁和吏部也没有听到风声，可谓是滴水不漏。然而，随着王皇后身体状况不断改善，皇后一行跟着来到南宁居住，随即生下了皇子又随圣驾迁往肇庆，王化澄干的这件事终于被人给抖搂出来了。

个人认为，王化澄卖官事件的暴露其实不过是个时间问题。买到官的那几位仁兄虽然凭借皇帝的敕令可以前去上任，可毕竟没在吏部正式注册，所以到了发工资的时候，这几位的工资、奖金、福利待遇等应该是通通没有的。好不容易花了大把银子买了个官做，最后竟然被告知是白干活儿不给钱的。这就如同今天某位仁兄辛辛苦苦攒了钱买了套二手房，结果却得知卖给他房子的人根本没有房产证，且这栋房子随时要拆一样，是件很要命的事情。

消费者对商品感到不满意，自然要退货，商家推脱说退不了，自然要告状。鉴于当时消协尚未成立（即使成立了也不敢接手），有人就直接把状告到了政府。

此事一出，朝野哗然。最为兴奋的还是都察院的御史们，这帮大爷由于战争的原因，天天跟着皇帝四处迁徙奔波，已经好久没能展现自己的过人骂功了。他们也认识到，倘若再不练练嘴，这吃饭的绝技恐怕就要就此废掉了。恰好这时的王化澄卖官事件为广大言官提供了一个宝贵的机会。

按照史书记载，言官们得知此事后义愤填膺，以致出现了“群言交攻”的局面，送上去弹劾王化澄的奏折堆了两三摞，每摞都有半人高，估计都够供给王化澄先生直接火化之用了。估计王化澄平时在朝中的人缘不是太好，出事后除了以骂人为主要业务的言官起哄外，其他的大臣也没闲着，同样积极参与其中，四处搜集王化澄的黑材料，整理好了就交上去，大有不灭掉此人誓不罢休之势。

这下甭说是皇后娘娘的通族兄长，就算是皇后她亲爹，永历先生也是保不住了。

王化澄不愧为老狐狸，自知在这种境况下，自己的大学士地位很难保住，就主动向皇帝表示说自己最近身体不太好，请求朝廷体恤，同意他回家养病。与此同时，他又暗中派人联系了马吉翔和陈邦傅，以图为自己日后的东山再起、重出江湖打好底。

即将离开朝廷的王化澄之所以如此自信，预知马吉翔会答应在未来帮助自己，是因为他能确定自己向马吉翔和陈邦傅推荐的那个人正是两人所迫切需要的。

王化澄向马吉翔推荐的那个人叫朱天麟。

需要说明的是，这位朱天麟并不是小说《封神演义》中击败过雷震子的那位道兄，而是真实存在于历史中且将对明朝产生极大影响的一个人物。

朱天麟（曾用名沈天英），字游初，南直隶苏州府吴江县人，后来搬家到了昆山，所以有的书上说他是昆山人。这个朱天麟先生出身贫寒农家，但自幼聪明好学，读书用功，早在崇祯元年就中了进士，高考后被分配到了江西饶州从事司法工作（推官）。

据说朱天麟在任上勤政清廉，“有惠政”，且以从来不向当时的司法黑幕低头妥协而闻名。这样虽说得到了业界同人的尊敬，却也给自己造成了些许麻烦。崇祯十一年（1638），朱天麟参加兵部武选司主事这一职位的竞争，由于家里没钱，又受到一些朝中官员的顾忌，尽管政绩不错却没有得到朝廷重用。

不过，本已收拾行李准备原路返回的朱天麟，却因为自己平日的好名声收获了一个意想不到的惊喜。

听说朱天麟在竞争主事一职时因没有行贿而落了选，朝中当即就有人为朱天麟打抱不平。事实上这些人还不是一般的官员，职位虽不高却因工作性质能经常见到皇帝——负责为皇帝讲解经义。也就是说，这些人的身份主要是讲官（帝御经筵，讲官并为称屈）。

明朝的讲官大多是由一些饱读诗书的书呆子担任的，这些人大都具有一个比较共同的特点，那就是比较较真，比较愤世嫉俗，比较愿意帮助弱势群体。所以在他们看来，朝中当时这种不正常的任用官员的程序是很俗的，朱天麟没被选中是很冤的。于是讲官们就找了一个机会集体为朱天麟叫屈，引起了当时的皇帝崇祯先生的高度重视。

要知道，崇祯和这些讲官一样，对朝廷里的各种腐败现象和潜规则也是十分反感的。但是作为皇帝，又不能仅凭几个讲官的一面之词就给朱天麟升职。于是聪明的崇祯就想出了一个绝妙的办法：亲试。

崇祯派人传来了朱天麟，亲自进行考核。几个问题问完了，感觉还不错。所以皇帝陛下亲自下令将朱天麟改任翰林编修，留在北京工作，几年后又给朱天麟派了个还算不错的差事：到山东祭祀自己刚去世的亲戚淮王。

然而，朱天麟接到命令后刚走到山东，京师就陷了。后来终于下定决心去投奔弘光，走到半路，南京又陷了。

朱天麟感到很郁闷。他只好返回家乡昆山，与徐开禧等当地乡绅一起率领民兵固守城池，抗击清军。不久昆山县城失守，朱天麟只好“挈家南行”，从海路出发跑到了福州。隆武对朱天麟的到来倒是很高兴，先让朱天麟担任侍读兼少詹事，后来又安排到了国子监工作。但朱天麟对当时朝中的郑芝龙兄弟不满，因而没干几天便主动辞职到了广东。

永历在武冈时听说了朱天麟的事迹，派人去请，还给他留了个礼部侍郎的职位，但是朱天麟却出人意料地拒绝了。原因很简单，当时朝中有一个郑芝龙式的人物——刘承胤。

朱天麟如此不肯给面子，如果换到朱元璋时代早就派锦衣卫上门抓人了。不过永历的脾气比较好，性格较为平和，所以就没有继续坚持。可是就当几乎所有的人都一致认为朱天麟将就此隐居田间终了一生时，朱天麟却在一个看似最不合乎常理的情况下主动回到了朝中。

之所以说不合常理，是因为朱天麟回到朝廷的时候恰好是永历朝廷最危急的时候。当时，永历朝廷刚经历了武冈的出逃和柳州的兵乱，方在南宁落脚。随行到南宁的官员掰着手指头就能数得过来，估计还用不上脚趾。借用时人的一句话，是“自乘舆播迁，班行零落，纶扉无旧词臣，甚则阁员不备”。也就是说，跑路之后，大臣上朝时的班序都站不满人，皇帝身边连个平日抄抄写写整理公文的秘书都没有，估计就差惨到自己磨墨了。一直作为帝国统治中枢的内阁，情况也不容乐观。当时内阁有且仅有大学士三人：瞿式耜、王化澄和严起恒。然而，首辅瞿式耜身在桂林承担边防重任，走不开；王化澄被留在象州侍奉皇后，不能走；所以在永历身边值班的就剩下一个严起恒了。

事实上就是这唯一一个跟在皇帝陛下身边的严起恒，也是在永历跑到象州时刚刚入阁的。有意思的是，当永历让严起恒以吏部尚书的身份担任东阁大学士，入阁办事时，严大人还死活不干，最终惹得好脾气的永历也发了火，放出话来告诉严起恒不干也得干，严大人这才老老实实地接受了这一任命。

想当年，内阁这个地方可是无数人费尽心思、绞尽脑汁想要跻身进入的权力核心，现在却变得让人唯恐避之而不及，归结这其中的根本原因还是两个字：太累。

入阁之后，严起恒事实上就是一个人单干，每天都要批阅票拟大量奏章，处理各类事务，常常是做事做到天明，次次累得要死。更令严大人痛苦不堪的是，每当他看到从下面送交上来的各部门公文，他就会想起一个极其残酷的现实：没有人会帮自己一起看完这些文件的。

再这样下去，就算严大人的身体再好，工作再劳模，迟早也会吃不消。幸好在严起恒过劳死之前，朱天麟来了。

事实证明，朱天麟并不像某些书上宣传的那样是一个阴险自私的人。我之所以敢这么说，是因为朱天麟以他的实际行动证明了这一点。

永历二年，回到朝廷不久的朱天麟被任命为礼部尚书、东阁大学士，正式进入内阁，帮助已经快要累散架的严起恒共同主持政务。这个时候，陈邦傅不知听了谁的建议，正在打算向朝廷请求遵照云南沐氏的例子，签订一个长期的合同，世守南宁等地。

奏折报了上去，刚到内阁就被朱天麟给否了。不仅如此，朱天麟还对中书舍人张文光不肯起草这一敕令的行动表示公开支持。消息传到陈邦傅耳中，把陈邦傅气到冒烟。出于对朱天麟的怨恨，有一次在陈邦傅的船和朱天麟的小船于江面上碰头时，听说对方就是搅黄了自己好事的朱天麟，陈邦傅当即就让人把庆国公的官印和皇帝陛下赐予的尚方剑投到了朱天麟的船上示威。那意思就是让朱天麟老实配合，否则自己就会凭借着国公的身份和御赐的尚方剑把朱天麟怎么怎么样。

朱天麟对于陈邦傅的这一威胁却好像不知情一样，回到内阁中还是顶住了压力，把陈邦傅的世守广西硬是改成了居守广西。弄得陈邦傅的计划彻底破了产。

所以说，陈邦傅与朱天麟是有着很大的矛盾的，因而当王化澄说出朱天麟的名字时，陈邦傅还以为王大人是在跟自己开玩笑。不过当从王化澄那里得到了肯定的答复后，陈邦傅的神经彻底错乱了。

“你以为朱天麟真的会答应同我们合作吗？”

“会的，我有十分的把握。”王化澄微笑着回答。

王化澄的话似乎有忽悠之嫌，但让人难以置信的是，在王化澄的牵线搭桥下，朱天麟竟然真的同意了。有人将这件事归因于朱天麟本人的人品问题，不过在我看来，真实的情况并不是那么简单。

朱天麟同意与马吉翔等人联手的真正原因，其实并不像一般人认为的那样，被记录在这些人的传记与对话中。因为毕竟这种东窗密谋之类的言语，是不可能出现在正史记载之中的，即使真有记录那也大多属于今天的场景再现，可信性是要大打折扣的。因而我们并不能从官方修的史书上着手调查。至于那些私人的历史笔记和民间的野史传说，其真实性往往更低。所以要想搞清楚事情背后的真相，看上去似乎是件很难的事情。

看上去很难，实际上并不一定很难，在这里我不得不重申这样一个观点。因为历史的真相虽然可能既不属于正史也不见于野史，可有一个地方透露出的讯息是可信的，那就是当事人的日记和他们给亲朋好友的信件。

在翻阅资料的过程中，瞿式耜的一封信引起了我的注意。读完了这封信后，我意识到幕后的真相或许就隐藏在这封信中。

瞿首辅的这封信写于永历二年（1649）九月。信较长，在此就不全文列出了，只摘录出最为关键的那一部分：

> 吾之留守桂林，不止要照管东、西，通何督师之气脉；亦为东边用人行政，惟知奉承剃发之人，全不顾朝纲清议，太看不得。与之同流合污既不能，

终日争嚷又不耐，反不如身居局外，犹得清清白白做一人也。

不知道大家从这句话里首先能看出什么？

对了，是愤怒！

通过这段信中言语，我们不难想象，瞿大人在写这封信时有不满情绪。那是什么事情让我们的瞿首辅如此不爽呢？信中对此说得很清楚，是所谓的“剃发之人”。具体一点就是广东反正的李成栋等官员。

前文提到，李成栋曾邀请朝廷移驻广州，与此同时瞿式耜奏请皇帝临幸桂林，两边曾发生过激烈的言语冲突。最后朝廷出面和了场稀泥，表示哪儿都不去，迁往旧地肇庆。这样事情才平息下来。

表面上朝廷是采取了折中的态度，搞定了此事，不过在瞿式耜看来，实际上是李成栋获得了最后的胜利。

广东很明显属于李成栋的势力范围，各地都是李成栋的亲信在把守。朝廷将行在迁往肇庆，其实从某种程度上来说就是在对李成栋等反正的大臣传达一种信任和迁就，这就使得跟李成栋交手过三次还差点把老命拼掉的瞿式耜等人感到相当不快。

更让瞿式耜等坚守桂林的官员不忿的是，朝廷搬到肇庆不久就发布了一条命令，告诫大小官员们在今后的奏折中一律不允许出现剃头、无发之类的敏感词汇（禁自陈保发归朝之语），否则将会受到相应的处罚。

很明显，这一诏令是特意为了保护李成栋等反正官员的面子而下达的。一时间瞿式耜等人一致认定，朝廷在用人行政上，在走向“重反正，薄守节”的极端。如果不尽快制止，朝廷或将就此在歧路上越走越远，最终成为李成栋控制朝臣、代天子行政的工具。

事实上，不仅是桂林的瞿式耜等人对此表示不满，在朝中的部分官员对于永历表现出的过度信任也颇有意见，且还很大。朱天麟就是这些人的代表。

朱天麟在家乡带领乡亲们抗清时，李成栋降清搞镇压；朱天麟对隆武倡导的中兴大业寄予厚望时，李成栋竟然制造了汀州之变，逼死了隆武帝；朱天麟打算请永历御驾亲征、出兵江南时，李成栋又是一本奏章把朝廷引入了岭南。如果说朱天麟对于陈邦傅只是普通的厌恶的话，那么他和李成栋就真的是一天二地恨，三江四海仇。

朱天麟起初的所有希望基本上都可以说是粉碎在李成栋的手中（虽然不是有意的），所以王化澄从中为朱天麟和马吉翔、陈邦傅的联手找到了一个非常充足的理由。

李成栋，和你拼了。

王化澄走了，但这个由他出头拼凑起来的政治联盟却就此保持了下来。或许连王化澄本人也没能预料到，这个起初包括了庆国公陈邦傅、锦衣卫指挥使马吉翔、内阁大学士朱天麟在内的松散组织竟然会在接下来的短短几年内发展成为一个无比强大的利益集团——吴党，并将在南明历史上留下极为深刻的印记，甚至连他本人也被卷入其中。

何腾蛟的昏招

在何腾蛟看来，永历二年正月江西金声桓、王得仁和同年四月广东李成栋的先后反正，对于大明的中兴绝对是一次重大的转机。此时全州又在自己带领赵印选、焦琏等部的协力作战下得以攻克。清廷任命的广西巡抚李懋祖、总兵余世忠被迫退入了湖南永州一地固守，那形势绝对不是一个好字就可以概括的。所以何腾蛟决定趁此良机，派军队继续加强对永州的攻势，把收复湖广的喜讯尽早报到朝廷。

然而当他从朝中使者口中听到收复了靖州、武冈、宝庆等地的将领名字时，何腾蛟脸上的笑容瞬间凝固了。

陈友龙，这绝对是一个让何腾蛟一辈子也不会忘记的名字。就是在此人带领下，清军才会攻入自己的家乡，并将自己的老婆孩子一起抓了起来，送给了清廷。起初，清朝方面以何大人家属的名义写信劝降何腾蛟时，何督师还不太相信，可是等他派人回家实地考察了一番，来人的回报几乎彻底摧垮了何腾蛟。与此同时，他也牢牢地记住了领兵将领的名字，发誓要为自己的亲人报仇雪恨。

按照何腾蛟原先的安排，大军在攻克永州等关键城市之后，自己将亲率明军前往靖州与仇敌陈友龙决一死战。可事情的变化却实在大大地出乎了何腾蛟的意料，陈友龙不仅反正归明而且陆续收复了许多失地，即将兵临长沙。

敌军突然间变成了自己的友军，叛徒一下子成了大明功臣，何腾蛟意识到自己的这个仇估计是报不了了。对此何腾蛟极不甘心，看到自己的仇人就那么站在自己的面前，还将接受皇帝陛下的亲自嘉奖接见，这绝对是件让人很难以忍受的事。

因而在常人难以想象的愤怒、痛苦和惊慌的共同作用下，何腾蛟终于做出了他这一生最错误、最引人非议的一个决断：趁陈友龙没有收复长沙前，向他下手。

或许，何腾蛟内心深处十分清楚自己这一行为绝对是极度错误的，然而情感最终还是战胜了理智，他下达了出兵的命令。

此时何腾蛟并没有意识到，自己的这个命令不仅会要了自己的命，甚至将南明好不容易才等来的中兴机遇一起带入了毁灭的深渊。

何腾蛟自己知道，这个指令是极不地道、不正常的。为了保证这个命令能够得到彻底执行，何腾蛟特地找来了一个本身就不太地道的人去办。

接到这一任务的人就是南安侯郝永忠。

郝永忠依据何腾蛟的计策，率部由柳州北上进入靖州地区，准备偷袭驻扎在这里的陈友龙部。但对外则宣称，要借道靖州，恢复还在清军控制中的辰州。

得知友军路经防区，为人耿直的陈友龙没多想，当即命令自己的军队让道。陈友龙本人甚至还有与领队的郝永忠见上一面的想法。然而还没等陈友龙考虑好要不要同郝永忠会面共商军情，郝永忠军却突然对毫无防备的陈友龙部发起了攻击。陈友龙军做梦也没有想到郝永忠会来这一手，当即全军溃败，陈友龙也因在仓促之间无法指挥反击，只得带着残余部队逃入广西柳州，派人带着自己的奏疏向朝廷诉说冤屈。

陈友龙控诉何腾蛟的奏疏是送上去了，可是过了很久也没从朝廷那里得到回应，部下们很是着急。不过陈友龙对此事的态度还是比较淡定的，他尽力平息了士兵们的愤怒，并且告诉他们朝廷一定会还那些突遭厄运的战友们一个公道的。

毕竟这也算是件大事了，朝廷能眼看着有人挑起摩擦而不管么？

答案是：能。

事情报到中央后，朝廷并没有就此事对何腾蛟等犯错误者进行严肃处理，甚至连突袭完陈友龙还趁机大肆抢掠了一票的郝永忠也未受到惩处。作为受害方的陈友龙则是在事发的几个月后才见到了皇帝，得到了妥善的安置。所以后世的一些人就此给出了永历帝昏庸懦弱、朝廷官官相护、赏罚不分的结论。

然而在我看来，这些结论或许是错误的。

要知道，此时的明朝早已今非昔比，朝廷之中有军事经验和功勋资历的文官也就那么几个，一个巴掌就能数得过来。要是因为此事把何腾蛟给干掉了，谁来干活？更为重要的是，湖南的那帮爱惹事的将领们还有哪个镇得住？因而，暂且不管才是没有办法之时的最好办法。

明军内部发生了激烈的内讧，特别是那个让人很是头疼的陈阎王被赶走了，清军自然弹冠相庆。于是，清朝总兵张国柱、参将魏守职重新占领了宝庆府，以图阻断明军对长沙的进军。但两个人还没有喘口气，何腾蛟来了。

何腾蛟才指挥军队攻下永州，就挥军来到了宝庆。这一次的战斗基本上没有悬念可言，明军乘胜出击，清军继续疲软，宝庆再次易手。此时，清朝任命的湖南官员见明军声势浩大，主动放弃了长沙周围一些不太重要的城镇，把兵力集中收缩到了长沙一城，想要通过扼守长沙拖延时间，争取到清廷的援兵增援。

何腾蛟对清军的这一意图自是看得很清楚。但想一口气拿下长沙，现在自己手中的兵力还略显不足。因而何腾蛟派人去找一个人，请求他的鼎力支持。

何腾蛟要找的这个人就是他的老同事堵胤锡。

找人帮忙没有问题，可如果找的是堵胤锡，那就有问题了。原因很简单，何腾蛟和堵胤锡这两位是有矛盾的，而且矛盾还不小。

想当初，堵胤锡任长沙知府时，何腾蛟是湖广巡抚；后来堵胤锡当上了湖广参政，何腾蛟是湖广总督；再往后，堵参政成了堵巡抚，何总督却已经变成了何督师。而且令人艳羡不已的是，何大人不仅督师，还同时兼了三个职务，一个是内阁大学士，一个是兵部尚书，最后的一个虽然没啥权，但也很牛，叫太子太保。堵胤锡自从入仕以来，何腾蛟一直都是他的上级。但是，这种情况却并未一直持续下去。永历年间，情况发生了改变。

永历即位之初似乎就十分看好堵巡抚，曾诏令堵胤锡为东阁大学士加兵部尚书衔领兵，之后虽然堵胤锡的职位又有些变动，但却依旧是挂名在内阁中的大学士，很牛。特别是永历二年十一月，堵胤锡再次出任兵部尚书，并得到了皇帝陛下亲赐的印剑，奉命总督湖广军务，那就更是了不得了。湖广地方许多读书人纷纷拜投到了堵胤锡的门下，堵府一时间车水马龙，门庭若市。虽然堵胤锡并不是那种收黑钱、帮人办事的人，但是这一景象还是引起了一个人的不满。这个人很不巧，就是何腾蛟。

当年堵胤锡得以成功升任湖广巡抚，何腾蛟是帮了忙的，堵胤锡也为此表示过感谢。可是现在堵大人的职位变为了兵部尚书、大学士，几乎可以与何腾蛟平级了，何腾蛟慢慢发现，堵胤锡对自己的态度也随之发生了变化。

以前是何督师说怎么做，吩咐下去，堵巡抚就照着做去了。可现在情况却绝非如此，何腾蛟发现每当他下命令时，堵胤锡总要接上两句，特别是在处理人事事务时，堵胤锡感到何腾蛟的一些做法不够妥当，竟然敢公开表示反对！

对于这种情况，堵胤锡有他自己的看法。以前是以前，是上下级关系，自己又确实缺乏处理政务的经验，自然要听领导的。不过现在两个人基本上是平级了，何大人的一些命令又的确是有问题，为了国家利益，不校正下是不行的。

何腾蛟却不这么看。在何督师看来，堵胤锡是自己一手提拔起来的，又长期经自己照顾，自然要对自己心存感激，但时至今日，翅膀硬了，竟敢和自己公开叫板，实在是可恶至极。

没有得到堵胤锡一如既往的尊重，何腾蛟有点不高兴。但也没办法，毕竟朝廷在湖广最为倚重的就是自己和堵胤锡，而论起资历与在朝中的影响力，自己还在堵胤锡之上，所以何腾蛟即便心有不满，还是照旧与堵胤锡尽量维持关系，避免进一步恶化。然而紧接着发生的一件事情，却使得双方尽量互相妥协的努力变成一场

空，不久两人就接到了朝廷的指示：分兵。

鉴于原李自成部队改编而成的忠贞营在湖北一带作战经验较为丰富，且是由堵胤锡说服收编成功的，因此朝廷下旨令堵胤锡主管忠贞营，专门负责湖北军事事务。督师何腾蛟则改为仅负责湖南。这样一来，湖广地区正式被朝廷分为了湖南、湖北两个战区，且被交由了不同的主官负责。

按说朝廷的本意是减轻何督师的工作压力，使湖广官员们得以更好地各司其职，但却产生了一个没料到的结果。忠贞营全力北上，发动了攻打荆州的战役（就是我们前面讲过的那次），何腾蛟却由于各种因素没能带所属部队北上进行有力的支援，从而导致了忠贞营的大溃败。事后，堵胤锡对何腾蛟的意见很大，认为何腾蛟这是在砸自己的场子。后来清廷派遣孔有德等三王进兵湖南，何腾蛟又连续打了败仗，基本上把朝廷交给他经营的湖南领土丢了个精光。反观忠贞营虽然大败，在湖北却还有一些根据地，且继续坚持作战，骚扰敌后。

经过这件事，堵胤锡对何督师的指挥能力又有了进一步的看法：军事白痴。

平心而论，何腾蛟虽然在军事方面只能算“二把刀”，但还不算太菜。关系闹得如此之僵，说实话堵大人实在是不愿理何腾蛟，然而却很清楚，明军在短时间内取得如此重大的胜利，不过是趁清军主力撤出湖南时讨巧捡了个便宜而已。明军兵力本来就比较有限，加之刚收复的湘西、湘南许多州县，需要有军队镇守，这就更加分散了。

除了兵力不足，实力不济也是让堵胤锡一想到就头痛的问题。仅以堵大人自己手下的军队而言，真正能上场作战的只有马进忠军，其他各部的战斗力依旧保持在打打土匪路霸的水平上，估计也就能维护各地社会治安（从这点来看至少比菲律宾的特警强）。

各自为政、四处分散的现状，使得湖广明军不仅很难承担起收复湖广全部领土、东援江西金声桓军的重任，甚至很有可能在清军主力再度入境后一触即溃。为避免这一局面的发生，堵胤锡决定再次亲自动身，前往忠贞营进行劝导说服工作，以配合湖广明军的军事行动。

荆州战役失败后，忠贞营为了保存实力，撤进了湖广四川两省交界处的山区积聚力量。由于在与政府军的作战中积累了相当丰富的经验并已形成了一整套进山、招人、出山的休养生息、扩充力量的模式，因而不到一年就恢复了实力，据说兵力达“数十万”之多。

堵胤锡听到这个消息，很是高兴，再次发扬了不怕进山沟的精神，在知情人士的带领下翻山越岭，终于见到了高必正和李赤心。

堵大人本来就与高必正等人的关系不错，再加上一番保家卫国、民族大义的大道理说一通下来，高必正等忠贞营将领当即纷纷表示，愿意跟着堵胤锡同志走上一趟。

这一次李赤心亲自领兵东下担任前锋，以湖北彝陵为基地开始调集各部兵马，发动攻取长沙的战役。在发出集结命令的两个月后，忠贞营完成了集合，大军号称十万，于即日开赴常德。

十月二十一日，从常德向长沙进发的忠贞营初战告捷，击败了清军总兵徐勇派来的援兵，收复了益阳。不久，李赤心又分兵攻取了湘潭、湘阴、衡山三县，形成了对长沙的包围态势。特别是在攻打湘潭的战役中，忠贞营将清廷偏沅巡抚线缙的一万余人打了个溃不成军。也就是这场仗打得清军一改往日的强势，躲在长沙城中，任凭城下的明军士兵骂遍了八辈祖宗也不敢再与明军进行野战。

至此，长沙府所属的十二个县已被明军收复九座，剩下只有长沙、善化二县（即长沙城）和浏阳仍有清军坚持据守。自从湖南失陷后，长沙的守备从未像今天这样虚弱过。

城下的明军士兵一直等待的就是这样的一刻。

十一月十一日，在忠贞营主将李赤心和高必正的亲自统率下，明军数十名将校率领所部兵马包围了长沙城。这一次的动静很大，按照史书的说法是“临城四面攻打”。在攻城的战斗中，明军不但使用了较为传统的爬墙和凿城的手法，更加具有杀伤力和威慑力的攻城手段也被广泛应用到了战场上。

在通常的攻城战斗中，一般情况下是一方爬城墙，一方掀梯子。实在掀不翻的情况下，城上就向下扔点杂物（形式比较多样，石块、檑木不一而足，只要是重物足够把爬墙的兄弟砸下去就行），就算是再惨无人道点的也不过是找来口大锅往里面放满油，待煮沸了一口气浇下去而已。

这样看来，守城的方法相对于进攻一方似乎要多样得多。不过忠贞营此来似乎为的不仅是突破城池，顺便还颇有点打破传统的架势。明军在攻城过程中，不但有直接攻击城墙的，奋勇爬城的，而且还安排了一队较为特殊的部队进行援助，他们的打击对象并非城墙，是守城的人。

这些士兵大都配备着弓箭、火铳之类的远程武器，通过射出箭矢、铅子来偷袭守城的清军。事实证明，这一招是十分有效的，因为史书上有着这样的记载：“箭如雨，铳子落城中如鸡卵，中人物皆毙。”

个人认为，担负这一任务的明军士兵很可能大都受过严格的射击训练，且是被当成狙击手来的。因为要在混乱的战场上精确地瞄准敌人，并将其一击毙命，这绝对是个技术活儿。甚至我还有些怀疑，想到组织起这样的一群人，加以训练的或许就是李赤心。

当李赤心还叫李过的时候，在一次战斗中，他曾被流矢弄伤了一只眼睛，结果很不幸地成了夏侯惇的翻版。之后李赤心便十分重视弓弩手的实战运用，且自己也开始注重弓箭训练。在攻打长沙的战役中，李赤心高超的射击技巧也确实得到了展现。

有一次李赤心在阵前监督士兵们攻城，猛然发现清军的总兵徐勇也在城头督战，于是赶忙找来弓箭，瞄准徐勇一箭射了上去。当时徐勇只顾着看城下，根本就没有预料到有人会在战斗中瞄上自己，当然也更不可能预料到明军之中竟然有李赤心这样既具先天条件（眇一目）又能后天苦练的神箭手在，结果被李赤心一箭当场射倒在城上。这一幕把在场的清兵着实吓了一跳，虽然徐勇凭借着质量较好的盔甲没有挂掉，然而这种不知何时就可能会遭遇飞来横祸并直接找阎王报到的恐惧却使得清军士气大跌。

明军经过五天五夜的连番进攻，外加“掘城凿洞”，基本上取得了战场主动权。几天的仗打下来，偏沅巡抚线缙和总兵徐勇虽然拼死顽抗，暂时保住了城池，但部下士兵却是越打越少，最后剩下不过三千人左右，且有不少是挂了彩的。

内无重兵，外无强援。攻克长沙已经指日可待。就连当时清朝的湖南巡按吴达在给清廷的奏疏中也不得不承认，被明军围攻数日的长沙城是危在旦夕（长沙之围虽十六日报解，而其势益危）。偏沅巡抚线缙的态度则更为悲观，认为长沙“将至垂危”，乃至做好了在城破的同时自杀的打算。

但是事情的发展告诉我们，决心死撑的线缙并没有死成。这一切是由于一个人的帮忙，何腾蛟。

命令郝永忠部突袭陈友龙后，何腾蛟的昏劲似乎还没能过去，甚至有转成持续状态的趋势。眼看着长沙城即将在忠贞营和自己所部诸将的共同打击下被攻克，何腾蛟又病发了。

很快，身在长沙城下攻城最前线的高必正与李赤心接到了一个令他们费解的命令：忠贞营火速奉调奔赴江西，前往解救被清军谭泰、何洛会部包围在南昌的金声桓、王得仁。

金声桓和王得仁在南昌被围也不是一两天的事了，而且朝廷已经向南昌派出了援军，用得着在长沙城池马上告破的这个节骨眼上千里驰援吗？高必正将众人的这一疑问回馈给了何腾蛟，然而他们得到的答复竟然是肯定的。

就算是傻子也能看得出来，这是何腾蛟先生想要独揽收复省城长沙的大功。堵胤锡当时并不在长沙，而李赤心等将又是何督师名义上的下属，实在拗不过何腾蛟，因此，十一月十六日，李赤心被迫向苦战多日的忠贞营下达了放弃攻克长沙，东进驰援的命令。

忠贞营撤走了，何腾蛟十分高兴。但何大人没有预料到的是，和高必正等人一同离去的还有夺回长沙进而一举平定湖南、为南明争得一个稳定后方的宝贵战机。

当然，有的史书上说何腾蛟之所以会下令让忠贞营撤走是因受到了刺激，刺激他的是堵胤锡在得知忠贞营即将攻克长沙时说的这样一句话："（长沙）督辅失之，我为复之，不亦善乎？"

不论堵胤锡是否曾说过这么一句能够刺痛何督师神经的话，何腾蛟作为南明的重臣、湖广地区的最高指挥，都没有理由、没有道理、没有借口这样做。

遗憾的是，当时的何腾蛟还是固执地做了。他的这一行为也势必给整个事态的发展带来极为严重的后果。

传说中的崩溃即将到来。

忠贞营撤出战场后，长沙城内的清军逃脱了覆没结局。得知此事的巡抚线缙更是激动不已，就差泪流满面了。城中清军趁明军解围时出现换防空档的机会，派小股部队潜出城中四处抢粮。总兵徐勇为了解决守兵不足的问题，别出心裁地想到了从居民中挑选壮丁的方法以加固城守。

就这样，长沙城趁何督师犯糊涂的时机，不但获得了充足的粮草，甚至还扩充了守城的人手，做好了迎接明军新一轮进攻的准备。

缺少了忠贞营，担任明军新一轮攻势主力的是马进忠部。按理说马进忠一直在堵胤锡麾下作战，怎么会没跟着堵大人救援江西，反而成为何腾蛟军的主力呢？这当然是有原因的。

马进忠早先也是民军出身，后来打仗接连输给了猛人左良玉，每次还都败得很惨，于是乎就投降了。但马进忠成为官军并不重要，重要的是后面发生的事。

进忠投降左良玉是在崇祯十年。这一阶段前后左良玉的主要对手是李自成部。也就是说，左良玉先生那时是主要时间打李自成，业余时间打扫一下诸如马进忠这样的小鱼小虾，因而成为左良玉部下后，马进忠难免要和李自成军打几场大仗。既然是战争，就难免要有伤亡，自己的战友老乡在战场上被敌人杀死那更是常有的事，所以马进忠虽也是民军出身，自此却和民军将领们结下不少过节。

后来李自成死了，李赤心等民军将领归降了明朝并被改编为忠贞营，成为明军的一部分。敌人突然成了自己人，马进忠心里产生了与听说陈友龙反正时的何腾蛟相同的感受：不爽。

在堵胤锡的有力协调下，李自成的那些旧将同马进忠这位以前的仇敌见面时虽然还不致闹到分外眼红的地步，但要做到冰释前嫌，亲如兄弟，那的确是很难。马进忠从来就对忠贞营不太感冒，特别是当他得知忠贞营战败后竟连个招呼也不打就躲进山里休养生息后，更是气不打一处来。马进忠认为这些李自成旧将并非像当年

的自己一样是真心实意投降的，他们之所以归降不过是迫于形势，一旦朝廷将清军赶出关去，此辈必反。

在马进忠的眼中，忠贞营是明朝中兴大业中的不安定因素之一。但令马进忠感到不忿的是，自己的顶头上司、忠贞营总制堵胤锡堵大人似乎并没能意识到这一点，反而跟这些曾经的敌人处得很好，照顾有加。所以当马进忠驻守常德时得到了堵大人要求自己率部撤出常德而把该城让给忠贞营休整的命令后，长期以来压抑在胸中的怒火终于在一瞬间喷发了出来。

听闻忠贞营正在迅速接近，马进忠知道自己不让不行，但又实在气不过，于是适时召集了手下的士兵高声宣布道：制相（堵胤锡）在军中，有王命在，不可以争。制相既不足与同事，惟舍此去，就督师于湖南耳。所以就转而带兵前往投靠何腾蛟去了。但马进忠或许是为了发泄一下自己的愤怒，做了一件相当不应该的事，那就是将常德城一把火烧成平地，之后才率部扬长而去。

堵胤锡从常德城中逃出的灾民口中得知了马进忠的所作所为，非常气愤，当即下令派人前往捉拿南行的马进忠，欲军法从事。但由于马进忠已派人快马同何腾蛟通了气，何腾蛟又赶紧找人向首辅瞿式耜报了信，这才帮马进忠把事情给压了下去。

自此之后，马进忠和堵胤锡彻底分道扬镳，行同陌路，以致后来何腾蛟死后，朝廷出于两人不和的考虑，而没有将堵大人直接升为督师。当然，最后桀骜不驯的马进忠还是遇到了能够完全镇得住他的猛人，也就是后文的主角——李定国。

忠贞营一走，何腾蛟立刻就调当时驻扎在武冈的马进忠部赶到湘潭担任攻城的主力，然而此时何腾蛟并没有意识到，在自己调兵遣将准备发动新一轮攻势的同时，远在北京的多尔衮也在忙着同样的事。

清廷一直将湖广视为南下进攻两广的中枢要地，当收到明军趁孔有德大军回师的时机重新控制了湖南大部分领土时，摄政的多尔衮立即对此事表示出高度的关注。为了重新夺回南方战局的主动权，这一回多尔衮决定使出真功夫。他不仅马上传令北上的定南王孔有德等人立即回军湖广积极动作，又派人找来了和自己同列“四小贝勒”的郑亲王济尔哈朗，封其为定远大将军，协同曾在湖广战场上有相当出色表现的顺承郡王勒克德浑统兵前往湖广，彻底消灭明军。

多尔衮除了调度这两位极为能打的将领外，又下令给平西王吴三桂，让他自锦州移镇汉中，在川陕一带策应。又命靖南王耿精忠、平南王尚可喜各率所部兵合计两万人，做好远征广东的准备。

这里要说明的一点是，此次清廷派出进入湖广的并不是普通的清军，而是清军主力中的主力，王牌中的王牌——满蒙八旗兵。事实上，入关之后的清军大致由三部分组成。当然我要说的绝不是按民族分为满八旗、蒙八旗、汉八旗，因为这样说了必定是要挨板砖的。所以在这里是依据军队战斗力划分的，按照这一标准，个人以为，清军也可以被分成三个部分，即满蒙八旗军、辽军和降军。

满蒙八旗军，就是清军中的满八旗、蒙八旗的合称。这一部分军队以骑兵为主，且向来是清军中的主力，战斗力极强，行军速度极快，打起仗来也更为玩命，绝对是当时中国乃至世界上最为强大的骑兵部队。别看满八旗、蒙八旗占据了清军二十四旗士兵中的三分之二，这一部分军队的人数实际上却是比较少的（当然，相对于汉旗而言）。也就是因为这一点，清廷对这支满蒙八旗军是十分照顾的，基本上做到了“没有大事不出门”。除非情况到了迫不得已的地步，不然绝对不会轻易动用这部分武装力量。不过虽是这么说，十万人我估计还是能拿得出手的。

紧接着要介绍的就是辽军。顾名思义，这支军队的主要组成成分是辽东人。虽然他们是汉族，但由于清廷自皇太极上台以来部分改变了对待占领区内汉人的政策，因而有些汉人为了吃饭也就加入了清军。这部分军队主要由孔有德等三王统领，战斗力虽远不及满蒙八旗的骑兵，但却是清军不可或缺的重要组成部分。这是因为辽军中除去孔有德等人的骑兵外，还有一个比较特殊的兵种存在，那就是炮兵。前文提到的张存仁就是辽军炮兵部队的主要将领和负责人。

最后一个提到的叫降军。这或许更容易理解，就是指清军入关之后投降清军的部队。降军的成分远远要比普通人想象中的复杂许多，单论战斗力则更是天地有别良莠不齐。

降军的主要来源也有三个。一个是明朝的政府军，大多是在清军南下的路上投降的。这之中除了有像吴三桂手下的关宁铁骑那样超级能打的军队外，还有像左梦庚的左兵、以李成栋等人为代表的前四镇这样比较能打的明军，当然剩下的就相对惨了点，打仗时基本就是炮灰，平时基本就会指挥。降军的另外的两大源头——民军和海盗也是如此，中间虽不乏一些能用得上的军队，但总体而言作战水平还是比较低的。

也就是说，如果依据战力将清军来个大排队的话，大致结果应该是如此：满蒙八旗军（关宁铁骑）、辽军（左兵与前四镇明军、大顺军）、其他。

如果我们把当时永历朝廷的军队水平拿来和清军这三部分比较一下的话，大家应该不难发现，明军的实力大致处于辽军与那个其他之间。

如无例外，何腾蛟等人即将面临的是一场前所未有的苦战。

济尔哈朗的大军经过近半年的赶路，从安陆府渡口进入湖南，并很快抵达长沙城下。虽说何腾蛟早就听说清廷派济尔哈朗等出兵湖广的消息，但当手下向他报告这一消息时，还是吃了一惊。因为据何腾蛟所掌握的情报，在济尔哈朗大军出发后不久，这支军队应该中途被调往山东镇压曹县的抗清义军才是，怎么突然又出现在

了长沙？难不成是情报有误，被清军瞒天过海了？

对于手中情报与眼前现实之间的差距，何腾蛟想得脑袋都大了也不能给自己和将领们一个满意的回答。

事实上何腾蛟收到的情报是百分之百真实的。平心而论，多尔衮虽然城府极深，军事素养也不差，但对于孙武前辈的那本书估计是只听说过，还没拜读过，所以瞒天过海实际上是没有的。

济尔哈朗带领大军确实在南下途中跑了一趟山东，参加了镇压当地反清起义的军事行动。这一路清军之所以又出现在何腾蛟面前，原因只有一个：山东的反清起义已经被济尔哈朗成功地迅速镇压了。

其实在曹县组织谋划这场起义的也是我们的一个熟人，刘泽清。我们介绍过，此人人品较差，指挥水平一般，手下军队的特点则是不能打，很能抢。所以这样的一个指挥者（且还是身在北京，进行的是远程指挥）加上有如此特点的军队（虽然此时不抢了），又很不幸地遇到了济尔哈朗加满蒙骑兵这样的梦幻组合，看来山东的起义想要取得成功，除非是得到超人的帮忙。

鉴于当年超人先生还没出生，更没光临地球，因而曹县的义军毫无悬念地全军覆没了。

从清军转攻曹县到完成任务，济尔哈朗只用了一个月。

满蒙骑兵的战斗力如此强悍，进军速度如此迅速，这是从未和真正意义上的清军交战过的何腾蛟做梦也预料不到的。因而济尔哈朗的军队一来，不仅是明军诸将，就连何腾蛟本人心里也着了慌。当时何腾蛟身边只有马进忠部等少数兵力，面对无比强大的满蒙骑兵，何腾蛟很有自知之明。所以他带领明军放弃了即将到手的长沙，主动转移到了湘潭。撤退的途中，何腾蛟敏锐地感到大势已去，给永历上了一份主动请求“引罪自劾”的奏疏。然而残酷的事实告诉我们，虽然“知错能改，善莫大焉”。但如果捅的娄子实在太大，即便是道歉一万次，也是苍白无力的。

何腾蛟和马进忠撤走后，清军在济尔哈朗的统率下基本上没有遇到任何像样的抵抗，就打到了道林。在这里，济尔哈朗从被俘的明军士兵口中得到了一个十分重要的情报：明朝督师何腾蛟和马进忠正在附近的湘潭县城内，且二人手中兵力捉襟见肘，攻之必克。

对于这一线索，统帅济尔哈朗的态度极为谨慎。与明军交手过程中长年被糊弄、当傻帽耍的惨痛经历，帮助许多清军将领们养成了三思而后行的好习惯。济尔哈朗自然也不例外。济尔哈朗起初得知这一情报时，本以为这又是明军的一个阴谋，是想打自己的埋伏，因此并不打算出兵进攻。然而当他走出兵营，见到了夕阳之下自己手下这些昔日草原上号称最为骁勇的战士们的矫健身影和他们身边那一匹匹同样健硕无比的战马后，济尔哈朗最终下定了攻打湘潭的决心。

济尔哈朗心中的忧虑一扫而光。

有兵如此，即便前方的敌人真有埋伏，吾辈何惧！

次日清晨，济尔哈朗亲自统领清军，在通往新的战斗的道路上快速行进着。令济尔哈朗感到惊喜的是，一路上并没有遇到之前想象中的埋伏，更不要说是明军士兵了，大早晨的，连只兔子都没见到。就这样，清军的突袭出乎意料地顺利，还出其不意地包围了湘潭县城，将何腾蛟等人统统围在了城中。

接到报告后，马进忠在城上巡视了一圈，见清军势大，认为以自己所部的千百来人，在外无增援的情况下与清军死战，最终只有战死的份儿。他向何腾蛟建议，率部南撤，先避一避清军的锐气。何腾蛟同意了马进忠的建议。于是，县城中的明军开始准备从水道撤出。然而就在明军撤退的同时，湘潭城门已被清军攻破，明军士兵闻讯惊溃，原本有序的撤退转眼间变成了溃退。这下即便是马进忠也控制不住局面了，何腾蛟等人随即被纷乱的人群冲散。

此时，湘潭城中唯有明将杨进喜率所部进行巷战，试图尽量拖延时间，为何腾蛟争取脱逃的机会。但杨进喜没想到的是，这一招在勇猛善战的满蒙铁骑面前起不到丝毫的作用，杨进喜和他的士兵很快在巷战中战死。他们拼死想要掩护的何督师则在将要登船逃脱的时候，被清军追兵赶上，随即被俘（还有一种说法是得知城破，何腾蛟身穿上朝时的大红色官服，正襟危坐在堂上不肯离开，因而被清兵俘获）。

清军进入湘潭，何腾蛟被俘，统帅济尔哈朗大喜过望。他从来没有预料到这次战斗会取得如此丰盛的战果。明朝的武英殿大学士、太子太保、督师何腾蛟，这么一个威震湖广的大人物，居然真的落入了自己的手中！

济尔哈朗是十分想要劝降何腾蛟的。他先派出了总兵徐勇与被俘的何腾蛟见面。这个徐勇就是在长沙之战中被李赤心一箭射倒在城上的那位仁兄，原是左良玉部将，后来左良玉病死后曾一度追随过何腾蛟，因而算是何督师的旧交。但问题是这次清军发动反攻，带领轻骑突入湘潭城的同样是徐勇。因而当徐勇带领一大帮子人向何腾蛟下拜，劝这位老领导投降时，何腾蛟突然精神起来，趁众人不备，抄起一把剑奔着徐勇就去了。徐勇也不愧是在战场上一刀一枪拼出来的，反应很快，躲过了何腾蛟砍来的这一剑。不过何督师的这一突然举动还是把来劝降的人吓得不轻。

惊魂甫定的徐勇把情况反映给了济尔哈朗，谁知济尔哈朗并不感到吃惊。或许在济尔哈朗看来，如果何腾蛟见到徐勇不冲动一把，不想砍人，那才是有问题。

既然这样，那就换一个人去吧。这一回，济尔哈朗把劝降何腾蛟的重任交给了

兵部侍郎佟养和。

对于何腾蛟而言，佟养和应该也算是个熟人。佟养和曾担任过清廷的湖广总督，曾与何腾蛟交手多次且互有胜败。不过个人以为济尔哈朗之所以会派佟养和去，其实是出于两点考虑，一是佟养和是当时军中唯一既有文化、口才，又跟何腾蛟打过交道的人，二是因为佟养和是文官，身上是不带剑的，因而即使是谈崩了也不怕被何腾蛟找到机会猛砍。

接到任务的佟养和并没有到监狱里劝降，而是将何腾蛟从狱中请了出来，边吃边谈。个人以为，佟养和这么做是比较高的。因为人在吃饭的时候往往是心态最放松的时刻，具备有话好好说的可能。况且就算何腾蛟在用餐中途一言不合，抄起桌上的盘子朝自己奔过来，地方大了也好跑啊！

何腾蛟应邀出席，可是出乎佟养和意料的事情还是发生了。不过不是被人追着四处乱跑，而是被人蔑视加忽视了。何腾蛟到场后，席地而坐，一言不发。何腾蛟一上来就不开口，佟养和自然也不好贸然开口，只是站在一边注视着何腾蛟发愣，心想：该不会是这几天在牢中绝食，给饿出问题了吧？

为了验证何腾蛟的状态是否依旧正常，佟养和率先拿出了他本来打算最后才用的撒手锏：何腾蛟的家人。

随着佟养和的一声招呼，清兵将包括何腾蛟继母孙夫人及妻子徐氏在内全家老幼四十余口悉数带到他面前。

佟养和见到何腾蛟的目光移向了那些多年未见的亲戚，十分高兴。在他看来，这才是何腾蛟身上最大的弱点，只要自己能用好这张王牌，何腾蛟的投降很有戏。

何腾蛟在人群中见到了继母孙夫人时，果然有所行动了。他向孙太夫人郑重下拜，随即起身对佟养和说道："我的老母已经很年迈了，希望你们能放过她。至于其余的人，你们看着办吧！"

"只要你答应投降，不仅你的母亲可以不死，你其余的家人也可以得到保全！"

听到佟养和的这番话，何腾蛟冷冷地看了对方一眼，高声答道：我国不幸，大臣被掳。吾荷大明三百年纲常之重，岂以一身事两主？我血性男子，百折不回，汝何惜一剑？

事情发展到这个地步，佟养和在何腾蛟的身上已看不到任何劝降的希望了，所以他主动选择了放弃，命人将何腾蛟和他的亲戚再次关入狱中，等待发落。可是，佟养和虽然放弃了，清廷却没有这个打算。在以前我一直以为，要让一个人每次办同样的事却每次都会遭到失败，这个人肯定会最终选择放弃，并就此发誓这一辈子再也不会干这事了。但现在看来，作为一个抗失败打击很强的群体，清朝统治者在劝降明朝大臣这一领域中，始终保持着百折不挠的可贵奋斗精神和积极吸收新同志加入组织的高昂热情。

因此仍然不死心的清廷又以顺治的名义致书何腾蛟，再次劝何腾蛟降顺大清。这回的书信中，清廷更是明确表示：“若肯承合天意，知命来归。当不让洪承畴之一席也。”也就是说，只要何腾蛟从了，洪承畴在清朝所享有的一切待遇，你何腾蛟也能同样拥有！

对于清朝的这番表示，何腾蛟是这样回复的：

> 腾蛟少壮登朝，运逢屯蹇。甲申三月，自分一死，所以苟延至今者，思步汾阳后尘也。不意志切才疏，致兹狼狈，负恩辱国，臣罪当诛，尚可苟延人世乎？头可断，心可剖。先王、先公实式凭之。

大概意思是，何腾蛟认为他自己早在五年前的甲申之变时就该殉国而死了。之所以没实行，是想要向唐朝的郭子仪学习，平定乱世（郭子仪平定安史之乱后被封为汾阳王）。只是没想到自己能力太差没有成功，而且还有负国恩，罪过很大。所以何腾蛟认为自己仅凭这一点也同样该引咎自裁，现在既然落到了敌人的手中，只不过是省去自己动手罢了。

写完信后，何腾蛟不仅不吃饭，就连水也停了。当何腾蛟绝食到了第七天，已经奄奄一息的时候，一个僧人前来探望何腾蛟。在听说何腾蛟已然断水三日后，这个和尚拿出自己盛满清水的钵盂递给何腾蛟喝，并告诉他这是自己从湘江打来的。

听了和尚的这句话，何腾蛟的眼睛中闪出光来。他马上挥手招来这个和尚，对他说：烦劳大和尚前去为我取江心水一壶。

和尚有些奇怪，什么水不都是一样地喝，为啥还指名要江心的水？和尚虽然很不理解，但却还是照办了。当他将一钵江心的水送到何腾蛟面前时，他知道了答案。

“这江心的水是刚从衡山那里流过来的，这是从我的君主那里流来的水啊！这水正好可以洗涤我的肠胃，死了也好瞑目。”（是水自衡来，犹吾君之水也。涤肠胃而死，瞑目矣）说着，督师何腾蛟流下了眼泪。

何腾蛟已经不行了，佟养和很清楚这一点。但出于对何腾蛟的气节的敬佩，原本早已放弃的佟养和决定最后再努力一把，至少暂时先保住他的性命。但派去劝降的人并没能如愿带来何腾蛟的妥协，而是他最后的拒绝：

> 孔曰成仁，孟曰取义，衣带之遗，彼则行之，我则继之，吾志决矣，勿复多言。

听完下属的转述，佟养和一声叹息：真硬汉，吾勿能夺其志矣！

于是佟养和派人给何腾蛟送去一捆丝绳，一面汗巾。他决定给予何腾蛟自尽的权力，只因出于敬意。

何腾蛟欣然接受了这一馈赠。这也是他被俘以来唯一同意从清军那里接受的事物。然后，在清兵的引领下，何腾蛟来到了佟养和为他安排的告别之地。在向南拜了两拜后，何腾蛟赋诗一首，自缢于大埠桥旁。其时微雨初过，水流正急。

另据记载，何腾蛟就义前有一个十分令人费解的举动，那就是不断地以手拍地，连呼可惜，直到“两掌皆碎”。

虽然我并不清楚何腾蛟在为什么事情深感可惜，但我知道，时至今日，这个人做到的确实已经够多了。

永历三年春，正月二十六日，明督师何腾蛟完成了他最后的使命，自缢而亡，终年五十八岁。同时，其家眷四十余口皆被清军杀害，原因似乎也很容易理解，清朝从不养那些没有利用价值的人。

何腾蛟被杀的消息很快传开，湖南各地百姓莫不流涕哀悼。身在肇庆的永历闻讯后则更显悲痛，毕竟何腾蛟帮助自己扛了这么久，君臣之间的感情还是很深的。永历下令三军缟素，带头望祭痛哭，遂追赠何腾蛟为中湘王，谥号文烈。设灵位于肇庆的天马寺，供世人追悼。其子何文瑞授佥都御史，袭定兴侯。

时隔二十多年后，清廷表彰已故明臣，谥何腾蛟为“忠诚”，康熙下旨为何腾蛟建祠于其家乡黎平城内的神鱼井旁，命名为何忠诚公祠。次年，何腾蛟之侄前往湘潭扶榇归里，将何腾蛟的遗体安葬于老家。一百年后，康熙的孙子闲来无事，追思往事，编写了一本书叫《贰臣传》，其功能主要是褒善贬恶，主要收录了一百二十多个降清的前明官员的大名。其中榜上有名且在民间同样有一定知名度的有孔有德、李永芳、张存仁、尚可喜、洪承畴、耿仲明这哥几个。

顺便值得一提的是，那个徐勇后来在与明将白文选的战斗中，被其象兵击败，死于巷战。清廷听说后极为感动，不仅追赠他为太子太保，谥为忠节，还进其子孙世职二等官职。就是这么个人，百年后竟也被摆了乌龙，“有幸”名列《贰臣传》中。不知徐勇兄泉下有知，会有什么感想。

何腾蛟虽然能力有限，甚至背负着“成事不足，败事有余”的评价，但不得不承认的是，多年来何腾蛟一直是湖广地区唯一的灵魂人物。何腾蛟一死，两湖的局势就更加严峻了。

济尔哈朗十分善于把握时机，趁明朝还没有选定新的督师人选总理湖广，境内南明军队群龙无首，果断地采取了分兵出击、大举进攻的策略。尚书阿哈尼堪、固山额真刘之源领兵往攻宝庆，固山额真佟图赖、伊拜则被派去攻取重镇衡州。湖广全境光复的大好局面就这样开始烟消云散。

有人曾经在我获取成功时这样告诫过我：如果你想在成功之后走向另一个成功，那么你一定要始终保持冷静、学会低调。对于这句话，直到现在我一直铭记在心。

不过，现在我觉得还有必要补充一句，那就是：低调不只是一种姿态，更是一种心态。倘若只有这种姿态而没有这种心态，最终还是要犯错误的。

相信假如金声桓和王得仁两位仁兄听到这句话，应该会有着比一般人更为深刻的体会吧。至少我是这样认为的。

金声桓、王得仁反正后，一改往昔武将的粗鲁形象，对周围的读书人显示出了前所未有的敬意。特别是对请出山来主持江西政务的姜曰广，两个人更是十分推崇，见面主动行礼，开口只称“先生”，把老头哄得十分高兴。可是久而久之，姜曰广慢慢发现两个人玩的这一套实际上都是虚的。

江西光复后，朝廷给姜曰广的正式任命是少师兼太子太师、建极殿大学士。与此同时，永历还钦赐了一把尚方剑给这位老阁老，希望他能够在江西便宜行事，督师江西，恢复闽、浙两省。姜曰广得到皇帝陛下委以重任，自然十分激动，当即表示自己会响应朝廷号召，与金声桓、王得仁同生共死，为实现大明中兴大业奉献自己的一切。但是，承诺完了，使者回了，姜曰广才意识到自己的话或许是说得大了。

按照明朝惯例，督师是一地最高的军政长官，负责统领诸将和他们手下的军队，且论地位要高于同一品级的武将。事实上在这个时候的这个地方，情况完全不是那么回事。

说得粗点，金声桓和王得仁都是泥腿子出身，没啥文化，因而对朝廷的这套惯例基本上是不感冒、不关心、不提及的“三不”状态。他们虽然十分尊敬姜曰广等文官，且从不过分干预行政与民事的相关工作，但两个人是有着坚持底线的，也即军政分离，各管一摊。金声桓和王得仁不过问政治，所以两个人就此要求姜曰广不要插手江西的军事事务。

有一次，姜曰广找到金声桓，要求金声桓立刻出兵前往吉安、抚州一带。当时抚州有个叫王盖八的人联合赣州的数万义军和吉安的刘季矿发起了反清起义，正与地方上的清军余部作战，由于作战能力有限，打清军略感困难，就派人向姜曰广致意，希望姜大人能派大军前来支援。姜曰广很高兴地同意了来人的请求，但当他找金声桓商议此事时，金声桓却以民兵难成大事为由，不予同意。

对此，作为督师的姜曰广自然不太满意，但也没辙。毕竟金声桓和王得仁在南昌经营已久，城内的士兵都是二人一手带出来的，当然不可能因为朝廷的一道命令

就为姜大人卖命。况且两个人的反正功大，位至公爵，同样被皇帝赐予了便宜从事的生杀大权，因而不愿在军事上听命于出身于非科班的姜曰广，也是很容易理解的。

像姜曰广这样的读书人，一般比较较真儿，而且还十分重视信义，答应了别人的事，现在却办不到了，姜大人很生气，从此对外宣称自己生了病，不再理事。眼看文武不和的局面就要愈演愈烈，佥都御史吴宗周出马了。

吴宗周虽然是金声桓的人，但作为一个读书人，对明朝长期以来推行的以文制武的制度是十分清楚的。有吴宗周出面斡旋，金声桓和姜曰广的关系这才渐渐有所缓和。

金声桓在军事方面不太相信读书人的话，但对有些人例外，比如自己的幕客们。

金声桓和王得仁一开始打算，通过四处派遣密使策反其他降清前明将领的方式，来达到不费吹灰之力一举收复广大失地的目的。然而事实证明，这个想法是很傻很天真的。派往南赣的使者被巡抚刘武元扣住了，派到长沙总兵徐勇那里的则直接被徐勇杀了，虽然派去湖广总督罗锦绣处的使者多少起了些作用，然而因为当时孔有德刚刚还师北上，离湖广并不太远，罗锦绣最终还是没敢跟着一起反正。

让人哭笑不得的是，金声桓或许是太急于立功，就连在当时名声很臭的高第那里也派出了密使，要求高第跟着一起反正。当时高第已降清并被任命为河南开归（开封、归德）总兵，金声桓听说后就让人给高第捎信要与高第“约期举兵”。或许是自知名声太坏，就算反正也不一定能得到重用，高第干脆一不做二不休，将金声桓的使者抓起来送交给清廷当局（执其使以闻）。说实话，我很为那些被金声桓派出去担任使者工作的人感到可怜。

金声桓的相约反正活动虽说搞得并不算太成功，可也谈不上很失败，至少当时金声桓本人是这样认为的。不过金声桓没有料到，在他从事这项活动时，一件致命的事件已经发生，不仅导致了金声桓个人的悲剧，甚至还严重地影响了后来发生的许多大事。

王得仁听取其幕客胡澹的建议，打算依计奇袭南京，攻略东南。事情报到金声桓那儿，金声桓对于这个计策也十分看好。不过正当金声桓打算派人告诉王得仁放心大胆地开路时，亲信黄人龙找到了金声桓，并明确地告诉他这样做绝对不可。而让金声桓完成这一思想的改变，黄人龙只用了一句话：“非也！不闻宁王之事乎？赣州高氏在彼。”

金声桓恍然大悟。

是啊，当年的宁王朱宸濠在江西搞叛乱时，就因忽视了赣州一地的重要作用，才被巡抚王守仁给玩残的。现在赣州的高进库等人并未归顺，而是据守赣州。倘若南昌城内的大军东征南京，高进库那小子像王守仁一样突袭我军的后路，那问题就严重了。

因此，在黄人龙的提醒下，金声桓决定先从前线召回王得仁，再以大兵踏平赣州，消除这个心腹之患。

于是，在王得仁军回城后，三月十六日金声桓决定亲自率领主力南下，进攻赣州。金声桓的这一战略部署的更改，后世许多人都认为是极其错误的，黄人龙的危言耸听更是造成了误国误民的极端恶劣的影响。

首先，此时金声桓等人用兵的大背景与当年宁王朱宸濠起兵时完全不一样。朱宸濠是凭借着明朝藩王的身份想要以南昌一城之地反叛朝廷，属于谋反叛乱的范畴；而金声桓与王得仁则是名正言顺地反清归明，且还得到了附近地区各种抗清力量的群起响应。

其次，金声桓、王得仁虽然也不是特别优秀的将领，但相对于朱宸濠来说，还是有过之而无不及的。在赣州据守的刘武元、胡有升、高进库等主要将领降清之前也不过是明朝的中级武将，无论是从谋略还是指挥能力来看，都实在是很难同上天入地几乎无所不能的王守仁相比的。更何况当年王守仁起兵平叛之时，曾得到了吉安知府伍文定的大力支持，而此时重镇吉安已经在金声桓的手里，清朝的伍文定还不知道在哪里转悠呢。

最后是就在金声桓、王得仁反清的两个多月后，广东李成栋也加入了反清复明的行列，整个两广地区自此都转而成为南明的领土，南赣的这几位巡抚、总兵被夹在湖广督师何腾蛟和江西、两广的明军中间，刘武元就算胆子够大，敢用一镇的兵力单挑三方面的明军，但也绝对不可能离开赣州太远，前往北攻南昌的。

对于上述分析，个人认为是相当准确、精辟的。但是相信金声桓不会同意这个看法。因为当时金声桓在做出抉择前不可能掌握到如此之多的详实资料，更不可能预见到广东的李成栋会在两个月后也义无反顾地加入反正的行列。所以当我们用今天的所知得出一个结论，而后又借此来苛责古人，这是很不地道的。

当时在金声桓看来，保险的才是最好的。率主力东征南京虽说可与武昌至南京之间广阔地区内的复明势力达成联合，进取江南，但孤军深入清军腹地，风险还是很大的。相对而言，还是南下攻克赣州，使江西与有相当数量的明军存在的两广连成一片，更来得踏实。所以金声桓选择了那条被认为是错误的道路，并决心就此坚持走下去。

第四章 围城

三月十九日，金声桓大军进抵赣州城下。望着眼前这座依山临江、城高墙厚、易守难攻的赣州城，金声桓不禁倒吸了一口凉气。当年清军攻打这座赣州城，可是水陆并进，大军围攻，还花费了半年的时间啊。现在轮到自己，不知道能否成功地攻下这座坚城？不过既然来了，那就上吧！

赣州城中主要管事的是四个人，即南赣巡抚刘武元、南赣总兵胡有升、副将杨遇明和高进库。其中职务最高的刘武元是辽东人。原为明朝游击，隶属辽东名将祖大寿，曾协助祖大寿守大凌河，后来皇太极大军围城，就跟着祖大寿出城投了降。只不过刘武元的运气不太好，祖大寿走的时候也没带上他。被上级抛弃的刘武元心理上可能受到了很大的刺激，所以祖大寿归明据守的消息一传来，刘武元干脆就这样换了老板，开始死心塌地为清朝办事。

刘武元随清军入关后，历任天津兵备道、南赣巡抚。金声桓反正后也曾派人联络过刘武元，来了还不止一批，而是两位数（遣使遗书，希图煽惑，不啻数十余次）。也许是当年被放鸽子的事情在刘武元心中留下的阴影过于严重，金声桓的使者不厌其烦地来了一批又一批，刘武元始终不为所动，自愿成为清廷在赣州孤城中最为坚定的坚守者。

南赣总兵胡有升作为城内武将之首，本来就属于汉奸中的最无耻形态。这位仁兄是地道的锦州人，有一次清军来攻锦州城，胡有升联络了几个人打算主动担当内应，开门迎敌，甚至还与城外的清军统帅多尔衮议定好了时间，谈妥了事成之后的报酬问题。但胡有升等人的阴谋很快遭到了知情群众的揭发检举，锦州守将当即展开行动抓捕预谋投敌叛国的胡有升一伙。最后带头人之一的道士崔应时被政府捕获，胡有升和一些人侥幸得以逃脱，跑到城外投降了清军，从此开始走上了他无耻的职业汉奸之路。

所以有人说就算金声桓不出兵来打赣州，只要稍假时日，赣州孤城也会自动倒戈投诚的。对于这种说法，本人不敢苟同。

虽说城内的最高层都属于清朝的忠实拥趸，十足的死硬派，不过明朝方面能够争取的人倒也不是没有。譬如在胡有升帐下负责协守城池的将领高进库就是一个本可以被争取过来的人。

这位高进库是南明四镇之一兴平伯高杰的侄子，在高杰遇害后跟随邢氏投降了清廷，被授予参将的职务。可是单从情感而言，其实高进库对于明朝是有着很深的感情的。毕竟自打懂事以来，知道的就是自己的国家叫大明，自己的国君应该姓朱。特别是对高进库而言，杀害自己叔叔高杰的仇人许定国此时就在为清廷工作，且因为杀了高杰而得到清朝的嘉奖和重用，那小日子过得是相当自在。

与杀叔仇人同朝为官，低头不见抬头见，这对于高进库来说是一种耻辱。所以说高进库现在虽然迫于形势而投靠了清朝，但由于这些原因而对清廷并不十分满意。

然而当时的金声桓的一个错误行为，却将这个可以成为战友的人成功而彻底地推入了敌人的阵营里。

金声桓几番派人策反刘武元和胡有升都没能取得明显的效果，终于决定放弃，转而争取更有可能的高进库。于是金声桓暗中派人混入赣州，找到了高进库，并将自己的亲笔信交给了对方。但是金声桓不知道的是，正是因为这封信，彻底将可能变成了不可能。

据说高进库看完金声桓的这封信后，当即就怒了。之所以会产生这种损己利人的效果，完全是由于写信人语气的问题。

金声桓在信中向高进库表示，只要他愿意配合自己一同拿下赣州城，就会让高进库做侯。金声桓的本意是在高进库的面前显示自己很受朝廷的重视，说话有人听，但是他没有预料到的是，高进库这辈子最厌恶的就是这种自以为是的人。所以读信之前本有意配合的高进库在读完信后怒不可遏："你以为你金声桓是皇帝吗？竟敢封我为侯（金，皇帝耶？安敢侯我）！"

受到刺激的高进库把信一扔，就主动带兵出战，向城外金声桓的部队冲了过去（遂勒兵出战）。看来是真气急了。

金声桓得报，高进库领兵杀出，意识到事情没成。但他却没从自己身上找理

由，而是认为高进库像之前的刘武元一样是个不可理喻的粗人，所以也不废话，马上命令副将向朝佐领兵迎战。

向朝佐是金声桓手下比较能打的将领之一，为人勇敢，作战也极为勇猛，当年金声桓刺杀王体忠时靠的就是此人。所以愤怒的高进库遇到了善战的向朝佐，马上就被打得没了脾气，在作战不利的情况下只好收兵还城。

高进库的出击以失败告终，但城内的清军却没有丝毫气馁。虽说赣州城里清兵总共不过七千，然而曾参加过攻打赣州之役的高进库十分清楚，以赣州之险要坚固，七千人守此完全足够了。更何况巡抚刘武元在得到金声桓出兵的消息后，还分别派快马前往北京和广州去搬救兵。只要尽量拖延时间等来援兵，赣州之围立时可解。

事实证明，高进库的分析是极其正确的。在全面包围赣州的两个月中，赣州右协副将徐启仁带领所部一千人马奔回了原驻地南安府，并连同府内的文官举城投降了金声桓，镇守南雄的雄韶协将李养臣也在不久后跟着投了降。尽管如此，金声桓由于兵力和单兵战斗力本来就远不如当年的清军，只能面对着三面临水、地势险要的赣州城，望城兴叹。

城中的高进库、刘伯禄、杨遇明、贾熊诸将在刘武元、胡有升两人的督促下，纷纷奋力顽抗。城池上下箭矢纷飞，双方始终处于相持不下的境况。

王得仁比较缺乏耐性，看到赣州战事持续，久攻不下，非常着急。闰四月初一日，王得仁又带领由九江回师的军队来到赣州，同金声桓一同继续发起猛攻。由于王得仁经常出现在攻城第一线，很快引起了城上清军的注意。在一次督战的时候，赣州清兵突然出城发起反击，城上火炮也进行火力支援，一炮下去，当场就把最显眼的王得仁给轰倒了。

估计赣州城上架的是清廷在关外制造的山寨炮，不是进口的，火炮的射程和杀伤力还比较有限，再加上王得仁身上的盔甲质量有保证，抢救也很及时，因此挨了一炮的王得仁虽然被当场撂倒，摔了个灰头土脸，还受了伤，但幸好伤势不太重，入营治疗休养了几天便好了。

只不过这件事情发生后，王得仁却不像以往一样经常上前线了。

伤好之后的王得仁找到了金声桓，认为每天这样猛攻，除了增加伤亡外也不是个办法。像赣州这样易守难攻的城池，倘若真靠士兵们去拼，就算最终能打得下来，死伤必定很大，所以不如换个方法，不攻它，但围死它！

王得仁的建议得到了金声桓的肯定。于是城上的清军只能眼看着城外的明军在自己的眼皮底下展开大型土木建筑工程，一道道深壕被挖了出来，一重重高台被筑了起来，且干了半个多月也没有停工的迹象（层层围困，意在不克不休）。

这下可真糟了。赣州守了三个月，已经到了内绝粮草、外无救兵的地步。城外广昌府的物资运不进来，想出城破围兵力又不足，真的悲剧了。在金声桓围城战术影响下，城内物价急速飞涨，米价最高可以到达四十五两银子一石，换算成我们比较熟悉的说法就是一石米要人民币三千六，这样看来除非城内的全跟盖茨兄一样阔，否则每天吃顿饱饭都可能导致破产。

见到士卒们已饥饿不堪，胡有升着急了，毕竟城池一破，鉴于他和刘武元曾为清朝做出的“突出”贡献，死是难免的。所以基于要死也要一起死的认识，胡有升决定将军中的战马折价出售，用来买米，后来发现马价明显低于米价，每次都要吃奸商的亏，所以最后干脆宰马充饥。这样看来，在黑市上混的奸商无论对方是敌人还是朋友，那都是不搞歧视，一视同仁的。

赣州已危在旦夕。城内外的双方似乎都已经意识到这一点。

离成功只差一步之遥，金声桓感到十分兴奋。然而他的这一步最终还是没能着地。

就在金声桓等待着城内敌人的士气跌落低谷，随即一举破城之时，一个消息传来，使得金声桓大惊失色：南昌告急。

清廷接到江西重归明朝和湖广、南京相继送来的告急文书后，意识到了问题的严重性。清廷高层迅速采取了对策，调兵遣将，镇压江西等地的抗清起义。

三月十五日，摄政王多尔衮任命自己的心腹将领、正黄旗满洲固山额真谭泰为征南大将军，会同镶白旗满洲的固山额真何洛会、降将刘良佐，带领满、汉、蒙兵马从北京赶赴江西，攻打金声桓和王得仁。同时，多尔衮又命固山额真朱马喇、江南总督马国柱领兵由江宁（南京）走水路，在安庆府同谭泰军会合，一同发动对江西的攻势。

按照多尔衮的安排，四月下旬，清军行进至东流县，随即兵分两路。谭泰部负责攻打九江，何洛会部则进攻饶州。奉金声桓之命镇守九江的明将吴高比较胆小，听说清军的大军来袭，竟然主动弃城而逃了。他的这一恶心人的举动直接导致了整个局面的失控。

五月初一日，清廷派出的两广援剿副总兵杨捷基本上没有费力气就占领了这座号称江西门户的九江城。与此同时，何洛会军也在闰四月三十日攻克了饶州府，自此广信、饶州复陷敌手。

谭泰和刘良佐等接到的命令是率师救援赣州，但这路清军虽然同样以满蒙骑兵为主，行进速度较快，可毕竟不是装甲师或机械化步兵师，一桶油一昼夜就能推进上千里，主要靠的还是马。所以谭泰与将领们商议，大家一致认为等杀到赣州，估计刘武元、胡有升的脑袋早就搬家到城门楼上好几天了，因而绝对不能再继续这样

一城一城地打下去。

恰好这时候有人向谭泰献计，学习孙膑前辈的救韩伐魏之策，谭泰这才猛然醒悟，于是当即下令军队日夜兼程，直奔南昌而来。五月初七，清军的先头部队进入南昌府境。消息传来，南昌城中大震。由于王得仁四月来了一趟，将相当数量的部队带去增援赣州的战斗，因而南昌城的防守力量出现了严重不足。加之留守城内的姜曰广缺乏军事斗争的实践经验，所以清军一来，即便是见多识广的姜大人也慌张了起来，赶忙派人前往赣州令金声桓回师。

在这种情况下，金声桓的老哥金成功暗中向清军纳降并许为内应。好在都督佥事宋奎光得知此事，果断代替金声桓大义灭亲，干掉了金老哥，这才避免了南昌城的一场危机。但就在宋奎光迅速出击、化解危机的时候，留守在城内的王得仁的一个裨将却带领部下士兵突然斩关逃出，加剧了城内的不安气氛。

连续的报告让在赣州的金声桓感到事态严重，于是找来王得仁商量对策。然而令金声桓没有想到的是，王得仁的想法竟然完全出乎自己的意料。

面对南昌紧急的局势，王得仁的意见并非是全军撤退，回保南昌，反而建议金声桓将在赣州的战役进行到底。在王得仁看来，清军此来的目的就是救援赣州，如果现在撤军，刚好中了敌人的诡计。况且目前的形势是“赣城乏食，不知外救”，因而王得仁就此自信地断定，如果能够在封锁南昌告急的情报的前提下“督三军之士，锐志攻城”，那么不用三天的时间，赣州必定能被攻下。等拿下赣州后，派一部分军队驻守，到时吸引清军来救，以逸待劳，再绝其粮道，取得全面的胜利也不是没有可能。

在我看来，在当时那种状况下王得仁的策略应该是最佳的选择。然而，作为主帅的金声桓却拒绝采纳这一建议。其中的原因说到底还是因为三个字：不自信。

从初到赣州城下时的意气风发、自以为是，到此时极端的不自信，造成这一切的根源就是赣州这场长达三个月的战斗。事实证明，赣州城下这次旷日持久的战役对金声桓心理上的打击是极其严重的，以致王得仁虽然明确地给出了三日之内攻破城池的保证，可是金声桓却不敢相信。

再在此地拖上几天，南昌的老本估计都赔进去了。因此，金声桓下达了撤军的命令。但是需要说明的是，此时的金声桓虽说的确是信心不足且忧心忡忡，不过还不至于像某些史料上形容的那样狼狈。在率军撤离之前，金声桓特意安排了部将刘一鹏守吉安，盖遇时守袁州，以防备赣州清军尾随偷袭。

因而在五月初九日也即明军撤军的当天，城内的刘武元、胡有升虽乘机命令部将开城出击，打算突袭明军后队，可实际上也没捞到什么好处，最多就是抓了几个在撤退中落单的明军士兵。什么“出奇兵袭其后，败之太湖港，斩获无算”，也就是吹吹，千万别当真。

毕竟让一支兵力明显不足且连肚子都填不饱的清军去追着打人数上万的明军后队，还得取得大胜，这明显是在有意难为城内的苦大兵们。所以对此种记载我只想说一句，别吹了，该歇歇了。

五月十九日，金声桓、王得仁带领大军返回南昌。途中经过北沙（地名）时，他们与清军的一支小部队相遇并随即展开了战斗。战斗的结果自然没啥悬念，人多打人少，清军很快败退。明军不仅取得了初战的胜利，还从敌人手中缴获了三门西洋炮，金声桓十分高兴。

金声桓的大军恰好在清军发动进攻前赶了回来。姜曰广得知金声桓回师，十分激动，亲自出城迎接金声桓和王得仁二人。金声桓刚刚又打了一场胜仗，自然也很得意。但问题在于，这场胜利给金声桓造成了一个错觉，那就是此番前来的清军与平常没啥两样，只要自己和王得仁能正常发挥出水平来，击退敌人大军并非难事。然而，金声桓重新树立起来的自信并没有延续太久的时间，准确地说只有十五天。

六月初三，王得仁奉命带领城中精兵出城迎战清军，在七里街被清军击败，所部损失颇重，被迫退回南昌。金声桓接到战况报告，起初还不太相信，以为看错了。虽说对清军的战斗力不太了解，可金声桓对王得仁带出去的部队情况还是很清楚的。那部分士兵绝对是南昌城中最为精锐的，不乏在降清之前就跟随自己或王得仁南征北战的老兵，战斗经验极其丰富，且从来是军中的主力。当年自己之所以能够不依靠清军的力量就占据整个江西，依仗的就是这些兵。

当王得仁一脸沮丧地出现在金声桓面前，并向他讲述了战斗的情况时，金声桓这才意识到，清廷此次是要来真的。在意识到自己的士兵与清军存在的难以逾越的差距后，金声桓前去咨询姜曰广的意见。对于这一现实，姜大人的态度很明确，赶紧派人出城求援。

在同姜曰广商量后，金声桓决定派吴宗周前往肇庆行在、朱谋型前往湖广的何腾蛟处求援。把人派出去没多久，大家就发现城外的清军已经完成了对南昌的合围。

王得仁本人也许并不十分清楚，实际上他在清军士兵中是一个相当有名的人物。早在清军完成对南昌城的包围之前，一个传言便在清军（主要是汉军）中传开了。在传言中，王得仁是辽东人，而且一生下来头发就有五种颜色，作战相当勇猛，是当年李自成手下的猛将之一，因而才江湖上人送绰号"王杂毛"且就此天下知名（杂毛之称闻于南北）。

这则明确记录在史书上的流言十分有意思，全部内容完全正确的信息只有三

点：王得仁的名字、绰号和曾在李自成手下干过的事实。其他方面都是扯淡。

首先应更正的是，王得仁应该是陕西米脂人，是李自成先生的纯老乡；其次王得仁之所以有个“王杂毛”这种听上去很不雅的外号，不是因为“生而发备五色”，而是由于年纪轻轻就生出不少白发，远看上去发色很乱。这种典型的少白头在我们今天其实也是很多见的，只不过人家严重了点。最后要澄清的是王得仁虽然跟李自成有着老乡的情谊，但鉴于当时李自成的手下有很多老乡且不乏能打的（譬如高杰），所以王得仁在李自成手下时并不是什么了不得的人物，要不然也不会跟着王体中一起乱跑了。

那么真相既然如此，为什么在清兵中还会广为流传着这样一个不着调的流言呢？如果排除厚黑学者姜曰广暗中向城外清军中派遣了谍报人员，想借此来扰乱清军军心这种情况。我的结论是，在六月初三的七里街之战中，王得仁军虽然铩羽而归，但他与他手下的士兵们确实是给清军造成了一定程度的重创。只不过是后来的史书编写者和修订者为了多少挽回些面子，就谦虚了一把，没有写明清军的伤亡数字，而仅将王得仁大败七里街这部分事实忠实记录了下来。

另外一条史料记载或许也能证明这一猜测。那就是在战胜王得仁后，每当南昌城中在夜里出现了大的动静，清军士兵们便会争相惊呼，误以为是王得仁领兵趁夜劫营来了（清师素畏得仁名，虽胜，时时夜惊曰：“王杂毛来也。”）。

否则，一个曾被自己打得死伤惨重、落荒而逃的对手，用得着战无不胜的清军如此顾虑么？

谭泰下令大军包围南昌，是在七月初十。此时距最初的那场几乎打光了南昌城中精锐的战役过去了大致一个月左右。按照清军以往的做法，能攻下一座城市时就会毫不含糊地围住该城，昼夜不息、加班加点地攻打（参照努尔哈赤攻宁远城时的表现）。不主动进攻，反而加班加点地修筑高台，在城边挖掘壕沟，一般情况下就是实在打不进去的一种表现（具体可参见皇太极攻锦州之役或江阴之战）。

因此在我看来，清军统帅谭泰先生夜以继日地指挥从四处拉来的壮丁和己方士兵，花上了整整一个月的宝贵时间，掘壕沟、筑土城、设长围，实属无奈之举啊。

包围南昌城后，谭泰在大兴土木的同时分兵四出，意图扫除南昌的外围，切断南昌与周围其他州县的联系。甚至还公然纵容清军大肆抢掠，迫使附近的居民远离南昌一带。

当然，在此期间城内外的明军也没闲着。屯守在赣江西岸的明将郭天才主动出击，与清军接连激战，五战三捷。王得仁又领兵两万，打算直趋九江，收复那座江西的门户，以形成对境内清军的关门打狗之势。由于种种原因这一计划并没能实现，可在回城的路上王得仁率部又与前来截击的清军发生了战斗。这一次明军的战果是“斩首数十，夺辎重大炮什物无数”，并在城中出兵接应的情况下安全回到了城中。

八月初九日左右，清军在城外进行的挖壕等工程项目宣布完工。部队领导谭泰没有参加收工的剪彩仪式，但还是按照约定，同意放走了被清军驱迫来做苦工的数以十万计的附近乡民。据记载，南昌外围壕沟深广各二丈。清军还特意在赣江上搭建了三座浮桥，以方便大多出生在北方的清兵来往和军粮运输。

工程完毕后，清军曾依靠城外高台等工事发动了几次进攻，依旧没有取得丝毫进展。倒是清军中的一位高级将领、一等梅勒章京觉罗顾纳岱在攻城战斗中中炮阵亡了。自此之后，清军彻底改变了战术，只围不打，除非城内明军出击来攻，不然绝对不进行战斗。

这样看来，谭泰是和打赣州时的王得仁想到一块去了，希望借助饥饿这一强力的武器，来彻底击垮眼前这些难以战胜的敌人。

城外的谭泰很精，城里的金声桓和王得仁也不笨。一听说城外清军在挖沟，两人就意识到谭泰在打什么算盘了。于是金声桓和王得仁开始组织士兵们进行反包围，并想方设法制造情况减缓清军的施工进程。由于清军拉来了当地的老百姓帮忙，且满蒙骑兵的战斗力确实很强，金声桓等人的计划没能成功，可是直到城外的工程全部修好了，据我所知，南昌的明军也从来没有就此放弃希望。

现有资料中，没有过多记录和描述被围后明清两军交战情况。不过据清方的一份档案来看，从八月初九日包围战略彻底实现到十月二十六日城中开始出现粮食紧张这一期间，南昌城中明军选择不同方向开城出战至少有九次。其中，王得仁带领出击三次，金声桓带领冲锋两次，两个人共同指挥一次，总兵刘一鹏带领一次，剩下指挥者不详的还有两次。即便有人会说这样乱打乱冲太没有技术含量了，在战略战术上更谈不上高明，但在我看来这是勇气的证明。

金声桓和王得仁带领南昌城中的明军数次出城作战，打算击破敌人的包围，无奈满蒙骑兵实在过于强悍，明军的行动没能成功；同样的，由于明军的防守十分严密，即便清军之中是以八旗劲旅为主力且军队数量相当可观，也没能达到谭泰最初的战略目标，在城下耗了数月，愣是没有攻破城池。

堂堂八旗军竟连一座不算很坚固的南昌都没有攻下来，这个消息如果传出去，谭泰估计下半辈子都甭想再带兵出来混了。经过一番思索，谭泰决定将饥饿策略进行全面的层次升级，以囚笼战术 2.0 版本迫使眼前的南昌城屈服。

清军在谭泰的命令下，再次大举四处出击。这一次他们的目的不是抓壮丁修筑工事，而是主动帮助附近方圆 N 里的老百姓搬家，即使人家没有这一打算。南昌周围的居民毕竟难以抵挡清军士兵们的热情，所以南昌很快就成为一座真正意义上

的孤城。

谭泰打不进城内，至少还可以向城外人下手，以此向世人证明他并不是个无能之辈。事情的进一步发展似乎也可以证明，谭泰虽然仗打得一般，搞破坏却很在行，南昌周边基本上被搞成了无人区，南昌城内的物资来源至此被彻底切断。

城池被围几个月后，南昌的处境要比赣州惨得多。毕竟南昌是当时江西一等一的大城市，加上咱中国人自古就对大城市充满向往，一有机会就愿意住进去，所以南昌人口比江西其他地方多上很多。然而在和平时期被视为大城市象征的大量人口，到了战争年代往往就会变成一个十分沉重的负担。

城内开始出现缺粮的状况时，城中的米价就一下子涨到一石六十两银子。这一价格大大超过了前期赣州市场上的粮食最高价。可这还不算完，清军围城到第八个月时，米价更是再创新高，达到了一石六百两。

姜曰广虽然从政经验丰富，可的确没遇到过这种情况，再加上姜大人的专业本来是经学，不是经济，因而搞到最后见多识广的姜曰广也没了辙，只好眼睁睁地看着军中断粜，接着城内“杀人而食，拆屋而炊”。

世间最痛苦的事也莫过于此。目睹眼前的一幕幕人间惨剧，但你却无能为力。

在这样悲惨的处境下，一些急于求生的人为了不致饿死，偷偷从围城中逃了出来，向城外的清军投降。他们本以为自己抛弃了尊严就可以获得生的希望，不料最终等来的却是清兵的屠刀。

清军主帅谭泰似乎对于南昌的一切都充满了憎恨，所以不管是来降的官兵还是出逃的难民，在他的示意下一律被杀。不过对于此事，谭泰虽然每天如实记录下情况并反馈给清廷，但对城内却严密封锁了消息。因为谭泰始终在等待城中粮食薪柴完全用尽的那一天。

终于，从一部分新近逃出城的百姓口中，谭泰得知城中情况已经不可收拾，每天都有惨剧发生。于是乎他做出了一个决定：向城中送粮。

谭泰并不是什么人道主义者，之所以向城内送粮食是为了向金声桓等人示威：知道你们都开始吃人了，就可怜一下，赏你们点粮食吧！

谭泰本来是为了恶心金声桓，但他没想到的是，当他派人将两石粮食送到城中，城里早就揭不开锅的金声桓竟然还有能力给自己回礼。

金声桓收到二石米，随即叫人回赠了一百斤冬笋、一石金橘给谭泰。这其中的意思也很明确：想让我们屈服，没门儿！有种你就打进来。

打得进去还费这劲儿玩围城？谭泰看着城里送来的回礼，只有苦笑。

永历三年正月十八日，近半年没有发动攻势的清军突然向城池发动了猛攻。金声桓对此感到十分奇怪，几个月都不声不响的谭泰今天难不成打了鸡血，变得这么玩命？难道他就不怕清军的伤亡进一步增加而受到清廷斥责吗？

从各种史料上的记载来看，谭泰确实对摄政的多尔衮怕得要死，而自出战以来拖了这么久，兵死了这么多，回北京后的多尔衮也的确有理由对他进行处罚。但更令谭泰害怕的是，多尔衮会在中途就把自己召回北京问罪，那样的话，自己不仅会在当时抬不起头来，就算在将来也很有可能成为他人的笑柄！

谭泰这次敢于再次主动出击，倒不仅仅是出于对不知何时就会到来的问责诏书的畏惧，更为关键的是，谭泰在长达半年的等待后，终于等来了他认为破城必需的两个条件。

第一个条件具体说来是一个人，叫柳同春。此人是在金声桓、王得仁反清后从南昌逃出的，曾任江西都司，对南昌城的各方面的情况极其了解，特别是这位仁兄在逃出南昌时还将南昌城防图等重要资料带在了身上，所以清廷把这位柳同春派了过来，作为谭泰的向导和顾问帮助清军攻城。

谭泰翘首企盼的第二件事物则是红衣大炮。在谭泰的强烈要求下，多尔衮同意了谭泰的请求并命人把江南的红衣大炮用船运到了南昌。虽然大炮又大又沉，清军好不容易才赶在正月结束前将炮拉了过来，但对谭泰而言大炮还是及时运到了。南京方面甚至为了方便谭泰军使用，还安排了职业炮手同行。这要再打不下南昌，那就真的见鬼了。

具备了这两个有利条件，城下的红衣大炮就在柳同春指挥下轰鸣起来，真正做到了指哪儿打哪儿。十九日，被炮火轰击了一天的南昌已经变得惨不忍睹。趁此机会，一向以勇敢凶悍著称的蒙古籍旗兵竖起云梯率先登上了城墙，南昌失守。金声桓在战斗中中了两箭，身体被箭支贯通，自知城池无法继续坚守，投入帅府的荷花池内自尽。大学士姜曰广则在得知城破时率领家人投水而死。至于被清军视为传说的王得仁，则将自己所谓的传奇续写到了最后。

当清军开始大量涌入城中时，王得仁本打算率余部出澹台门突围，可混战中冲了好几次愣是没能冲出去。此时王得仁意识到，自己不得不在南昌杀身成仁了。一般人面对即将到来的死亡时，往往会从内心深处感到一种前所未有的极端恐惧和无助，但王得仁用实际行动证明了一点，即使自己并不像清兵传说中的那样神勇无敌，也的确是从无畏惧。

城门是冲不出去了，然而王得仁军三出三入，还是给入城的清军造成了不小的伤亡。在击杀清兵数百人后，王得仁身边的士兵也越来越少，随即王得仁和他仅余的士兵们被清军包围，力竭被执。

清军主帅谭泰对王得仁下达了最为残酷的处置命令：肢解。对南昌城的饥民，清军也以同样残酷的方式解决了他们的吃饭问题。

至此，南明在江西永远失去了东山再起的机会。但是，相信有人并没有忘记这两个曾经带给这个国家变革的人物，至少永历没有。

金声桓等人殉难的消息报至肇庆行在，永历下旨追赠金声桓为豫章王，王得仁为建国公，姜曰广为进贤伯。虽然他并没有亲眼见过这三位大臣，不过在永历的心中，他们是当之无愧的英雄。

眼前的形势固然大好，但事实上危机却依旧存在。当满朝的文武官员都因为江西广东的相继反正和明军在湖广节节胜利而欢欣鼓舞时，最先意识到这一点的是瞿式耜。

瞿式耜作为文官集团利益的代言人，一直是个极为谨慎的人。面对着近年来武将势力的迅速抬头，瞿式耜想尽一切办法进行抑制，综合起来大体是两招：一招叫温情攻势，用来分化瓦解；一招叫祖制规定，用以限制监控。

起初这两招的确非常有效，瞿式耜本人使用第一招成功搞定了猛将焦琏。瞿大人的天然盟友何腾蛟则依靠着自己的威望和朝廷的惯例压住了湖广诸将，没让弘光时期四镇坐大的局面重演。可是随着局势的变化，瞿式耜却慢慢发现在当时的时代大背景下，想要像以往那样将武将们的势力压制在一个相当低的水平已是一件几乎不可能的事了。武冈的刘承胤事件恰好就证明了这一点。

当时刘承胤之所以能够轻松把持朝政，虽然与朝中留守内阁的吴炳过于软弱有很大关系，姑且可以视作特例。不过，在皇帝进驻南宁的那段期间，庆国公陈邦傅凭借着自己手中有兵，也开始干涉朝廷事务，给自己的亲信加封爵位，扶植自己在朝中的势力，甚至像当年的郑芝龙一样公然站在大臣朝班的首位，这就不得不让桂林的瞿式耜开始警觉了。接下来发生的一件事，更使得瞿式耜和何腾蛟坚定了他们的看法。

陈邦傅在没有混出头来的时候，也就是绍兴当地的一个普通的富二代，家里虽说有钱，但由于那会儿商人的社会地位普遍偏低，因而陈邦傅总感到自己得不到他人的真正尊重。为了改变这一局面，陈邦傅做了两件事：一是参加当年的武举考试给了点钱，获取了一个武举的文凭；二是积极结交了当时兵部职方司的一个叫胡执恭的官员，并在他的协调帮助下谋得了一个参将的职位。后来在北方的胡执恭听说陈邦傅混壮了，就主动跑来投奔。

陈邦傅始终很感激胡执恭之前的照顾，因此在他前来投奔后就给了他一个中军的职位留在军中，还顺便帮恩人的儿子胡钦华找了份工作，以佥都御史的身份派往湖广担任巡抚。胡执恭本来就对军事十窍只通了九窍，基本上是个军事白痴。而他的儿子就更惨，不但不懂军事，人品还不太好，所以上任没多久就搞得湖广境内的明军一片哗然，议论纷纷。

众所周知，湖广对明清双方来说都是极为重要的一块战略基地，当地将领之间、上下级间的关系本来就比较微妙，经白痴胡钦华一番胡搞乱搞，就更为紧张了。督师何腾蛟得知此事，立马发了火，当即上书朝廷要求罢免胡闹的胡钦华。可何腾蛟的弹章送去了，皇帝那里却留中不发，事情遭到搁浅。

瞿式耜听到这一消息，立刻决定从舆论上援助何腾蛟，大老远地派人往南宁送奏折跟着弹劾，这才把胡公子给请回了家。然而令二人没有想到的是，陈邦傅的能力已经远远超出了他们的想象，被罢免没多久的胡钦华居然很快得到了起复，改任宾州知州，上任去也。

犯了严重的错误不但没有接受应有的处罚，反而在风声趋于平静时转眼又得到了重用，被任命为地方大员。这种类似的情况绝对是不可允许的！特别是在幕后运作这一切的，竟然是一个武将！

瞿式耜和何腾蛟等人就此达成了一个共识，那就是通力合作，并联合当时朝中唯一的大学士严起恒，与陈邦傅的势力进行对抗。

瞿式耜本以为这样便可以继续保持文官集团在朝廷中的优势地位，不料一件事情的发生不仅打破了朝中原有势力的平衡状态，甚至让老谋深算的瞿式耜都感受到前所未有的压力。

这件事情就是广东李成栋的反正。

广东反正后，朝廷原有的文官与武将集团的单纯平衡被彻底破坏了。因为李成栋这些反正大臣中不仅有像李成栋、耿献忠这样的武将，还不乏诸如何吾驺、黄士俊这样从政经验和工作阅历远远超过瞿式耜、严起恒的文臣。一时之间，广西旧臣和广东反正“东勋”的矛盾反而上升成了朝中的主要矛盾。

但在永历三年，随着两件事情的发生，朝廷的斗争形势再次发生了巨大的变化。

第一件自然是李成栋和马吉翔、陈邦傅两个人闹翻。当时此事在朝中闹得沸沸扬扬，除了皇帝不知道外，该知道的几乎都知道了。第二件事就是在湖广督师的何腾蛟被清军俘杀。

何腾蛟遇难的消息传来，相信最为悲痛的人不是永历，而是千里之外的瞿式耜。

瞿式耜和何腾蛟同样都与东林党有着极深渊源，因而他们的政见大致相同，可说是志同道合。瞿式耜一直以来都是通过自己管理朝中事务、外靠何腾蛟掌控军队的方式，来维持朝廷内部稳定的。现在何腾蛟一死，这就意味着瞿大人失去了最为坚定的支持者和最为可靠的朋友，今后不得不孤军奋战，独自肩负起为广大文官的利益说话和重振大明的双重使命。

瞿式耜比较有自知之明，十分清楚在缺少何腾蛟的情况下，不要说压住李成栋

和陈邦傅这两大日益崛起的政治势力了，就算是其中的任何一方突然向自己发动攻击，自己也一定会败得很惨。出于这一分析，瞿式耜做出了一个改变他自己和整个朝廷命运走向的决定——和李成栋站在一起。

经过悉心观察，瞿式耜认定李成栋并非像自己之前认为的那样是个不可救药的人渣。从李成栋入朝觐见皇帝时的所作所为和他回到广东后下达的种种命令来看，李成栋已经将他个人的成败荣辱与这个国家紧密连接在一起了。像这样的人是绝对不可能再次选择背叛的。至于道德水平本来就有待提高的陈邦傅就不好说了，能够为达到目的而不择手段的人通常很难对任何人保持永远的忠诚。

在明确了朝中究竟是谁有可能会成为最为严重的威胁后，瞿式耜主动派人联络了李成栋。

事实上，当时的李成栋已开始与以陈邦傅和马吉翔为首的吴党进行明争暗斗了。虽然这个时候李成栋的养子李元胤和智囊团的主要成员袁彭年等人都已经进入朝中任职，可李元胤因任锦衣卫指挥使而在马吉翔的手下很难有什么动静，袁彭年被任命为都察院左都御史，负责统领御史，虽不至于受制于人，却也因刚入朝而人生地不熟，能量相对有限。所以李成栋在朝中的势力看似很强大，实际上也就是只能看看而已，如果要动真格的，在与吴党的斗法中势必会输的。

李成栋在得知瞿式耜有意要与自己联合共抗陈邦傅后，激动不已。双方通过各自在朝中的代表刘湘客和袁彭年的接触，很快达成了谅解备忘录，并确定了共同的目标：携手并进，彻底击垮对手，实现大明的中兴伟业。

不需发誓也勿用赌咒，因为这是两个经历、身份虽有很多不同且曾一度互为对手的两个人在此时心中最为真挚的愿望。几乎在吴党出现的同时，注定将要作为吴党永远的对手的楚党就此形成。这也意味着一场奇谋迭出、精彩绝伦的大战即将上演。

在正式介绍这场惊心动魄的智谋大战之前，我们有必要先说明一个问题，这样才可能对这场生死较量和其后南明朝廷争斗有一个更为深入的认识和了解。所以说，说清历史上发生了什么事固然很重要，而说明白在这段历史现象背后存在的性质和原因、规律等抽象的东西同样也是很重要的。

前文曾用专门的篇章系统分析过有明一代各个时期朝廷上的斗争情况。总体说来就是君权、相权、宦权这三大政治力量的博弈，其中尤以文官势力内部的党争最为激烈复杂，当然对于我们这些历史旁观者而言也更为精彩。

但当明朝步入了南明阶段，之前的情况却发生了重大改变。清军入关和内地民军势力兴起，使得朝中武将的作用越发重要。随着自身的价值不断提高，原本地位很低的明朝武将们在被压抑了数百年后也终于有了点想法，希望能参与到帝国的最高权力层中，并分得一杯羹。

许多人认为这一情况的发生应以隆武朝的郑芝龙兄弟对朝政的干预为开端，但事实上这个苗头早在南明初期的弘光执政阶段便已很明显了。比如说当时武将中最牛的左良玉和四镇将领都曾在朝中发生重大变故时为自己支持的一方说话，甚至有的还威胁带兵入朝消灭自己的政敌。不过，当时东林党和马阮集团能人辈出，大家厚黑学功底都很高，势力还很强大，斗争的水平也远远高于一般将领的智商范围，所以那个年头武将们虽都很愿意参与一把朝政，无奈自己能力不足，只好给高弘图、阮大铖这些人打打下手，充当个配角。

到了隆武年间，东林党被折腾得四分五裂，高弘图、史可法等东林党主将则退的退，死的死，已可以彻底进入历史教科书作为一个历史名词了。马阮集团虽然表面上获得了胜利，成功搞垮了东林党，不过好好一个弘光政权也同样被玩惨，大家纷纷骂，阮大铖等人也只好隐蔽起来，以防被愤怒的群众干掉。这样一来，能力高的基本上都歇菜了，活跃在政坛之上的也就只剩下像黄道周那种道德虽说很高尚但脑筋太直还爱较真儿的书呆子了。

客观地说，黄道周和郑氏兄弟在朝中的较量不要说同偶像级的徐阶老师和严老贪的交锋比了，就算是拿来与东林党和马阮集团相对照也不过是小学生水平。郑芝龙同学虽然在朝中只混过短短几年，在官场中学习到的那一两手也足以和黄道周代表的文官势力拼个平分秋色了。也就是从这个时候开始，朝廷的斗争开始正式转变为文官势力与武将势力的较量，并将自此延续且接着变化下去。

到了永历做皇帝的年头，朝中文武的较量一直在继续，而其中最具影响力、最为鲜明的一次就是刘承胤和文官集团的斗法了。即便双方的你来我往是以一种谁也不曾想到的形式宣告结束，可也让作为文官集团新的代言人的瞿式耜等人彻底认清了自己当前最重要的对手不是文官内部某些特殊团体，而是手握重兵的武将。因为他们手中的刀剑不仅可以威胁文官集团的利益，甚至还有可能给整个国家构成致命的威胁。这些人实在是不可不防啊！

作为政治家的瞿式耜确实是很有眼光，不过事实上当以陈邦傅、马吉翔为首的吴党和以李成栋为首的楚党相继出现时，情况实质上又发生了微妙的变化。

此时各种史书上着重记述的所谓吴楚党争，实际上已不再如同以往的文官党争了。不管瞿式耜自己是否愿意接受，这个时候的党争其实已经是两大武将势力为了争夺帝国最高权力的一场决斗了，只不过双方搞得比较文明，没有直接抄家伙上（那样清军一来，大家都完蛋），而是沿用了政治斗争的传统方法，用不流血（或者是少流血）的方式来解决谁掌大权的争端。文官在此之中起到的已不再是领导作用了。随着事情的进一步发展，广大文官不得不走下他们留恋不已的舞台，要么成为

武将的配角继续表演，要么就此退出权力争夺圈，回家隐居，终生不复出仕。

或许这就是所谓的历史规律吧！没有人能够永远地担当舞台的主角，更不会有人永远站在时代的最高峰。时代洪流，顺之者昌，逆之者亡！

实际上，一开始本人对吴党和楚党两个名称的由来比较感兴趣。在吴党的主要领导中，马吉翔是大兴人（也就是今天的北京人），陈邦傅是浙江人，朱天麟是南直隶吴江（今属江苏）人，后来的王化澄是江西人。这样看来被称为吴党还情有可原。但是至于为什么以李成栋父子和瞿式耜为首的政治势力被称为楚党，就实在有点莫名其妙了。

李成栋是陕西人，他的养子李元胤是河南人，瞿式耜的籍贯则更为讨巧，是江苏常熟人，再加上和瞿式耜关系不错的大学士严起恒是浙江山阴人，乍看之下，同样是吴地的人占主流，所以照这样看来也应该叫吴党才对，但是为什么却被史家统一称为楚党呢？

对这个问题我曾百思不得其解，但经过查证核实后发现，楚党这个称呼确实是名副其实。瞿式耜和李成栋父子虽是楚党的最高领袖，但李成栋大部分时间在外打仗，而瞿式耜和李元胤即便是真正负责政治斗争这一块，可由于身份和距离的限制，一般情况下还是在幕后工作，主要是搞策划。朝廷之上出头露面、带头冲锋组织攻击的其实另有他人。这些人以湖广人为主，因此李成栋这一方才被后世称为楚党。

具体说来，楚党以五个人为主。这五个人在政治对手吴党的口中有个如雷贯耳的统称：五虎。

第五章　最终的较量

所谓五虎，希望大家一定要与三国中关张赵马黄这五位猛人区别开来，因为永历朝中的五虎将是清一色没有拿过刀的文人。这五位虽说没玩过刀，也不曾驰骋疆场，不过在当时朝廷中的彪悍程度的确不亚于五位前辈，许多当时朝中的重要人物就倒在他们手下。

明代永历朝中五虎分别是：左都御史袁彭年、礼部侍郎刘湘客、吏科给事中丁时魁、工科左给事中金堡和户科右给事中蒙正发。这里需要说明的还有一点，这五位仁兄并不是像五鼠那样分别被称为锦毛虎、飞天虎之类的各有特色的五只老虎。事实上，他们是被比喻成老虎的五个主要部分。他们是一只老虎，而绝非五只。

其中，袁彭年是五人中职位最高、功绩最大的，因而被吴党称为“虎头”。刘湘客因文笔好，又写得一手好字，被呼为“虎皮”。这两个人的事迹，相信大家已经比较熟悉了，在这里要重点介绍的是“虎牙”金堡、“虎尾”丁时魁和“虎爪”蒙正发。

金堡，字卫公，浙江仁和（今属杭州）人，崇祯十三年进士。据说此人还未成年就已经做到了博通群书且熟知天下利病，加上“文笔清坚，度越蹊径”，因而在参加乡试时，洋洋洒洒的数万字长篇论文几乎是一气呵成，写完了交给考官看，负责主考的官员赞叹不已（主者奇之），当即大笔一挥，中举。

后来金堡在任山东临清州知州时，有一次刘泽清率兵经过临清境内。由于刘先生军纪向来很差，当然难免要一路行军一路抢，欺负一下老百姓。作为当地的父母

官，金堡自然很快听到了民间的抱怨声，但是品级并不算太高的金堡并没有因刘泽清的蛮横而带领政府不作为，反而做出了一件让众人觉得震惊不已的事。

在收集了相当丰富的刘泽清侵扰百姓的证据后，本来官职不大的金堡却显示出了不小的胆量，越级上书朝廷，狠狠地参了刘总兵一本，使得刘泽清遭到了朝廷的责备。

要知道，刘泽清在朝中也是有着自己的一套情报人际网的，很快就了解了情况，并打算进行打击报复。不久，在一次出行时，刘泽清和金堡的轿子在道上偶然相遇。刘泽清得知对面就是爱管闲事的金知州，马上下令把负责给金大人开路的衙役抓来打。不料，金先生也毫不示弱，同样命令手下抓来几个为刘泽清开道的士兵，给予了相同的待遇。

得知小小的知州（品级仅相当于知县）竟然有胆敢动自己的人，刘泽清很生气，也不再争路了，而是火速回营集结部队，准备前往攻打临清城，把金堡拉到自己面前好好修理修整兼羞辱一番。

谁知金大人听到消息后，没有显出丝毫畏惧，而是遣散了自己县衙中所有胥吏和随员，并命人将衙门大开，一个人身穿官服独自呆坐在公堂之上，似乎在静候刘泽清士兵的到来。

知情的群众都认为，金大人这回惹上了大麻烦，注定要倒霉了。刘泽清听说了金堡的这些举动，也得意地认为这是金堡服输认怂的表现。但是以刘泽清的性格，他绝对会趁此机会结结实实地整治一下金堡。

敢惹我，就要你好看！

刘泽清很快得到了前方的消息。但事实证明，他听到的并非是预料中的那个。

前方的传信兵来报，包围住了。刘泽清听了很高兴，不过来人又重新说了一遍，他才真正听清了主语，敢情被围住的不是县衙门里的金堡，而是自己派出的那支军队。

金堡虽然是个手无缚鸡之力的读书人，可这并不意味着金堡的能力很弱，事实上，这是一个极有能量的人。这次事件就是金大人能量的一种体现。

几年前金堡前来山东上任的时候，这里的民军和强盗闹得很凶。在当时山东人的口中，无论是民军还是强盗都有一个特定的传统称呼：响马。

临清是个小地方，响马人数却着实不少，金知州赴任时大约有几万人（众至数万），人多势众且有当地大家族在背后支持，因而即便是历届地方政府也拿这些人没办法。然而金堡来了，问题解决了。据说金大人入城后干的第一件事就是带着衙门里的几个衙役跑到响马们的山寨里，此行的目的只有一个，就是招安这几万人。这在外人看上去应该是一件不可能完成的任务，但金知州却出人意料地顺利完成了，凭借的就是他过人的勇气和出众的口才。

响马头目被说服之后，当即下令解散了队伍，并且主动配合金大人安排大家回家务农，改做良民。金堡以一人之力解决了当地长期以来存在的头号老大难问题，这在人们的眼中绝对可以作为一大政绩上报朝廷，为自己的升职大大加分。

金堡却极为低调，回来之后压根就没往上面报这事儿。因为在金大人看来，这些响马本来就是国家的普通百姓，不过因一念之差才不小心踏错了脚，走错了路。对于犯过错误的人，总不能赶尽杀绝，怎么也要给人家一个改过自新的机会嘛。

对于金大人这一恩德，响马们十分感激。所以现在这些人从别处听说刘泽清要派兵捉拿金大人后，就主动行动起来，纷纷从家里找出了以前的家伙，在昔日头领的号召下聚集起数千名壮小伙子，奔着县城的方向就去了。一路之上，曾经受过金知州恩惠的人越聚越多，到了城门口的时候人数竟然接近十万。刘泽清派出的部队还没能进城，就让这十万怒气冲冲的百姓给围上了，据说还是三层，基本上是一见这阵势就当场被吓住，不敢动手了。

刘泽清得知自己的军队被围后，也不敢乱动了。以刘泽清手中的全部兵力去打这群由普通居民组成的队伍，并非没有取胜的可能。可在当时情况下，刘总兵对朝廷特别是崇祯还是十分畏惧的，毕竟像袁崇焕那样的大官也只不过是皇帝陛下一句话，说进牢就进牢，说干掉就干掉。此时刘泽清不得不掂量一下激起民变这个罪名，自己的脑袋够不够担得起。

最终，在基本上没有做出过于激烈的思想斗争的情况下，刘泽清就做出了自己的决定，请人出面居中调停。换个角度我们也可以说，刘泽清认输了。

看来此人真是惹不起啊！刘泽清从此认识到了读书人至少是金堡的强大，至此刘先生彻底安生了。

隆武年间，金堡被授予礼科给事中之职，正式进入朝中工作。他一到职就立马上疏弹劾郑芝龙，明确指出郑老大“拥兵自大”，“骄蹇无人臣礼”，并建议隆武不要想着依靠郑芝龙，而是要寻找、培养自己的势力。这样一封奏疏，其内容一旦传入郑芝龙耳朵里，自然难免引起一场轩然大波。但是实际上金堡却并没有因此受到郑芝龙的排挤。因为在郑先生出手前，金堡就因母亲去世而回去服丧了。

后来在瞿式耜的推荐下，金堡再次出山，出任工科左给事中。入朝后，金大人宝刀不老，一出招就震动了朝野，因为他这一次上疏弹劾的又是当时朝中的两个大人物：郝永忠和陈邦傅。虽说这次弹劾并没有给两个人带来严重打击，不过金堡还是由此得到了“虎牙”的称号，被陈邦傅的人认为是五虎之中战斗力最强（当然，指的是骂人功夫）、最难对付的一个。

众所周知，虎之所以能成为公认的百兽之王，绝对不是由于额头上那个纯天然

生成的“王”字花纹，而是因为它很猛，很厉害。老虎如此凶猛，靠的一是利齿獠牙，再有就是锋利的爪子。

“虎爪”蒙正发同样是一个十分厉害的人。

蒙正发，字圣功，生卒年不详，湖北崇阳人。此人曾在南明灭亡后写过一本书叫《三湘从事录》，是后世研究南明特别是湖广当地这一时期历史的重要书籍。

不过令人感到吃惊的是，蒙正发出名事实上凭借的不是他出色的文笔和口才，而是他的军功。

崇祯末年，张献忠军进入湖广一带。蒙正发听说这一消息后，却没有像普通人一样赶紧收拾行李逃往山中避乱，反倒是显得非常兴奋。因为在他看来，这或许是展现自己个人能力的一次绝好的机会。

据我所知，当时蒙正发也就是个贡生。但就是这样的一个连举人都没中的书生，说服并联系了当地许多大家族和富户，并用筹措来的钱招募了一群壮士，与张献忠军公然搞起了对抗，而且竟然还成功了。张献忠委任的崇阳知县在这支地方自发武装的打击下被迫逃走，蒙正发顺利夺回了崇阳县城。

可接下来的对手却和张献忠绝对不是一个重量级了——清军。隆武元年，清兵占领湖广重镇江夏（今武昌）。蒙正发很清楚，这支临时拼凑的部队肯定打不过清军，就离开家乡跑到长沙，投奔了何腾蛟，并从此在何腾蛟手下担任推官（主管司法工作）。

蒙正发在何腾蛟手下工作的闲暇之余，没有忘记自主学习。经过努力，不久之后他在隆武朝举行的唯一一次科举考试中终于实现了人生的突破，成为举人。我们知道在明代的官场上，一贯的习俗是重进士而轻举人，即便是中了举也本不算多大的一件事。可是这对蒙正发而言，意义却是极为重大的。

在此之前，蒙正发不过是个生员，基本上相当于一个普通百姓，出身很低。就算是他的直属上司章旷比较欣赏他的才华，想要提升他，但鉴于学历不够，阻力还是比较大的。不过现在不同了，蒙正发多少是个举人，地位有了一定的提高。所以接下来蒙正发的升职就变得比较顺风顺水了。

从隆武到永历年间，蒙正发先后担任兵部司务、兵科都给事、户科给事中，虽说品级都不是很高，但能量却着实不小。由于当时朝中像蒙正发这样有过军事斗争经验的文官数量极其稀少，估计比今天的熊猫还要珍贵，因此无论是老领导何腾蛟还是新上司瞿式耜都对蒙正发比较器重，并开始对蒙正发委以重任。

所以通常被放到五人末尾才提及的“五虎末将”蒙正发事实上是一个在政治斗争能力方面堪比金堡的猛人。他也确实将给整个朝廷政局带来极大的震动。

最后我们要介绍的就是虎尾丁时魁丁大人了。其实在加入五虎行列之前，丁时魁的人生阅历（较金堡来说）是很平常的。

丁时魁，湖广江夏人。此人在崇祯年间中了进士后，就按部就班地从基层做起，熬了几年，进入朝中做礼部主事。后来也是因丁忧回归乡里，隆武年间返回朝中，被任命为礼科给事中，随即被朝廷派到外地出差，前往湖南犒劳军队。不过丁先生运气差了点，还没有见到军队，就听说湖南已经被清军攻陷，便掉头返回福州，但又在路上遇到了点麻烦，朝廷没回成，因而只好在民间流落着。

永历即位后，召回散居在民间的隆武朝官员入朝官复原职，恰好中间有丁时魁的名字，所以丁大人流落了个把月后又得以重新回到朝廷，只不过平级调动了下，改任吏科左给事中。永历前往南宁避难时，丁时魁被留下辅佐瞿式耜协守桂林。后来李成栋反正，朝廷重新迁往肇庆，丁时魁才进入朝中，正式恢复本职工作。丁时魁这一次重归朝廷，已不再是以前的那个低调且不起眼的言官了，因为他此时的职务又有变化，成为吏科都给事中，更为重要的是，这次回来的丁时魁是带着任务来的：联合李成栋和瞿式耜在朝中的势力，尽全力遏制陈邦傅等人权力的进一步扩张。

永历二年（1648）十月，斗争的战火燃起。这一次率先发起进攻的是当时在朝中暂时占据优势的楚党，带头的自然是五虎中号称第一善战的金堡先生。

不过，这一次进攻事实上并非由瞿式耜等人精心谋划，而是完全属于金大人的个人行为。此时金堡刚得到朝廷的公文，在辗转前往肇庆的途中。他早就听说现在朝中由于李成栋等人的反正，以李成栋为首的反正派和以陈邦傅为首的守节派闹得正凶，所以本来眼里就容不下沙子且一向反感武将飞扬跋扈的金先生，一腔热血马上沸腾了起来。

金堡于是在赶路的途中，不顾旅途劳累，连夜赶写了一封奏疏。其中的内容主要是弹劾东、西二勋的首领李成栋和陈邦傅结党斗争，祸乱朝纲，并顺便在奏疏中将包括司礼监太监庞天寿、文安侯马吉翔在内的一些唯恐天下不乱的大臣写了进去，意图借以让皇帝陛下提高警觉，好好惩治一番这帮文盲、流氓，让朝廷恢复安宁。

金先生这封奏疏一旦上交到永历的手中，如无意外朝廷一定会掀起一片轩然大波，如无意外朝中的各派势力会同时将目光转向这个尚未到任的金大人身上，而更加没有意外的可能是，金堡死定了。

平心而论，金堡的确是一个很有责任心与道德感的官员，但我们也不难发现一点，这是个有些激进的人。在对朝廷情况尚不了解的情况下，就准备为皇帝出头打压朝中的嚣张大臣，而且打击面还相当广泛，但凡在金大人眼中被视为威胁皇帝权威的人都包括进去了。不用想也知道，这样做的结果势必只会将所有的矛头引向自己，帮助金大人彻底实现由进士到壮士之后的第二阶段的变化：由壮士到烈士，当

然也可以说是英年早逝。

金堡的先前事迹告诉我们，这并不是一个怕惹麻烦、怕死的人，“砍头不要紧，只要主义真”估计同样是金先生始终坚守的人生原则。可是在当时永历都拿两拨人没辙，只能居中调和以防止双方矛盾激化的形势下，金堡的牺牲注定会变得毫无意义。

就在金堡将要为他的冒失和冲动受惩罚时，一个人的及时出现将金先生从壮烈报销的边缘拉了回来。这个人正是瞿式耜。

在金堡将自己的奏疏上呈皇帝之前，金大人先将疏稿交给了瞿式耜审阅，希望瞿大人能够帮他做一番更好的修改，以便达到可以引起皇帝陛下的共鸣、马上出手解决那些乱政小人的效果。可是金堡没有想到，瞿式耜在看完他竭尽心思写好的弹章后，竟然不予修改，也不进行评价，只是指示金堡赶紧到肇庆去找一个人具体商量奏章的事，至于其他的事则一点不提。

您看哪儿不合适就帮忙改一下，或是指出后让我自己修改也行，至于那么麻烦，叫我非到肇庆找另一个人商量吗？金堡对此感到莫名其妙。

至于，非常至于。当金堡按照瞿大人的指示来到肇庆并找到了让他见的那个人时，一路上所有的疑惑都在此人帮助下得到了解答，他的弹章也在这里得到了进一步的完善与修改。这个被安排与金堡接头的人是瞿式耜的亲信、当代著名的语言文字工作者刘湘客。

事实证明，明代大臣的城府深度和老奸巨猾程度，与其在朝中混的时间长短呈明显的正比例关系。瞿式耜历经三朝风雨和众多政治斗争风浪，不愧为当时朝中唯一一位杰出政治家（也是厚黑学专家）。在看完金堡的奏章后，瞿式耜很容易就发现了这份奏疏中存在的致命问题，同时也确定了一点，金堡对当时朝廷斗争的认知程度基本上还停留在几个月前的水平。

瞿式耜此时已与李成栋等反正的大臣结成联盟，共同致力于打击吴党的活动，先前的矛盾早已退居二线。但与此同时，作为对手的陈邦傅等人还没有意识到这一点。为了避免己方情况过早暴露，瞿式耜既不能让金堡中途改道先来桂林一趟听自己说明情况，又不能写信明白无误地将事情的发展变化告知金堡（这或许是吸取了当年王锡爵先生的教训），因而最终决定让金堡直接到肇庆找了解详情并对修改文章有一定研究的刘湘客那里，商议具体事宜。这样不但不会引人注意，也可以完全防止泄密。

事情的发展告诉我们，一切正如瞿式耜先前预料的那样进行着。金堡与刘湘客见面并了解情况后，在刘湘客提示下，删去了奏章中李成栋和庞天寿的名字，把自己原本两个拳头出击的弹章变成了一件专参吴党的完美的文字武器。

这份由金堡和刘湘客携手倾力打造的骂章一送入朝中，效果果然非同凡响。奏疏是当年十二月送上去的，没过几天不仅朝中大臣几乎人手一本，争相传抄，就连各地的官员那里也陆续拿到了原件的手抄本。在这些读到了弹章的大臣之中，最为兴奋激动的还是广州的李成栋。

史书记载："传揭到李成栋，成栋叹服。"当然前提是李成栋并不清楚一开始的时候，金大人本打算把自己跟在奏疏上被骂得连垃圾都不如、应直接送去人道毁灭的马吉翔、陈邦傅放在一个档次上。李成栋自始至终对马、陈二人厌恶至极，现在见他们在金堡奏疏引发的舆论压力下吓得不敢出门，这无疑让本来不太拿有文化当回事的李成栋深切地感受到了文化人的伟大力量。

娘的，这样看来知识分子还真是惹不起啊！

所以自此之后，在李成栋的授意下，留在朝廷里的李元胤和丁时魁等人越走越近，楚党内部越发团结起来。

事实证明，金堡的奏章不但在朝臣中引发了强烈的反响，就连正在忙于宗教事务的永历也对此表示了关注。他为此传谕内阁，问了一句话：金堡是谁（金堡何等人也）？

这句问话看似有些无厘头，所以在这里有必要声明一下，金堡先生是由吏部召回朝中做官的，而且还没到任，更没见过皇帝，因而永历此时还不太清楚这个引发了朝中激烈议论的金堡的来历，这才问了这么一句。

此时在内阁中值班的大学士是朱天麟。接到皇帝的这一问题后，朱大人是这样回答的：堡在隆武中为给事，直谏，以参郑芝龙为思文皇帝（即隆武帝）所倚用者。

听到这一答复，永历回复了一句意味深长的话：卿谓芝龙为可参耶？

虽然这句话从表面上看，似乎是在赞赏金堡参劾郑芝龙的行为，且为此表示出了相当程度的惊讶。可事实上，朱天麟却听出了永历话里真正的意思，那就是类似于郑芝龙这样手握兵权、权倾朝野的大臣，最好不要惹他。在永历看来，前任隆武之所以会遭遇汀州之变，就因为他不懂隐忍，没能平衡好大臣之间的关系。倘若真要实现中兴大业，处理好内部的关系，让手下人朝向一个共同的目标努力奋斗，那才是真正的王道。

永历的意思是不要刺激李成栋或陈邦傅两者间的任何一方，让他们互相牵制，保持政治上的平衡，这样明朝才不至于陷入混乱，复兴才有希望。如果就此将还算平和的局势闹乱了，后果将不堪设想。

朱天麟虽说是吴党的人，但实际上他也是比较正直的，不希望看到朝中党争再起。所以了解到永历心思的朱天麟就此代为拟旨，在回复中严厉斥责了金堡意图挑

起朝中党争的行为，并明确警告金堡要老实点，不要再妄生事端。

永历的本意是大事化小，小事化了，让百官各司其职，为实现大明的伟大复兴安生做事。可他没有料到，在自己眼中还算平静的证据实际上只不过是暴风骤雨来临前的海面，一旦有点风起云涌，风雨必将应时而来。现在金堡弹劾了陈邦傅，而自己又示意内阁下旨斥责了金堡。这样一来反倒是给了朝中大臣们一个错误的暗示：时机已到，可以动起来了。

吴党的官员们对皇帝陛下这一举动误解最深。金堡的弹章送交朝廷并在大臣中间广泛流传开来的时候，陈邦傅其实是很害怕的。这几年来他确实没干啥好事，更为重要的是在不久前李成栋的部将杜永和入朝接受皇帝召见时，不小心把陈邦傅曾派人前往广州请降的事说漏了嘴（语露邦傅降状），以致后来陈邦傅得知此事后一度吓得不敢上朝。现在屋漏偏逢连夜雨，金堡又上疏弹劾了自己，陈邦傅本以为这下皇帝陛下一定会极为震怒，两罪并罚，一举弄掉自己，可没想到永历却并没有这样做，反而训斥了金堡。

于是，陈邦傅做出了一个错误的判断：皇帝是站在自己这边的。这下陈邦傅精神了。

在为自己上疏自辩的同时，陈邦傅开始组织自己的亲信大臣进行反击。陈邦傅亲自担任主攻，上疏向永历揭发金堡在任临清州知州时曾经一度投降过李自成的这一段往事。

对于永历等老朱家人而言，降过清的明朝大臣是情有可原的，而投降过李自成的那绝对是良心大大的坏了，因为当年逼死崇祯并导致后续的一系列连锁恶果的正是李自成此人。永历听到金堡这件事后，的确很不高兴，而更不满的是永历他妈。皇太后甚至亲自出面叫朱天麟拟严旨，诘责金堡这一无耻的失节行径。

陈邦傅得知连宫内的老太后都怒了，很高兴，于是决定再接再厉，将金堡置于死地。陈邦傅趁机请求朝廷派金堡戴罪立功，来自己这里担任监军（观其十万铁骑）。实际上这其中的用意很明显，是想把这位政敌弄到自己身边，在手底下想怎么整就怎么整，玩死了拉倒。其心地是相当之险恶。

此时，同样会错意的许多大臣连同吴党的官员开始向金堡一人发起了潮水般的进攻（诋堡狂躁），金堡一时间陷入了前所未有的孤立境地。虽说袁彭年、丁时魁上疏为金堡辩解求情，但从内阁发来的一道“金堡辛苦何来，朕所未悉。所请监军即会议”的回复，却使得袁彭年等人的救援瞬间功亏一篑。

眼看着金堡快要完蛋，内阁中的另一位大学士严起恒出马了。

严起恒本来一直被瞿式耜视为自己人，可后来在朱天麟入阁后，严起恒并未像瞿式耜期望的那样帮助自己对抗加入吴党的朱天麟，所以远在桂林的瞿式耜就此认为严起恒跟着投了吴党。因而在此之前，他曾授意袁彭年等人上疏攻击过严起恒（严起恒以厚重详慎居政府，瞿式耜疑其委随，意稍不相得）。

事实上，瞿大人搞错了。严起恒并非是真正意义上的吴党，而是一个真正意义上的无党派人士。倘若一定要给严大人划分派系的话，个人以为，他应该是和永历一派的。

作为当时的首辅，严起恒同样认为应该保持朝中安定团结的大好局面，以对抗清廷收复河山为第一要务。至于谁之前曾有过什么样的功过，朝中各势力间有着什么样的过节，这一类陈芝麻烂谷子的事儿最好提都不要再提，实现中兴大业才是当务之急。

但是现在看来，陈邦傅和他的党羽已经闹得有些过火了，所以严起恒决定泼水浇灭这场可能引发大灾难的斗争火焰。在得知陈邦傅和马吉翔迫使朱天麟票拟旨意会审金堡失节的前科之罪时，严起恒暗中把这一消息告诉了丁时魁。丁时魁得知此事，大吃一惊，在向严起恒告谢后马上回去聚集其余四人商议对策。望着丁时魁远去的背影，严起恒知道自己的扑火工作还没有结束。

告别了丁时魁，严起恒急急忙忙进入宫中，拜见永历。在与皇帝陛下的会面中，严起恒向永历指出，金堡虽然在言语方面多有失当且曾有失节行为，但如今国家正是用人之际，多难之秋，想要实现国家的复兴不仅要尽量收拢人心，更要展现出朝廷的宽宏大量，以招揽到更多的人才。

因此对于金堡事件的处理，严起恒的建议是“万不可谴”。

永历对严起恒的观点深表赞同（上意稍解），决定既往不咎，免除对金堡的追究，同时让严起恒拟好相关诏令，以便在第二天将此事公之于众。看到皇帝陛下能够如此从善若流，严起恒十分高兴，所以在照例以英明神武等相应词语拍了拍永历的马屁后，严大人就此告辞，回家休息去了。然而，走在回家路上的严起恒如果能够预知次日将会有一番怎样的景象时，相信他绝对不会如此轻松了。

永历三年正月十三日，晨。数以百计的官员很早就等在了宫外。随着行在宫门大开，这些大臣连声招呼都不打，就大批量涌入宫中。见识到如此壮观的一幕，守门的士兵和宫里的太监都愣住了。今儿个是怎么回事？新年的大规模朝贺已经搞过了，离正月十五日上元佳节还有两天，更不是朝会的日子。一时间如此众多的官员跑进宫里来，到底是个什么情况？

由于到来的官员脸上明显带有不爽的神情，且是分批前来，明显是有人策划组织的，所以当班的太监觉得事关重大，就马上将事情报告给了皇帝陛下。对此情况，皇帝陛下也感到莫名其妙，今天自己并没有下令让百官觐见啊。此时的永历已不再是几年前的那个政治菜鸟了，宫廷、朝廷内的残酷斗争培养出了永历对环境的

高度警觉性。他敏锐地意识到，如此大批的官员们集体出动、不请自来，其中肯定有事！

永历叫来几个太监，前去打探状况。很快，被派出去的太监回来了，带回了永历渴望知道的信息。从集会大臣们的呼喊声中，太监们记住了使用频率最高的两句口号，其中一个是“强臣箝结言官之口”，而另一个倒更像是威胁，“吾等不做官矣”。

不仅如此，集会的大臣们也不再注重所谓朝廷命官的威仪，而是“将公服袍带掷弃庭中，小帽叉手，白衣冠联袂去”。其形象倒和今日香港黑社会片中即将与人家在街头斗殴的古惑仔们有些相似。

此时的永历正在穿堂召见太仆寺卿马光谈事，听到太监的奏报，这才对外面的喧哗声恍然大悟。敢情这是为金堡求情来的。永历不是傻子，通过自己的情报网，对当前朝廷内部的斗争状况其实是了如指掌的。永历十分清楚，金堡并不是传说中的孤胆英雄，敢于挺身而出除了天生的艺高人胆大外，还有一个相当重要的原因，有后台。

至于那个后台是谁，永历自然心知肚明。但他没有想到的却是以五虎为首的这帮大臣竟然敢自恃有李成栋父子做靠山，敢于在国家高级公共场所（朝堂）非法集会并大声喧哗大吵大闹，实在是可恶至极！不过就目前的形势看，李成栋对自己和大明还是极为忠诚的，犯不上为了金堡这点小事而不自觉地成为两党争权的工具。

要知道，永历虽然为人过于仁柔，但作为堂堂天子被臣下们你来我往争相当枪使，永历还是不干的。所以永历叫来了贴身太监，将自己不再追究金堡的决定转告给了在朝堂上集会的大臣们。大臣们在认定了情况属实后，才山呼万岁，陆续退去。

一场危机终于化解，永历喘了一口气，但他也感到极为强烈的不爽，并感受到了威胁。从后来事情的发展，我们不难看出这件事在皇帝陛下心中留下了相当重的阴影。

第二天，永历下旨特敕李元胤出面邀请昨日参与闹事的十六人仍旧回到本衙门继续办事，并明确告诉大家自己绝对不会追究此事。至于作为集会事件的间接引发者，内阁大学士朱天麟被迫即日解职，回家休养，由他近期参与票拟的旨意也被重新修改。

楚党在第一次与吴党的交锋中，看似在关键时刻力挽狂澜，成功实现了反转。然而，实际上情况真的是这样吗？

朱天麟虽然告病归家，但和当初的王化澄一样，临行之前也同样在朝中留下了自己的棋子，在他看来这个人将会成为改变未来政局走向的关键。后来的事实也证明，朱天麟的眼光确实极为精准。

朱天麟被成功赶走了，内阁剩下的一个严起恒还是自己人，五虎对战绩深感满意，对自己执政的前途更是极为乐观。事实上，从当时的情况看，他们也的确没有悲观的理由。借用一句史料上的话来说，此时朝中的楚党是“以李元胤为东援，瞿式耜为西援，严起恒为内援，焦琏为外援，朝政一手握定”，比当年的东林党还东林党，基本上已经达到了独孤求败的境界。

楚党基本上掌握了朝政。面对这种大好形势，有两个人在心中同样十分高兴，他们就是何吾驺和黄士俊。

当初李成栋反正时，这两个人曾作为行动的主要谋划人一起参与过，所以后来李成栋入朝面见永历，就受二人所托向皇帝推荐两人入朝。永历同意了，下诏命吏部各起原官召用。但是这样问题就来了，何吾驺和黄士俊都是老资历了，而他们的原职恰好都是尚书兼职大学士。一旦遵照圣旨的意思，这两位都是要入阁的，而且还得当部长。

如此一来，本来早就入阁的瞿式耜和严起恒就会主动退居二人之下，而那些好不容易才混上个部长干的大臣也自然不会干，辛辛苦苦半辈子才修成的正果，现在竟然一下子被俩七老八十的老头子抢去了革命果实，这上哪儿说理去。底下的打工仔都不服气，做老板的永历又是一个注重群众呼声的人，所以当时虽把何吾驺和黄士俊召入朝中，但鉴于抗议声很大，永历一直没对二人予以正式任命。

不过峰回路转，到了永历三年，楚党实现了一统天下，陈邦傅在南宁蹲守，朱天麟回家养病，马吉翔被李元胤掣肘，吴党在朝中的活动基本上销声匿迹。这下在何吾驺、黄士俊看来，在满朝都是自己人的情况下，作为李成栋的亲密战友，是时候回到内阁重登大位了。

然而两个人没有想到的是，他们虽然一直把五虎当成自己人，但五虎中却并非所有人都把他们当成自己人。

确切地说，认为何吾驺、黄士俊非我族类的是两个人，即袁彭年和丁时魁。

袁彭年并不喜欢何吾驺，何吾驺也知道此事。当袁彭年因反正之功得以担任左都御史时，进入朝中却啥也没捞着的何吾驺就感到心里很不平衡。同样是反正有功的人，差距咋就这么大呢？何吾驺越想越不明白且越想越郁闷，就开始念叨了。

人一感到不公平就会向他人进行抱怨，以期望获得他人的同情和抱打不平。这是生活中很常见的事。估计何吾驺年纪太大，唠叨成了习惯，所以原本没事也变成了有事，因为何吾驺开始有事没事就在朝廷大臣们的面前搬出袁彭年降清期间的旧事说事。

这样一来，当年袁彭年降清时的糗事，诸如为在省内推行剃发令而为清廷起草

告示宣称“金钱鼠尾，乃新朝之雅政；峨冠博带，实亡国之陋规”，主动向清朝献媚，贿赂结交清廷大臣谋求升官调任，乃至随地解手、喝酒赊账等，大都被何吾驺抖搂出来，使得袁彭年在背地里成为许多人的笑柄。

时间久了，相关风声自然就传到了袁彭年耳朵里。刚好袁彭年日益发现身边同事看自己的眼神越来越怪异，现在一经得知是何吾驺暗中拆自己的台，袁彭年当即气得跳脚：好你个卖主求荣的老匹夫，竟敢公然拆老子的台，我要你好看！

袁彭年本就看何吾驺不顺眼，如今又得知此人在暗中恶心自己。以袁彭年的性格，当然不会饶过何吾驺的。此时袁彭年正好是左都御史，都察院的最高长官，言官的掌门人。因此，袁掌门一声令下，御史们奉命出动，开始集中火力，弹劾何吾驺。

袁彭年本以为只要自己一组织言官攻击何吾驺，何吾驺马上就会迫于压力，主动回家。可他没料到，何吾驺怎么说也是在朝中混过相当长一段时间的人，门生故吏亲朋好友不在少数。袁彭年手下的言官一发起进攻，何吾驺竟然在不久后就发起了反攻。

通政使毛毓祥、礼科给事中李用楫都是何吾驺的主要支持者，这两人均在朝廷中摸爬滚打了十多年，因而骂功都不差。特别是李用楫，此人是崇祯十二年江苏乡试解元，崇祯十六年进士，历任推官、御史、太常少卿，甚至还出过国（奉命出使过安南）。那口才和应变能力也是相当强，和袁彭年的人几轮互骂下来，竟然以少胜多，以弱胜强，把几个都察院的仁兄骂到看完了文章差点当场吐血。幸亏后来五虎中的金堡和丁时魁眼见兄弟顶不住了，替补出场补上了空位，这才稳住了局势，算是和何吾驺等人拼了个平手。

今天袁彭年疏攻何吾驺引荐私人，紊乱国政；明天何吾驺攻讦袁彭年把持朝政，结党误国。刚刚趋于安静的朝中转眼又闹个不停，这下李元胤急了。

李元胤作为楚党的实际领导人之一，见到本来同为反正功臣的自己人打得不可开交，很担心这会削弱组织内部的力量，导致吴党趁机东山再起。他更担心的是皇帝陛下会就此厌恶自己这帮人，从而使楚党最终走向不可挽回的失败。于是李元胤出现在斗得眼红的袁彭年和何吾驺两拨人面前，大喝一声，想让双方住手。不料此时此刻双方都已不再把这件事当成人民内部矛盾了，而是视作你死我活的敌我斗争。所以大家不仅没听李元胤的话，反倒坚持要让李元胤表明态度，支持哪一边。

李元胤劝和没成功，反而把自己给折腾进去了，实在是悲剧啊！

不过倘若再不让互斗的两方实现停火，最终悲剧的就该是整个楚党了。李元胤对此还是有着十分清楚的认识的。

在李元胤看来，既然无论如何都想不出让袁彭年与何吾驺和解的方法，为顾全大局，不至于激怒皇帝和其他大臣，大家一块完蛋，那就只能二选一了。

最终，李元胤的选择是袁彭年。

想想也是，何吾驺那么大的岁数了，就算有幸入阁也执政不了几年。要保证内阁和朝政的稳定，大学士至少不能老换人。反观袁彭年，年富力强，身体倍儿棒，精神状态也很不错。再有就是金堡、丁时魁等人都是他的死党兼楚党的骨干，不挺一下是不行的。所以拍板决定后，李元胤决定支持袁彭年打倒何吾驺。

在当时的环境下这看似是最为正确的选择了，至少李元胤本人是这样认为的。不过，后来的事实证明这并非是最好的选择。

我曾经被问过一道题，题目是这样的：你开车高速行驶在公路上，此时从你车的左边闪出了一个半百老人，从右边跑来了一个八九岁的孩子，如果你继续行驶，两人都会被车碾过，请问这个时候的你是该将方向盘左转还是右转？

这道题估计许多朋友都见过，不知道当时各位的选择是什么，但本人被问到此题时，我的答案是没有答案。无论是左转还是右转无疑都将意味着一条鲜活的生命的消逝，事情虽然是虚构的，可这个心理压力实在很大，所以我没能回答。见到我犹豫不决，提问题的朋友笑了。然后我知道了答案，踩刹车啊！笨蛋！

相信此时此刻，部分人已经知道了我提及此事的用意。是的，就是为了说明一个人的思维怪圈的问题。人往往会在特定环境中面临两难抉择，且通常会因被摆在眼前的两条截然不同的道路而忽视了第三条路。在思维出现类似盲点时，如果不够清醒，处事经验不足，我们就会在这思维的陷阱中越陷越深，最终走入困境。

当时李元胤面对的就是这样一个情况。遗憾的是，李元胤政治经验明显不足而且也很缺乏创新性思维，所以他在遇到难题却没有向上级（李成栋、瞿式耜）请示的前提下，擅自做出了不是最好的决定，向着年纪大的那边撞了过去（估计还踩了油门）。

这下何吾驺就很惨了。拼尽全力才和袁彭年打了个平手，现在李元胤一加入对方的阵容，何吾驺等人马上就支撑不住，当即溃败。何吾驺本人被迫上疏朝廷，引疾乞休。永历早就对何吾驺与袁彭年将朝廷整的乌烟瘴气的情况极为不满，所以见到奏章就顺水推舟，批准了，且连一点礼貌上的例行挽留都没有，可见是真的厌恶到了极点。

何吾驺下野了，毛毓祥等人也就失去了继续战斗的意义和士气，纷纷沉寂下去。李元胤帮助袁彭年击败了对手，但他出于旧情，没有继续发起进攻，而是适时宣布休战。好歹原是一家人，积怨太深，伤了和气就不好了。

不过作为胜利者的袁彭年却不这样认为。在袁大人看来，既然已经翻了脸打得不可开交，不如索性撕破脸皮斗到底，省得来日让何吾驺等人找到机会搞反攻倒

算，那样就很不好了。所以即便是裁判李元胤吹响了终场的哨声，宣布比赛结束，可好不容易将球带入禁区的袁彭年却执意要趁守门员何吾驺倒地的机会过一把射门的瘾。

就算没射进，不算分，至少也要将皮球狠狠踢到对方脸上，让他知道我袁彭年的厉害！

于是，趁众人准备离场的时候，袁彭年带领他的死党踢出了致命的一脚。

何吾驺是离开了朝廷，但和何吾驺一起入朝的好友黄士俊却没有走。这时候黄士俊已是时年七十八岁的人了，所以对权位并不像何吾驺那样热心，加之黄老头性格比较温顺，脾气好，当年的高考成绩又很牛（广东乡试解元兼万历三十五年状元），有着相当丰富的理政经验，因而当时永历基于这些综合考虑，只赶走了何吾驺，而将黄士俊留在内阁中参与机务。

然而不惹事并不意味着不具威胁，这是袁彭年等人的一致看法。趁着黄士俊在工作中出现了一次失误，丁时魁对他发起了连章猛攻，相继创作了参劾黄士俊的一二三部曲，把老头骂得狗血淋头。黄士俊只不过是犯了一点小错误，却让人连老祖宗都被扯出来骂，感到十分委屈。他以近乎哀求的语气对攻击他的言官们说道：“老夫对于各位来说应该算得上是老前辈了。当年我中状元时，现场的各位大人还都尚未生人，现在你们这样对待我，于心何忍。我对于国家而言没有做什么特别恶劣的事，缺的恐怕只有一死罢了（老夫亦何所负于国家？所少者唯一死耳）！”

听完黄士俊的话，这些攻击他的人中，有的脸上出现了怜悯的表情，但同时也不乏嘲笑和冷笑的。

古人说一失足成千古恨，如今看来真是如此。黄士俊此时真的很为当年降清失节行为感到懊恼。早年得意中得两元，中年正直清廉，是朝野交口称赞的状元宰相，只是没有想到晚节不保啊！昔日性格相投的同僚杨琏、左光斗等都为了自己心中的理想舍弃了生命，自己却为了生命而舍弃了最初的理想，活到了今天。此时的黄士俊已经不能再为自己的失节找出一个合理的理由了。

一年后，黄士俊称病致仕，离开了内阁这个曾给他带来无数荣誉与痛苦的地方。

有人说，袁彭年之所以会坚持将对何吾驺余党的斗争继续下去，完全是出于痛打落水狗的言官的职业习惯，发泄一下被人揭老底的怒火而已。我开始同样是这样认为的，可是后来我意识到，这个观点很可能是错误的。

事实上，合称五虎的五个人在人生经历上其实是有着很多相似之处的。他们大部分出身寒微，早先的仕途并不尽如人意。大都有着与当时朝中奸臣斗争的光荣事迹，当然随后也无一例外被对方打击恶整过。或者是多少犯过错误，有过失足的行为和不堪回首的往事。因此这就造就了这个五人小团体在性格方面的共同点，认死理儿、敏感好强、好勇斗狠，等等。其中最突出的一点还是对权力的渴望。

袁彭年向何吾驺出手，不仅是因为他早先就对老何看不顺眼，加上老何还拆了自己的台。实际上认真分析一下就会发现，以上这些不过是些漂亮的理由罢了。就算何吾驺不主动找袁彭年的事儿，袁大人迟早都会对何吾驺下手的，这完全是对人不对事，请大家不要产生误会。

袁彭年找上何吾驺的原因其实也很简单，因为袁彭年自己做梦都想入阁当大学士。永历三年的内阁中起初一共有六个人，分别是首辅严起恒、朱天麟、何吾驺、黄士俊、瞿式耜、堵胤锡。后面两位一个在湖广领兵，一个在桂林留守，基本上不回朝、不参与日常朝廷政务处理，只在阁中挂个名。具体负责处理国务、掌控大权的是剩下的四位阁臣。其中，朱天麟是吴党，没出正月就被废掉了，何吾驺和黄士俊是自己向来鄙视的那种人，可以收拾掉，而严起恒是首辅更是自己人，且深得皇帝信任，因此不能动。

所以这样看来，袁彭年如果想要入阁，就一定要赶走何吾驺和黄士俊，让内阁再次剩下严起恒，重新出现忙不过来的情形。到时候趁严大人受不了，又一次要求皇帝陛下增加阁员时，自己就可以在同党们的推荐下顺理成章地进入内阁了。入阁之后的安排，袁彭年也都想好了。那时自己将联合严起恒，形成楚党垄断朝政的局面，把那些曾经嘲笑轻视自己的人和政敌吴党的残余人员一扫而光。哥们儿丁时魁可以按照他希望的那样接替自己出任都察院左都御史，金堡也可以实现目的，接替丁时魁空下来的职位掌控吏科。

人算不如天算。袁彭年算来算去都没有预料到，自己的完美计划竟然会因忽视了一个人的作用而功亏一篑。这个被袁大人排除在计划范围之内的人，很不巧正是大明的皇帝陛下。

永历同意了何吾驺的退休请求，他却留下了黄士俊，且无论丁时魁等人如何弹劾黄士俊，皇帝陛下就像患上了间歇性耳聋一样，不予理睬。即便是后来黄老头自己都感到压力太大，实在受不了而多次请求回家养老，永历先生依旧是置若罔闻，愣是不批。而且增加内阁成员、减轻大学士们的工作压力这一问题，似乎也并不在永历的考虑范围之内。似乎在皇帝陛下眼中，现在国家这点辖境内的这点事（当时永历实质控制的也就是两广、湖广），两个人就能忙得完，完全不需要新人来补缺。

想进去的进不去，要出来的出不来，这下很痛苦。

袁彭年此时在朝中虽说很牛，却也不敢触霉头去得罪皇帝陛下。在发现似乎很难把黄士俊请出内阁的现实后，天真的袁彭年决定调转矛头，将另一个人踢出内阁名单，好给自己腾出个空位来。

袁彭年要对付的自然不会是有恩于五虎的严起恒（实际上也是因为真的搞

不定），当然更不可能是自己的幕后老大瞿式耜，如此一来目标就只可能是一个人——堵胤锡。

堵胤锡和忠贞营在长沙战役时被何腾蛟打发去救援南昌，但刚渡过湘江，湘潭失陷及何督师被俘的消息就传来了，湖南各部明军随即陷入了混乱（湖南失督师，诸将汹惧）。在众多不知所措的明军将领中，胡一青是少数几个还算清醒的，敏锐地认识到现在这种局势下，有可能稳住局势的有且只有堵胤锡一人。他马上派人将堵胤锡接入衡州，并与堵大人商议战守之策。

然而清军的行军速度却远远超出两人的预料。堵胤锡进城后才五六天，清兵就赶来攻打衡州了。胡一青是个听见清军就会热血沸腾的人，所以他打算先击退城外来犯之敌再回来和堵大人继续谈事。于是胡一青便率领滇军杀出城去，结果却没能如愿回来。

胡一青一出城，才发现眼前的清军非同以往，军容整齐，士气旺盛，且十分擅长野战。胡一青虽然很能打，但在以步兵为主的滇军遭遇清朝最精锐的满蒙骑兵时，明军也占不到一点便宜，再加上是孤军奋战，清军却是人多势众，越打越多，胡一青只得率部退走。

随着胡一青彻底战败的消息广泛传播开来，湖广明军的混乱程度就更加严重了。而忠贞营也受到了混乱局面的影响决定离开衡州，开赴郴州，从而进入两广。而此时就算是堵胤锡亲自出马也无法改变忠贞营的这一决议。

留守湖南永兴的侄子堵正明在清军优势兵力的围攻中力战阵亡，金声桓、王得仁在南昌失守时殉国。堵胤锡认识到湖广的局势确已不可收拾，被迫率领千余亲兵由龙虎关退入广西。但是镇守关口的曹志建却用一种堵胤锡意想不到的方式接待了他。

龙虎关的守将曹志建是一个疑心很重的人。在他看来，堵胤锡带领忠贞营向广西方向前进，是想趁乱吞并自己的部队。这一看法促使他做出了一件极为损人不利己的事——突袭堵胤锡的军队。

曹志建不是忠贞营的对手，但搞个伏击的实力还是有的。他趁堵胤锡部不备，派兵将堵胤锡一行包围起来。经过一番混战，堵胤锡从乱军中侥幸逃出，可其部下标将王一宾和三千明军却被曹兵所杀。事发突然，堵胤锡从此与忠贞营失去了联系。

堵胤锡虽然在兵乱中逃过了一劫，可是曹志建却杀红了眼，要将堵大人置于死地，甚至还在附近派兵展开了大规模的搜索，很有不见堵胤锡的尸体不罢休的意思。关键时刻，一个厚道人出现，救了堵胤锡一命。此人叫何图复，是富川的一位士绅。事实证明，地方上除了部分土豪劣绅外，心地好的地主也不少。

在这位何地主的帮助下，堵胤锡由乡兵护卫，逃到了梧州。恰巧当时忠贞营刚从梧州经过，正在开往南宁。南宁的陈邦傅吓得不行，马上将此事上报给了朝廷。永历对忠贞营擅自深入两广腹地的行为十分重视，于是为了搞清楚情况，特别派出了大学士严起恒和佥都御史刘湘客、兵部主事郭如泰前往调查，并趁机代替自己慰劳安顿入境的高必正等忠贞营将领。

当以严起恒为首的调查团一行行至封川时，遇上了堵胤锡。此时郭如泰已率先追上了忠贞营，并宣读了圣旨，将忠贞营安排在浔州驻扎，高必正等人这才从跑路的慌乱中清醒过来，连忙上疏朝廷请罪。当时忠贞营中的刘希尧、刘芳亮二人由于与李赤心的关系不好，趁机私自脱离了大部队，并在贺县一带趁乱进行抢劫，所以永历担心忠贞营发生叛变，才连忙派出了高级别的官员调查此事。现在既然搞清楚了这只是刘希尧、刘芳亮的个别行为，也就同意了暂时让忠贞营在广西休整的请求。

忠贞营就这样留在了广西。湖广也基本上全丢了，所以本是奉命统领忠贞营诸将镇守湖北的堵胤锡此时失去了任务，就跟随着严起恒等人返回了肇庆的朝中。

多年征战后，回到朝廷休息，这在外人看来是一件还算不错的事。但由于明军在湖广的完全失利，堵胤锡的心情却是相当低落的。堵大人原打算在忠贞营稍作休整后再次出兵收复湖广失地，然而一个消息的传来却使得堵胤锡的这一想法变得难以实现了。因为就在忠贞营进入广西驻扎后不久，忠贞营的主将之一、堵胤锡的好朋友、兴国公李赤心由于军中疫病流行，加之水土不服，经医治抢救无效，于军中去世。

李赤心因病去世后，忠贞营自此由高必正统一率领。高必正似乎觉得广西很不错，不想再打回湖广去了。堵胤锡多次催促高必正率军同自己出征，但无一例外都被高必正以各种理由拒绝了（高必正以新丧大帅器仗不给为辞）。堵胤锡没有办法，只好郁闷地在肇庆和浔州两地往来奔波。

在朝廷的众多大臣中，最希望堵胤锡早点闪人的当然是袁彭年。这位仁兄忙活了半天才把内阁人数缩小到了两个人的编制，现在在外面挂名的堵胤锡居然连声招呼都不打就回到了朝中，袁大人的精神压力自然是很大的。

事实上，堵胤锡也是想走的，无奈高必正那里总是在推脱，所以不得不做两手准备，既要能在出征的时候可以马上出征，同样也希望能在不能出征时发挥出自己作为大学士的作用来。堵大人常年在外打仗，对朝廷里的情况变得十分生疏，为了能增进对政局的了解，更好地为国家的复兴服务，就找来两位宜兴老乡帮忙。很不巧的是，堵大人找来的这两个老乡，一个人叫毛毓祥，另一个叫李用楫。

出现这么巧的事情，袁彭年不再认为一切可以简单地用巧合两个字解释了。这

摆明了就是叫堵胤锡回来整自己的，而此时锦衣卫中的楚党成员又向朝中五虎传达了一个要命的消息：南宁的陈邦傅曾秘密派人前往忠贞营与高必正见面，其间陈邦傅的使者送上了丰厚的礼物，并提出了让高必正举兵入肇庆劫驾，吞并李元胤军，杀金堡及刘湘客、丁时魁等诸多要求，高必正高兴地同意了。

我说忠贞营怎么赖在广西不肯走，原来是在这儿等着我呢。

得知这一消息，五虎深感震惊，但更多的或许是愤怒。

种种迹象表明，堵胤锡是吴党的人，且还同何吾驺在朝中的残余势力进行勾结，妄图打击楚党，帮助何吾驺重归朝廷，并有在失利时利用忠贞营发动军事政变的可能！

袁彭年得出这一结论后，朝中的楚党成员都义愤填膺：娘希匹，为了支援朝内的同党，竟然主动放弃了湖广的大好河山，拱手资敌，还想在肉体上彻底消灭我们这些进步人士。真是可恶至极。

绝对不能让吴党的诡计得逞！我们要先下手为强！在楚党大臣们的强烈呼吁下，袁彭年等人准备先对堵胤锡进行毁灭性的打击。然而这个时候，有一个人还是比较审慎的，他认为堵胤锡是吴党中人的证据不足，现在没有发现堵胤锡同陈邦傅、马吉翔私下勾结的具体事迹。毕竟只是有消息说陈邦傅的使者和高必正接触过，仅从这点就断定堵胤锡的政治立场是很武断的。

在众人都嚷嚷着要对堵胤锡出手的关键时刻，居然有人敢跳出来为敌人说话，这明显是个讨打的行为。但是大家却没有真的动手，因为提出这一观点的人是李元胤。

既然如此，那就只好先探明堵胤锡的态度了。如果能证明堵胤锡真的是吴党的人，再下手也不迟。

于是，试探在一次宴会上开始。负责具体执行这一任务的正是金堡。

宴会上，朝中许多大臣都聚在一起饮酒，现场气氛十分和谐。突然间，疑似醉醺醺的金堡从座位上站了起来，漫步向堵胤锡座位前走了过去。堵大人以为金大人是来敬酒的，所以也跟着站了起来，看着金堡慢悠悠地来到面前。

谁知，金大人一张嘴，说的不是“来一杯”，而是一连串的问题：

“是你收复的湖北，但为什么你后来又主动放弃了湖北？”

“督师（指何腾蛟）好不容易恢复了湖南，你没能约束手下士兵而使湖南致于沦陷？”

“你本来与何督师约定好了要去援救江西，为何反而会带领忠贞营进入广西，并纵兵劫掠当地，使得南昌因无援而失守？”

最后一句更为给力：“听说您是以忠孝闻名天下，怎么会有如此所作所为？你如今不马上带兵前赴湖广，收回失地，他日又有何面目见曹志建和全天下的百姓？”

金堡连珠炮式的发问一结束，堵胤锡傻在了当场，半天没说出一句话来。这在金堡等楚党官员看来，是默认了自己的居心叵测。没错，堵胤锡的确是和吴党中人沆瀣一气，且在他们中间有着不可告人的交易和秘密，赶紧收拾他，错不了！

现在就连李元胤也不再存有疑虑了。不久之前他得知堵胤锡给皇帝上了一道奏折，内容是建议朝廷正式在广东为忠贞营划定一片区域进行安置。所以这样一来，李元胤同样认定堵胤锡是敌人，而且还图谋不轨，因此一定要抢先予以消灭。

当一切的现象似乎都可同时证明一点时，难道就真的能说明这点是绝对不存在谬误的吗？我不这样认为。别的我不敢保证，但我至少能确定一件事，堵胤锡真的不是吴党。

有位著名的历史学家说过，所谓的人类历史上的那些重大的变革，几乎大都是由一些误会和意外引起的，倘若这些不经意的小事并没有发生，或者没有引起当事人足够的重视，历史可能会向着截然不同的方向发展。

在我看来，从未参与过吴党任何组织生活或集体活动的堵胤锡之所以被摆了乌龙，划归进了吴党一派，纯粹是两个字：误会。误会啊！

其实当金堡问出一系列的问题时，堵胤锡不是不能回答，而是不好回答。说得更确切点，是很难说出口。

从第一个问题来说，收复了湖北却又主动放弃，那是因为何腾蛟催促自己带着大部队来帮着打长沙，留守的兵力出现了不足，因此让来援的清军捡了便宜。

湖南没能收复，反倒失陷了，是因为长沙打到一半，自己让何督师支走了前去支援南昌。之所以没赶得及救援，让南昌失守，是由于自己先让何腾蛟挖了墙脚（马进忠），后来听说何腾蛟让清军给抓了，所以想回去稳定局势。至于忠贞营进入广西并有部分将领带兵劫掠，这完全是忠贞营自己内部的原因，更不是堵胤锡能管得着的。就算真的要负责，也顶多是个监管不力的领导责任，用得着那么急赤白脸的吗！

特别是金堡自认为最给力的一句，对堵胤锡而言更是无厘头了。不赶紧出兵湖广，是因为人家忠贞营正在办丧事去不了，至于那个曹志建，一提到他，堵胤锡就更来气。假如真有那么一天，堵胤锡有机会带兵与曹志建会面，相信堵大人的第一反应会是毫不犹豫地招呼自己手下的士兵剁了那个趁火打劫的老小子。

总之，千言万语一句话，自己的这些所谓的失误都是何腾蛟惹的祸，实在是干我屁事，又他娘的与忠孝何关！

但是咱中国人向来讲究死者为尊，从不在背后说已经离世的人的坏话，何腾蛟英勇就义后在朝中的威望更是十分之高，因而这些话还真是说不出口啊！

所以有时候沉默并非意味着默认，而多半是有苦在心口难开。

事实上，有些话堵胤锡说不得，之前情报中的主人公高必正则是有些话不得不说。堵胤锡被人冤枉了，但楚党的谍报工作者却没有冤枉高必正。高先生确实见了陈邦傅的代表收了人家的钱，还当场答应了带兵入朝劫驾，杀尽楚党官员。高必正也的确像传闻中说的那样因陈邦傅拜李自成的遗孀高氏为义母，成了陈邦傅名义上的舅舅。

我依稀记得陈邦傅的年纪好像和高必正差不了几年。既然陈邦傅愿意充小辈，那就由他去吧。不久陈邦傅更是做出了一个令人相当不解的决定，竟然将自己的女儿嫁给了自己的“义舅舅”高必正做二房夫人！

所谓树不要皮必死无疑，人不要脸天下无敌。陈邦傅以实际行动验证了这一点，并将无耻这一词演绎出了新尝试。然而身兼女婿和舅舅双重身份的高必正对陈邦傅的这些所作所为并不十分感冒。楚党的情报工作者并不知道，高必正送走了陈邦傅的使者后，脸色立即就变了，且回头对身边的门客说了这样的一句话：“我虽然曾经做过流寇，但也从来是行事光明磊落，现在怎么能做这种禽兽不如的行为呢！”

这下事情就很清楚了，高必正其实是说了假话，当然称之为忽悠也许更为合适。在高必正看来，以前自己跟着闯王混的时候，明朝与自己是敌人，因此为了争夺天下而逼死了当时的皇帝是没有办法避免的事情，可是现在自己已经与政府冰释前嫌，且还成了明朝的臣子，再去干劫驾这类威胁国家的事情是很无耻的。

高必正是一个比较讲究道义的人，打心眼里不愿做这些必然会遭后世唾骂的事儿。毕竟忠贞营驻扎的浔州是在陈邦傅的势力范围之内，且陈邦傅又和自己家攀上了亲戚，不这么忽悠一下的话，想要在两广站住脚估计是很难的。

所以高必正娶了陈邦傅的女儿并特请朝廷封给陈氏郧国夫人的诰命，所以高必正率领忠贞营帮助陈邦傅消灭了与他争夺南宁的军阀徐彪部，收回了南宁府。一切为的只是一个极为简单的目的：生存。

不过，这一切在朝中袁彭年等人的眼中却成为堵胤锡与忠贞营勾结吴党的证据。于是在此基础上，朝廷内的五虎准备先针对堵胤锡展开攻击。

第六章　尊严

永历三年（1649）十月，战斗开始。担任先发阵容主力的依旧是五虎中骂功最强的金堡。此次金堡上疏弹劾堵胤锡的罪状主要是丧师失地、交结李赤心等武将为外援、私自张筵宴请孙可望使者等三项。永历看完金堡的奏疏后，这次学聪明了，并没有直接将奏疏驳回也未选择留中，而是召来了堵胤锡和金堡当廷辩论。在永历看来，官龄明显要比金堡长上许多的堵胤锡一定会为自己辩护成功的。

但永历先生似乎还是忘记了这样的一个事实：有人进入政坛之后确实是越混越精，最后会修炼成城府极深的老狐狸、老油条。不过，还有一些人却是天生就不上道的，即便十几年风吹雨打一路走过来，还是跟初入官场时一样直，从来不知道心计为何物。

堵胤锡虽然不属于后者，但由于在做官的大多数时间里将主要精力全部投入了军事斗争的领域，而不是跟着一群厚黑老前辈搞政治斗争，所以堵大人先天的政治素质虽说不错，可因缺乏实践经验，实际上在政治斗争方面潜力还是很大的，能力还是不足的。长期的军旅生活也使得堵胤锡养成了说话较直的习惯和略显火爆的性格（这也难怪，对一干大老粗们扯些诗说子云，人家也听不懂）。

于是到了朝堂之上，堵胤锡面对素以口才出众闻名于世的金堡先生，情形就可想而知了。

当着皇帝和群臣的面，金堡首先发难：滇与忠贞，皆国仇也，厥罪滔天。公奈何独与之？这句话翻译过来就是云南的孙可望（张献忠的义子，当时大西军的主要

领导人）和忠贞营的人都曾经是国家的敌人，罪过很大，您跟他们凑得这么近是什么意思？

堵胤锡十分清楚这句话内含的巨大杀伤力，当即大惊失色。堵大人没有料到金先生一出手竟然会如此之狠。不过见识了许多大场面的堵胤锡还是设法使自己平静了下来，并开始思考既能不伤和气又可以保护自己的两全其美的答案。

过了一会儿，堵胤锡认为自己想到了，于是给出了金堡自己的答复：“我长年为边事辛苦，如果真像你所说的那样，难道我一点功劳也没有吗？”

堵胤锡并没有正面回答金堡犀利的问题，而是转变话题，先从奏疏内容上为自己辩解。他本以为这样可以躲过这一对皇帝和大臣们而言都十分敏感且会影响来降的前民军将领和朝廷关系的话题，迫使金堡有所收敛。但是堵胤锡没有想到的是，金先生竟然是一个十足的愣头青加愤青。堵胤锡虽然成功转移了话题，可是他却注定要牺牲掉自己。

因为金堡的回答是一句足以让堵胤锡当场吐血的话：苦劳确实有，至于功劳嘛，还真没看出来（劳则有之，功于何有）。

金堡见堵胤锡气得浑身发抖，趁机展开了更为强大的言语攻势。结局当然是很明显的，堵大人完败。好在永历始终站在堵胤锡一边，见朝堂上的局面与自己预料中的呈现出截然相反的态势，当即果断令停止辩论，宣布就此散朝。

堵胤锡虽然在皇帝陛下的庇护下没有受到处罚，可是在回到浔州驻地后，堵大人还是生了病。或许为了以自己的实际行动打破朝中的种种谣言，堵胤锡决定带兵率忠贞营北上，收复湖广失地。然而当时陈邦傅正在怂恿高必正提兵前往桂林为自己牵制瞿式耜和焦琏，所以最终只有忠贞营中的刘国昌一部被允许跟随堵胤锡出征。

就算带领忠贞营的所有兵马再战湖广，堵胤锡也不认为自己有把握战胜清军最强的满蒙骑兵。如今只给拨来了这么点兵力，那么再次出征的结果就更不用多想了。对此，堵胤锡很生气，却无能为力。十一月二十六日，回到浔州不久的堵胤锡就此一病不起。

堵胤锡的所有精力已经在湖广连年的战斗中消耗得差不多了。一回朝又赶上一群性格略有偏激的人类当政，搞党争。被错划了成分，上来就骂，就算是个心理和身体素质均特好的估计也撑不住。也难怪堵胤锡会一病就不起了。

其实，早在此次病发之前，堵大人就因连年的征战而积劳成疾，据说还常常吐血。现在病情发展到这种情况，堵胤锡似乎已经意识到了一点，自己恐怕将不久于人世。当夜，堵胤锡拖着病体写下了他此生最后一封奏疏。

在这份奏疏中，堵胤锡为自己不能再次领兵出征表示出了深切的遗憾，同时也对自己在兵力与粮饷方面的备受排挤压制表现出了强烈的愤慨。不过这时候的堵胤锡很清楚，自己再也没有机会回到湖广的战场上完成国家赋予的使命了。因此在生命的最后时刻，他向皇帝提出了自己最后的理想与愿望。

臣但恨以万死不死之身，不能为皇上毕命疆场，而死于枕席，是为恨也。臣死之后，愿为厉鬼以杀贼。伏乞皇上拣任老成，用图恢复！

十一月二十七日，太子太傅、文渊阁大学士，以上方剑总督军务，光化伯堵胤锡吐血病卒，年四十九。史载，“三军恸哭，如丧父母”。

据说在堵胤锡弥留之际，这位文官出身却又戎马半生的大学士始终反复念叨着这样的一句话：复楚包胥何向哭？

后世对于堵胤锡的看法不一。有人认为他的确是吴党中人，与陈邦傅、朱天麟等人多有密谋往来，也有的人说他不是，只不过是为人过于死板，不懂变通，别人都对前民军将领心存芥蒂，他偏力挺，被人怀疑是没办法的事。更有人说，自从堵胤锡四年前决定前往说服李自成余部归降明朝时，他的命运就已然注定要成为一个悲剧。

众多评价之中，在我看来评得最为准确的应该是两个人。

其中一个生活在当时，曾同时获得堵胤锡和瞿式耜的赏识，且被二人极力上疏向朝廷推荐。此人认为：“胤锡忠直磊落，负有为之志，非腾蛟所及；而轻信自恃，专意刑赏，屡启偾败，腾蛟亦轻之。交相猜薄，以至于败亡，各有以也。”

用今天的话说就是，堵胤锡确实十分有才，且为人忠诚正直，是何腾蛟比不上的。但是由于他在性格上太过于自信又不愿意和他人交流，有点“独”，所以才会引起他人的猜忌和不满，最终导致了一个并不圆满的结局。个人认为，这个评价是很中肯的。

对了，差点忘了说评价者的名字。此人是一个在当时并不出名但却在之后盛名远扬的人。他的名字甚至超过了瞿式耜、袁彭年、李成栋这些当年朝中的一时风云人物而广为人知，因为他名叫王夫之。

除了与堵胤锡有过密切接触的王夫之外，另一个较为公允的评价来自当代知名学者顾诚先生。他认为在南明短暂的历史上，堪称有远见的政治家只有两位，其中之一就是堵胤锡。堵胤锡是一个磊落不羁、心怀坦荡的真英雄，只是由于时代的局限，没有找到与他具备同样战略眼光的知音和属于同一战线的战友，因而才会遭遇壮志未酬身先死的命运。

永历一朝是否真的没有人能看得出与前民军势力联合是抗清大势的必然选择，

对于这点我不敢肯定。但我比较清楚的是，即便真有人与堵胤锡处在同一阵营，以堵大人的脾气估计也是很难维持住的。

无论怎样，堵胤锡的离世还是给了皇帝陛下不小的打击。永历对于这位将自己的一生全部无私奉献给这个国家的大臣给予了几乎和被俘就义的何腾蛟一样高的礼遇。

堵胤锡病逝的消息一传来，永历便失声痛哭，随即下令辍朝五日，并谕令礼部设置九坛祭祀（明代追悼死去大臣的最高礼仪），赠堵胤锡为上柱国、中极殿大学士，太傅兼太子太师、浔国公，谥为文忠。

堵胤锡死了，皇帝陛下很悲痛，班都不上了，可是袁彭年却暗中欣喜不已，因为在他看来，自己入阁的日子已经越来越近了。

入阁的理想即将实现，五虎势必就此进一步大权独揽、升官发财。朝廷里许多原本保持中立静观其变的大臣们自此纷纷加入了楚党，以至于楚党在朝中的势力之大就此达到了前所未有的程度。借用史书上的一句话是“言非虎党不发，事非虎党不成，星岩道上，遂成虎市”。就算是皇帝陛下的圣旨，只要五虎觉得不合适也会硬顶回去，让内阁代为重新修改，直到满意为止，所以就更不用提朝政的其他方面了。

《周易》有云：“日中则昃，月盈则食。”这跟吹气球时要适度否则就要爆的道理是一样一样一样的。总之还是那句话，低调不仅是种姿态，更是种心态。

当时在朝廷中盛气凌人、不可一世的五虎，估计即便听到了类似的劝谏，也不会真的听进心里。所以崩溃的命运阴影已开始暗中笼罩在了楚党成员的头上，等待着爆发的时机。

说来很有意思，袁彭年等人认为自己取得了打击吴党的彻底胜利，是以堵胤锡病亡为标志的。同样，事实上楚党的全盘毁灭却也是以一个人的猝然离世为标志，这个人正是楚党的幕后领导、军事支柱李成栋。

自楚党这个组织正式注册挂牌成立以来，李成栋并未真正参与这个以他为依靠的团体的主要活动，甚至连活动的策划工作也没怎么关注过。除了有李成栋不太懂得政治方面事务的因素外，更为关键的原因是当时李成栋正在竭尽全力从事着另外一项重要工作，那就是救援南昌。

八月，李成栋刚在肇庆朝见完永历，就接到了朝廷发来的救援南昌的命令。当月李成栋便在广州教场点兵拨将，亲自统率大军直趋南雄，速度不可谓不快。

李成栋军是永历二年出发的，然而直到次年正月南昌宣告失守之时，这路军队的一兵一卒也没能出现在南昌附近。这是为什么呢？原因其实很简单，因为此时的李成栋也犯了一个致命的错误，钻了牛角尖。

早在李成栋率军出发之前，李先生其实一直在做一件事，那就是写信。他的信大多被送给了同一个对象——高进库。要知道，李成栋之前是跟着高杰混的，高进库又是高杰的亲戚，所以李成栋和高进库算是老相识了，而且关系还很不错。

当李成栋得知金声桓等人的劝降工作失败的消息时，就希望通过自己成功劝降高进库继而使金声桓久攻不破的赣州不战而降，来向朝廷显示自己的能力很突出，能量很强大。

可是事情的结果反而证明了另外一点：这时的李成栋很天真。

李成栋的几封亲笔信都送了过去，但高进库先生那边却丝毫没有回应，而且还很安静。这下李成栋就有点搞不懂情况了，答应还是不答应，你倒是吭一声啊！

李成栋对情况不明所以，不过今天的我们倒是很清楚的，高进库并非是不愿开口回应，事实上他是在等待，等待着李成栋先开口，开口谈一个比较重要的问题：待遇问题。

在几个月前的战斗中，与明军有过交手的高进库认识到对手的实力的确不俗，若不是金声桓没有听从王得仁的建议撤围而去，估计自己早就在地里烂透了。所以说高进库一心忠于清廷誓死不降，那是假的。从某些史料的记述中可以看出，实际上高进库对是否投降这一问题，一直是处于摇摆状态之中。

可是高进库为人比较矫情，属于不见兔子不撒鹰、不给好处不张嘴那类人，所以在李成栋没有提及投降后的待遇问题时，高进库始终保持着沉默。

跟高进库在一起工作过了那么久竟然不知道高先生有这么个特点，没能一步到位，说实话李成栋实在是很失策。然而更失策的实际上还在后面。

众所周知，李成栋也不是个好脾气的。当他眼见着在信中与高进库约定好的期限将至，但高进库却依然不明确表态（约以逾秋北救不至，当输款），终于失去了耐心。于是，李成栋写下了最后一封劝降信，对高进库进行最后的劝说。个人认为，这一封比金声桓的那封更要命。

李成栋的信使把信交给高进库后，随即开始观察高先生到底是个什么态度。但是，他发现随着阅读的持续深入，高先生的脸色越来越难看了，到了最后，干脆也不等看完，直接就把信撕了（碎其谕），且边撕还边嘚嘚：“李成栋反了就做了国公。我如果反了，也是国公。这封信他娘的李成栋以为他是给谁的？”

我虽不清楚李成栋那封信的内容，但明眼人从高进库的反应一看就知道李成栋这一回的语气应该是很强硬的，估计还爆了粗口。所以几个月后相似语气的一封信再次帮助犹豫不定的高进库下定了决心：“今要我反，除死不为。”

随即历史再度重演，高进库把这件事告诉了刘武元、胡有升，三个人商议了一下后决定将计就计，采取缓兵之计，麻痹李成栋。于是赣州方面开始了忽悠战术的

第二季剧集，不断派使者送信给李成栋，表示自己愿意反正，却适时找来各种理由搪塞，不给出明确的出降时间，估计是打算能拖多久拖多久，最好到过年。

李成栋即便不是很聪明，被拖了一个多月，就算是傻子也能感觉出其中有猫腻了。李成栋不是傻子，不久就意识到自己被人家忽悠了。所以李成栋向赣州方面派出了军队，与高进库等人干了一仗。李成栋没有想到的是，自己的部队竟然打输了。

这也难怪，赣州的清军一旦打败了就只有全军覆没这一种结局，明军打败了却可以回去重整旗鼓，甚至很霸气地说上句“我会回来的”之类的话，实在犯不着拼命。更主要的一个原因则是，赣州城内的清军在刘武元等人的大肆宣传下都得知了李成栋的前科——嘉定三屠，更坚定了坚守的决心。

至少坚守而死，咱还能混上个烈士，这可是关系到家乡的亲人是以烈属的身份领小米还是以失踪士兵亲戚的身份领小米的重要问题啊。

清军趁广东方面明军未到之时，在附近乡村内搜刮到了足够的粮食，并加固了城防工事，当十月初一日明军到达赣州城下时，士兵们见到的又是一座坚固无比的城池。这意味着，一场恶战在所难免。

根据李成栋往日的作战习惯，到达城下后大军先不急着扎营，而是趁此时机发动试探性进攻，以图给对手造成强大的心理压力。这一次自然也不例外。据战后南赣巡抚刘武元给清廷的奏疏显示，明军在李成栋的带领下“连营数十余座，炮火连天，环攻彻夜”，打得城上的清兵不敢露头。几阵炮击过后，验证出赣州城墙质量确实信得过，不是豆腐渣，李成栋这才下达了停止攻击、安营扎寨的命令。

李成栋首次进攻虽说并没有取得自己想要的效果，但几十门大炮整整齐齐摆在城下，只需一声令下，就开始持续不断地狂轰滥炸。这个玩法对赣州城内的刘武元、胡有升而言，实在是玩不起。按照这么个势头，用不了两天赣州的清军就会被彻底玩垮、玩残，全体歇菜。

此时赣州的官员士兵只要一回忆起刘巡抚声情并茂讲述的李成栋的南下事迹，一股寒意便会不由自主布满全身。决不能就这样坐以待毙！在赣州官员的集体智慧下，城中清军决定速战速决。具体的实施方法就是趁明军营垒未固、壕沟未成之时，挑选军中精锐士卒出城突袭。

反正都要被干掉，不如拼上一回。在这一信念支持下，十月初二日，凌晨，清朝守军分别从小东门、南门、西门突然出城，且“奋命冲杀”（史书原文）。明军刚刚到来，本来立脚未稳，猝不及防之下，城外营垒被清军冲入。明军将士顿时陷入慌乱之中，自相践踏，阵势大乱。李成栋见不能稳定住局面，只好率军撤到了南安。

由于明军的混乱和清军的突袭，此次明军损失总计在一万人左右。这对拥有十多万军队的李成栋而言不过是毛毛雨，可明军在士气上受到的打击却是极为严重的。用广西巡抚鲁可藻的话说是“神气以是而沮，元气以是而伤”。

李成栋似乎也意识到了这一问题，在接下来的两个月里着重休整和补充兵员、装备，只派出了部将阎可义率骑兵六千抄小路往援江西。然而赣州的清军虽然是“兵马有限”，但五六千人还是出得起的，得知明军打算走小路救援江西的消息，城内的高进库预先带兵堵住了明军的去路。阎可义率兵与高进库打了几阵，却因无法突破清军的防线，不能继续向前推进。

李成栋趁高进库与阎可义相持不下的机会，抓紧时间对广州水师进行了严格训练，并准备即日出兵，水陆并进，攻打赣州。正当李成栋打算出发时，肇庆方面却传来了马吉翔交结宫中内侍、企图以中旨变革都察院等言官机构官员任命的消息。

要知道，五虎之首的袁彭年正是当时都察院的最高长官，而五虎中诸如丁时魁、金堡等人也属于言官，倘若马吉翔的这一行动真的得以成功，那么这无疑是对楚党的一次沉重打击。鉴于此事事关重大，李成栋不得不马上掉头前往肇庆帮助袁彭年等人渡过难关。与此同时，李成栋秘密给永历上了一封奏疏，希望皇帝陛下提高对身边近臣的警惕，以防他们欺君弄权。

此时马吉翔听说李成栋给皇帝送交了一封密疏，那是相当的恐慌。因此马吉翔拿出了自己的拿手绝招来阻止李成栋的入朝，就是古往今来屡试不爽的造谣。马吉翔本身就是搞特务工作的，因此大臣们一般对从他那里传出的消息从不怀疑。所以马吉翔开始一边暗中派手下人在全城的大街小巷中传播李成栋将带兵入朝、强迫皇帝去除夺自己的近臣耳目的假消息，一边指示锦衣卫制造相关的假材料。

果然，在马吉翔的努力下，朝臣之间、街头巷尾一时“蜚语四布，在廷咸疑”。大家一致认为李成栋此次带兵入朝是明摆着不怀好意。永历也由于身边内侍的忽悠加朝中的众议汹汹，对李成栋以“贺正旦，请方略”为由的觐见产生了怀疑，因此朝廷临时做出决定，派人前往阻止李成栋进入行在。

是不顾命令继续前进，还是遵照圣旨回师广州，这是李成栋不得不面对的一个问题。经过一番考虑，李成栋谨慎选择了后者，事实证明，李成栋这次的选择是相当正确的。

当时马吉翔及其亲信在朝廷内外大肆制造舆论，说李成栋只要一入朝便会尽行废除阁部大臣，代之以广州投降过的大臣，并将解散皇帝宫中的护卫亲兵，用自己的士兵充值禁内，要当当代的董卓、朱温。经历过武冈事变的永历显然对这一类传言非常敏感，因此派出了鸿胪寺卿吴侯前往李成栋军中，表面上是犒劳军队，实际上还肩负着调查李成栋是否有意谋反的重任。

吴侯再次向李成栋申明了朝廷拒绝接见的意思后，被李成栋留下来吃饭。言谈

之间，李成栋发觉这位吴大人似乎有点奇怪，像是很害怕自己似的。于是一谈话结束，不明所以的李成栋便马上派人快马前去找养子李元胤问明情况。李元胤方面把消息传回来，李成栋才恍然大悟，原来是马吉翔在背后捅刀子了。

如果是几年前的李成栋的话，相信此时此刻已经愤怒不已，执意带兵进入肇庆行在捉拿马吉翔了。可是这个时候，得知事情真相的李成栋却显得十分冷静。

当夜正是除夕，驻军在三水的李成栋望着远方的高峡深岭，做出了决定：返程。

朝廷所在方向上的景物已逐渐模糊，李成栋骑在马上回头凝视，感叹不已。

“吾不及更下此峡矣！”李成栋走了。他也确实没能再次来到这里。

永历三年二月，李成栋集结大军过梅岭，进入江西境内。这一次为了避免再犯去年十月间仓促攻城却被敌人来了突袭的错误，李成栋决定改变战术，先攻占赣州外围各县，然后再集中全力进攻赣州，势必要将挡在自己面前的这座城市彻底攻破。

李成栋将明军主力屯驻在信丰，派自己得力的部将董方策等人前往占领赣州周边的雩都等县，以切断赣州的外援，使之成为孤城一座，到时候好打。

董方策等将领没辜负李成栋的厚望，圆满地完成了作战任务。这样一来，明军再次抵达赣州城下，准备好展开新的战斗。

当李成栋做好了所有的准备，打算与清军大战一场的同时，事实上刘武元、高进库也已准备得相当充足了。

当时赣州清军险胜后，巡抚刘武元立刻派人前去请求谭泰先生发兵救援。身为征南大将军的谭泰此时已然攻下了南昌，解除了南下赣州的后顾之忧，很快派出梅勒章京胶商等将，统领正红旗与正白旗的两旗满洲骑兵来到赣州助战。虽然李成栋没有意识到，但明清双方在江西的力量对比已经发生了十分巨大的变化。李成栋即将面临的对手不单单是老对头高进库、刘武元和赣州城内的守军，一个比之前更为可怕的强劲对手——满洲骑兵将要成为李成栋最后的强敌。

李成栋在率军进抵南雄之时，得到了南昌失守，金声桓、王得仁战死的消息。按理说，在这种不利的情况下，明军本该就此停止攻势，扼守梅岭，等谭泰、何洛会、刘良佐等人奉清廷旨意班师回京后，再伺机夺取赣州的。不过李成栋没有这样做。也许李成栋知道，在遭受举朝大臣怀疑的情况下，只有一场胜仗才可以挽回众人的信任。更为重要的是，明军在湖广、江西的连续失败已对两广局势产生了一定的冲击，因此在这一局势下，这个国家更加需要一场硬仗，一场久违的胜利，来提升军队的士气和百姓的信心。

在以前，李成栋出兵作战完全是为了自己。然而这一次是他第一次为了他人而举起了手中的马刀。

赣州城中的守备力量较之前大有增强，不过明军在兵力上还是占据优势的。意识到这一点，刘武元还是老一套办法，找来了胡有升、胶商等清军高级将领商议作战策略。结果讨论来讨论去，一帮人得出的结论居然还是“利在速战”那个四字方针。

记得小时候看动画片，印象最深的台词中有这样的一句：“同样的招数对于圣斗士是没有用的。”李成栋同志虽然不是雅典娜女士的圣斗士，不过这句话同样适用于李成栋指挥下的明军。

二月十六日，在明军聚集城下开始进攻之前，城内清军选择了主动出击。他们敢于如此嚣张，是因为此次担任突袭主力的是身经百战的满蒙骑兵。

满蒙军刚刚参加完攻打南昌的战役并从中捞到了不少好处，此时正处于士气最为高昂的阶段，毕竟自入关以来就打了那么几场仗，平定南方时这帮大爷基本都在京城休息，没有参加战争。这对于天生就被称为出色的战士的满蒙士兵来说，是一件很不过瘾的事。因为当时入关的清军士兵大部分的收入来源主要是两个，一个是兵部发下来的工资，而另一个就是战后分得的战利品。

要知道，入关前清朝的政府机构虽说是勉强建立了起来，但政府的主要经济来源还不是依靠农业，当然更不是牧业、手工业，而是致富基本靠抢。国家都是这样，那么底下的丘八们更不用说了。兵部发的工资的确能按时领到，但毕竟没有出兵打仗来得多，脱贫快。因此对于这个改善家庭生活的捷径，满蒙军的士兵们当然是非常欢迎的。

一方是为了证明自己，为取得荣誉而战；另一方是为了满足自己，为取得财富而战。任何一方的动机都足以激励士兵拼死作战，所以此时交锋的沙场上，没有正义与邪恶，只有军人的热血和求胜的意志在激烈碰撞。

刘武元在派出清军中的满汉主力向李成栋驻守的信丰进发的同时，又派兵八百名前往雩都扰乱当地明军的视线。后来事情的发展证明，刘武元先生实在是太低估李成栋部将们的智商了。

李成栋知道刘武元喜欢偷袭之类的把戏，因此担任明军前军统领的阎可义在李成栋的命令下，在屯扎地渠岭设置了五座木城，用来防备敌人的突击。所以当二十八日清军前来进攻时，惊喜地发现原来明军士兵不仅能够适应野外露营，有必要时竟然还可以为自己精心安了排栅栏（木城）。那日子过得实在不比自己差。

这种简单的木质防御工事似乎只对清军中的汉族士兵有震慑效果，在满蒙军的眼中却有点显得小儿科了。当年跟着努尔哈赤、皇太极两位老大打野战时，咱什么明军的野外防御工事没见过！于是在汉军发呆的时候，满蒙骑兵已经发动了冲锋。

阎可义没能意识到自己的敌人已发生了变化，已经不是派一群弓弩手凭借坚固的工事射上几箭便可以吓走的降军，而是精于骑射的满蒙骑兵。等到他发觉的时候，已经太晚了。

满蒙军凭借战马的冲击力和出色的射击技术，很快杀尽了防守木城的明军士兵，并趁势冲入明军营地，大肆砍杀。明军从未遭遇过如此凶悍的敌人，虽然士兵们奋起反击，但无奈人家多是骑兵，而木城之中的明军却是以步兵为主，因此明军毫无悬念地惨败，五座木城接连被敌人攻破，主将阎可义战死。

阎可义作为李成栋属下得力的战将，战败身死，全军覆没，这一切的发生与结束是如此之快，使得李成栋敏锐察觉到了对手的强大和可怕。

十多年的军事生涯经验告诉李成栋，星星还是那个星星，赣州还是那个赣州，可击败阎可义部的那支清朝军队绝对非同寻常。如果情报无误，阎可义的确是在高度警觉的状态下被敌人吃掉的，那么即便是自己带领大军出战，说不定也会有被做掉的可能。此时摆在李成栋面前的选择依旧是两个：先避下风头，率军返回广州，或者是继续进军，拼尽全力与前方那未知的强敌决一死战。

最终，李成栋选择了后者。原因也还是那个原因，李成栋是个军人，而且还是个将军。

为了军人的尊严与荣誉，来战吧！清军！

二十九日午时时分，以满蒙骑兵为主力的清军推进至距明军信丰驻地五六里处。李成栋得知消息，果断决定亲自挥军迎战。

明知道自己的军队实力并不占据优势，还下令出兵，这就算在军事白痴看来也是一件很白痴的事。李成栋打了这么多年的仗，当然不会就这样让士兵们白白上阵当炮灰。事实上，李成栋已经想出了一个可以克制清军骑兵的有效方法，并进行了妥善安排。李成栋认为有了这一安排，此战的胜算一定大大增加。

在坦克、战车这些大块头铁家伙还没有开上战场的几百年前，想要压制住向来以速度快、冲击力强、出击迅猛著称的少数民族骑兵，那是件不太容易的事情。想让步兵训练钩镰枪，找不到像徐宁同学那样专业的教练，想搞骑兵对冲，明军中能担任这一工作的骑士又差得太多。于是情急之下，李成栋不得不把他的目光投向了一个他从未涉及过的领域——火器。

李成栋虽没玩过枪，但总算看别人玩过。特别是在桂林城下，李成栋曾亲眼见识过西洋最新进口的火炮的厉害，对火器的强大杀伤力与威慑力更是有着十分深刻的印象。所以出战之前，李成栋暗中先派出了火器手三百人，在战场上找到一个合适的位置埋伏了下来，并嘱咐他们在开战之时为大部队提供火力支援，以压住敌人的攻势，打清军个措手不及（如前遇兵，尽发火炮，我为后应）。

李成栋坚信，火器将会成为影响这次战斗成败的最为关键的因素。事情的后续发展也恰好证明了这一点。

随着清军的迅速逼近，李成栋率领骑兵作为前队，与敌人在信丰近郊遭遇，战斗一触即发。然而奇怪的事发生了，当满蒙骑兵纷纷举起马刀叫嚷着冲向明军时，李成栋却没有听见火炮的轰鸣。不过，眼看着敌人越来越近，李成栋再也不能等下去了。在没有如愿得到火炮支持的前提下，李成栋下达了进攻的命令。

交战的结果自不必说，玩命精神和骑射技艺高人一筹的清军轻易攻入明军阵营，李成栋虽然带领手下骑兵拼死抵挡，也无法挽回全军溃散的局面。明军大败，李成栋不得已带领余部退入城中坚守。

李成栋回到城中，气愤不已：本来能有胜算的战斗变成了完败，那先发埋伏的三百名火器手到底在搞什么？李成栋气愤之余随即下令，立刻派人前去寻找那三百人的下落，叫回来后，立马以军法严惩！

派出去的人没用半天工夫就回来了，但三百火器手却没一个人跟着回来的。这倒不是因为他们怕死，不敢回来，反倒是因为他们很勇敢。

李成栋从回来的人口中得知了火器手没能执行命令的真相，堪称壮烈的真相。

按照李成栋的指示，火器手们如期出发，并且遇见了清军的前部骑兵。当火器手们准备用火枪、火铳迎击敌人时，一件令人意想不到的事突然发生，改变了原应发生的一切。

忽然间，天昏地暗，乌云密闭，一场暴雨不期而至，明军的火器、火药均被雨水淋湿，三百火器手就这样在本领无法得到正常发挥的情况下全部战死。

听完讲述，李成栋的眼角湿润了。我知道，在这泪水中更多的是赞许与崇敬。

李成栋每次率军出战，为提高进军的速度并给对手以出其不意的快速打击，往往是轻装简行，先攻城，再扎营，最后从后方运粮。这是李成栋部的一贯行军风格。当年李成栋就靠这一招为清廷征服了广东全境。此次前来攻打赣州，李成栋用的依然是老方法。没料到大军没有打到赣州城下，却被一股前所未遇的强悍清军堵住了去路，先锋大将被杀，自己的大军也被击败，被迫退守在一座小县城里。

明军随身携带的粮食本就不多，信丰也不过是个小地方，无法解决大军的伙食问题，所以城中的兵粮越吃越少。外面的清军则在三月初一日就开始攻城，日夜不休，因而明军很难找到机会出城，遍布城外的清军骑兵自然也不可能会让后面的粮食运到城中。

得知城中兵粮将尽，部将杜永和找到了李成栋，请求下令退师。李成栋看了看面前的杜永和，没有回答，而是让人给自己奉上了一杯酒，进而一饮而尽，举杯掷地，大声说道：“我举事反清，不远千里迎接皇帝入粤。皇帝也待我不薄，想

要筑坛拜我为大将。如今出师无功，遭遇强敌就畏惧返还，我又有什么脸面回去见天子！”

说完，李成栋在没有亲兵随从的情况下，骑上战马，手持弓箭兵器，向城外的清军大营直冲而去。

时信丰城东门外的桃江因暴雨而泛涨，本来就无法渡河。清军又在其余各门的必经之路上挖了大量战壕，打上了木桩，以防止明军以骑兵突围，所以李成栋出城时走的是东门。

等到李成栋营中部将们得知了这一消息，急忙领兵准备出城救应主帅李成栋时，明军的将领们又得到了一个更为震惊的消息：巡逻士兵目睹了主帅李成栋单骑渡水、不幸坠马溺死的一幕。现在李成栋的遗体已经从河中捞出，送回城中。

敌人紧逼，粮草将尽，主帅身亡，士兵逃散，此时信丰的明军将士已经完全失去了继续坚持下去的理由。杜永和在收殓好李成栋的遗体后，暂代统领全军，并在当夜率军出东门强渡出城，退守南雄。

次日，清军探知城内明军于前夜退出，随即占领了信丰。与此同时，对李成栋恨到极点的高进库乘势尾随，追击撤退中的明军，并且成功抓住了一些来不及跟上大部队的明军士兵。从他们的口中，高进库得知了李成栋昨夜失足落水而亡的消息。

不过，李成栋单枪匹马想要攻击清营的这一前提是不能提的。所以在三月初四，清朝南赣巡抚刘武元、总兵胡有升送交清廷的奏报中，关于李成栋之死是这样描述的：“生擒活贼审供，李成栋投河淹死。”

是因为害怕了我们，喝高了，在逃走时不小心落水而亡的！在刘武元等人眼中，敌人就是敌人，能恶心一把就得恶心一把，至于实际情况是什么，那个重要么？不重要。

实事求是地说，对于李成栋的生平评价是一个困扰了我很久的难题。

说李成栋是个英雄、抗清名将，估计很难得到大家认可，而且很多人都要骂。因为李成栋军事生涯中最为辉煌的那几年是在打明军，嘉定三屠中下令对手无寸铁、毫无反抗能力的平民百姓下手，也的确不怎么英雄。

至于抗清名将这种说法，在某些人的眼中就更为不妥了。毕竟和清军的两次交手，李成栋的表现都很让人失望，第一次是大败，第二次是完败，所部二十万人基本上两仗打下来就剩了一半，名将之名很难谈得上。而且喝完酒就独自一人去单挑数万清军，这一做法也确实很搞。所以英雄兼抗清名将这个命题看似是可以被pass 掉。

但是，个人对于李成栋是一个反复无常的小人、嗜血成性的刽子手的说法也很难认同。因为在我看来，在宋高宗点头默许之前就敢动岳飞先生的秦桧在历史上还真不多。如果清政府的确如传闻中的那样一入关就搞亲民政策，一向爱民如子，估计在扬州、嘉定连续“败坏”军纪的李成栋已经死过不止两次了。把所有的罪名推到一个曾为自己卖命后又与自己为敌的人身上，最后再下个纯属个人道德品质所致、与自己无关的结论，在我看来，人不能无耻到这个地步。

综合上述两种看法，最恰当的评论或许应该是这样一句话：李成栋，这是一个极为复杂的人物。

他一生大起大落，确实堪称波澜壮阔，比起另一位与他同时代的仁兄而言可以说是有过之而无不及。那个人的名字我们很熟，叫吴三桂。

同样是冲冠为红颜，但相对于后来深入缅甸亲手杀死永历帝父子，下令将永历父子焚尸扬灰，数年后又打着“为明报仇”的名义起兵反清，折腾了八年，临死前抽空举行了一场称帝加冕典礼的吴三桂而言，李成栋的舍生取义或许更为纯爷们儿些。

李成栋去世后，原为李成栋中军的杜永和留下了部分军队扼守梅岭，防止清军趁机南下，自己则同其他将领率军返回广州。远在肇庆行在的李元胤得知李成栋死讯后据说痛哭不止，就算面见皇帝陛下，只要一提到养父李成栋，李元胤的眼泪也会不由自主流下来。虽然李成栋并不是李元胤的生父，甚至可以说是由于李成栋的缘故才使得李元胤与家人分离，但经过多年的相处，在李元胤的眼中，李成栋绝对无愧于父亲二字。

即使我们没有血缘关系，你却永远地活在我的记忆里。

永历曾经怀疑过李成栋，然而当他得知李成栋平日在军中那些慷慨言辞时，永历完全理解了这个看上去不可接近的将军。永历下旨，追赠李成栋为宁夏王，赐祭九坛，并为之举行了极为隆重的葬礼。与此同时，朝廷加封李元胤为南阳伯，并给了他一样东西——车骑将军印。

当年左良玉在襄阳打了个大败仗，恰好赶上领导杨嗣昌到前线来视察，一出手就干掉了好几个作战不力的各级军官，最后只剩下了一个左良玉。当时的左良玉先生估摸着到日子了，据说连遗嘱都立好了，就等着杨大人一声令下咔嚓，来个痛快点的。谁知杨嗣昌却给了他类似的一样东西，让担惊受怕的左良玉当即激动不已。因为那时的武将都很清楚，自从朱元璋革命成功以来，得到这件事物的人绝对不会超过五十个。这个绝不是所谓的荣誉称号，而是传说中的武将的最高荣誉称号。

我记得，杨嗣昌给左良玉的那玩意儿叫平贼将军印。这一次，永历朝廷给李元胤的是车骑将军印。

在古代，平贼将军也就是所谓杂号将军中的一种，是朝廷为了嘉奖有军功的武

将随便给起的，一般不属于朝廷官职的正式编制，可有可无。但即便如此，拿到了平贼将军印的左良玉还是高兴得不行，估计那几天在梦里也会经常不自觉地乐醒。相对而言，车骑将军的称号却是绝对的重量级了。此官职不仅是古时朝廷的重要军职之一，其在军队中的地位仅次于闻名遐迩的大将军和骠骑将军，主要职责是负责京师的保卫工作，掌管宫中的禁军，且是战车部队的统帅，其地位不可谓不高，能量不可谓不大。

虽说这一称号早在唐朝就被废用了，但是能和千百年来周亚夫、卫青、张飞这众多不世出的名将享受同样的荣誉，即便是次日上了战场挂了也值啊！

然而出人意料的是，李元胤居然婉言谢绝了这一荣誉，主动上疏皇帝陛下表示愿意仍旧以锦衣卫都督同知的身份提督禁旅，留在永历身边，为老朱家服务。

在一些人看来，李元胤的推辞是个很傻的行为，但我认为，仅从这件事就可以看出，李元胤真的很精。

为什么这么说呢？这里有必要解释下。为了方便理解，我们还是用熟悉的例子，在进行对比的同时揭示其中隐藏的权谋奥秘。

读过三国的朋友应该知道，曹操去与上帝先生会晤后，汉献帝为了试探一下大舅子曹丕对自己的态度，就派人去给曹丕封官，让他在继承魏王王位的同时，顺便补个缺，继承他爹在朝中空下的丞相、冀州牧等重要官职。起初曹丕先生为了麻痹汉献帝和汉朝的支持者没有接受，直到后来才听从了底下谋士的建议，趁汉献帝照例“强迫”任职的第三次机会，玩了姐夫刘协一把，同意了。虽然刘协用这招验证了曹丕确实和他老子一样“狼子野心”，但还是没能想出好法子搞定曹丕，反而是做了亡国之君。

好了，有了上面的故事作铺垫，我们来一个对号入座就可以了。不过首先要注意的一个前提是，这一切都是从永历的角度出发来看的。

在永历眼中，自己的处境很像汉献帝，江山时刻有被他人篡夺的危险。而在之前马吉翔先生的不懈忽悠下，永历认定曹操的潜在扮演者就是李成栋，以此类推，朝中的袁彭年等五虎和其他的楚党成员应该就是对应着以华歆为首的拥曹派大臣，李元胤自然相当于曹丕先生了。现在“曹操”挂了，为了验证朝中的“曹丕”是否有野心，试探一下自然是很有必要的

永历和当年的汉献帝至少还有一个不同点，那就是刘协只有同意或不同意的态度表示权，永历先生却仍旧拥有一定的生杀大权。不冒险用兵部尚书、吏部尚书这样的实权职位来当诱饵，而是拿没有啥实际意义的荣誉称号来搞试探，实在是一个高招啊。由此也可见，永历其实是个聪明人，至少是一个并不蹩脚的政治家。

他就像一个高深的剑客，等待着对手露出破绽的那一刻。等对方一旦显示出要

进行任何危险举动的迹象，永历就会先发制人，将此人一招致命。

可惜李元胤没有野心，更没因悲伤过度而丧失往日的精明。他清楚皇帝的意图，并机灵地做出了最为正确的决定，消除了皇帝陛下的疑心，保证了自己和楚党众人的安全，其厚黑学的功底可见一斑。

李元胤“貌轻脱，而心计密赡”，所言非虚啊！

李元胤再三向永历上疏，明确表示自己不会以车骑将军的名义统领父亲李成栋遗留下来的军队，永历终于放心了。

这可是你亲口说不要军队的。既然如此，那就只好换别人了。于是，朝廷从李成栋的旧将中挑选了杜永和统领军队，并派出兵部尚书刘远生担任新一任的两广总督。

这个刘远生虽说是刘湘客的亲哥哥，事实上却是永历一手提拔培养的亲信。所以在这么个敏感的时刻，派出像刘远生这样的一个既忠于朝廷又与楚党关系密切的人前往广州主持工作，无论从哪个角度看都是很妙的一招。

李元胤凭借自己的低调，成功通过了领导的审核，暂时消除了皇帝陛下的怀疑。然而如果事情就此发展下去，朝廷中的某些人势必是不会甘心的。

李成栋虽然死了，可李元胤却接班站了出来，这样依旧很碍眼啊。

于是在马吉翔的带头组织下，吴党内部专门组成了一个特别行动组，目的十分明确：务必在李元胤可以完全代替李成栋的地位前，让他在朝中永远消失。

果然，李元胤力辞将军印不久，广州那边就出事儿了。而且此事不仅影响极其恶劣，涉及范围很大，还直接牵扯上了李成栋的部将和李元胤本人。但讽刺的是，作为朝廷第一号特务组织的头子，马吉翔可能并不知道此事。

据可靠消息来源称，李成栋的旧将、德庆总兵杨大甫暗中联络了忠贞营叛将刘希亮、刘希尧，打算叛变降清。

原来，在杜永和率军退回两广后，驻屯在梧州的杨大甫不愿受杜永和的节制，开始变得桀骜不驯起来，不仅擅自纵兵劫掠当地居民，打劫过往船只，还杀了几个往来于黔、楚的朝廷奏使。消息传到肇庆，永历很生气，下旨严厉斥责了杨大甫一顿。

杨大甫接到了圣旨，这才从因不满而导致的发泄状态中清醒了过来，结果是越想越怕，越怕还越想，整天担心朝廷会派人来把自己押回肇庆治罪。所以当他听说在广西一带流窜的忠贞营叛将刘希亮正谋划着率部降清时，便主动找人联系了刘希亮，希望与对方一同归降清廷。

杨大甫并不知道，当时的朝廷早就集结了军队，准备适时消灭刘希亮的叛军，而锦衣卫也恰好在当地四处活跃着，搜集各种情报。杨大甫刚派人过去联络，潜伏

在叛军中的锦衣卫就知道了，这条重要消息也随即被传到了朝廷。

杨大甫要谋反，这在马吉翔看来绝对是一个意外，但与此同时也是一个惊喜，吴党正好借此攻击李元胤和杜永和，以达到一举击溃楚党、掌控朝政的目的。然而，马吉翔没有料到，让他意外的事情其实并非只有这一件。

要知道，李元胤也多少搞了一段时间的特务工作，虽说在锦衣卫中的势力还远不能与马吉翔相抗衡，可李元胤至少先搞定了一点，那就是一片比较完善的情报网络。情报网具体完善到了什么程度不太好说，不过至少做到了马吉翔那里知道了什么，李元胤这里稍后也会知道个一清二楚。

李元胤成功截获到了这一重要情报。机敏的李元胤意识到，这份情报非常致命，一旦处理失当将会变成政敌强有力的武器，把自己和楚党的所有成员一网打尽。

经过短暂思索，李元胤做出了决断。他准备抢在马吉翔之前入宫，把整件事原原本本告知皇帝，并亲自出面解决此事。换句话说，就是李元胤要主动承担罪责，将所有的过失揽到自己的身上。这意味着的将是极大的风险，更需要极大的勇气。

李元胤进入皇帝行宫时，惊讶地发现自己的同事马吉翔正好也在。与此同时，李元胤注意到，马吉翔在看到自己时，表情同样也是惊讶无比。

看来，马吉翔虽然比自己来得早，但估计还没有来得及说。这就好办了。

趁马吉翔尚未回过神来，李元胤上奏了事情的始末并在完成讲述后当即向皇帝表示，杨大甫虽说看不起杜永和，但幸好比较相信自己，如无意外，自己亲自前往召唤此人，他一定会在毫无防备的情况下入城，到时就可以轻而易举地将杨大甫逮捕了。

皇帝陛下听完李元胤的话后，很高兴，当场下令将捉拿杨大甫的事交由李元胤全权办理。领完旨的李元胤看了看立在身边的马吉翔，据说当时马先生的脸都气白了。

就这样，李元胤化解了马吉翔的阴谋后，开始了他的逮捕行动。

李元胤先派人给杨大甫捎了一封信，大意是自己对朝廷任命杜永和统领全军也不太赞同，所以希望杨大甫能够入朝与自己共同面圣，建议皇帝陛下换掉杜永和，重选粤军主将。从李元胤的这封信中，杨大甫也不难看出，这摆明了就将推选自己接管粤军嘛。对此，杨大甫感到十分意外，当然更多的是激动。

杨大甫不知道李元胤早已得知自己要降清的事，因而得到李元胤的信后大喜过望：老子终于要拨开云雾见青天了！因此果然像李元胤事先预料的那样，杨大甫只带了三四个家将和少部分亲兵，就进入了肇庆城中。

在杨大甫起身前往肇庆行在的同时，另外的两个人也在秘密行动着。他们就是即将被撤掉的杜永和本人和另一位李成栋的心腹将领张月。两个人来时不只是两个人，各自带着自己的精锐部队。

演员已经全部到齐了，戏也就可以鸣锣唱响了。

杨大甫是黎明时分开始向宫中走去的，不过在半路上却碰到了杜永和与张月。杨大甫感到很意外，但转念一想，要罢黜杜永和的职位，本人到场也没有什么奇怪的，省得到时赖在军中闹事不肯走。此时杨大甫做好了心理准备，准备看杜永和被皇帝陛下当场撤职的糗样儿。然而此时杨总兵却似乎忽略了一点，那就是在这个充满无限可能的舞台之上，主角往往是会变的，更何况杨先生还根本没有看过真正的剧本，不清楚李导演的前期安排。

杨大甫和杜永就此来到了朝堂之上，面见了皇帝。此时站在他们旁边的大臣只有两个，李元胤和马吉翔。见到杜永和等人，永历先照常说了几句慰劳的话，然而紧接着表彰会就改成了批斗会，永历开始当场历数杨大甫驻守梧州期间的不法行为。杨大甫趴在地下听着皇帝的训斥，开始发蒙了。不对呀，李元胤不是这样说的，怎么改成收拾我了？想了半天，明白了，敢情是被李元胤给诓了！

杨大甫是个粗人，估计口才也不济，不善于为自己辩护。不过，粗人也有粗人的法子，那就是动粗。发觉事情不对的杨大甫趁在场众人不注意，起身，加速，一个箭步就向殿上的永历冲去。幸好李元胤眼疾手快，趁势从杨大甫身后抢下了他的佩刀。因此杨先生虽说百米狂奔后眼看接近了目标，但一摸没刀，愣了一下，就被李元胤抓住了机会，在后面一脚踹倒。

杨大甫本想劫持皇帝陛下为人质，借此安全脱逃，可惜在场的并非是菲律宾特警，而是李元胤。杨大甫被一脚踹倒后，宫中的侍卫们一拥而上，把他捆成了粽子。紧接着，永历先生的最后处理意见就到了，一个字简洁明了：杀。

杨大甫入宫被杀的消息很快传出宫外，杨总兵的某些士兵们不干了。他们认为是杜永和为了保住自己的地位，搞了暗箱操作，陷害了杨大甫，所以大兵们开始纷纷回营磨刀、呼朋唤友，要进宫为主将报仇，干掉杜永和。之前在杨大甫军附近埋伏的张月部与杜永和部，虽说分别从东西两路逼近，但也只是暂时稳定住了形势，没让杨大甫的部下们立刻动手而已。

此时现场的情况万分紧张，两拨人马已经分别排开，刀出鞘，弓上弦，进入对峙状态（皆鼓噪露刃与相持）。这个时候只要有个哥们儿冲动一把，喊上一句“冲啊”，估计大家就会互砍起来，搞出一片尸山血海。

关键时刻，李元胤及时出马了。

按照史书上的说法，李元胤是单人匹马，穿着朝服就赶来救场了。之所以如此，估计一听说出了事就直接打马来了。但李元胤此行并不是空着手的，事实上他

还带来了一件可以平息兵变的重要物品，那就是皇帝陛下的圣旨。

李元胤捧着朝廷的敕令，独自一人进入了杨大甫军中。他找到了领头的将官和士兵，向他们说明了当时宫中的详细情况。

事实再次证明了一点，凡事只要有老领导的老领导出面，那基本上都能摆平。虽然准确讲李元胤应该是老领导的老领导的公子，还是领养的。不过，对于杨大甫的士兵而言，一份上谕外加李公子的亲自调解，分量已经够足了。

镇住了带头的，剩下的就好办了。李元胤一边骑马在杨大甫的士兵中间跑来跑去，一边向众人宣传朝廷的政策：有旨杀大甫一人，诸兵将不问坐。

原来如此，那么就此散伙吧。

杨大甫死了。但是他并没有白死，至少教育意义是比较重大的。首先是前去平叛的明军得知此事后士气大振，一鼓作气收拾掉了刘希亮叛军。接下来，本来同样不服气的粤军将领马宝、董方策也深受震动，主动上表，表示愿意服从命令听指挥。最后一个得到教育的人当然就是马吉翔。经过这件事，马吉翔明白了一点，李元胤不是好算计的，而且他在李成栋旧部中的影响力明显要高于预期。更为重要的是，马吉翔认识到现在还没有到时机完全成熟的地步，贸然动手的话，最终倒霉的很有可能会是自己。

李元胤，算你狠，咱们走着瞧。

第七章　幻灭

李元胤在与马吉翔的斗智斗勇中，左推右挡，见招拆招，将对手的攻势一一化解，并按照自己的安排近乎完美地解决了一切问题，充分展示出了一个政治新秀的巨大潜力和处于不断进步中的斗争水平。如果李元胤先生就此成长下去，说不定日后的马吉翔等人就真的没戏唱了。不过，历史是不可以假设的。李元胤虽然在逐渐步入成熟的政治家的行列，但让李元胤无能为力的事依旧存在着。

永历四年春，稳定了江西局势的清兵奉命南下，开始集中大军攻打梅岭。此地是粤赣交界的最为重要的一个隘口，地势险要，易守难攻。几百年后，陈毅领导的红军游击队主要就是在这里进行游击战争，并写下了脍炙人口的《梅岭三章》。然而，当时明军守将罗成耀却显然很欠缺吃苦耐劳的精神和“取义成仁今日事，人间遍种自由花”的决心。一听说清军大举来攻，竟然主动溜了号，连南雄也不守了，带着自己的军队就向着肇庆的方向直接奔来。

肇庆方面得知此事，朝野震动。因为大家十分清楚，正是这支军队连续击败了金声桓、李成栋，而现在朝中并无比李成栋更优秀的将领，这样清军一来，肇庆是稳丢的。

永历先生更是着急，他知道南下的清军很强大，但他更为清楚的是，现在朝中的这些大臣除了会党同伐异互相攻击外，搞军事基本是抓瞎。武将不能过于信任，诸如何腾蛟、堵胤锡那样会打仗的文官又很不幸全死光了。真的到了有兵用不成的地步了啊。

这种情况下，摆在永历面前的选择也就只能是一种了——跑路。

李元胤听说皇帝陛下有这样的打算，并不吃惊。这一年李元胤通过悉心的观察和从瞿式耜那里了解，基本能够弄清永历先生在想什么。要稳住慌乱中的朝廷，就一定要稳住永历，而要稳住永历，就一定要有领兵大将的坚决表态。对于这点，李元胤有着清楚的认识。

所以在李元胤的示意下，广州的杜永和上疏奏请永历留在肇庆行在，并明确表示自己将竭尽所能保护肇庆和皇帝。杜永和的表态让永历感到十分安心。不过这时马吉翔的一句话却使得皇帝陛下又不安了起来。因为在这样的一个敏感时刻，马吉翔说了句非常敏感的话："杜永和不会是想劫驾吧？"

两宫太后向来十分信任马吉翔，马大人突然蹦出了这么一句话，太后大惊，永历本人也吓得不行，并开始怀疑杜永和率兵南下的真实意图。

马吉翔这招釜底抽薪，让李元胤深恶痛绝。不过在李元胤看来，当务之急是消除皇帝陛下的疑虑。李元胤为此特地跑了一趟宫里，为杜永和澄清。然而这一次永历无论如何也不愿意再冒风险了，不管李元胤好说歹说，皇帝陛下就是铁了心，坚持要走。

李元胤的坚决态度和诚恳请求虽然没能让皇帝陛下改变主意，但永历还是受到了感染，于是永历趁机交给了李元胤一个光荣任务：留守肇庆，督兵救援广州。对于皇帝陛下的这一托付，李元胤婉言拒绝了。

李元胤不是害怕带兵作战或是与强悍的清军交锋，毕竟这么多年来自己一直跟随着父亲李成栋转战四方，什么样的场面没见过？李元胤的军事能力虽说不是很强，但行军指挥经验还是有的。他之所以会拒绝接受皇帝陛下的任命，实在是有着不得已的苦衷啊。

作为楚党在朝中的最高领导，李元胤对当前朝中的形势有着十分清晰的了解。以袁彭年为首的"五虎"很能战斗能量很大，但他们同样也很能惹事。除了自己，大概没人能镇得住这些刺头儿了。吴党的人现在虽很低调，但这不过是表面现象，一旦有个风吹草动，让这些"亡我之心不死"的政敌瞅准了时机，他们一定会发动最为猛烈的进攻，以求上台执政。

所以李元胤当面请求皇帝陛下批准自己随行护驾，陪侍皇室左右。马吉翔当然不可能眼看着李元胤这个老对手再次破坏自己的好事，况且他正打算着把皇帝陛下忽悠到梧州，以便联合盟友陈邦傅，集中优势各个击破敌人。听说此事后，马吉翔积极行动了起来，动用了所有关系，终于帮助永历下定了留李元胤防守行在的决心。但是，马吉翔没有料到的是，最后的最后他还是没能获得彻底的胜利。

李元胤为免遭猜忌，最终无奈地接受了皇帝陛下的任命，留下来保卫肇庆。但与此同时，他却提出了一个要求，那就是马吉翔要跟自己一起承担领兵救援的任务。

对于李元胤的这个唯一的请求，永历同意了。

于是有意思的一幕出现了。按照李元胤的意思，马吉翔同样被留了下来，且将领兵前往迎击清军。永历和其他大臣则按照马吉翔的意思启程前往梧州避难，朝廷的未来就此向着一个李元胤和马吉翔都不能预测的方向发展开来。

这是马吉翔第一次被从皇帝的身边调开，而且还是奉旨全力配合老对手李元胤的工作，这让马吉翔感到很不爽。马吉翔实在不愿意前往抗清，但又不得不去，所以接到指示后，马吉翔和他的部下们在原地徘徊不进，直到朝廷和李元胤分别派人催促了三四次，才稍微前行了一些，率部走到了三水。

坦率地说，李元胤并没有指望马吉翔能在接下来的行动中发挥什么举足轻重的作用。极力请求皇帝同意把他留下来跟着自己，不过是因为担心马吉翔和陈邦傅这两个凑到一起会搞出啥乱子来。在李元胤看来，现在急需解决的问题并非是如何安置马吉翔，而是要尽快排除隐患。

这个隐患的名叫罗成耀。

不管是哪个朝代，朝廷最反感的就是那些贪生怕死的逃兵逃将，所以一般对于这些人的惩罚都是比较严的，基本上是格杀勿论。然而，要知道大明是法制社会，人不是说杀就能杀的，杀人之前一般要先调查一番，如果断定临阵脱逃的情节属实，且没有什么难言之隐，这才会下令处决逃将。反正最后一定会给受刑者一个明确的理由，让人死得明明白白。

对于弃守南雄的罗成耀也不例外。得知消息后，朝廷马上就派人下去四处走访，调查情况。鉴于事发地点是前线且很可能已经沦陷，因而具体负责执行的调查人员大多属于一个共同的组织——锦衣卫。

锦衣卫的特务们不愧为刺探消息的高手，派出去不久果然查出问题来了。原来罗成耀已经暗通清军约定投降，甚至想攻取肇庆先立个功。这一情况马上被反映给了李元胤，李元胤又即刻把一切上报给了皇帝陛下。永历知道后大惊，一经核实了情况（多种迹象表明，永历也有着自己的情报网），当即密令李元胤迅速解决此事。

其实李元胤早就想好了处理此事的妙策，等的就是皇帝陛下的这一命令。如今有了许可，李元胤决定在罗成耀叛变进攻肇庆前先发制人，铲除这个败类。

此时罗成耀恰好打着要与李元胤会师的旗号向着肇庆开来，所以李元胤决定将计就计，一举平叛。

鉴于平时和罗成耀关系还算不错，李元胤派人约罗成耀到自己船上饮酒。罗成耀受到邀请，认为李元胤完全相信了自己，很高兴地就来了。上船之后，双方就喝

了起来，但李元胤却暗中命令水手将船划到了江心（令泛舟中流）。

李元胤心思缜密，办事稳重，但平常他有一个爱好，那就是喜欢搞恶作剧。罗成耀酒足饭饱，就在船中的绳床上躺下来闭目休息。这个时候，李元胤忽然把在床上的罗成耀掀翻在地，并且整个人压在了罗成耀的身上，使对方动弹不得。

当时马吉翔也在场，以为李元胤又在开玩笑，于是上前斥责李元胤这回干得太过分，下手忒狠。没想到，没等马吉翔说完，令马大人瞠目结舌的一幕上演了。

几乎就在李元胤压住罗成耀的同时，站在两人身边的士兵突然赶到跟前，二话不说，就把罗成耀给剁了。

目睹了在不到一分钟内发生的这惊人的一幕，马吉翔吓得坐到了地上，不敢说话。他的第一个念头是李元胤谋反了，那么用脚趾头想都知道，下一个要死的就是自己。

杀掉了罗成耀，士兵们迅速清理好了现场。李元胤回头冲着马吉翔笑了笑，马大人却浑身发抖。在他看来，这是李元胤要向自己下手的暗号。

随着李元胤缓缓向马吉翔靠近，马吉翔的心率和血压也在随之变化。看来自己的这条命就要交代在这里了。

李元胤走上前，慢慢扶起了马吉翔，随即从怀里掏出了一件东西。马吉翔一看放心了，不是刀。紧接着就听到了李元胤的声音："有诏，令元胤斩成耀，而令公收其军。"

你早说嘛，吓得人家的小心肝扑通扑通的。

在李元胤协助下，马吉翔成功接管了罗成耀的部队。然而此时前方的战事已经到达了极为紧急的程度，李元胤不得不在将罗成耀军完成整编之前，先率大军赶赴前线。

从江西南下的清军在南赣巡抚刘武元派遣的协将栗养志引导下，进军速度远远超过明朝方面的预期。十二月初从赣州出发，没用多长时间，清军主力部队便已进抵南安府。打下南安后，清军一面向岭南派出大量间谍侦查广东明军的守备情况，一面对外散布假消息说清军将在南安府内过年休养，过完年才会继续进军。

这样的消息，普通人一听就知道真实性很差，不能轻信。不过，明军的总兵杨杰却不是一个一般人，所以他信了。

二十八日，夜，清军趁明军无备，翻越梅岭进入广东境内。第二天抵达南雄，开始攻城。由于事先有数十名间谍早已进入南雄并潜伏于城内，因此在除夕那天晚上，清军间谍秘密在城内鼓楼上放了一把火。在城内守军忙于救火之际，南雄城门被人打开，清军主力大举冲入城内。杨杰率兵仓促应战，很快被清军击败，协守城池的副将萧启等十余名将领在乱军中被杀，另一位总兵董垣信被敌活捉。南雄就此失守。明守军有马兵二百余名、步兵六千余名战死，清军仅有少数损伤。

攻占南雄后，清廷马上派出广东巡抚李栖凤入城据守，那意思是一定要就此完全征服两广，彻底消灭永历政权。为完成这一任务，清军只在城内休整了两天，正月初三日就再次开路前往攻打韶州府。宝丰伯罗成耀事先已带领部队和部分地方官南逃，清军一路之上没有遇到任何抵抗，一抵达就占领，一点也没有耽误。占据城池后，清军将领就派人四处前往招抚韶州府下属六县。

在清军大兵压境的前提下，一没钱二没兵的六座县城相继降清。至此，广东地方开始以极为惊人的速度沦陷。

搞定韶州后，清军下一站是潮州。当时潮州的守将是郝尚久，这位仁兄虽然还不错，一听说清军南下的消息就开始积极布置防守事宜，准备与清兵周旋，打持久战，以等待援军。但郝尚久没料到，清军此来其实根本没有攻城的打算。

在一年前清军南下的一次战役中，清朝将捕获的一些明朝官员的家属统一聚集在一起并送往南京囚禁。在这些人之中，有一个是郝尚久的儿子。当初之所以不杀掉这些人，为的就是有朝一日能起到劝降的作用。所以等到清军兵临城下，清军将领没有发动攻势，而是派人将这个消息告诉了郝尚久。

得知儿子还活着，郝尚久降了。

对于此事，我并不太想去苛责这位无奈的父亲。虽然我不支持，但我能够理解。

清军凭借熟悉情况的向导、间谍、诡计、威胁等等不一而足的手段，在极短时间内就完成了对广东相当部分的占领。所以如果说，当李元胤赶到两军前线之时，面对的是一个坏到不能再坏的烂摊子，在我看来并不为过。

后世许多人一致认为，单从为人的智谋、才能和忠贞程度上来看，李元胤足以与后来的那位南明第一名将、朝中的二号人物李定国相比。事实证明，这个结论是比较公允的。

李元胤来到前线后，为了稳定战局，扭转丢城失地的颓势，很快行动了起来。在他的努力之下，广东的局势竟然发生了奇迹般的变化，清军居然不能像之前那样一路顺风，高歌猛进了。更令人感到不可思议的是，实现这一创举，李元胤只不过是做了三件事。

其实李元胤尚在赶路的途中，就已经开始着手力挽狂澜。首先他派人快马赶往广州，给杜永和送一封信，那意思是告诉杜永和，我现在奉旨抵御清军，正带着大部队在路上，你们要好好守备，不要乱。

这封信仅从内容上来看，的确是平淡无奇，但它之所以能成为造就奇迹的一大因素，是因为这不是普通的信，而是我们今天所谓的公开信。也就是说，这信名义上是写给杜永和一个人的，实际上却是写给所有广州乃至整个广东境内的明军士

兵的。

长年随父征战的李元胤十分清楚，要保证民心不乱，必须要保证军心不乱，而士兵们士气的高涨更是击败强敌的必要前提之一。李元胤是李成栋的儿子，广东地区的明军又大多是李成栋的旧部，所以一听说朝廷派李元胤前来督战指挥，明军上下很快从对强大对手的恐惧中解脱了出来，士气也大受鼓舞，纷纷表示愿意随同李公子一战，为在赣州之役中死去的主帅李成栋等人报仇雪恨。

在关键的时间、关键的地点，李元胤给关键的人写了一份关键的信，成功地帮助杜永和等将领稳定了军心。同样是一封普通的信，李成栋和金声桓把事情搞砸了，惹得高进库先生发火与明军死磕，而李元胤却借此发挥出如此重大的推动作用，实在是形成了很鲜明的对比啊。因此个人认为，从这件事中我们至少能吸取两点经验教训：一是有时候形式比内容更重要。二是同样的事物是否会变得很有用，那关键得看在谁的手里。

提笔写完第一封信后，李元胤又写下了第二封，并同样派人马不停蹄地送了出去。这一次，信使的马是向西跑的，因为收信人叫高必正。

楚党的人一直认为堵胤锡是吴党的人，而众所周知高必正是堵胤锡的人，所以以此为前提推理，高必正同样也应该是吴党中人。李元胤虽然是主管锦衣卫的，但高必正忽悠走陈邦傅的使者后，对自己亲信说的那些话，估计李元胤并不知道（不然，马吉翔早晚也会知道）。因而李元胤同大多数楚党大臣一样，始终认为高必正是自己的敌人之一。

但是现在势态紧迫，整个朝廷都有被清军颠覆的可能。于是李元胤果断决定，与从前的敌人握手言和，团结一切可能团结的力量，一致对外。

据说高必正看完此信后，对李元胤摒弃前嫌大受感动，潸然泪下，随即主动上疏朝廷请求出兵支援李元胤抗清作战，并在得到许可后破天荒地积极整顿军备，准备出征。

有了内部的稳固和外部的支援，这些在李元胤看来似乎还不太够，因此李元胤做了第三件事：与清军交战。

李元胤对明清两军士兵单兵作战能力和兵种差异等问题的认识是相当充足的。聪明的李元胤当然不会做与清军野战交锋、正面死磕那样的傻事。既然实力不济，人数上又不占优势，那么摆在李元胤面前的就只有一个比较保险的取胜之道：打埋伏。

李元胤抽调军中所有精壮的士兵，全部召集到了自己的面前，只说了一句话：今夜诸君与我同去，杀敌报国，有死无生！

一般抱定必死决心的人往往是死不了的，这即是古人所谓的向死而生。历史也为我们证明了这一点，古人一般不忽悠。在李元胤的带领下，明军小部队突袭了一路南下的清军，取得了胜利。虽然就史料分析，那支清军的数量应该也不会很多，但这次成功的埋伏战还是把清军将领打了个措手不及。清军误以为明朝大部队已秘密进入了广东驻守，所以一时之间不敢再像以往一样继续深入。

打埋伏、心理战、情感攻势，李元胤依靠自己的聪明才智完美遏制住了清军的攻势，并为明朝争取到了时间，虽然只有一年。然而正是这关键的一年挽救了南明。因为就在这短短一年的时间内，朝廷即将发生几件惊天动地的大事。

永历四年，又是比较艰苦的一年。但是这一年却堪称是南明历史上的一个极其重要的转折点，因为几件改变历史走向的大事就要相继发生，其中第一件大事恰好是与李元胤息息相关的。

在当时的李元胤眼中，真正危急的应该还不是咄咄逼人的清军。清军虽说作战勇猛，机动性强，战场上往往能以一敌十，是前所未见的强敌，可他们的强大在李元胤看来或许只限于士兵而已。当时指挥清军南下的主要将领们，就智商和计谋方面而言，同李元胤先生根本就不在一个层次上。李元胤想要拖住清军无疑是件很容易的事。但话虽如此，想要将清军赶出广东，朝廷其他将领与军队的全力支持也是必不可少的。

然而李元胤所担心的正是朝廷那里。据自己的眼线从朝中带回的情报来看，朝中以陈邦傅为首的吴党分子趁自己不在的时候已经蠢蠢欲动。

打虎

说实话，自打得知陈邦傅曾密谋降清，永历对陈邦傅已谈不上什么信任了。可是清军再次大举南下，自己不能不选择转移，而桂林的瞿式耜先生又是始终坚持留守，反对跑路的，所以倘若跑到桂林去，估计得让瞿式耜给劝回肇庆去。因此琢磨来琢磨去就只能还是西行了。至少熟门熟路，转移时还方便一点。

永历四年正月二十六日，永历和大臣们坐船来到了梧州。但与上一次不同，此次永历没有选择进城居住，而是传令将所乘的船只稍做整改，作为水殿，就此在梧州安顿了下来。

皇帝陛下都不进城，底下的文武百官当然更不能觍着大脸进城休息，于是随行的大臣们全部跟着永历以船为家，在梧江上居住。

皇帝一行到了梧州竟不入城休息，而是栖于江上，消息传来，陈邦傅感到大事不妙。本来按照马吉翔老兄的说法，他要跟随皇帝一起来到梧州，然后召集吴党的诸位一起商议计策，搞掉袁彭年等楚党干将，夺得朝政大权的。可不知道怎么搞

的，皇帝竟然下旨令马吉翔同李元胤留在肇庆守城，今儿个驾到还不进城，这到底是什么意思？陈邦傅的头脑本来就不太灵光，皇帝陛下如此朦胧的两招下来，更是把陈邦傅弄得头晕脑涨，不知所措。

随着年龄的增长，处于特殊工作岗位的永历其厚黑学水平不断提升，使得陈邦傅搞不清楚情况，不能再理解皇帝陛下的心思，这是难免的。毕竟陈邦傅的专业是砍人拉帮结派外加要流氓，如果现在还能轻松摆弄永历，说不定南明早就歇业收摊了。

陈邦傅认为现在吴党中能担负起铲除楚党大任的只有马吉翔一人而已，可是马大人如今却不能过来，眼看着广东的紧张局势渐趋平缓，打击政敌的大好时机便要白白错过，陈邦傅感到很不甘心，但却无能为力。

事实证明，陈邦傅的判断是完全错误的，担心是纯粹多余的。自打永历君臣一行步入梧州，进入陈邦傅势力范围内的那一天起，就有人制订好周密的计划，并在暗中观察五虎的一举一动，准备随时打出那致命的一击。这位已经潜伏在朝中很久的狩猎高手就是时任户部尚书吴贞毓。

在我看来，这并不是一个坏人。

吴贞毓，字元声，南直隶宜兴（今江苏宜兴）人。崇祯十六年进士。应该说，能在这一年成为进士是件很幸运的事，但同时也是件较为不幸的事。之所以这么说，是因为崇祯十六年那次科举比较特殊，是有明一代举行的最后一场全国性的科举考试，所以说吴贞毓能赶上这趟末班车成功成为明朝最后一批进士，那实在是很幸运。但是问题在于，试是考完了，没多久朝廷也垮台了，吴贞毓的工作分配就此成了一个问题。

这就好比你寒窗苦读十多年，好容易考上了大学，又焚膏继晷接着奋斗了四年，考上了一所名牌大学的研究生。然而几天之后却得到消息，那所学校出了问题，被国家裁撤了，还告诉你未来不用来上学了。面对接踵而至的不友好消息，估计这人当场就该疯了，再惨点可能直接就去八宝山了。当时吴贞毓恰好面对的就是这么一个状况。

但通过史料的记述，我们知道吴贞毓并没有疯，事实上过得还很滋润。福王在南京即位时，吴贞毓就名列官员名册，职务是户部主事。一年后，到了隆武年间，吴贞毓依然还在朝中，但此时已被调任为吏部文选司主事。要知道，这个主事虽说只有六品，也就相当于今天一个正处级干部，但却是专职负责官员的人事选拔工作，堪称吏部第一肥差，是个很给力的职务。又过了两年，福州失守，桂王即位，吴贞毓依旧在官员的班列里，还升了一级，当上了郎中（注意与民间的医生相区别）。

不过，可不要仅仅以为吴贞毓的能耐就是历三朝政局动乱而屹立不倒。接下来要说的才是重点。武冈之乱后，永历等人狼狈逃到了柳州，吴贞毓一路上始终随行。不掉队的大臣很少，所以皇帝陛下很感动，吴贞毓就直接由太常寺少卿升到了吏部右侍郎。永历二年，再提一级担任了户部尚书。我要说的并非是这两年内吴贞毓以乘着火箭的速度提升，而是他的年龄。在当时部长一级的官员中，吴贞毓可以说是相当年轻的一位，才三十岁。

年纪轻轻就身居高位，却不会引起其他人的异议和不满，这才是这位吴大人真正的可怕之处。深藏不露，城府极深，这是实情，但要发展到这个程度，有人相助也是必需的。吴贞毓能够如此这般，除去个人因素外，还靠了朝中的一个亲戚和一个同乡前辈的大力支持培养——那个亲戚叫吴炳，那个老乡叫堵胤锡。

仅从吴贞毓的档案来看，应该是比较黑的。因为吴炳的原因，楚党会认为他是自己人；而因为堵胤锡的原因，吴党也会认为他是自己人。然而事实上，无论是楚党还是吴党都搞错了，因为吴贞毓自始至终是朱天麟的人。在崇祯十六年的那次科举考试中，录取他的人正是朱天麟。

前文说过，朱天麟从本质上来看实际上并不属于吴党中人，充其量不过是陈邦傅和马吉翔暂时的同盟军，这时两拨人合作的理由已随着李成栋死去不存在了，因而作为朱天麟亲信的吴贞毓本可以一个旁观者的身份来看一场好戏。可是一个理由却迫使吴贞毓不得不继续联合吴党亲自动手，这就是五虎的跋扈和由此导致的大学士朱天麟的下台。

朱天麟与吴贞毓是何时将一般的师生情进一步发展成超级深厚的情谊的，我并不清楚，但我清楚的是，两个人的关系确实很铁，以至于吴贞毓不惜一切代价，决定要对袁彭年等五虎发动致命的一击。

老于世故的吴贞毓对朝中的动静看得很明白，永历虽然早已不再信任陈邦傅，但可以看得出，皇帝陛下相对而言更讨厌袁彭年等人。说到这里，也只能怪袁彭年同学太不懂事了。

一次处理一件政事时，袁大人和皇帝陛下的意见不太一致，一直没有得出一个大家都满意的结果，谁知袁彭年竟然和永历当面争执了起来。堂堂天子，一言九鼎，说出去的话居然被一个臣子给否了，还是在众目睽睽之下，实在是太丢面子了，所以当时永历很生气。为了挽回点面子，皇帝陛下决定好好教育一下袁彭年，让他牢记君臣的礼数。

平心而论，永历从来不愿意得罪袁彭年，因为他背后有个李成栋，可是当皇帝的脸面挂不住时，就管不了那么多了。想来也是，中国人嘛，面子最要紧，更何况是皇帝。于是怒火中烧的永历开始转移话题，指责作为大臣的袁彭年语出不逊，不

懂君臣之义。

没想到，听完皇帝的责备，袁彭年不仅没有一点认错悔改的迹象，反而更来劲儿了，而且还公然顶撞，说了一句很要命的话："使去年此日惠国公以五千铁骑鼓行而西，此日君臣之义安在？"

这句话翻译成今天的语言就是：如果去年我劝李成栋率兵打过来，还会有现在所谓的君臣之义么？

袁彭年的话一说完，上面皇帝陛下的脸色一下子就变了。在场其他大人也跟着脸色大变，不敢言语。

你他娘的也太嚣张了！真是一点面子都不给啊！估计永历很想当场就让锦衣卫把朝堂上的袁彭年拉下去，用灌铅的板子直接把他廷杖成相片儿。然而，永历不是一般人，他是皇帝，而且还是一个政治家，所以在关键时刻，永历压抑住了自己内心的愤怒和冲动，没有下旨廷杖。但是至此，永历与袁彭年等五人彻底决裂。

袁彭年回去后有没有后怕，史书上没写。不过当南雄失陷，听说皇帝陛下将要西奔后，袁彭年害怕了。袁彭年目中无人，很嚣张，这没错。但他却不傻，自从上次那件事发生，袁彭年早就感觉到了朝中时局的微妙变化。袁彭年知道只要皇帝一西行，朝臣之中早晚会有人旧事重提，攻击自己，因此袁彭年决定给自己留一条后路。

临行前，袁彭年主动上疏，希望皇帝陛下同意自己留在肇庆行在，充任李元胤的督军，救援广州。永历同意了。

于是袁彭年跟着李元胤留了下来，于是金堡等四人和其他大臣跟着皇帝去了梧州，于是就出事了。

前面说过，五虎之中袁彭年被称为虎头，这不仅是由于他在五人中功劳最高、品级最大，事实上还有一个相当重要的原因，那就是几乎每一次与政敌过招时，袁彭年都充当了支撑者和拍板者的角色。现在袁彭年离开了朝廷，五虎也就没了虎头，所以在吴贞毓看来，打虎的时机已然到了。

机不可失，失不再来，看招。

吴贞毓不是武松，有一身的好功夫，加之喝了 N 碗酒，头晕胆子大。作为新一代的打虎者，吴贞毓明白要打虎仅靠蛮力是不行的，除此之外周密的计划和适合的突破口也必不可少。一旦不能将老虎一击干掉，那么自己绝对会死得很惨，所以一定要谨慎行事，不得有误！

想要一击得胜，扳倒五虎，吴贞毓认为仅靠自己是不够的。他暗中找来不少帮手助战，其中最为重要的有两个。

永历四年，永历刚到梧州不久，一个人就主动前来拜见皇帝，随即回到了朝廷，此人正是王化澄。鉴于王化澄与皇后家的关系非同寻常，且当时内阁中也就只剩下了一个严起恒，所以皇帝陛下下旨，让熟悉业务的王化澄官复原职，入直内阁。就这样，王化澄回来了，并正式加入了吴党，成为打虎行动智囊团的主力高参。

个人以为，论权谋水准，王化澄在吴党之中的确堪称是佼佼者，然而即便如此，与吴贞毓请来的第二位高手相比而言，不难看出王大人似乎是稍逊一筹。

继王坤之后，如果要问宫中最受宠信的太监是谁，答庞天寿绝对没错。可是如果把问题改成最有实权的太监，估计庞天寿就排不上号了。

受宠信的不一定权力最大，权力最大的不一定最受宠。在我看来这并不矛盾。前面提到过，庞太监是一个十分虔诚的基督徒，由于和皇帝陛下、皇帝的母亲大人的信仰一致，平日服务又很周到，所以想要与庞天寿在皇帝心目中的地位方面争排名，估计是很难取胜的。

庞天寿作为忠实信徒，其虔诚并不是装出来的。取得皇帝陛下的信赖，赢得皇太后的喜爱，庞天寿这么做的确是有很强的目的性，只不过这个目的很纯洁，既非什么捞钱掌权，又不为青史留名，还是为了更好地在中国传播天主教。除此之外，庞太监就真的没啥更高的追求了。加之庞天寿本人文化程度又不是很高（粗识字，不习典故），自己每天要忙着传教做弥撒，代皇帝陛下批红的时候还往往要找家中的门客代笔，所以久而久之，内廷中的最高权力出现了真空状态。而抓住时机，趁势从庞天寿手中夺取了真正司礼监大权的人，即是吴贞毓找来的第二位帮手夏国祥。

夏国祥，南直隶宁国人（今属安徽）。据史书记载，这位夏太监长得很帅，说是十里八乡有名的俊后生，一点也不夸张，而且据说还曾经读过书，参加过朝廷举行的科举考试。说到这里估摸着大家该有疑问了：这么一个有学问的帅哥咋会进宫做了太监呢？我的建议是请参照明朝中期名监王振的个人经历。

和王振一样，入宫前的夏国祥是个十分落魄的读书人，自幼上学，学成考试，但不知什么原因，考了许多年的最为初级的童子试，愣是连一个诸生的名额都没混上。眼见时间一天天过去，自己在慢慢变老，身边一些比自己年轻许多的人都已经有中举的了，所以夏先生一激动，就冲动了一把，把家中的四书五经全烧个精光，随即又找来刀，挥了一下。于是乎，夏先生就变成了夏太监，并开始自己的宫廷之旅。

由于当时民间盛传弘光对漂亮的小太监有着特殊的兴趣，所以自宫后的夏国祥辗转来到了南京，托人引荐自己进宫工作。但此时夏国祥却遇到了一个与当年的魏忠贤一样的难题，即录取条件方面的问题。

明清时期，宫内的所有管理制度经过近千年的发展传承，此时已经趋于完善。太监的选拔制度涉及宫内劳动力问题，最为重要，当然更是如此。所以别看是进宫当死太监，在那个年头的审查工作却是很严的，像韦小宝那样能不通过身份验证便可成功蒙混过关的，基本上也就属于小说里才能有的事。

当时对于太监要求最为严格的除了一定要阉割，还有一个就是年龄的问题。

夏国祥的具体出生年月不详，但无数次童子试考下来，直到考到了灰心丧气，想要另辟蹊径混口饭吃，估计年纪也不会小到哪里去。二十估计是有的。这可真要了老命了，有些东西一旦不要了，这一辈子就再难失而复得了，有家不敢回有宫进不去，真是怎一个惨字了得！

就在夏国祥不知所措之时，忽然得知了一个天大的好消息。由于北京陷落，南京的内官严重缺额，宫中的劳动力出现了明显短缺，因此宫中开始向外面公开诚聘已净身的入宫干活。夏国祥马上抓住了这个时机，凭借着自己的出众容貌成功入选大龄组，终于得偿所愿。

等入了宫，经过多方打听，夏国祥才知道了一件很悲剧的事情，原来传说也就是个传说。弘光的私生活虽然并不很检点，可还没有到特别过分的地步。所以夏国祥即便长得不错，也根本没人搭理，整天不过是在宫中做些扫扫落叶刷刷马桶的粗活，别说皇帝，就连太监的头儿也不能轻易见到。

路边社的新闻真的信不得啊！然而夏国祥还是很清楚，一旦走上了这条路就不可能再回头了。

南京失陷后，夏国祥像其他太监一样又来到了福州的宫内为隆武服务。众所周知，隆武是相当正派的，当然也没有那种特殊的癖好，所以看来虽说环境是变了，但夏国祥的境遇却看似一样暗淡无光，毕竟那时候一张好脸还不能当饭吃，而要想吃饱饭，粗活、脏活、累活还得接着干。

不过长得帅倒也不是一点好处没有，至少容易引起他人的注意，且可能获得比别人更多的脱颖而出的机会。

一次内宫中挑选隆武帝的贴身侍从太监，但估计工作性质也仅限于打扫卫生之类的，不过由于会有更多接触皇帝的机会，所以竞争十分激烈。这回夏国祥的出众容貌再次帮了他一把。侍候皇帝陛下自然不能找一些歪瓜裂枣，否则把皇帝吓到那罪过可就大了去了。因而选择皇帝的贴身太监，一要在相貌上过得去，二要乖巧会来事儿，夏国祥恰好很符合这俩条件，且还有着其他竞争者不具备的一个优势：认字。于是夏国祥再次把握住了机会，成功被调去服侍皇帝，升为少监。

从初入宫的大龄长随到今天的少监，夏国祥离最后的太监称号只有一步之遥了。然而这一步在隆武年间始终还是没有迈过去。所以这么一等，就等到了永历时期。

由南京到福州，再从福州到肇庆，能这样跟着一路走来的宫中太监实在不多，所以当同样随着颠沛流离、东奔西跑的庞天寿在跑路的途中逐渐跟夏国祥熟悉起来后，他决定拉兄弟一把。

在庞天寿的帮助下，永历元年，有了三年太监工龄的夏国祥修成正果，被补司礼监太监。由此，夏国祥正式成为一个名副其实的太监。

夏国祥对庞天寿的栽培提携很是感激。但是感激归感激，这与别的都是两码事，应该区别对待。夏国祥知道庞天寿不习文墨，每次都要抱着一大堆文件回家找门客批，很烦。于是夏国祥找到了一个机会，当着庞天寿的面好好展示了一次自己深厚的文化功底（当然仅相对于庞太监而言）。庞天寿得知夏国祥识字，还读过书，很是高兴，所以至此凡是批阅奏章之类的事务全部委托给了夏国祥，自己则专心致志投身于伟大的传教事业中去了。

经过宫中几年的工作学习，此时那个成绩不好的夏国祥已经今非昔比，年纪虽然很轻，但其城府估计有五六十岁人的水平了。在帮助庞天寿处理政事之余，夏国祥还开始尝试着挖起了老领导的墙脚，更让他意想不到的是，这一挖居然成功了。

机灵的夏国祥的出色服务很快得到了永历他妈慈圣皇太后的高度赞许，并一举超越庞天寿，成为太后面前的红人（国祥工狐媚，有宠于慈圣）。

然而夏国祥得宠后并没有昏头，想把作为前浪的庞天寿拍死在沙滩上。他很清楚，曾跟随永历一家人出生入死的庞天寿在皇帝和太后心目中的地位永远是不可轻易动摇的，如果贸然想取而代之，最终失败的一定是自己。

基于这点认识，夏国祥决定采取一种特殊的方式保证自己的地位，那就是不要虚名，但要实权。太监的头把交椅还是让庞天寿继续坐着吧，只要自己手中有权就可以了。进入司礼监独掌大权后，夏国祥对庞天寿依旧是恭敬有加，只不过在庞天寿没有注意的情况下，所有的实权已流入了夏国祥之手。后来庞天寿有朝一日意识到了这一点，但对于羽翼丰满的夏国祥也是无能为力了。

夏国祥在宫中已成为一个不可忽视的人物，最先发觉这一点的人是马吉翔。马大人走的也是两宫皇太后路线，力争得到她们的全力支持，所以当探知庞天寿实际上已被夏国祥彻底架空后，马吉翔率先向夏国祥伸出了橄榄枝。希望能通过结交夏国祥专制国事，借助夏国祥到慈圣皇太后，皇太后直达皇帝的这条路线为自己扫清揽权之路。

夏国祥自从做了太监，发现自己很是被别人看不起，即便后来掌握了司礼监的批红大权，也没认为自己的地位有所提升。这也难怪，夏太监不是通过正常渠道上来的，没得到过官方认证，是典型的违反太监成长正常程序之范例。而且一路上

来，更多是靠脸。对这一类人，广大人民群众那是相当鄙视的。

现在权倾朝野的锦衣卫指挥使马吉翔马大人竟然主动向自己示好，夏国祥当然十分乐得接受。不过也许是为了避免不必要的麻烦，马吉翔虽然和夏国祥保持着亲密接触和合作的关系，却同时与夏太监保持着一定的距离。从这个角度来看，夏国祥没能真正加入组织。因此夏国祥对吴楚两党的党争也并非十分关注。

夏国祥不关注楚党，楚党的大臣们却十分关注夏国祥。特别是桂林的瞿式耜，对这个在短时间内迅速掌握了司礼监实权的太监极为重视。瞿式耜经历过魏忠贤、王坤这些巨监时代，对太监们的行动极度敏感。为了避免重蹈覆辙，瞿式耜决定先下手为强。他指示朝中的楚党官员加强对政务的监管，警惕夏国祥的一举一动，明确要求大家针对夏国祥一派势力做到早发现、早诊断、早干掉。

瞿式耜等人的严防死守很快引起了夏国祥的愤怒与恐惧。夏国祥很清楚瞿式耜这帮人是不好惹的，不过事到如今，自己也不得不进行反击。他跑到慈圣皇太后那里使出了太监自古相传的绝招：哭诉。

夏国祥在太后面前，一进门就跪，一跪就哭，指斥金堡等人把持朝政，欺辱自己。这还不算完，哭完第一次，第二天还来。自此之后，夏太监每天都会去找太后诉苦喊冤，这基本上已成了夏国祥宫内生活不可或缺的一部分。在夏国祥孜孜不倦、锲而不舍的努力下，皇帝他妈终于对金堡等人有意见了：怎么老欺负我们小祥子啊！然后她找来夏国祥，告诉他：做太监别太老实，跟金堡闹，我挺你。

夏国祥得到了太后的支持，准备和五虎对着干了。吴贞毓恰好听到了这个消息，就找到夏国祥，将自己的计划和盘托出。两人一拍即合，决定携手通力合作，切实实施好打虎计划。

有了王化澄智谋上的支持、夏国祥后台上的支持、陈邦傅军事上的支持，永历四年二月，一份由户部尚书吴贞毓带头，礼部侍郎郭之奇，兵部侍郎程源、万翺，户科给事中张孝起等十四人联名的弹章被送到了永历的案头。由于这封奏章是一班大臣联名提交的，且是上疏揭发袁彭年、刘湘客、丁时魁、金堡、蒙正发五人把持朝政、罔上行私、裁抑恩纪、谋危社稷等十大罪行，因此皇帝陛下马上就给予回复，除袁彭年外一干众人夺职，逮下锦衣卫拷讯。

在毫无预兆的情况下，吴党突然发动了总攻，皇帝陛下马上下旨查办，金堡等人连个准备的时间都没有就统统被送进了牢里，而且还是分开关押。

李元胤是锦衣卫指挥使，所以可想而知锦衣卫里不乏楚党的人，金堡等人虽说进去了，待遇应该不会太差，只要等各方积极营救或是皇帝陛下消了气就没事了，不过是多吃几顿牢饭而已，权当体验生活吧。一开始大家都认为，就连金堡他们也不例外。可是等到真进了大狱，见到了那些亲切的看守们，金堡他们才意识到理想与现实中的差距可以是很大的。

在狱中，最高规格的待遇被给予了五虎中最能战的虎牙金堡。进去不久就被提出去审，审了没两句就开始打，没几天下来金堡的大腿就被打断了。他本人也在一次审讯中连续被打到不省人事，如此多达四回。事发后，据传负责主审金堡的锦衣卫张凤鸣是奉了上面的命令，务必要置金堡于死地，才敢学习前辈许显纯时代的那一套私用大刑。至于这个上面指的是谁，相信大家都很清楚。

金堡四个人入狱后基本都被用了刑，但用刑之后四个人的表现却是大不相同。其中金堡受审次数最多，刑罚最毒，然而却表现得最硬。在拷问过程中，金堡始终不肯认罪，且受刑之时“大呼二祖列宗”，大骂吴贞毓、马吉翔，死不低头。相对而言，其余三位仁兄的表现就没有这么硬气了。

刘湘客因为有哥哥刘远生在，也比较配合审讯的工作，因此受的罪相对较少。另一个丁时魁则是由于“王化澄、马吉翔尤衔之”，是仅次于金堡的重点审讯对象，也得到了特殊的照顾（掠治毒楚）。不过他并没有像金堡那样不认罪，而是反复给自己找借口告饶，以博得提审官员的同情，免于受刑。其中最为经典的一句现抄录如下：“吾以间关从主故，虏执吾弟系于狱，榜掠无完肤；吾在此亦系于狱，榜掠无完肤，朝廷亦何忍耶！”

不过在我看来，四人之中表现最差劲的是蒙正发。才接受完廷杖，第二天一听说又要提审，马上就怂了，哭爹喊娘告饶不已。消息被报给张凤鸣，又传到了外面，听到此事的楚党官员个个哭笑不得。

朝廷局势的突变很快就通过邸报传达到了各地官员手中。随着金堡等人的被捕，其他楚党的大臣们也纷纷行动起来，展开了一系列营救行动。率先开展活动的是首辅严起恒。

严起恒不是楚党的人，但他和瞿式耜关系不错，而且在当时的条件下，严首辅认为一旦惩治金堡等人，势必会引起朝廷政局的骚动和前线李元胤等将领的恐慌，这对抗清战争和大明帝国是不利的，所以应该低调处理此事。

出于这一看法，严起恒主动请求接受皇帝陛下的召见（请对于水殿），打算为金堡等人求情。永历似乎早就知道了严首辅的态度，没有答应。然而严起恒并没有放弃，不久又带着一帮大臣集体跪在水殿外的沙滩上，恳求皇帝下令免刑。没想到这次永历的态度依旧相当坚决，无论严起恒等大臣以何种方式为金堡等人求情，皇帝都一律不予理睬。

事发几天后，留守桂林的大学士瞿式耜才得知此事。但老政治家不愧为老政治家，反应极快，一知道出事就立即上疏申救五虎，而且还事先预料到了结果并作出了相应的指示。

果然不出所料，即便是瞿式耜为此事连续给永历上疏七封，永历也照样不予理睬。就在大家都认为金堡四人死定了的时候，李元胤及时赶到，瞿式耜的最后杀招也到了。

李元胤得知朝中真的出了事，便放下了手头工作，急忙赶到了梧州。此时恰好是最为凶险的时候。

陈邦傅正在纠合吴党成员借此时机牵连李元胤，而吴贞毓也在谋划着趁机驱逐首辅严起恒同吏部尚书晏清，好把自己的老师朱天麟召回朝中。他联合王化澄指使给事中雷德复弹劾严起恒二十四条大罪，迫使严首辅不得不上疏向皇帝告病回家。

楚党本以为这仅是一次要除掉五虎的打虎行动，但到了此时大家才意识到，敢情打虎只是一个开始，吴党的目的是想要将自己连根拔起！

事实证明，这个判断是正确的。打虎计划背后确实隐藏着一个巨大的阴谋，或者说得更直白些，其中牵扯的是一张相当大的利益关系网。为了保证大家在接下来的阅读中不至于思维混乱，有必要先简单解释一下这里面错综复杂的关系。

首先是行动发起者和实质策划者吴贞毓。他的目的是使朱天麟重回内阁，因此要掌管吏部，取得人事权，而且最好是像严起恒那样能够实现“独相”，自己则改任吏部尚书，所以他要打击的对象主要是严首辅和主管人事工作的晏清。

吴贞毓在筹备此事的过程中，发现刚刚返回朝中的前户部尚书童天阅想要官复原职，就暗中找来童天阅，约定只要童天阅肯帮助自己，一旦自己成为吏部尚书，那么他就会尽全力帮助童天阅重归户部。所以童天阅和吴贞毓是一派的，他们并不打算杀掉谁，为的只是迎回一个人，赶走两个人，得到三个人各自所需的职位而已。情况相对简单，思想相对单纯。

接下来要说的就是金堡等人的死对头吴党了，其实他们的要求也很简单明了，只有四个字：赶尽杀绝。但他们坚持要杀的不仅是金堡、丁时魁等五虎，还有李元胤同首辅严起恒。陈邦傅作为吴党首领，在内联合了夏国祥，在外联系了朱天麟派的吴贞毓和何吾驺派的李用楫等朝中政治势力，发誓要一雪前耻，彻底摧毁楚党。

最后是一些动机比较复杂的反楚党势力，其中较有代表性的是兵部左侍郎万翱与兵部右侍郎程源、鲁可藻的三人组合。万翱与程源这两位副部长的进取心很强，在副手任上都是一干就好几年，一直希望能够早点转正，但当时的部长曹晔是李成栋的人，所以两个人虽然有这个心却没这个胆，不敢搞小动作，就只能等了。好不容易等到曹晔被解除兵部尚书职位，看到了转正的希望，谁知皇帝陛下一道旨意让两个人的心又凉了半截。这是因为他们谁也没能得到升迁，反倒是让一个外人也就是首辅严起恒代理了部长的职务。

万翱并不知道，严起恒在皇帝陛下的眼中比自己更值得信任，所以才特意下旨让严起恒摄理兵部。万翱误以为金堡等人从中搞了鬼，开始仇视严起恒与金堡，欲除之而后快。自此他和有着同样想法的程源便开始伺机谋求对付严起恒等人，以报当年的一箭之仇。

至于鲁可藻，虽然长期身在桂林且在瞿式耜的眼皮子底下工作，但事实上野心也并不小。鲁可藻一直以来都有一个执着的梦想，那就是就任两广总督，掌握两广兵马。所以为了达成这一夙愿，鲁可藻必须与兵部搞好关系，于是久而久之他就和万翱、程源走到了一起。

总而言之，这三位仁兄的胃口比较大。他们的剧本是与吴党联手杀掉挑事的金堡，赶走首辅严起恒，然后再通过夏国祥推举鲁可藻担任兵部尚书，并预定在事成的一个月后，派鲁可藻出去督师广西，夺取留守大学士瞿式耜的兵权，继而由万翱代掌兵部，从而彻底掌握住明朝所有的枪杆子。

不管鲁可藻等人的计划是否真的具有可行性，但比较显而易见的是，倘若一切真的按照这三个人的安排发展下去，那么南明很可能在当年就彻底玩完了。

各种政治势力为了各自可告人或是不可告人的目的，把朝廷搞得乌烟瘴气，阴风阵阵。这时朝中一个微不足道的小人物看不下去了，针对朝廷当前的局势连夜写了一份奏疏，并联合同级的一个朋友，越级将奏本上呈给了皇帝。

这封上疏痛陈了朝中党同伐异的行为，明白指出雷德复参劾辅臣严起恒是典型的对人不对事，是为了达到其隐秘目的的手段而已。奏疏中还为为人忠厚的首辅严起恒辩护，认为严大人的心迹行为是“天下臣民共耳目之”。雷德复为排斥异己，不惜造谣中伤，其结果最终只能是“君臣两受其伤”。文章最后指出，在各派纷争不已、正邪不能辨识的情况下，大臣们应该遵守礼法，一切听从皇帝的安排，相关部门则应该秉公调查，实事求是，弄清真相，不要成为党争的工具（勿使再中奸毒，重辱国而灰天下之心）。

这份上疏一经公开，朝野震惊。万翱、鲁可藻立即上书皇帝，请求逮捕上疏者并以妄言朝政的罪名严加惩治。一个还没有芝麻大点的小官的一封奏折竟让鲁可藻等人反应如此剧烈，这至少说明了一点，此人的分析十分到位，而且几乎每一句都戳到了鲁可藻他们的软肋。

皇帝陛下对这位小官的行为倒是处之泰然，不过以“职非言官”而奏事为由训斥了几句，并没有打算加以严惩。因为永历明白这个人说得十分正确，而且还很明显是为大局考虑，无门无派，没有处罚他的理由。

但是在那个年头，想整一个人有时不一定要通过皇帝。特别是像万翱那样的二品大员，要治一个可能在官员名册上都很难找到的无名小卒，也就是几分钟的事。

所以虽然皇帝没有多说什么，但那个上疏的低级官员还是挨了整，估计还是恶

整。日后此人在回忆这段经历时，用了“愤激咯血”四个字来形容，可见日子过得确实是很不自在。

事实上，早在奏疏送上去还没有得到回复时，同他一起上疏的那位朋友就预料到了这种结果。朋友曾奉劝他秘密离职，远走外地，但是被他拒绝。现在被整了，可他却并没有后悔。因为他很清楚自己为的是什么。

我并没有违背自己的初衷，我说出了自己认为应该说的话，虽然受到了打击，虽然遭到了嘲笑，虽然没有挽留住首辅严起恒。然而我问心无愧，此行无悔，至此足矣。

一个月后，这位仗义执言的小人物从行人司行人职位上离开，远赴桂林拜见政界前辈瞿式耜。此时估计没有人会意识到当时这个默默无闻的小卒在不久的将来会成为一个闻名遐迩的大师，他的思想的光辉更是超越了时空界限，深深影响了后世。或许如果没有此事发生，此人不会隐遁山林，过上漂泊而丰富的生活，更不会有机会广泛接触下层社会，体察民情，并促成他为总结明亡的教训而笃学深思，发愤著述。当然，也就自不会有日后的思想大家王船山。

王夫之走了，李元胤来了。与李元胤一同来梧州面圣的还有五虎中唯一的自由人袁彭年。两个人到这里来的目的很明确，有两个：辩解、救人。

当时清军已经完成了大部集结，正直扑广州而来，两广的战事再次进入危机期。这个时候主帅李元胤不在前线对于广东明军而言确实是件大事。但李元胤很清楚，自己不得不往梧州走一趟，因为如果不救金堡，眼看着五虎被陈邦傅等人一网打尽，事情就会演变为一场针对楚党的大清洗。到时别说不能继续安心指挥抗清，或许连国家都保不住。

因此在叮嘱杜永和拼死守住广州后，李元胤携袁彭年以最快的速度来到了梧江的水殿前要求面圣。永历同意了李元胤的请求并在正殿接见了二人。这次见面将直接影响到朝廷对五虎案件的处理。

金堡等人的最终结果如何，是死是生，最后的决定权是在皇帝陛下手中，与陈邦傅这些其他人无关。李元胤抓住了这个主要矛盾，准备竭尽自己的一切交流技巧，凭借这次对话解救金堡等人。

对话伊始，李元胤向皇帝说明了自己父子二人与袁彭年、金堡等人并无私交，什么结党弄权完全是路边社，请皇帝陛下千万不要轻信。紧接着李元胤明确向永历和在场的大臣们讲明现在广州的危急形势，时刻都有陷落的可能，自己已有与城池共存亡的心理准备，希望皇帝能够始终信任自己，不要听信一些别有用心者的言论。最后李元胤将这次谈话的气氛推向了极致，“伏地痛哭”以致几度哽咽，全身颤抖不能起身。

李元胤声情并茂地陈述完了，上面的永历默默无语，只是让人将跪在殿上的李元胤扶起。其实，这个时候永历也很矛盾。他很清楚在李元胤的这次陈述中既有真话又有假话。

永历不是傻子，因为如果是的话，在叛臣奸臣辈出的明末是不可能做十六年皇帝的，连十六天都不成。所以想要在龙椅上继续生存下去，永历有着自己的生存本领和处事之道。他很清楚朝中大臣们的斗争情况，吴楚两党的主要成员都是谁、幕后操纵和支持者都有哪些人，皇帝陛下心里对一切全有数。然而作为一个皇帝的悲哀在于他不能完全信任某一个或是某一些人，更不能让底下那群大臣明白自己内心深处到底在想些什么，特别是乱世之中，人心叵测，永历如果想要活下去，让这个从朱元璋手上继承下来的帝国不至于在自己手里完蛋，必须要做的就是深深隐藏自己，并且利用大臣们的矛盾将一切会威胁皇权的势力打压下去。当时势力已经过于膨胀的楚党，只不过是皇帝陛下要压制的力量之一罢了。

至于李元胤，永历对于他还是比较有感情的。虽然永历很清楚李元胤就是楚党真正的首领，但他还是愿意相信这个人的忠心是真的。佟养甲、杨大甫、罗成耀三个叛将都是李元胤在获得自己许可之后才干掉的，而且在办事过程中，李元胤处理得干净利落，深得自己的欢喜，因而永历一直认为李元胤是个很不错的人才。

可是越有才华也就越危险，对于高处不胜寒的最高领导人们而言，这种心理是极其普遍的。所以永历很纠结，后来的李定国一度面对的也是相同的信任危机。

总之，李元胤的发言并没有真正打动永历，皇帝陛下还是决定对金堡等人加以严惩，以此警告朝中其他结党营私的官员，杀鸡儆猴。如果事情就此发展下去，看来李元胤就只有先去木材店为金堡四人订上几口上好棺木了。他没有想到的是，自己的言辞虽然没能打动皇帝，却深深打动了在场的另外一个人。在此人帮助下，五虎一案将迎来真正意义上的转机。

关键时刻出手帮了五虎一把的人是高必正。

吴贞毓、鲁可藻等人一开始听说高必正率军救援广州，要顺道入觐一次皇帝，听取一些最高指示，就秘密派出使者前往藤县，找到了高必正并传达了自己的殷切希望：入朝杀金堡，逐严起恒、瞿式耜。高必正爽快地答应了，不过这次也不例外，是假的（必正皆佯诺之）。

等接到高必正和他的部队到达了梧州的消息，吴贞毓非常高兴，特意派出门客在路旁迎候，而且还殷勤款待了一番，当然要紧的事也没忘了重申：请您务必要为我们杀掉金堡等人，驱逐严起恒、晏清啊！

可入朝之后，吴贞毓才意识到自己竟被这个大老粗耍了。接受永历召见时，高必正不仅将鲁可藻、程源谋夺桂林兵权的事当场公之于众，而且还为金堡向皇帝求

情。恰好此时受瞿式耜的委派，焦琏联合一些将领率部逼近梧州，对陈邦傅形成了军事上的威慑，吴党那边就安静了下来。

在众人的参与和影响下，历时四个月的五虎案终于有了一个明确的结果。结果如下：

袁彭年，因母丧丁忧为名解除一切职务，放归家乡。

金堡，减死罪，改判谪戍清浪卫。

丁时魁，减死罪，戍镇远。

刘湘客、蒙正发革职充军、追赃助饷。

这样看来，吴党确实是实现了其初衷，将五虎一锅烩了。打虎行动进行得很顺利，严首辅都准备好包袱上船了，接下来，呵呵……

接下来没事了。

皇帝对楚党的打击到此为止，而且最后也没让严起恒走。在永历的指示下，高必正、党守素、李元胤三位将领联合行动，把想要弃官出走、远离斗争的严大人又给劝了回来。虽然回来后的严起恒坚持不再继任首辅，不回内阁当班，但好歹还是留在了朝中，帮着处理一些政务，成了一个不再担任大学士的大学士。

为了让严起恒去而复返，明军的各镇将领经过商议，往梧州派了个代表并送上了一封公开信，直接张贴在梧州的城墙上，上面写了这样几句狠绝的话："半壁存亡，恃严辅臣一人，不索钱，不滞军机，何物雷德复，受逆贼赂，思加逐害？愿与同死！"事情一出，王化澄吓得不行。然而王化澄这只老狐狸很精，马上见风使舵，上疏劝皇帝留下严起恒。

吴党有了取代楚党的机会，许多吴党人士得到提升，吴党的支持者重新入阁，但事实上吴党并没能真的代替楚党掌握朝政大权。毕竟瞿式耜在，李元胤在，焦琏也在。也就这样了。

但如果说接下来一点事儿也没有，那也是不准确的，在这次事件中一些配角状况也在事后出现了变化。其中比较惨的是鲁可藻，由于高必正把自己的夺权计划曝光了，金堡没杀成，兵权也没有夺到手里，即便是广西巡抚的职位看来同样是很难保住了。于是还算知趣的鲁可藻以自己新近丧母为由主动要求回乡丁忧。而无论是内阁还是皇帝似乎都对此人厌恶至极，当即就批准了。

与此同时，作为鲁可藻同伙的程源也终于领悟到，与瞿式耜叫板抑或是赶走严起恒，基本都属于痴人说梦，因此主动要求出督蜀师，自此也不在朝中混了。

不过相对而言，最惨的还不是上面二位，而是那个在狱中奉命用私刑的锦衣卫指挥使张鸣凤。案件还没彻底结束，他就病倒了，没过几天居然就病死了。而且据说死得还比较诡异。

史书记载，张鸣凤在一夜做了一个奇怪的梦，梦见有四个穿着青衣的人来找自己，并自报家门说是阎罗王派来的。他们说因为当今天子不久之后就会驾临，所以阎王大人特意派他们先召四十八位官员下去吩咐工作，做好迎候准备，你张鸣凤就是其中之一。说完就让张鸣凤看了一下人名单，结果张鸣凤果然看到了自己名字。而除了自己之外，认识的还有十八个，其中包括内阁大学士王化澄、兵部侍郎程源、提督太监徐元、国舅王惟让等人。

醒来后，张鸣凤把这件事告诉了家里人并嘱咐把名字记下来。家里人以为他是病糊涂了，就没信，没想到不久人就死了。其后，张鸣凤提及的那些人果然都相继死去，张家人听到消息全部惊讶不已。

我从不迷信，但是就某些事情的发展来看，似乎有时即便是个超级英雄，面对这些必然会发生的事情，也只能眼睁睁地目睹一切的发生。明军在两广战事上的失利便属于这种必然会发生的事之列。

第八章 危机

永历三年（1649）五月十九日，多尔衮决定不再小打小闹，而是大举出师进攻两广。为了显示其征服南方、彻底消灭明朝的决心，清廷特意下诏改封恭顺王孔有德为定南王、怀顺王耿仲明为靖南王、智顺王尚可喜为平南王。并于同一天，令定南王孔有德率所部旧兵三千一百及新增兵一万六千九百，共二万，往剿广西；靖南王耿仲明率旧兵二千五百及新增兵七千五百，加上平南王尚可喜率旧兵二千三百及新增兵七千六百，共二万，往剿广东。两路军队出行之时，挈家驻防，并会合浙江、湖广等地调集的兵马便宜行事。

与此同时，清朝还令被任命的两广相应巡抚以及道、府、州、县各官携带印信随军前往。大有占一地、管一地，吃定两广之势。

依据多尔衮的部署，孔有德由湖南进军广西，耿仲明、尚可喜则取道江西攻打广东。可是清军还没有正式与明朝部队接仗，意外就发生了。

十一月初二日，东路的清军经过近半年的赶路，终于到达江西境内，随即宣布休整。靖南王耿仲明部驻吉安，平南王尚可喜部驻临江，互为呼应，以防当地还很活跃的抗清地方武装的突袭。两人原本商定军队休养一个月，十二月初三日再出师南进。然而当时无论是耿仲明还是尚可喜都没有意识到，他们之中有一个人将永远无法等到那一天了。

两路军队从北京出发后不久，清廷刑部就接到了群众举报，检举耿仲明部将陈绍宗等纵容部卒私下藏匿从清朝统治地区逃跑的汉族百姓。刑部官员接到控告，当即严厉追查。经过调查，刑部认定耿仲明收留了“逃人”一千多名情节属实，已经触犯了当时清廷制定的“逃人法”，于是刑部给出了一个处理意见：罪当死。

十一月二十七日，耿仲明得知事发，在吉安就地自杀，一了百了。

其实清廷本拟定将尚可喜、耿仲明二人削去王爵，各罚银五千两了事。但在廷议时，摄政王多尔衮提出，希望考虑到明朝还未被彻底消灭，现下正是用人之际，而且看在二人“航海投诚”有功，为清军无偿转让火炮技术的分上，放他们一马。最终，清廷决定做出一个非常艰难的决定，免削爵，少交罚银一千两，以示宽大。谁知，传旨的人还没去，报丧的就来了。

耿仲明畏罪自杀的消息传到了北京，朝中的王爷们很是恼火。我们还没打算让你死，你他娘的就敢先死，活腻歪了是吧？于是议政王大臣会议经过商议，决意趁此契机好好整治一下这些不听话的汉族官员，让耿仲明全家死光光。

你们不怕孔有德和尚可喜也跟着造反么？

关键时刻，还是多尔衮说话管用。睿亲王先生一出马，大家都不吭气了。

孔有德、尚可喜、耿仲明三人是什么样的关系，别人不清楚，多尔衮还是很清楚的。当年孔有德和耿仲明在山东叛乱失败，尚可喜在关外为明朝守海岛，哥们儿一声招呼，尚可喜就连官也不当了，跟着二人跳槽投降了后金。关系之铁，不言而喻。现在要为了这么个破事就干掉耿仲明全家，难道你们不担心孔、尚二人为此联合明军打回北京？

要说多尔衮不愧为睿亲王，确实眼光长远，在政治水平上与那些只会打仗、杀人、圈地、抢东西的大老粗王爷们真是有天壤之别。所以最终由多尔衮拍板，此事不再追究，予耿仲明以厚葬，至于耿仲明部下的军队就由其子耿继茂统率，充当尚可喜的助手继续出征。

多尔衮的这一招果然很奏效，尚可喜与耿继茂得知此事十分感动，就像打了一剂强心剂，在江西清军的配合下，作战更加勇猛，很快接连攻占了广东许多重镇并开始攻打省会广州城。

永历四年正月到四月，清军攻势一直相当迅猛，以致连一向强硬的主战派杜永和也顶不住了，居然想率部弃城逃到海口，再从长计议。好在正往回赶的李元胤及时收到了消息，写了一封信痛骂了杜永和一顿，才迫使杜永和又乖乖返回广州继续坚守。朝廷也为了鼓励在广州坚持作战的将领们，特地下旨晋杜永和为江宁侯，暂时稳住了形势。

应该肯定的是，广州保卫战打得要比当初的桂林保卫战艰苦得多，而且一点也不夸张地说，明清双方基本上都拼上了一切。尚可喜、耿继茂刚统军到达英德县，就马上在当地分兵一支，交由总兵许尔显和副将江定国带领，走水路攻取广州的门

户清远。紧接着又马不停蹄地继续率领主力进军，招降了明朝的丛化县知县季奕声。在招降问题上，尚可喜并不像其他清军将领那样拖沓。三月初六日把部队推进到广州郊外，当日就派人进城劝降。被杜永和严词拒绝后，第二天就下令开打，进攻广州城北。尚可喜这次进攻虽说收获最多的是清军的尸体，但尚先生却始终不曾忘记多王爷那张还算慈祥的脸和他的谆谆教诲：不惜一切代价，给我拿下广东！

尚可喜知道，清廷虽说对外宣布不予追究，可如果自己不能完成多尔衮交代下来的任务，那么旧事重提总是难免的，兄弟耿仲明的昨天或许就是自己的明天。因此在组织战斗中，尚可喜以近乎疯狂的方式指挥清军分批攻城，而且还采取了扫清外围的战略，切断城内的物资来源。

在对广州三面挖壕的围困下，明军水师总兵梁标相受不了了。他联合同事刘龙胜、徐国隆带领一百二十五只战船，突然向杜永和部水师发动了攻击，在焚毁劫掠了杜军部分船只后，梁标相等三人命令手下调转船头，剃发降清，并停泊在广州城外的东、西二洲，帮助清军堵住了明军的水路运输，与陆上清军形成掎角之势。

自家阵营里忽然出了叛徒，这在任何时候都是件很恶心人的事。杜永和很生气，然而由于自己的水师损失严重，要出兵讨逆、打通城南的水上交通已不可能了。所以此时杜永和唯一能做的就是好好守住城池，相信李元胤，等待援军的到来。

李元胤很想马上赶到前线解除清军的包围，但这个时候他也遇到了一件恶心事，有人在出兵赴援广州的问题上下了黑手，李元胤人是离广州越来越近，怎奈手里没兵，仗没法打了。

当时奉命率军来援广州的算上马吉翔和李元胤本人只有三个，但另一位援军的主帅并非高必正，而是陈邦傅。高必正在五虎一案中临阵倒戈，帮了楚党一把，使得陈邦傅等人清除政敌的计划功亏一篑，所以吴党的官员们很生气，通过夏国祥从中捣乱，迫使高必正自己主动回到了南宁。因此作战能力较强的忠贞营没能参与广州的战斗，反倒是陈邦傅带领着他那支屡战屡败的军队开进了广东，且还不发兵。

就这样，陈邦傅率部驻扎在清远，马吉翔依旧留驻在三水，两个人谁也不出兵，企图借刀杀人，看李元胤的好戏。

李元胤知道跟陈邦傅这样的流氓加无赖是没法讲道理的，此类人的一贯作风是宁愿自己没有好下场，也不能让自己的敌人过得舒坦。李元胤没有办法，只好孤军深入，可惜在半路上与清兵遭遇，战败。李元胤只得带领余部退回肇庆。

李元胤方面因为兵力始终不足，没能取得任何的进展，然而尚可喜那里却接连取得了突破。在尚可喜的威逼利诱下，清军使者成功招降了明惠州总兵黄应杰、潮州守道李士琏、巡道沈时启，并且接连杀死了明朝的滋阳、铜陵、兴化、永平等八郡藩王，广东明军损失严重。

尚可喜为了克服广州城墙坚固、城中明军兵多志坚的工作难题，在思维战术上也实现了突破，想起了自己的成功法宝——大炮。

尚可喜命令新近投降的季奕声在从化带领工匠们加班加点，加紧铸炮，共赶制出四十六门火炮。虽说是赶着做出来的，部分地方未精加工，但凑合着能用。有了这些新炮，再加上由江西赣州带来和在途中缴获的大炮，现在围城清军合计已拥有大炮七十三门。同时结合随军携带和制造生产出的炮弹与火药，足以让清军火炮达到不鸣则已一鸣不停的程度了（每炮一位备足火药、炮子四百出）。

更令尚可喜惊喜不已的是，明朝的援军没来，己方的援军已赶到了广州战场。从各地前来的清军有原驻南赣的高进库、先启玉部，还有广德镇总兵郭虎部。这下清军士气大振，广州处境则更为危急。

明朝方面自然也不是吃素的。在李元胤的不懈努力下，总兵马宝、郭登弟等由肇庆赶来攻打已被占领的清远，以图牵制清军，缓解广州方面的压力，但很快被清远和来援的清军击退。随后总兵陈奇策率领战舰一百余艘，会同张月军水陆齐发，在三水迎战清军，也被清军击败且败得比较彻底，连三水都丢了。

广州的防卫战，从春天打到秋天，此时已持续了十个月之久。清军一次次拼死冲锋，明军一次次誓死守卫，双方一直僵持着，转眼又快过年了。

尚可喜不希望在城下的军营中过年，当然更不希望在北京的大牢里过年，此时此刻他的愿望只有一个：进城。将领们没有让尚先生失望。十月份，尚可喜得到属下的通知：久等了，清军的各项攻城准备工作均已就绪，大帅可以下令发动总攻了！

手下们很激动，尚可喜更激动：就等你这句话了！

十月下旬，尚可喜下达了全力进攻广州的命令。担任主攻的是清廷钦点的靖南王军右翼总兵官连得成、平南王军右翼总兵官班志富，还有来助战的高进库与郭虎。四人的通力合作，首先攻克了广州的西关。但也就能打破西关了。因为守城的明军全力抵抗，外加广州城内的群众全部被发动了起来，大家不分男女老幼，全部加入了守城的战斗。因此西关虽然失守，清军却无法继续深入。

在这种情况下，尚可喜火了。尚先生本来认为，不到最后关头是不能使用火炮的，因为他听说广西方面的明朝援军正在不惜一切代价向广州方向靠拢。如果不经考虑就直接开炮轰城，广州是很容易拿下，可是等到明朝援兵赶到，轮到自己率军入城坚守抵挡的时候，再想修得像以前那么结实就很难了。不过，尚可喜经过这次部分成功的总攻，意识到以广州的高城坚壁和城内守军的顽强坚定，假如不靠炮，自己这辈子也甭想踏入广州城内。

十一月初一日，尚可喜决定：上炮。遵照尚可喜的指示，清军集中炮火轰击广州西北角的城墙，因为这一段是清军这几天来一直奋力攻打的地方。该处城墙固然很牢固坚硬，但也扛不住连续一夜的炮弹袭击，到了第二天已被轰塌三十丈。见到炮击呈现出明显不同的攻城效果，尚可喜十分兴奋。他立即叫上耿继茂和自己一同亲临前线督战，指挥清军从缺口处攻入城内。

换成平时，部分城墙被毁坏后再经过一夜的抢修，明军一般还能补得上。然而这次是敌人进行了一夜的炮击，且还把城墙弄出了一个以十丈为基本单位的大口子，那就很难补上了。从西北角攻入城内的清军越来越多，守军只得进行巷战。在巷战中，明军官兵浴血奋战，六千多名将士战死城中。总兵范承恩被擒。杜永和同张月及水师总兵吴文献、殷志荣等由水路逃出城外，渡海前往琼州府（今海南）继续坚持作战。广州完全失守。

尚可喜终于如愿进入广州城。不过他很愤怒，所以就干了一件事情发泄：屠杀。

清朝在统一全国后，对这段历史自然是采取一贯的态度，不予承认。然而就在清朝自己的官方史书中却露出了破绽。在《平南王元功垂范》一文中就有这么一段记载："初三日，王与靖南王子入城，止屠戮，封府库，收版籍。"要是真的没屠戮，你止个什么劲。

有人说，清军在南方的统一战争起到了推动历史进程的伟大作用，是对腐朽的南明小朝廷的有力打击，并加速了它的灭亡。南明是不是真的腐败不堪，清廷是否真的是天命所归，这个在下不好下结论。但个人认为说这句话之前，这个人或许应该先想象一下被马刀砍入身体的感觉。

省会城市陷落的消息不久之后传到了梧州，对于永历而言绝对是一个悲剧，但是此时此刻还有更为悲剧的事，那就是两个省会失陷的消息。

尚可喜、耿继茂部攻入广州后不久，广西的省会城市桂林也沦陷了。这一次，留守大学士瞿式耜实现了自己当年的诺言：就是死，也要死在这里。

永历三年，孔有德率部到达湖南，驻军于衡州。由于清廷的命令是"相机进剿广西"，因此没惹上麻烦的孔有德有着很大的军事自主权。孔有德进驻衡州后并不急于出兵，而是四处派出间谍收集广西方面的军事情报，并趁此让自己的部队得到充分的休息。

清廷方面对孔有德的安排不是很理解，在他们看来，这是孔有德在为自己兄弟耿仲明自杀闹脾气。

清朝方面十分急于完成对南方的征服，镇压所有的抗清势力，以便尽早实现统一，过几天安生日子，但又不好出尔反尔，直接开口命令孔有德进军。于是为了暗示与督促孔有德，大臣们想出了一个好办法，至少他们自己是这样认为的。

永历四年二月，原本驻守山东济南的续顺公沈永忠奉调移驻湖南宝庆，与此同时，跟随沈永忠而来的还有总兵张国柱、郝效忠两部总计数千人。沈永忠一行的到来，名义上是为了使孔有德全心全意攻取广西而帮忙守城的，但孔有德看得很明白，这是清廷在暗示自己赶快进兵。那就走吧。

夏天一过，孔有德马上率兵进攻位于湖广两广交界的要隘龙虎关。守将永国公曹志建率部迎战，被孔有德击败。明军士卒战死一万多人，龙虎关失守。

孔有德先生打算乘胜追击，命部将董英、何进胜紧追曹志建，前去攻打曹志建的暂住地灌阳。曹志建好不容易逃到了一个比较安全的地方，连暂住证都没来得办，清军就追了上来。这一次，曹志建连抵抗的勇气都没有了，带上自己留守灌阳的弟弟曹四就开始向着新的避难地恭城一路狂奔。

欺负人这种事情是很容易上瘾的。鉴于曹志建先生很软很好打，清军上上下下，谁也不愿放弃这样一个轻易就能立功的机会。所以前往恭城的这一路上，曹氏兄弟是一路跑，清军骑兵是一路追。为了一口吃掉曹志建部，清军甚至改变了原有策略，采取分兵三路的方式包抄，合力进攻曹营。

此时的明军士兵们连续赶路，早已疲惫不堪，因此一经交锋，明军再次大败。将军刘大胜、总兵林永忠等高级将领阵亡，士兵方面损失三千多人。曹志建兄弟叫苦不迭，只好也改变逃跑路线，捡山沟沟钻。清军主要以骑兵为主，不方便进山，曹志建这才算顺利逃过了清军的追击。

逃进山里的曹志建是安全了，可桂林却危险了。恭城失守，桂林的东南面就已完全暴露在清军视野之中，孔有德自然也不愿放弃时机，开始集结兵力向桂林进军，并与另一路由全州、兴安进攻严关的清军对桂林城构成了南北合击之势。

桂林从来没有这么危险过，留守的瞿式耜自然压力很大。十月十三日，瞿式耜在城内召集身边的将领们召开了紧急军事会议，内容主要是讨论明军的战守事宜。瞿式耜惊奇地发现，几乎所有将领对于此事似乎都有点心不在焉。这也难怪，桂林虽然还是那个桂林，可事实上许多事情都已经发生了巨大的变化，甚至包括瞿式耜自己。

朝廷内刚进行了打虎行动，公开为金堡等人辩护的瞿式耜也没得到安生，时不时会遭到朝中官员的弹劾（露章劾式耜，诋诽尤恶）。在王化澄的支持下升任兵部尚书的万翱则想到了一个很邪恶的主意，以图趁早除掉这个楚党的支柱。

万翱的手段是安排于元晔前往广西担任督师，并派自己的同党万年策、吴李芳、郑古爱、朱嗣敏四人跟随前往，分督诸军。这样，五个人一到任，瞿式耜的兵权一定会受到影响。万翱是这样认为的，而事实也的确如此。

于元晔没有什么突出的本领，但是此人有个特长，会来事儿。一到桂林，于元晔就找到作为城内守军中最为主要的将领之一的赵印选。他的拜见理由也确实让赵将军很难拒绝——为赵将军介绍女朋友。

当时赵印选早就结婚了，估计孩子都到了打酱油的年龄。不过在那个年代，娶多少个老婆国家都是允许的，所以赵印选就和于元晔见了面，并且没谈几回就把这门亲事给定了下来。

可是女方的身份比较特殊，因为她正是介绍人于元晔的女儿。

赵印选顺理成章地成为于元晔的女婿，而于元晔又是吴党，是属于与瞿式耜针锋相对的政治派别的人。这就意味着在老丈人和老领导之间，赵印选必须要做出选择，和某一方划清界限。于是几经思想斗争，赵印选最终做出了选择，听老婆的话。

领导再亲也是外面人，老婆再新也是自己人。为了领导搞得自己家庭不睦，何必呢？

赵印选就此改换门庭，成为吴党的支持者。然而谁也未曾料到的是，桂林守军的整体崩溃就是从赵印选娶于元晔的女儿过门的那一刻起，便暗中开始了。这是因为在此之前，于元晔的这个女儿其实是许配过人家的，很不巧的是，那个男人叫王永祚。

前文介绍过，滇军的战斗力之所以那么强悍，主要靠三个人。其中赵印选深得士兵拥护，掌控军心，能使大家心往一处想，劲往一处使，作用相当于政委。表弟胡一青则是军事主官，主要负责指挥作战，带头冲锋。此外，另一位能在战斗中起带头作用的就是这位王永祚了。

其实，当初为了夺取瞿式耜的兵权，争得广西明军的支持，于元晔首先拜见的是王永祚。他率先认定的姑爷当然也就是王永祚。据说王永祚为了争取于元晔答应把女儿嫁给自己，还亲自做了次说客，找自己的哥们儿胡一青求情，迫使胡一青同意表示拥戴于元晔为督师，专督楚师（即当年何腾蛟留下的那部分军队），这样才帮助于元晔稳定住了督师的地位，并为他赢得了军队的承认。

本来等着当新郎的王永祚现在却得到消息，自己在后方的新娘子将要和赵印选拜堂成亲了，而自己尚被蒙在鼓里在前线与清军作战，王永祚的愤怒可想而知。

特别是王永祚听说于元晔是在赵印选的坚持下才勉强同意将女儿改嫁的，怒火再度升级，发誓自此与赵印选彻底决裂。为报夺妻之恨，王永祚开始暗中准备，意图寻找时机刺杀赵印选。此时一直留心此事的胡一青发觉了其中的问题，马上出面找到了兄弟王永祚，并为其做起了思想工作。最终，王永祚虽然打消了谋杀的主意，却打死也不愿继续与赵印选共事，向朝廷上了一道折子，以自己健康出现问题为由返回桂林，开始家里蹲。滇军的问题开始呈现出表面化的趋势。

此时，一开始跟着赵印选、胡一青出来的滇军士兵历经了三年的多次战役，现在已经死伤过半。现有的滇营多是在湖广、广东当地招募的新兵，虽然有三万余人，可作战能力已大不如前。又赶上赵印选忙着张罗婚事，王永祚赌气称病不出，滇军如今只有靠胡一青一人扛了。

如果没有清军南下，估计还差不多，可是清军一来，胡一青明显感到自己扛不住了。胡一青从攻打永州的战斗中一率军撤回就在严关死守，与来犯的孔有德军前部僵持，一直相持了近五个月。关内的粮食吃完了，士兵们就开始采薮以食。胡一青感到这样下去不是办法，就回了趟桂林，要求赵印选派人给前线送粮，哪知此时的赵印选心里已只有娶老婆的事了，没顾得上管胡一青，胡一青只好又返回了前线。

对胡一青而言，没粮还不是最头痛的，真正难题是怎样取代赵印选，统领好这支军队。按照史书的说法，胡一青这个人平常是“朴率无威仪，言多造次”，用今天的话讲就是平时不太重视形象（身高所限，勿怪），没啥威严，而且有时候还经常说错话。所以想要镇住那些新兵蛋子估计是困难些，但困难时刻又找不到人帮手，胡一青一气之下决定弃城出走。

既然谁都玩不起，爷也不玩了！

在焦琏身处梧州牵制陈邦傅的情况下，瞿式耜很清楚，如果想要提高第四次桂林保卫战的成功几率，只能靠胡一青和他的滇军了。因此一听说胡一青要走，瞿式耜马上亲自出面，终于把人给留住了。

瞿式耜的面子，胡一青多少还是要给的。在瞿大人的极力挽留下，胡一青又返回前线继续坚守。为了保证前线不再出现缺粮与类似的给养不足问题，瞿式耜在城内竭力筹措粮饷，并分别给诸将去信，鼓励他们全力备战，打好新的一场防御战。

但瞿式耜的命令似乎不再像以往那样管用了。命令发了出去，反响不大。

十一月初五日，兴安传来塘报，严关一带设置的守兵全部被击败，清军即将兵临桂林。瞿式耜闻讯大吃一惊，即刻催促赵印选等将领带兵前去堵住缺口，防止清军进一步前进。可瞿大人等了半天也没等到赵印选前来复命，瞿大人很奇怪，派人查了一下，这才知道包括赵印选、王永祚、蒲缨在内的滇营主要将领都已带领部众保护着家属离开桂林了。估计赵印选只顾着媳妇了，完全没有通知老丈人，以致督师于元晔在换装逃跑的路上被乱兵所杀。此时，城中也因守军大溃散而陷入了极度混乱的状态。

诸将不战而走，使号称粤西重镇的桂林基本成为一座不设防的城市。不过就当时的情况看，瞿式耜如果想走，也还是来得及的。

胡一青比较讲信义，把自己对瞿式耜的承诺坚持到了最后。在表哥赵印选跑路之后，这位猛人还硬是坚守，和孔有德的部队死磕了很久，打到部队伤亡过半时才放弃阵地撤退。胡一青知道瞿式耜不会像其他人那样主动撤离桂林，因此在向南撤退途中特意回了趟桂林，进入府衙找到了瞿式耜，请求瞿大人与自己一同向柳州转移。

瞿式耜坚定地拒绝了胡一青，反倒是悠闲地举起一杯酒，请胡一青共饮。胡一青认为瞿大人的精神已不太正常了。他本想强行带瞿式耜一起走，但没想到瞿式耜反抗得异常激烈。胡一青没有办法，只好放弃了瞿式耜，带领打剩下的部队撤离了桂林。

事实上，试图劝走瞿式耜的不止胡一青一人。胡一青走后不久，通山王朱蕴釪跑了过来："先生受命督师，现在军队并未全部打光，请先生先跟着一起前往柳州避难，再从长计议吧。"

瞿式耜没有回应。

朱蕴釪哭了："社稷存亡，就在于您的去留，请不要再耽误了（不可缓也）。"说完他坚持要求瞿式耜上马，并紧紧拉住瞿式耜的衣袖，努力把瞿式耜往马的方向拽。

这时，瞿式耜终于开口了："殿下，请自爱！留守此处是朝廷最初交给我的使命。任何人都可以以卷土重来为名撤离此地，但唯有我固不可以。请您好自为之，尽快撤离！"

通山王没有办法，只有哭着离开。

瞿式耜已经下定决心与桂林共存亡。在我看来，这不是因为绝望，而是为了谨守当年的承诺：桂林，吾死土也！

瞿式耜沐浴更衣后，一边喝酒一边坐在署中等清兵破门而入。他最后见到的人是兵部右侍郎张同敞。此人身份极为特殊，不仅和瞿式耜的关系密切，曾拜瞿式耜为师，更为重要的是他和于元晔一样都属于朝中名门世家出身，在朝廷的影响力极大。众所周知，于元晔的祖父是万历年间的大学士于慎行，而张大人的曾祖父相对而言更为出名，名叫张居正。

当时张同敞在灵川前线监胡一青军，后来胡一青撤退，张同敞也跟着退了下来。张同敞在路上听说瞿式耜尚在城中，便调转马头，向着城中府衙赶来。

张同敞见老师瞿式耜端坐堂上，率先发问："先生打算怎么办？"

瞿式耜一如既往地坚定回答："一死而已！"

张同敞大笑："我早知道老师期在必死，所以才没有战死在阵地上，特意来找您啊！"

瞿式耜听后也跟着大笑："同敞至，我死不孤矣。"说罢，瞿式耜叫来张同敞坐在自己身边，一同饮酒（呼酒与同敞饮）。

两人就这样在寂静的署衙之中互相敬酒，作诗唱和，等待着天明。

消息传到了依旧在指挥守军坚守城池的总兵戚良勋耳中。他牵着三匹马来到二人面前，跪请瞿式耜两人出城避难，被二人拒绝。随即，瞿式耜的家人也前来规劝，同样被瞿式耜回绝了。

次日，清兵终于击败了最后坚守的明军，完全占领了桂林各城门，开始入城。当他们得知瞿式耜与张同敞没有逃跑而是静坐在府中饮酒，十分吃惊。清兵聚集了几千人把府衙团团围住，经过几番检查，发现四周没有伏兵后，这才进去将瞿式耜二人抓住。

瞿式耜和张同敞随即被押往孔有德所在的靖江王府。在这里，靖江王朱亨歅父子也因为不肯弃城出逃，刚被清军士兵俘获。

能俘虏瞿式耜和大名鼎鼎的张居正的曾孙，孔有德大喜过望。在孔有德的眼中，这两个人的价值要远远超过全歼桂林的明军。因此孔有德决定展开劝降工作，至少要搞定其中的一个。

孔有德有些过于低估这两个手无缚鸡之力的读书人了。既然他们选择留了下来，这就证明他们对死亡毫无畏惧。所以当两人与孔有德见了面，依旧谈笑自若，唯求一死。

面对两个求死的人，孔有德当然不愿意那么快就放弃希望。毕竟在孔有德看来，当初洪承畴被俘时，也是这么表现的，后来待了一段时间，冷静下来，不也降了？几次劝降无果后，孔有德决定先将两个人关押起来，依靠时间的力量改变一切。

然而孔有德等来的不是瞿式耜的回心转意，而是他的一封信。

瞿式耜被关押了一个月左右，经过多方套话打听，得知城中的守备清军多是汉兵，真正满蒙籍士兵已经转战他处。所以瞿式耜暗中写下了一封密信，并派一名亲信的老兵送往驻扎在平乐的焦琏处。在信中，瞿式耜向焦琏传达了城中的详细情况，并告知焦琏城中尚有明将徐高、陈希贤和部分士兵秘密潜伏在城内等待反攻，希望焦琏能迅速出兵，里应外合，夺回桂林。

据相关史料分析来看，瞿式耜掌握的情况十分准确。如果瞿式耜这一计划真的得以施行，估计孔有德可以提前两年和老兄弟耿仲明重聚了。

可惜的是，这位老兵出城时不幸被清军搜出了密信，老兵随即被处理掉，桂林的防守也立即得到了加强。

据说孔有德读完瞿式耜的信，冷汗直流。要不是自己的人检查认真，估计完蛋

的就是自己了。在保证自己的身家性命和劝降敌人重臣升官发财之间，孔有德毫不犹豫地选择了前者。

闰十一月十七日，晨，孔有德下令处死瞿式耜与张同敞。

临刑，瞿式耜回头对张同敞说道："我两人多活四十一日，今事毕矣。"

张同敞回答："快哉！行也。今日获死所。"

遂英勇就义。

虽然有人认为瞿式耜二人的行为多少显得有些迂腐，不过个人以为，用现代人的观念去要求古人，这也不见得显得多么机灵。

起初，清兵攻打桂林城，守军兵无战心，四处逃散，张同敞就十分悲伤地对好友钱秉镫说道："时事如此，吾必死之。"

钱秉镫开导他说，失去的东西还有夺回来的可能，如果死了就什么也没有了。劝阻张同敞不要想不开。

没想到，钱秉镫说完这话后，张同敞反而更加伤心。他告诉钱秉镫，他很赞同这一观点，只不过现实情况已今非昔比。以前自己督兵作战，遭遇强敌濒临兵败，只要自己坚持奋战，不逃走，后撤的将士看到自己的坚持身影就会纷纷返回战场继续作战，甚至于转败为胜。然而在昨天的战斗中，战败的士兵四处逃窜，以致把督战的张同敞都撞倒在地。张同敞就此认为，士兵如此，桂林必失。

最终果如张同敞所料。和前三次不同，清军基本没遭遇任何特别激烈的抵抗就攻入了城中，桂林很快就失陷了。

留下的人用生命诠释了道义，逃走的人却没有就此得到解脱。

在清军追击下，柳州也很快失守。失意的王永祚降清，得意的赵印选因丧失军心而不久在众叛亲离中死去。只剩下胡一青率败兵退入左江与当地土司联军守境，几年之后这位猛人将与南明最猛的李定国见面，并在战场上最后一次展示自己的风采。

十一月十一日，朝廷得知前方战线全线崩溃，转而行舟，迁往南宁避难。与此同时，陈邦傅和马吉翔以护驾为由擅自脱离战场，率部回撤。这下两广明军中靠得住的，只有李元胤一人了。

广州、桂林相继失陷后，李元胤带领部队归守肇庆。不过此时李元胤手中兵力十分有限，还极为分散，勉强只能在钦州、廉州一带打打游击，不时骚扰一下沦陷区的清军运输队和守备较弱的小城镇。十二月，杜永和、张月将所有部队都带往海南岛退守时，李元胤的力量就显得更加薄弱了。

有人曾劝李元胤同样退入广西腹地以求东山再起，可李元胤表示自己不忍心看到因父亲李成栋反正而重归明朝的广东全省重新沦陷，更为关键的是，李元胤很清楚，只要自己一撤入陈邦傅的势力范围，必定会遭到对方的暗算。与其死在陈邦傅手上，不如与清军战斗而亡！

李元胤因此主动上疏朝廷，要求前往高州、雷州等地召集流落各地的明军士兵，以便重整旗鼓，与清军再决雌雄。事实证明，这一想法很好，但实施起来有些困难。此时南明已到了最危险的地步了，当时许多人已认定朱明的天下彻底没有再挽回的希望了。所以既然如此，大家何必再卖命。

在这种思潮影响下，李元胤在当地不但没有收集到更多的士兵，反倒是军中出现了逃亡现象。再加上与清军的几场战斗下来，李元胤身边不过只有千余人。清军将领觉察到了李元胤手中兵力不足，开始放心大胆地对李元胤军展开追击。

最终，李元胤被迫逃到郁林据守，清兵也急忙将此地团团包围，势必要除去李元胤这个心腹大患。面对这一局势，李元胤意识到自己已然无能为力，从容穿好朝服，登上城墙，向着西方哭拜："陛下负臣，臣不负陛下！"随即自刎而死。

李元胤死后几天，杜永和听到消息，率部降清。至此，"广东复尽陷于清"。

在明朝明显露出颓势而清军显示出压倒性力量时，李元胤的老对手陈邦傅先生又在动脑筋了。这一次他打算完成两年前没能实施的那个计划，劫持永历，北上降清。

这项计划是很早就制订好了的，拿出来稍加修改就可以随时使用，且当时的永历君臣刚好行至浔州附近，距离陈邦傅驻地很近。因此陈邦傅自认为这个计划天衣无缝，只要自己一个指令，永历一定可以手到擒来。可是，没等陈邦傅出手，先出事了。

有人将陈邦傅的这个计划捅了出去。永历一行得知此事，马上下令冒雨前行。陈邦傅的军队虽的确追上了永历所在的船队，但永历先生事先已改乘小船且和普通官员的船混杂在一起，因此陈邦傅抓到的只是一些大臣，别说是永历和两宫太后这种大鱼，就连像自己的政治盟友马吉翔那样级别的重要官员也一个没捞到，只能眼睁睁看着永历进入死对头高必正的防区，成功脱险。

这样看来，原定的计划基本上是失败了，陈邦傅很不爽。然而一个消息的传来，却使得陈邦傅脸上又洋溢出了笑容。手下刚刚报告了这样一件事：宣国公焦琏自贺县还师，现正驻军于不远的永安。

焦琏没有发兵来讨伐自己，这就说明焦琏对才发生的劫驾事件并不知情。做出这一判断后，陈邦傅兴奋了。于是他准备赌一把，用焦琏代替永历，作为自己降清的礼品。

不久，焦琏收到了陈邦傅派人送来的信，在信中，陈邦傅表示在国家危难之际，自己想要放弃门户之争，与焦琏同心协力固守浔、南一带，共同抵御清军。

事实上，焦琏并不相信陈邦傅真的突然转性，不搞阴谋诡计，好好为国家打仗征战。但焦琏部方才与清军在平乐进行了激战，而且还打了败仗，部队损失严重，给养也开始出现了困难，因此不得不选择同意陈邦傅的建议，并且按照约定将军队开到浔州下辖的武靖州休整。

焦琏和他的士兵们来到了武靖州，在这里得到了需要的军械、粮食，当然还有兵员上的补充。对陈邦傅所提供的一切，焦琏深感欣慰。然而此时焦琏似乎忘记了一句古话，将欲取之，必先与之。

当夜，陈邦傅的士兵突然发动了夜袭，焦琏兵败，遇害（一说是焦琏被陈邦傅派人刺杀于营中）。不久，陈邦傅派人将焦琏的首级作为进见礼，送到梧州献给孔有德，就此正式降清。

李元胤、瞿式耜、焦琏相继死去，严起恒、胡一青基本上被废了武功，庆国公陈邦傅、大学士唐诚、户部侍郎张尚、大理寺丞吴德操、广西巡抚余心度等主要大臣接连降清，袁彭年、丁时魁再次降清。刘远生、刘湘客兄弟避入深山隐居，方以智、金堡则干脆不问世事，做了和尚。朝廷之中可用的能人基本上已经没有了。广东尽失，广西又丢了大部分地区，到了这个地步，无论从哪个方面看，永历都很难再玩下去了。

这一点，即便是陈邦傅这样的粗人都看得十分清楚，所以在向孔有德投降后，陈邦傅一而再、再而三地邀请孔有德领兵速攻南宁，并表示自己将作为向导，引领清军直扑南宁，捉拿永历。

但是不知道是出于什么原因，孔有德对陈邦傅的这一提议似乎并不感冒，攻占桂林之后就不再继续进军了。也许在孔有德先生看来，没兵、没将、没地盘的明朝，其灭亡不过是个时间早晚的问题。即使不搞闪电战，在强大的清军铁骑面前，永历朝廷也迟早会屈服的。

从当时的局势来看，孔有德的判断确实很准。独守南宁一隅的永历大致只有两个选择，一个是抵抗到底，最后被破城杀死，或者是不抵抗而投降，最终被押往北京处死。反正，看似终究是逃不过这一劫了。

然而孔有德没有想到的是，事实上永历还有他所不知道的第三种选择。

第九章　张献忠的遗产

永历四年十二月二十一日，大学士文安之自请往四川督师。文大人此行的目的十分明确，就是在清军发动下次进攻前为朝廷准备好后路，实在不行了就跑到四川。当时的四川情况比较复杂，基本上可说是处在一个群雄割据的混乱状态。地面上除了明军还有清军、原大顺军以及一些四川的地方武装（大多是土司），名目繁多，足以使人眼花缭乱。可在这些势力之中最强的最有影响的实际上既非明清的势力，也不是忠贞营余部和土司武装，而是第五种势力——张献忠军的势力。

说得更准确一点，应该是张献忠的残余势力，因为张献忠本人早在三年前的一场战斗中就死掉了。杀死张献忠的那个人叫豪格。

好了，现在为了说明这一问题，请允许我带领大家穿越一把，回到崇祯十七年，我们降落的地点当然是在四川。

作为明末与李自成齐名的民军主要领袖，张献忠其实一直都是很不满的。因为论入行起家时间，张献忠要比李自成早那么一点点；论闯出名堂的时间，张献忠要比李自成早那么一点点；论建号称王的时间，张献忠还是要比李自成早那么一点点。不过，最后为什么各路民军的将领之中，支持李自成的明显要占多数，而高迎祥死后李自成俨然成为众望所归的老大，甚至势力与地位远远超越了自己？张献忠对于这些，想破了脑袋都没有想明白。

鉴于一想到就头痛，心里也不是滋味，张献忠决定不想了，走自己的路，让别人说去吧。

崇祯十七年（1644）正月，张献忠率部向四川进发。在这里，张献忠打算像前辈刘邦学习，一改往日流动作战的风格，建立自己的根据地，并充分利用号称天府之国的蜀地发展自己的势力，以图在不久的将来与自己昔日的革命战友李自成争夺天下。

张献忠计划得很好，不过他并没能预料到，自己不是明代的刘邦，甚至就后来情况的发展来看，张献忠先生连刘备都算不上。如果一定要拿一个古代人物来比附的话，个人认为，张献忠倒更类似西汉末年的“跃马”公孙述。属于那种志向很大、能力稍差、想有飞跃但飞了却没跃过去的那种类型。

那时的张献忠自然不会预料到这些，所以他依旧按照自己的计划向着蜀地进军。事实上，张献忠的计划施行起来，被证明是相当顺利的。

张献忠军一入境马上就占领了巴蜀的门户、川东军事重镇夔州。接下来，张献忠连破梁山（不是宋江的那个，注意区别）、忠州和涪州，击败了总兵曹英，破佛图关，势如破竹。就连那位中国历史上独一无二的凭战功封侯的女将军、明四川总兵秦良玉率领全川最为精锐“白杆兵”来战，也被张献忠军击败。据说败得还很惨，“白杆兵”三万多人全军覆没，仅秦良玉单骑逃返重庆。

众所周知，秦良玉是四川最能打的明军将领，她手下的“白杆兵”也是当地战斗力最强的明军武装。现在秦良玉战败，“白杆兵”全部打光，四川就基本是张献忠的天下了。

张献忠攻下泸州后，没用太长时间就占领了重庆，好不容易从汉中逃出来的瑞王朱常浩（万历第五子）、四川巡抚陈士奇、兵备副使陈纁、知府王行俭等人被张献忠一锅端，全在俘获后被处死。

七月初四日，张献忠亲率大军十余万，兵分三路朝向那最后的目标成都挺进。八月初九日，攻克成都，杀死了拒不投降的新任四川巡抚龙文光等明朝官员。至此，除了秦良玉所在的石柱地区，全蜀基本上改姓张了。

既然一切搞定，那么紧接着要做的就是进一步升级，建立一个属于自己的国家了。怀揣着一统中原的梦想，十一月十六日，张献忠在成都称帝，建国号“大西”。此时张献忠的竞争者李自成在十个月前就已完成了这项工作，且在七个月前就已拿下了北京。这样看来，一直讲求赶早的张献忠先生在当皇帝的这一关键问题上，最终还是迟了一步。

不过，或许是为了恶心一下李自成，张献忠给自己的新政权所拟定的年号很有意思，叫大顺。你应该没有忘记，这恰好是李自成先生为自己的新国家所起的名字。究其含义，估计张献忠想传达这样的一个意思：大顺，我想让它存在几年就让它存在几年！

看似比较无厘头，但我能依稀感受到张先生内心的愤怒。出于发泄，可以理解。

政府机关建立起来了，张献忠下达的第一条命令就是出兵攻打由李自成部将马爌镇守的汉中。出师的理由也很简单，用张献忠自己的话来讲是自三国以来，汉中就原属四川，现在既已定都于成都，不攻取汉中，难免他人会有得陇望蜀的想法。更真实的理由是，张献忠听说守汉中的马爌是个庸才，如果现在不趁李自成没换人的情况下攻取此地作为自己日后进兵的前沿，等李自成换了厉害角色来时，那事情就麻烦了。

所以张献忠在新年刚过就派兵三万前往攻打汉中。不过令张献忠吃惊的是，他最后等来的居然是北上军队战败的消息。

李自成不是傻子，知道马爌是个军事白痴，因此听说张献忠攻取四川后，李自成就秘密派贺珍接替了马爌。贺珍在大顺军中打仗还算不错，再加上张献忠派出的领军将领过于轻敌自负，因而被贺珍轻易击败了。

出师不利，张献忠很恼火。他本打算亲自挂帅出征，拿下汉中，进而与老对头李自成争夺天下的，然而一个消息的传来使得张献忠打消了这一念头。李自成在一片石打了大败仗，数十万大军损失殆尽，只剩下了个零头，而且连老巢西安也没保住，一路逃亡到湖广去了。

在湖广驻守的是谁，张献忠心里很清楚。打了这么多年的仗，结仇如此之深，张献忠认为左良玉一定不会放弃这样一个报仇雪恨加痛打落水狗的好机会。因此张献忠断定，李自成逃入湖广的结局是三个字：死定了。

毕竟，看到对头倒霉，特别是狠到牙痒痒地步的李自成倒霉，这对张献忠而言是一件极为惬意的事情。所以等着看好戏的张献忠并没能意识到，实际上在李自成被追着打的同时，自己的路也即将走到头了。

隆武二年（1646），清廷任命肃亲王豪格为靖远大将军，协同吴三桂等统率满汉大军进军陕西、四川。当时张献忠依旧是心情不太好。因为他刚刚与明参将杨展在彭山江口进行了激战，遭遇大败，被迫退回成都。明军在兵部尚书王应熊的指挥下正集结所有的兵力，四处布防，准备收复成都。

这位王应熊的名字中虽说有个熊字，但绝对不是人如其名，而是人如其字，一点也不熊（王应熊字非熊）。自从他受命于弘光担任兵部尚书总督川、湖、云、贵四省军务以来，本来是一盘散沙的四川明军诸部很快便凝结了起来并形成了巨大的战斗力，一度打得大西军丢城失地，四处乱跑。倘若不是王应熊当年就生病死了，估计张献忠提早就交代了。

南面的明军杨展部日益逼近成都，张献忠已然惊慌失措。恰在此时，更为严重

的威胁也跟着到来了。当年五月，豪格率清军攻占汉中，并且对外发布消息，即日将要入川。

豪格远道而来不是为了旅游，张献忠对清军的目的自然很清楚。不过在张献忠看来，王应熊明显要比豪格可怕得多。因此经过与部下商议，张献忠决定放弃成都，率部队打回陕西，占据西安，再图中原。

有人指出，此时中国的民族矛盾已经代替阶级矛盾，成为主要矛盾。张献忠北上是为了抗击南侵的清军。这种说法在我看来是很不上道的。因为明明知道清军是连更为强大的李自成都搞不定的对手，还要带着被王应熊打剩下的大西军前去同豪格死磕，要是张献忠真是这样想的，只能证明一点，这人秀逗了。

不管张献忠到底有没有那么高的政治觉悟，反正他是北上了。这个时候，张献忠的兵力总计有十余万人。

张献忠的计划是，趁清军入川不熟悉地形，跟清军打游击，一切行动可依据当年和杨嗣昌玩的那回作为参照。等到把豪格等人搞晕了，自己再故技重施玩失踪，然后出其不意，乘虚攻打西安，大功告成。

以张献忠对游击战的灵活掌控和对四川复杂地形的熟悉程度，这一计策很容易得到施行，他的部队也很有可能成功甩开跟着转圈的清军，获得胜利。得意之余的张献忠或许也会再次大发雅兴，随口吟出一首可能带有“好个肃亲王，离我三尺路”一句的打油诗来。

然而历史却自己告诉我们，历史从不重复。

在清军统帅豪格的身边，同样有一个对巴蜀地形相当熟悉的家伙，名叫刘进忠。

对这个名字，张献忠应该不会陌生。此人正是张献忠原来的手下，由于进谏张献忠被否决，害怕了，才投降了清朝。清军有了刘进忠为向导，就算进的是山区也不用怕迷路了。在刘进忠指引下，十一月二十六日清军终于发现了张献忠军的踪影。得知这一情况，豪格派护军统领鳌拜充当先锋，率领先头部队前往阻击。

看过《鹿鼎记》的都知道鳌拜曾有“满洲第一勇士”的光荣称号，后来康熙为了搞定他，派了十多个摔跤好手与鳌少保打，还无一例外被鳌拜打飞。年轻时候的鳌拜，其勇猛程度可想而知。鳌拜先生身先士卒，带头猛冲，这一小股大西军很快便被击溃。从抓获的俘虏口中，鳌拜获得了一个非常重要的情报，那就是张献忠和他的大部队现在就扎营在西充的凤凰山。

豪格得知此事非常高兴。他意识到，与清朝最大的威胁张献忠的决战时刻终于到来了。

次日，清军突然出现在大西军面前，两军隔溪相望，大战一触即发。张献忠听到士兵向他奏报清军来袭的消息时，起初还不相信，直到听到从山谷中传来越来越清晰的马蹄声那刻起，这才信了。不过，此时已经晚了。张献忠在仓促之中指挥部将出营迎战，大西军随即兵分两路抗击敌人。

可是张献忠今天的对手豪格是一个比较缺乏耐心的人，在张献忠下达出战命令之前，就已经派兵杀了出去。清军实施的是两翼包抄的战术，都统准塔奉命攻击大西军的左翼，参领格布库等负责进攻大西军的右翼。大兵一拥而上，很快就冲到了张献忠的营垒前。

不过，张献忠既然敢率军冒险偷袭西安，带领的这支部队自然也不是吃素的。大西军虽说开局不利，被机动性超强的满蒙骑兵强势冲击了一次，死伤很多，然而在激战之中，大西军却出人意料地干掉了清军将领格布库，致使右路清军指挥系统基本崩溃。

一般遇到大的战役，按照常规，为了激励前线将士们的士气和督促指挥部队更好作战，主帅通常会亲临阵前督战。这一次张献忠也与往常一样，亲抵前线督战。不过，与以往不一样的是，这回张献忠来了就没能再回去。

张献忠刚在前线出现，对面的刘进忠就把他给认了出来，随即他找到清军统帅豪格，指着那个方向说了一句话，豪格就兴奋了起来：此八大王也。

在张献忠称帝之前，张先生曾一度自称“八大王”。刘进忠这意思就是帮助豪格确定，情报确实无误，张献忠就在那里。估计即使刘进忠本人也没有料到，就是自己的这句话，要了老主顾张献忠的那条老命。

顺着刘进忠指示的方向，豪格很快便认清了张献忠。这也难怪，因为要想认不出来，那是很难的。按照史书的说法，此时的张献忠是“身衣蟒半臂，腰插三矢，引牙将临河视之”。这个时候恰好是冬天，又是山区，色调比较单纯。山是青的，树是绿的，士兵们的铠甲基本是灰色的，只有张献忠一个人是黄色的，就像今天马路上的信号灯一样，那真叫一个醒目。一出来，老远就被人看到了，这也怨不得刘进忠不尽忠了。

豪格很想尽快结束战斗，因为虽然他知道此战清军必胜，但如不能全歼大西军，杀掉张献忠，自己的战略目的还是不能达到，清军也势必将要付出更多的死伤。因此，为了干净利落、快捷高效地完成征剿张献忠的任务，豪格在短时间内做出了一个改变历史进程的决定。

他屏住呼吸，抽箭，搭好，拉弓，弓满，箭出。正中目标，张献忠倒地。

张献忠倒下去了，在场的大西军将领全慌了，赶紧抬进营中抢救，结果是没救了。豪格不愧是自小就在马背上长大的，箭射得极准，一箭贯穿心脏，绝对不需要再浪费过多的医疗资源，直接开追悼会就行了。

张献忠的死讯一经传开，本来还在拼死与清军对抗的大西军马上全线崩溃。大西军营垒中有一百三十余处被清军趁乱攻破。清军总计斩首数万级，获马骡牲畜一万两千余匹。大西军仅将校级的将领就有二千三百多人阵亡，损失不可谓不严重。

统率大军自陕入川，连败大西军，射杀张献忠。豪格开创了他一生中最为辉煌的军事业绩，然而得意之中的豪格并不知道，光荣的起点也往往是荣耀的终点。

征服四川之后，豪格奉命回京复命。永历二年二月，豪格率大军抵达京师。顺治亲自在太和殿设宴犒劳从四川凯旋的大哥，清廷上下一片欢欣鼓舞，百官争相通过各种形式夸耀肃亲王的盖世功勋。欢腾的朝臣中，只有一个人例外，很不巧的是，这个人是多尔衮。

作为豪格在朝中的死对头，多尔衮对因打了胜仗而威望倍增的豪格当然不会推崇备至，相反，豪格的胜利归来使多尔衮感受到了相当大的压力和威胁。既然如此，想要消除这种压力与威胁，就只剩下彻底从肉体上消灭豪格这一种办法了。在回京的一个月后，豪格迎来了他人生的第四次也是最后一次大挫折。

永历二年三月，贝子吞齐上疏检举亲王中的不法行为。这种以卑告尊的情形，在当时清廷内部已并不少见了。明眼人都十分清楚，但凡有诸如此类的事件发生，背后一定有着幕后黑手。既然一告就是亲王，那么用脚趾头想都知道，能有如此大手笔的一定至少也是亲王级别。综合当时的政治形势，说得再具体一点就是睿亲王多尔衮无疑。

朝中大臣一致认为，好不容易消停两天，豪格又要倒霉了。当吞齐等人的奏章公之于众，大家才意识到自己的看法是错误的。被弹劾的人不是肃亲王豪格，而是和多尔衮共同辅政的郑亲王济尔哈朗。

这下大家就都晕乎了，你多尔衮向来与豪格有仇，直接打击豪格就得了，何必要把无辜的济尔哈朗扯进来？再者说了，郑亲王平日为人很是低调，同代善一样属于那种很有自知之明、从不争权夺利之人，还曾主动要求将自己在奏章中排在多尔衮前面的名字置于多尔衮之后，并明白告诫诸王大臣商讨国事时，只报告多尔衮即可，不必征求自己意见。所以在众人看来，像济尔哈朗这样的老好人，多尔衮完全没有也不应该有把他拉下水的理由。

不过，理由这种问题在多尔衮那里绝对不是个问题。济尔哈朗虽然很恭顺老实，又善于装孙子，但在多尔衮看来，这个比自己年长十三岁的辅政叔王依旧是一个潜在的威胁。更为重要的是，在先前对死对头豪格的恶整过程中，敏锐的多尔衮慢慢发觉总有一股势力始终在暗中保护着豪格。经过一段时间调查，多尔衮找出了这股势力的源头，竟然就是一向低调的济尔哈朗先生。

表面上装怂，暗地里挺豪格对抗自己。多尔衮得知此事愤恨不已。他决定趁此次机会一举扳倒朝廷内部所有的反对派，真正实现一言堂。

在多尔衮操作下，济尔哈朗先是以王府规格超出标准的罪名被剥夺了辅政王的身份，随后又因被人揭发在皇太极死后曾以镶蓝旗旗主身份迎合两黄旗，赞同立肃亲王豪格为帝，因而被定为死罪。从亲王到死囚，也就是一眨眼的工夫。这种从天堂到地狱的巨大落差相信只有几十年后被雍正玩残的年羹尧能够深切体会得到。

济尔哈朗被搞掉，豪格先生就此失去了最后的保护伞，多尔衮叔叔终于直接关照豪侄子本人了。

处理完济尔哈朗两天后，多尔衮特意召集相关官员举行诸王大臣会议，主要内容就是专门讨论如何处置豪格的问题。

连同为辅政王的济尔哈朗先生说被搞下去就被搞下去了，咱还说个什么劲儿，还是大哥您说想怎么办就怎么办吧。于是有的大臣揣摩着多尔衮先生的意思，打算以豪格犯有庇护部将、冒领军功及欲提拔罪人之弟等罪名，定为死罪，直接拉出去剁了得了，省得碍事。

谁知这个提案一经提出，竟然被多尔衮本人当场否决了。否决的理由比较搞笑，是三个字：不忍心。

看到多尔衮大人在装，底下的大臣们也不敢拆穿，只好陪着。本来简单的一件事在多尔衮的矫情下居然讨论了近半个月，才有了一个最终的结果。结论是免豪格一死，但要削去爵位，剥夺政治权利终身，囚禁狱中。除此之外，还要没收豪格的一切家产及所属人员。到了这个地步，多尔衮预先为豪格设定的家破人亡结局中的前半部分已基本实现。现在多尔衮考虑的是如何才能合情合理又合法的将后半部分转变为既定事实。

就在豪格被判刑入狱的当月，牢中传来报告，囚犯豪格暴死。经有关专家鉴定，原因很可能是精神过于激动所致，反正是“卒于狱”了。

豪格的具体死因看似不明不白，但可以肯定的是，这与多尔衮先生一定有关系。据说在因激愤英年早逝之前，在狱中悲愤不已的豪格曾经对人说过这么一句话：把我释放也就罢了，不然的话，我一定要用石头把这帮小子砸死！

除掉了豪格，多尔衮名正言顺地将豪格名下的正蓝旗据为己有。而且还一点也不见外，把豪格的老婆（福晋）纳为自己的妃子，并主动承担起了抚养豪格儿子富绶的使命，对他还算不错。至于庇护豪格的济尔哈朗，多尔衮同样没有对他赶尽杀绝。在让济尔哈朗体验了一个月的牢狱生活后，多尔衮恢复了他的亲王爵，但为了彻底将这个竞争者排除出权力中枢，体贴的多尔衮为刚出狱的济尔哈朗安排了一个新工作，委派济尔哈朗为定远大将军，率师进入湖广，与南明军队作战。

济尔哈朗老老实实地在湖广等地打了整整一年，直到永历四年多尔衮身体一天不如一天时，才被恩准凯旋班师（多尔衮在当年十二月病死）。多尔衮为独揽大权所做的一切最终造成了两个极为重要的结果，也是足以影响历史的结果。

第一个是好结果。永历五年二月，多尔衮死后的三个月后，在多尔衮面前唯唯诺诺长达七年的济尔哈朗终于雄起了一回。多尔衮撒手尘寰，济尔哈朗成为朝中资历最老、地位最高的亲王，因此一些事情就相对好办多了。济尔哈朗开始了为期一年的清算工作。此时多尔衮三兄弟中，唯一硕果仅存的就只有多尔衮的哥哥阿济格了。所以首先被拿来开刀的也就是这位仁兄。

济尔哈朗等人趁阿济格陪同顺治小皇帝迎接多尔衮灵车到京的机会，暗中设伏，一举擒获了阿济格父子。紧接着，济尔哈朗以在皇帝身边的阿济格随身佩刀、“举动叵测”等罪名，让阿济格享受了一次自己的遭遇。几个月后，已经被削爵幽禁的阿济格在牢中得到了顺治的最后恩典：赐死。与此同时，多尔衮生前的党羽巩阿岱、锡翰等人也相继被杀或被削职流放。多尔衮在朝廷内部的势力自此被一扫而光。

多尔衮和他的亲信们全部倒下了，济尔哈朗站了起来。当时的清廷中被多尔衮临死那年任命的理政三王巽亲王满达海、端重亲王博洛、敬谨亲王尼堪也在济尔哈朗的又打又拉下，成了乖宝宝，完全不能对济尔哈朗形成威胁。此时郑亲王地位显耀，大权集于一身，如果他想要就此代替多尔衮，暂摄朝政，那是相当容易的。然而拥有这种能力的济尔哈朗却没有选择这么做。

或许是出于性格的原因和多尔衮的前车之鉴，济尔哈朗不久就将朝政大权完整交还给年仅十四岁的顺治，并自此开始淡出政治舞台。顺治从此真正踏上了亲政之路，这也意味着一个与多尔衮风格迥异的对手开始了同南明的过招。

剩下的一个是坏结果，虽然在事隔十多年后才显现出来，鉴于根儿在这里，我想还是有必要说一下。作为豪格的坚定拥护者，在豪格遭殃的时刻，多尔衮自然也没有忘记鳌拜。在跟随豪格远征四川归来后，鳌拜就基本没过上好日子，接连遭遇了两次迫害。

首先是回来不久，鳌拜的下属参领希尔良因被查出冒功邀赏而遭到处罚，鳌拜也受到牵连，承担领导责任，以“勘察不实”的罪名被议处革职，罚银一百两。

一个月后，郑亲王案发，鳌拜接着被牵连，以欲立豪格、与诸人盟誓等罪名被判处死刑。好在鳌拜家里比较富裕，按照当时清廷的规矩及时缴纳了赎罪金，得以免死。然而出狱没多久，鳌拜就再一次回到了他熟悉的那间牢房，这是由于当年四月他又被侍卫廓步梭告发，在皇太极死时曾擅发兵丁守门，又被判处了死刑。这一次可不是仅交点钱就可以出来的了。在鳌拜亲戚朋友集体努力下，托了关系，找了人在多尔衮面前求了情，鳌拜才第二次得到赦免，改判革职为民。

虽然鳌拜从护军统领这样的清军高级将领的位置上退了下来，不再掌权，没有跟豪格一起挂掉，可是事实证明，多尔衮对于鳌拜始终是念念不忘。

永历四年七月，此时多尔衮已经病倒，只能在床上躺着了。但他趁一次顺治亲临探视自己的机会，向顺治提出了一个请求：杀掉鳌拜。

顺治表面上同意了，回去却只给了鳌拜罚金、降爵的处分，并没有杀他。更使得多尔衮哭笑不得的是，多尔衮事实上是在不自觉的情况下帮了鳌拜一把。正是因为多尔衮死前的这一请求，顺治牢牢记住了鳌拜的名字。多尔衮一死，鳌拜马上就获得了重用，并被顺治视为心腹重臣，开始直接参与管理国家各类事务。加上鳌拜在这一段时间内表现得确实非常出色，为鳌拜日后能成为四大辅政大臣之一赚足了政治筹码。

由于短时间内连续三次与死神近距离接触，鳌拜这个人也在慢慢发生变化。他开始意识到了权力的重要性和其中的强大魔力，并在与之接触后立即上瘾，成为又一个权力追逐者。他甚至还从多尔衮身上学到了自以为宝贵的一点，做事务必做绝，斩草定要除根。康熙年间第一权臣就此进入酝酿期。

西充之战的胜利者，要么死了，要么差点死了，而战败了的大西军余部却最终在绝境中寻找到了新生的曙光。

张献忠死后，大西军是很惨的，人员战死和逃亡的加起来几乎占到了总数的一半，将领的损失也非常严重，队伍里降清和打算降清的越来越多。特别是当大西军逃到重庆时，又遭到了明军曾英部的阻击，人心更加浮动，军队人数锐减，整个大西军随时都有崩溃的可能。

大西军最终还是没有走向崩溃，因为一个人的出现。他就是张献忠的养子中年纪最长的张可旺。

张可旺，曾用名孙朝宗。不过对后世的人来说，或许孙可望这个名字大家会更熟悉一些。孙可望生于明万历四十七年（1619），陕西延长人，自小为张献忠收养。虽然张献忠只比他大十三岁，但孙可望对张献忠的称呼是老爹而并非老哥。张献忠似乎也十分喜欢这个儿子，甚至一度对外表示有朝一日如果自己能当皇帝，孙可望就是太子。

事实上，张献忠本人是有亲生儿子的，但不知出于什么目的，在张献忠决定放弃成都北上时，竟然亲手将自己尚在幼年的儿子干掉了。杀完了还瞅了瞅身边的孙可望，对他说了一句“汝终为世子矣”。据说把孙仁兄吓得冷汗直流。

张献忠已死，他自己的儿子又没了，因此孙可望在大西军中的地位更加稳固，军中将领都将孙可望视为张献忠理所应当的接班人。所以危急时刻只有孙可望站出

来，大西军内部混乱的局势才有可能得到改变。

孙可望告诉众人，此次大西军虽然遭遇了前所未有的惨重损失，伤亡很重，连首领张献忠都阵亡了，但大西军此时尚有五六万，精华还在，挡在前面的明将曾英即便很能打，不过兵力有限，配合截击的其余明军将领则不过是乌合之众，因而只要击破曾英，前途就是一片光明。否则，重庆就是大家的死地。概括地说就是，不玩命便会死。于是在孙可望的一番演讲后，大西军上下玩命了。

明军不过是在执行清剿张献忠余部的命令，犯不着以命相搏，因此面对纷纷豁出老命作战的大西军，进行包围的明军很快被打散。不出孙可望所料，曾英虽说一如既往地率部死战，可由于身边友军都被打散，最后反倒是陷入了大西军的包围，率部战死。

带领行将崩溃的大西军击败了强敌曾英，众人见识到了孙可望出色的领导指挥能力和出众的判断力，所以新年一过，众将很快正式推举孙可望为大西军的主帅，这一年孙可望只有二十八岁。

孙可望成为大队人马的真正领袖后，认为自己有必要决定这些人的最终归宿，而他为大家选择的新根据地在贵州。当时贵州驻军并不很多，又没有什么能拿得出手的将领镇守，所以在孙可望看来，此地是最好的选择。

于是，大西军在孙可望的带领下向贵州转移。事实再次证明了孙可望判断的准确性，大西军一路南下，几乎没有遇到什么像样的抵抗，接连打下綦江、遵义并很快占领了首府贵阳，明朝的贵州巡抚范矿被迫逃往龙里县避难。

大西军之所以打得如此顺手，除了贵州无能人强兵这些原因外，最重要的就是孙可望特别强调部队的军纪，甚至明确下令“自今非接斗，不得杀人”，违者将予以重处。所以沿途百姓对这样一支部队并没有很强的反感。这样看来，当时的孙可望似乎是领略到了“武”的最高境界，仁者无敌。

攻占贵阳后，孙可望派军中大将白文选前往龙里拜见巡抚范矿，要求他投降。在“共申倡义抚明之约”后，范矿答应了孙可望的要求，归顺了大西军。就这样，大西军在贵州暂时安顿下来，总算有了一个落脚之地，不用再为军需给养不足发愁了。但新首领孙可望对现有的一切似乎并不是那么满意。

这也难怪，当年政府对西南并非十分重视，没搞过西部大开发，朝廷的最低底线就是当地不叛乱闹事就行。那时的贵州基本上还是处于半开化的落后状态，不仅经济政治不行，文化也落后。唯独还算不错的就是环境好，空气新鲜，很安静，适合安心搞学术研究。不过，孙可望不是当年的王守仁，对哲学、天理人欲这一类的东西并不感冒，特别是孙可望与王守仁唯一的共性是，两个人都不安分，喜欢热闹，因此整天面对着荒山野岭和简陋的茅屋，孙可望依稀感到，再这样待下去，估计自己迟早会疯。

不久，一个消息传到贵阳，孙可望听说后欣喜若狂。在他看来，这绝对是一个好消息，虽然对于南明来说情况刚好相反。

孙可望得到的消息是云南地区的土司趁明朝政局动荡、皇帝五年换仨的机会发动了叛乱，而且规模还不小，几场仗打下来竟然占据了云南的首府昆明，甚至已经开始准备代替沐家统治云南。

从洪武十五年（1382）沐英率所部进入昆明的那刻算起，沐家已在云南经营镇守了将近三百年了。这个时候沐家的当家人是沐英的第十一世孙沐天波。

沐天波，崇祯三年承袭黔国公爵位并兼任征南将军。当时虽然已是天下大乱，东北有皇太极在闹，西北有各路民军折腾，但广大南方还是比较安宁的，特别是西南。虽然没有东南地区经济发达，没有产生资本主义萌芽，绝对是香格里拉般的净土。

但这个世界上从来不存在什么绝对和永恒，因此一向宁静的云南最终也出事了。

如果追究事件的起因，这里还是不得不提到一个人，那就是张献忠。当时，张献忠大军打入四川并建立了大西政权，且一度发兵四处征讨不服从的地方势力，动静很大。要知道，当年朱元璋给沐英封的爵位是黔国公而并非滇国公，这就意味着沐家不但要关心云南的相关事务，代表中央进行治理，更重要的是传达了另外的一个明确的信息，不要只关注你留守的云南，整个西南四省你都要给我看好！

现在明朝还没有完全覆灭，这份合同年代虽久却依然合法有效。沐天波得知张献忠占据蜀地为根据地，大肆扩张自己的势力时，会同巡抚吴兆元、巡按吴文瀛商议决定，征调滇军和土司军队前往川、云两省的交界地带驻防，以防止大西军势力进一步渗透，保卫云南和贵州这个南明的大后方并准备接受朝廷的调遣，协同灭掉张献忠。

就当时的情况来看，沐天波的这些举动属于正当防卫，而且大方向是很正确的。不过，百密一疏，沐天波还是忽略了一件事，那就是派出去执行这一任务的将领是有问题的。什么问题？人品问题。

被派遣带兵防卫大西军的仁兄是武定参将李大赍。这个人早年参军，多次随同部队作战，军事经验丰富，是云南明军将领中比较有水平的一个。不过此人的道德水平似乎远远比不上他的战斗水平，喜欢没事找事。当他率部来到镇守地会川（今四川会理）时，老毛病又犯了，开始惹事，屡屡侵犯附近土司的领地，要钱要粮还要漂亮美眉。

众所周知，有明一代，云南的情况很特殊。像西南其他省份一样，朝廷在云南

采用的是省、府和州县的民政机构与世袭的土司（少数民族居民的地方政府）和宣慰司（当地土著聚居地区）相结合的治理办法，情况有点类似于我们今天的民族区域自治。但不同的是，土司和宣慰司的首领全是当地的世家大族，可以世袭，更为关键的是，几乎所有的首领手里都有兵。

在我看来，李大贽不但是刺儿头，而且还很明显属于那种不长眼型的，他在当地惹到了一个最不能得罪的土司首领，元谋土酋吾必奎。

这位吾先生虽说乍看上去也就是当地一个普通土财主，惹了就惹了，谅他也不敢声张，但事实上情况并非如此。对明朝来说，吾必奎不仅仅是一个军事地主，他同时还是一个功臣，很有能力的功臣。

天启初年，贵州水西土司安邦彦自称“罗甸大王”，发动叛乱，四川乌撒酋长安效良、武定土知府张世臣、东川酋长禄千钟等人纷纷响应，并与同时在四川起兵反叛、兵围成都的永宁宣抚使奢崇明遥相呼应，一同造就了明末历史上著名的“奢、安之乱”。

当时朝廷正为“辽事”头痛不已，没有防备，更不太重视，因此起初被派去平叛的明军接连战败，以致贵阳被安邦彦率领的十万叛军围了十个月之久，险些被叛军攻陷。当时全国的重兵大多集结在辽东和努尔哈赤打，朝廷这会儿已经没有多余的军队能调来平叛，于是朝廷批准，同意平叛明军总司令、兵部尚书朱燮元借用当地土司军队配合作战，以便尽快平叛。在这一政策和形势的推动下，贵州巡抚沈敬介最终借助吾必奎的兵马稳定了境内的局势，把叛军撵回了老家。

有了这一平叛的功勋，在当地只要是个人就知道吾必奎的大名，清楚吾大人是不能惹的。可是李大贽不清楚，还做得很过分，终于就这样把吾财主惹怒了。

弘光元年（1645）九月，武定土司吾必奎正式发动叛乱，同时对外发布了叛乱口号，鉴于这个口号极富煽动性，可以为今天从事宣传（如搞广告的）的朋友们提供形式或内容方面的借鉴，现抄录如下：“已无朱皇帝，何有沐国公。”这意思很明白，崇祯都挂了，你沐家还玩个什么劲儿！

吾必奎不愧是久经战火硝烟考验的专业军事活动家，趁明军不备，数日之内兵分两路，迅速攻下了武定、禄丰、广通、定远、姚安等县。沐天波闻讯，急调石屏土司龙在田、蛔峨土司王扬祖、宁州土司禄永命等率所部前去平叛。为了以防万一，沐天波还特意调来了云南势力最大的蒙自土司沙定洲协助征剿。

或许吾必奎真的是老了，这场由他引导的叛乱连半个月都没有坚持下来，很快就被明军一举击败，吾必奎本人和他的党羽们一个都没跑了，全部被俘随即被干掉，一场战乱就此得到了平息。但是，事情真的这么简单就结束了吗？当然不可能，因为如果叛乱发展到这里就宣告终结，别说邻省的孙可望，估计就连整个云南的老百姓知道此事的人也不会太多。事实上，吾必奎的谋反只不过是一根导火线，由此引出的才是大爆炸。那个手持炸药包的正是沐天波特地请来帮助平叛的沙定洲。

老沙家与老沐家的关系据说很不错，沙定洲的老爹王弄土司沙源一贯表现得忠厚老实，因此很受沐天波他爹沐启元和沐天波本人的信赖，沙定洲似乎也继承了他爸的性格，一向以低调诚恳著称。所以当沙定洲率兵来助战平叛，还没有上场吾必奎就被平定掉了时，沐天波并没有当即命令沙定洲返回老家。当沙定洲军队驻扎在昆明不走时，也没能引起沐天波的怀疑。甚至，好客的沐天波还多次在黔国公府内设宴招待远道而来的沙定洲夫妇，与二人叙旧。

十二月初一日，在昆明待了两个多月的沙定洲终于提出要打道回府，依照惯例要前往沐天波处辞行。沐天波对老朋友的离去很不舍得，但此时的沐天波并不知道，沙定洲其实同样舍不得离开繁华的昆明，于是乎他暗中做出了一个决定，留下来。

如果主动提出要在昆明养老，估计即便是非常好客的沐天波也肯定不会同意，所以沙定洲咬咬牙，决意赶走沐天波。沙定洲趁着向沐天波告辞的机会，突然指挥手下的土司军士兵攻入黔国公府，与此同时，沙定洲在城外的驻军也按照原定计划立即行动，很快便占领了昆明城的各门，控制了整座城市。

也不给个理由，对方就突然动了手冲进了自己家里。面对这一场景，沐天波一时间没能反应过来。等他终于明白出了什么事情的时候，自己的家已经基本上全是沙定洲的人了。由于情况紧急，时间匆忙，沐天波在侍卫的保护下，只带着官印和世袭铁券等重要证件从家里跑了出来，一路逃往西宁，老婆孩子全丢在家里了。

向来本分的沙定洲怎么会忽然对自己来了这么一手？沐天波想了半天也没有想明白。后来从路边社得到风声，这才恍然大悟，原来都是那个女人惹的祸！

这个女人不平常

沐天波所说的那个她，不是别人，正是沙定洲的老婆万氏。

万氏，姓名不详，籍贯不详，年龄不详。唯一可以肯定的是，她与沙定洲是二婚。相信如果这样介绍的话，向我拽板砖的朋友估计少不了，这也太八卦了！但这些全都是事实，史料上记载的也就这么多，本着良心，咱总不能瞎编吧。

对了，还漏掉了一点，那就是万氏第一任丈夫的情况。此人叫普名声，也不是个普通人，与沙定洲同样是个土司，而且还是在当地相对较发达的阿迷州土司首领，绝对堪称是云南境内的实力派人物。但这位普财主生的地方和家庭很好，就是

命不怎么好，与宁州土司禄厚家有仇，因此便去报仇，结果事情闹大了，日理万机的崇祯都听说了此事，普先生好日子没过几年自然就驾鹤西去了。

普名声家里没啥男的，只和万氏有一个儿子叫普祚远。普祚远顺理成章继承了阿迷州土司的土知州一职，并接管了父亲的全部遗产。不过，实际上普祚远并非是阿迷州的真正统治者，因为万氏还活着。

万氏是一个比较有野心的女人，对老头儿留下来的这一亩三分地极不满足。可现在是和平年代，想要扩张自己的地盘，侵占其他土司的领地，仅靠阿迷州肯定是不行的，没准儿一不小心又把朝廷的注意力引来，再派兵把自己灭了，或搞改土归流，那就麻烦了。于是经过缜密思考，万氏想出了一个好办法。

“让别人打仗去吧，咱们结婚！”这是奥匈帝国哈布斯堡王朝流传范围最广的一句名言，也许有很多朋友都听过，虽然万氏没听过这句话，但是她想出来扩张领土和扩充势力的法子却和浪漫的欧洲人有着异曲同工之妙。没错，靠的就是联姻。万氏要嫁出去的不是女儿或侄女，而是她本人。几经筛选之后，万氏给自己选定的新丈夫我们已经知道了，就是沙定洲。

鉴于老娘很彪悍，普祚远基本没有话语权，大概只能感叹一声：天要下雨，娘要嫁人，随她去吧，就没事儿了。即便如此，这之中实际上还是有问题的，年龄的问题。沙定洲的年纪恰好约等于普祚远，所以要娶至少比自己大一轮的万氏做老婆，就算普祚远没意见，当地百姓们也难免会闲言碎语一番。

但万氏是个非同寻常的女人。既然非同寻常，自然不会顾及世俗的眼光，于是她毅然决然地嫁给了沙定洲。

沙定洲把万氏娶回了家，才真正领会了彪悍一词的含义。万氏来到沙家之后，先把沙定洲的原配妻子给做掉了。因为按照约定，沙定洲是入赘的，所以事发后沙定洲也不敢声张，自此万氏就成为沙定洲的当家的兼智囊（用为谋主），凡事沙定洲都需要早请示晚汇报，否则就会在家遭罪。

事实上，万氏之所以要选定沙定洲，除了考虑到沙定洲的老爹和普名声的关系很好这一因素外（沙源的一个女儿是普名声的老婆），更为重要的一点是万氏看上了沙定洲手中的武装。沙定洲的部队素来以能征惯战著称，号为“沙兵”，是众土司军中战斗力很强的一支。当万氏与沙定洲两大土司力量一联合，蒙自土司的势力开始极速膨胀，领地很快延伸到了交关，直到与交趾（今越南）接壤。

最先发现万氏的野心并准确做出两股土司力量联合后日久必反的断定的人并非是明朝官员，相反，他只是一个平民百姓，还不是当地的老百姓。确切地说，应该是他恰巧路过此地，见识到万氏和沙定洲平日的所作所为，继而做出了推断，并把这一结论写入了自己的日记里。

这个预言了沙定洲之乱的旅行者，叫徐霞客。

万氏认为想要雄霸一方，继续扩展自己的势力，沐家不能不除。她劝说沙定洲除掉沐天波的理由也似乎十分充分：我的亡夫、你的姐夫普名声就是沐天波害死的。

当沙定洲接到沐天波的命令，让他带领“沙兵”两千前往平叛时，沙定洲却很大方地带来了五千人。此时的沙定洲终于为自己找到了一个足以背叛朋友的理由：沐家很富。

沙定洲辞行的那一天刚好是沐家祭祀祖先的日子，一般不处理事务。因此沙定洲很轻松地联合了府中的内应都司阮韵嘉等人，里应外合，占据了沐府。

驱逐走了沐天波，杀死了沐天波的弟弟沐天泽和沐天润，沙定洲派人把没来得及逃跑的云南巡抚吴兆元押了过来，强迫吴大人给当时的皇帝隆武写奏折，其内容要求大概是沐天波想要造反，土司沙定洲得知此事，先发制人，把沐家干掉了（讨平之），因此云南百姓很激动，希望朝廷能够以沙定洲代替沐天波世守云南。

编瞎话能编得这么没水平，也真是服了你了。

奏折写好之后，沙定洲担心公信力不够，又派人找来隆武朝的在籍大学士王锡衮署名。王锡衮虽然是云南本地人，可能也就是出于这一原因，在对待那些叛乱土司的问题上始终是个强硬派。所以，沙先生想要让王大学士屈服，那真是找错人了。

王锡衮被押了上来，沙定洲强迫他签名，王锡衮不签。沙定洲知道王大人脾气硬，就提出了另外一个要求，希望以王锡衮的名义传檄各地，让云南各地听从自己的命令，以求不费一兵一卒而搞定云南（王锡衮当时的职务是礼、兵二部尚书，督师，总督云贵等五省军务）。沙定洲此时此刻或许真的是被胜利冲昏了头脑，让王大人签个名人家都不肯签，至于发布命令让全省归顺这样的大事，王锡衮自然也不会同意。

果然，沙定洲好说歹说，王锡衮充耳不闻。最终沙定洲怒了，杀死了七十四岁高龄的王锡衮，随即下达了以昆明为中心攻略云南全境的命令。

在沙定洲的指令下，沙兵四处出击，蒙化、大理相继沦陷。在宁州一战中，沙定洲初步为自己的前任兼姐夫普名声报了仇。在这里宁州土司禄家的当家人禄永命战死，这也意味着沐天波最为得力的助手之一自此不复存在。

近一年内，沙定洲除了在楚雄一战中被金沧副使杨畏知击败，沙兵在其他地方的军事行动基本上都取得了完全的胜利。云南的地界上不听招呼的也就剩下杨畏知固守的楚雄和沐天波所在的永昌这两块地了。为了使自己的谋反事实不致暴露，引来朝廷平叛大军，沙定洲认为有必要使得占据云南成为既定事实，迫使朝廷承认。

要完成这件事情，沙定洲认为先要杀掉沐天波最后的强力支持者杨畏知。

隆武二年十二月，叛军再次包围楚雄。这一次沙定洲下了大决心，兵力那是相当多，兵马总计分为七十二营，而且并不硬攻（城里有炮），整天忙着环城挖壕沟，打算长久围困城内明军，迫使杨畏知投降。如果杨畏知也死了的话，那么沐天波的日子也不多了。为了拯救危难之中的沐天波，沐府旧将龙在田果断采取了行动。连龙在田本人也没有预料到，自己的行为不仅影响了今后云南的局势，还将深深影响明朝的历史走向。

自从听说了云南方面出了事，孙可望一直有率兵打进去的冲动。原因我们也说过了，贵州土地本来就贫瘠，要满足老百姓的日常生活需要本来已很够呛了，现在又来了好几万人，吃饭早晚要成问题。云南的地虽说和贵州相比也的确好不到哪里去，可是云南却有一个贵州所不具备的优势，那里产盐。

不仅如此，孙可望还依稀记得云南是祖国的边疆，边疆地区自然有对外贸易，搞对外贸易自然要经过海关，经过海关自然要收关税，所以就算从这点来看也总比宅在贵阳要好，至少能经常看到太阳。

但云南不是公共场所，不是谁想去就能去的。鉴于大西军以前在西南人民心目中的印象不是那么好，因此要不要进去和能不能进去，这在孙可望看来是个不得不考虑再三的问题。

然而昨天的问题已经不再是今天的问题了。此时云南有人主动找到了孙可望，对他说，请赶快打进云南去！

传达此信息的人就是龙在田。从理论上说，孙可望还应该恭恭敬敬鞠个躬，然后说声：遵命，爷爷。

事先说明，本人无意贬低孙可望先生，虽然对于孙同学后来的种种表现，我实在是不敢恭维，不过在这个问题上，本人的态度是严肃的，绝无恶搞和损人的意思。孙可望之所以要称呼龙在田为爷爷，这件事如有必要得去找死去的张献忠追究。因为在崇祯十一年，张献忠坚持时间最长的那次投降期间，出于某种目的，张献忠拜了时任湖广总兵的龙在田为义父。虽然两人年龄差距并没有那么大，不过当时龙在田还是很高兴地认了这个干儿子。由此推之，你说当张献忠的义子孙可望见到了张献忠的义父龙在田，孙先生能不称呼一句干爷爷吗？要是直呼一声“在田”，那是美国人。

即使当年张献忠最终还是反了水，龙在田也被政府问责免去了湖广总兵的职务，回到云南石屏接着当他的土财主，然而当年恩情犹在。

龙在田早就得知了大西军的凄惨遭遇，此时此刻派人邀请孙可望入滇不但可以就此借助大西军平叛，又能暗中帮孙子们一把，像这种一石二鸟、一箭双雕、一举两得的事情，相信是个人就会干，而且还越干越爱干。往明里说，这招叫“借贼平叛”；往阴里说，这叫“肥水不流外人田”。

爷爷都发话了，小孙自然立即准备起来。不过在孙可望看来，大西军进兵云南似乎还缺少些什么。到底是什么呢？是口号。

在古人的观念中，如果没有一个名正言顺的口号，贸然发兵是不吉利的，所以但凡有大规模的战争要发动，战争的发起者总要竭尽心思找出一个能叫得响的，最好还是能争得天下人支持响应的口号。现在大西军不差兵、不差钱，显然差的就是这个啊！

口号的问题自然难不倒孙可望，特别是当他听说了沐天波家人的遭遇后。

黔国公府被叛军占领时，沐天波在禄永命帮助下成功跑路，沐家中人有的被俘，有的被杀，但当初除去沐天波本人，实际上还有两个重要人物从府中逃了出来，一个是沐天波的老婆，另一个则是沐天波的老妈。当时仓皇之间，沐天波的所有家人彼此都失去了联系。沐天波的妻子焦氏反应比较快，虽然慌乱中找不到丈夫和太夫人，不过最后也是带着几个宦官、家人和幼女从乱兵眼皮底下逃了出去，躲在了普吉的金井庵中藏身。沐天波的母亲陈太夫人则由一部分家丁保护着，同样逃到普吉村，并最终在朝阳庵内安身。

虽说两个人都在同一地点避难，且两个地方相距不远，可外面兵荒马乱，叛军在城内到处搜寻可以利用的官员及其家属，因而双方直到最后也不知道对方就在附近。等天色渐暗，焦氏从他人口中得知了沐天波安全逃脱的消息，如释重负。随即焦氏身边的家丁就听到了这样的一番话：“我是命妇，义不可辱，如若前去追赶丈夫，中途难免遇到贼人。如此不如早死，使沐公没有拖累，可以一心讨贼！再说我婆婆是个烈性子，今天一定死了。我动作倘若稍迟，那就愧对婆婆了！”说完，焦氏命令身边宦官搬来柴火，堆满房间，随即紧抱七岁的幼女，用佛灯点燃柴薪，自焚而死。

不出焦氏所料，沐天波的母亲陈氏果然也在同一天夜里用同样的方法结束了自己的生命。在今天看来，有些人也许会认为这样做很傻，不过在当时，沐天波母亲妻子自焚的消息一经传开，整个云南都轰动了，不是因为觉得她们不够聪明，而是为她们的行为所感动（史载：滇人无不扼腕叹息）。

孙可望认为这件事可以好好利用，于是口号有了。

永历元年（1647）三月二十五日，孙可望率领大西军由遵义入滇。在对外的檄文中，孙可望自称是沐天波夫人焦氏的弟弟焦侯，此次是从他处借兵前来复仇。孙可望一路上这么一宣传，果然立即得到了广大群众的支持和拥护。大西军势如破竹，一战占领平彝（今富源县），再战拿下交水（今沾益），三战攻克曲靖，并就地

歼灭沙定洲精心设置的守军五百名，俘获其将领一名。

在全云南的部队中，沙兵的战斗力绝对是数一数二的，为什么在大西军面前只有被杀的分了呢？在我看来，这还是将领素质的问题。孙可望从懂事起就随着张献忠全国各地跑，基本上什么类型的战役都参加过，什么样的对手都见识过，什么左良玉、杨嗣昌、洪承畴，与这些当代最为杰出的几个将领都交过手。因此和连云南都没走遍的沙定洲比较而言，几乎跑遍全国的孙可望自然要厉害得多。

在与沙定洲较量的过程中，孙可望显示出了他的军事才华和指挥才能，其具体表现是不但注重短兵相接，疆场争锋，孙先生还很喜欢玩阴的，特别是打心理战。

攻取曲靖之后，孙可望向外派出了大量的细作，并让他们传话，说接下来平叛部队将会乘胜西进，攻取昆明。对于这个情报，沙定洲相信了。因此当大西军像变戏法一样出现在阿迷州附近，并大张旗鼓宣传要一举收拾掉沙定洲在老窝蹲守的老婆万氏时，沙定洲慌了。他连忙向阿迷州派遣了一千名援军，没想到援军还没有赶到家门口就在蛇花口被孙可望打了埋伏，全军覆没。至此，沙定洲彻底慌了，他立即下令撤楚雄之围，率领大部队加紧赶路，直奔阿迷州。

等沙定洲回到了阿迷州，发现老婆万氏还好好的，一路上又没有见到敌人的踪影，这才意识到自己上当了。沙定洲这次的当上得比较彻底，不仅信了大西军的宣传，认定孙可望确系焦氏的弟弟，大西军就是明军的援兵，熟知地理，而且还要先攻自己的老家，所以沙定洲做出了一个致命的错误决定。他在四月十八日下达了主动放弃昆明，全军撤回蒙自的命令。

现在人都回来了，想要再回去那可就难了。

四月二十四日，大西军从宜良出发，在没有遭遇任何抵抗的情况下顺利进入昆明。包括巡抚吴兆元在内的明朝官员们这时才弄明白，敢情根本就没有什么焦家的救兵，一切完全是大西军自编自导自演的一出好戏。吴兆元不喜欢沙定洲，同样也并不喜欢孙可望。不过此时的吴巡抚真正是一点办法也没有，既无兵又无权，只好眼睁睁地看着孙可望和他的军队进入城中。没辙了，不是我不想抵抗啊！吴大人只好选择投降。

沙定洲弄清楚情况后，很生气，集结了所有兵力前去找孙可望玩命。叛军和大西军在草泥关相遇，随即交战。沙定洲率兵猛攻大西军侧翼，但在他的全力攻击之下，大西军竟然岿然不动。沙定洲就此更加冲动了，开始反复冲，反复打，然而孙可望却用实际效果告诉他，这阵你是冲不动的。

说来还是沙定洲战前的温习工作没有搞好，当然也不排除没记住和不在意的因素。孙可望在张献忠手下时，虽然不是最能打的将领，但他之所以仍旧在将才众多的大西军中被共推为军中骁将，那是因为他特别善于防守。有此特长的孙可望当然最终也得到了一个光荣称号“一堵墙”。所以即便是能征善战的沙兵面对抗击打能力超强的一堵墙，那也只剩下望敌兴叹了。

更为要命的是，大西军中擅长攻击的将领不少。等到沙兵一鼓作气，再而衰，三而竭之时，大西军适时发动了反击。沙定洲大败，逃回老巢阿迷州，自此闭门固守。

沙定洲不动了，大西军活动了起来。趁着沙定洲和他的手下们在阿迷州忙着砌墙，大西军开始由昆明北上，一路接连攻取武定州、和曲、禄劝等地，然后转而向西推进，又占领了鹤庆、丽江、剑川。这样一圈下来，整个滇西北地区大致被平定了。

八月，孙可望亲自领兵西进。这时他的对手已经不再是归附沙定洲的叛乱土司们，而是楚雄的杨畏知。

杨畏知是比较早知道孙可望真实身份的人，因为沐天波离自己很近。派人调查了下，杨畏知很快便把事情弄清楚了。不过，得知孙可望向楚雄开来，精明的杨畏知还是犯了一个错误。他听信了流言，误以为大西军如同传说中的那样就是群乌合之众，除了人多，什么都少，而且一打就散，一散就完。因此杨畏知认为，对付这种军队完全不用像对付沙定洲那么麻烦，打场野战，歼灭之就成，还能省点火药、炮弹，日后用来收复滇南。

然而当杨畏知真正到了战场上与孙可望遭遇，他才认识到，所谓传说那只能是传说。在禄丰县城东面的狮子口，杨畏知遇到了与沙定洲同样痛苦的局面，要冲冲不动，要打打不过。所以结局看来也只能有一个了，战败。被自己所轻视的大西军彻底击败，杨畏知决定要为自己的自负负责，于是他选择了投水自尽。可是不知道是河水太浅还是大西军的士兵反应够快，本来已经决意殉国的杨畏知没有死成。随即，杨畏知被作为俘虏送到了孙可望面前。

鉴于杨畏知是这次叛乱之中平叛势力的代表人，在云南地区有着很高声望，而且杨畏知同样是陕西人，跟孙可望是老乡，因此经过考虑，孙可望决定劝降杨畏知。

“久闻将军大名。今天我为平叛而来，希望能与您共同讨贼，协同匡扶明室，您看怎么样？”

“少跟我来这一套（给我尔）！”孙可望等来的是杨畏知瞪得超圆的眼睛。

孙可望却没有气恼，反而是用少有的商量语气继续与说服对象进行情感交流，并且表示愿意与杨畏知折矢为誓。最终杨畏知终于同意归顺。但他有三个条件：第一，收复云南后不得使用大西年号，要用大明的；第二，不可妄杀一人；第三，不能掳掠妇女。这些是杨畏知的底线。杨畏知明确表示，如果孙可望不答应，那么自

己宁愿就死。

对于这些条件，孙可望无一例外全部答应了。因为他没有拒绝的理由。

楚雄被攻下后，沐天波所在的永昌很快陷入了孤立，孙可望劝降了杨畏知，马上派人给沐天波捎了一封信，讲明了归降的条件。与此同时，孙可望派出的大西军兵马也进抵永昌。在双重压力下，沐天波只得妥协，双方在“共扶明后，恢复江山”的前提下达成了合作协议。为表诚意，沐天波派自己的儿子沐忠罕先行前往孙可望营中纳款，并办理相应的交接手续。

就这样，沐天波终于回到了昆明的家中，并同孙可望见了面。见面之时，孙可望送出了特地为沐天波预备的礼物——当初勾结沙定洲攻陷沐府的于锡朋等人。沐天波收到这样的礼物，那是相当感动，孙可望随即下令将叛徒于锡朋一干人等车裂示众，算是给不幸罹难的沐家亲属报了仇。

沐天波感动了，自然表现得很尽力。在一个月内，沐天波就开始连续不断地做一件事，写信劝降。沐氏家族世守云南，在土司中享有很高的威信，因此土司头目们一收到信，得知沐天波宣布与孙可望合作并非路边社，各土司当即相继表示同意归附。滇西一带，大西军不战而下。

沐天波和沐氏家族在云南的巨大影响力远远超过了孙可望的预期，截止到永历元年十月，云南全省只剩下阿迷州、蒙自地区仍在沙定洲控制之下，北部的东川府土司禄万钟兄弟尚在观望，其余的地方势力全部降了。

永历二年五月，经过商议，孙可望等人决定分别出兵彻底灭掉这两股不听招呼的割据势力。

打沙定洲的那一路比较顺利。之前大西军已经采用挖洞穴加爆破的方式攻克了阿迷州的门户临安，干掉了沙定洲的部将李阿楚，顺手收拾了沙定洲手中最后一批精兵。这一次再攻打阿迷州时，大西军基本上是来了就打，打完就占，而对手沙兵的表现依然相当稳定，接连战败撤退。没用多长时间，大西军便攻破了沙定洲精心设置的防线。沙定洲连最后的据点蒙自和阿迷州都没能保住，带领老婆万氏和打剩下的沙兵跑到了佴革龙山区。沙定洲认定在这里他将可以起死回生。

沙定洲之所以如此自信，是因为他完全没有悲观的理由。佴革龙山区地势异常险要，易守难攻，大西军远道而来，不熟悉地形，沙定洲要打埋伏十分容易。如果能通过山区的游击战消灭大西军的有生力量，拖垮敌人，沙定洲不是没有反败为胜的可能。可惜的是，大西军不是傻子。

沙定洲这老小子在算计什么，是个人就很清楚。大西军把沙定洲赶进山后，没有强攻，他们相信就算再顽强的堡垒终究也是存在着缺陷的，当务之急不是进山找人，是看山找缺陷。很快，大西军发现了沙定洲这最后的据点上的弱点，而这个缺点可以说是致命的。

佴革龙的弱点就是缺水，众所周知的汲水地点只有那么几个，因而只要控制住了那几个水源点，并派上重兵驻守，沙定洲迟早要完蛋。大西军是这样判断的，也是这样做的。果然，躲在山里的沙定洲受不了了，出山投降。

当年十月，沙定洲、万氏及其党羽通通被押回昆明处死，历时三年的沙定洲之乱就此宣告彻底终结。不过，沙定洲是被终结了，整个云南的战事当时还没能完全结束。因为孙可望派去打平东川的那一路出事儿了，被当地土司禄万钟打了埋伏，主将艾能奇中伏身亡。在大西军中，艾能奇向来以勇猛著称，是主要战将之一，更为重要的是，此人身份比较特殊，同样是张献忠的义子。艾能奇出师未捷身先死，孙可望不出来主持公道，为艾能奇报仇雪恨，跟弟兄们实在是不好交代。

当然，像艾能奇这样的猛人之所以会战死，倒不是由于禄万钟的土司军战斗力很强，而是因为他们采用了一种大规模杀伤性武器——毒箭。

这种毒箭应该是当时云南少数民族地区的土特产，箭头上涂的毒取自一种在当地被称为见血封喉的树，别的地方很少见，而且毒如其名，见血封喉。艾能奇中箭后，虽然军中曾用快马想把人送回医疗条件较好的昆明救治，但艾能奇却在路上流血不止，一回昆明便因抢救无效，不治身亡了。

当时的孙可望虽说已开始有了唯我独尊的想法，并早就动手压制军中可以威胁自己的力量，不过对于艾能奇，孙可望还是很有感情的。孙可望下令厚葬义弟后，派遣精兵取道壁谷坝小路，出其不意地从人迹罕至的南部攻入东川，禄万钟的土兵大败，大西军乘胜一举平定了东川及其附近州县不服的土司。云南全定。

大西军逐渐在云南站稳了脚跟。但按照先前的约定，这块土地是属于明朝的，孙可望等人只有使用权和收益权，没有占有权。所以孙可望不能宣布继承干爹张献忠的遗产做皇帝，原因很简单，张献忠的遗产中不包括这一部分。

虽然不能做皇帝，孙可望还是很聪明的，那就退而求其次，当王吧。于是孙可望自称平东王，开始精心经营云南地区。

第十章 崭露头角

自永历二年至永历四年，孙可望在这三年内对云南进行了大刀阔斧的改革，其内容相当广泛，涉及政治、经济、军事、文化教育和社会治安等诸多方面。这里就不一一说了，相信就算写出来大家也没有兴趣看，建议少数有兴趣的朋友可以翻翻历史教科书。唯一需要大家知道的就是搞得还算不错。

孙可望干了三年，杨畏知有意见了，咋感觉你越来越把云南当成自己家了呢？皇帝陛下现在就在肇庆，你怎么不派人前去觐见？你当年说的话到底还算不算数啊！喂，说你呢，老孙，你还往前走！

在沐天波、杨畏知等明朝官员的强烈抗议声中，永历三年，孙可望迫于压力，终于同意派杨畏知与前兵部郎中永昌人龚彝作为使者前往肇庆，同永历朝廷取得联系。

杨畏知等人在当年二月从昆明出发，历经千里奔波，在四月初六日到达肇庆行在。杨畏知随即通过礼部，向永历呈上了孙可望的亲笔书信并进献黄金二十两、琥珀四块，马四匹，作为觐见礼品。

孙可望虽然为了履行承诺，答应与朝廷联系，服从永历的指挥，但孙可望也有着自己的算盘，还是两手准备，意图通吃。孙可望提出归附的唯一条件是封自己为王，而且封号都提前定好了，要称秦王。然而就是这个条件，在朝中大臣们的眼中是绝对不能够被允许的。

根据朱元璋定下来的祖制，异姓不得封王。特别是孙可望所要求的秦王封号，对大臣而言更是一个无法接受的要求，这是因为当年朱元璋分封的第一个藩王就是他的次子朱樉，所以说秦王的封号是有着特殊意义的。现在孙可望不仅想要挑战祖制，还要当秦王，因此朝臣们的态度比较一致：去你的！

大臣们认为，虽说今年开年不利，明军在战场上接连战败，领土也严重缩水，变成了两广一隅。不过类似于孙可望这样的无理要求，皇帝陛下绝对不可以答应，毕竟原则要坚持，规矩不能改。

事实上朝中大臣也并非完全一致，有几位就不这么看。究其原因，用我们今天的话说，他们属于现实主义者。他们的意见是给予孙可望想要的，拿来朝廷需要的。具体点说，就是实现孙可望的意愿，就封他为秦王，反正也就是个虚名，朝廷却可以趁机夺回云南的控制权，乃至张献忠留下的那些宝贵遗产，譬如将领、军队之类的。跟他换，很实惠！

平心而论，本人其实比较倾向后者的意见，相信大多数朋友也同样如此。不过，有一个问题，赞同派大臣的代表人物主要是堵胤锡。

前文提到过，此时朝廷中吴楚党争正日趋白热化，堵胤锡又被袁彭年等人误认为是吴党的人，所以依照政敌支持的我们就反对、政敌反对的我们就支持这一斗争原则，以堵胤锡为首的赞成派的提议马上就被淹没在一片口水声中。

实际上，楚党官员的反对也不全是盲目的。吴党中除了堵胤锡，还有另外一个人对孙可望封王一事表现出了极大的兴趣和过分的热情，不幸的是，这个人是陈邦傅。

堵胤锡的赞同是由于堵大人本身是位很有眼光的政治家，从孙可望的身上看到了明朝与昔日的敌人大西军结成联盟，从而实现维系明室、共同抗清的事业的可能。陈邦傅则正好相反，他支持此事则完全是为了达到自己的目的，那就是借助孙可望的军队抗衡李元胤和忠贞营的军队，并最好能够借兵入粤，杀掉朝中所有楚党官员，实现吴党一统朝廷的局面。

本来堵胤锡提出与孙可望接触就已经引起了楚党的注意，现在陈邦傅又站出来主动为孙可望说话，袁彭年等人就更为警觉了。金堡更是率先发难，连续七次上疏，希望朝廷马上回复孙可望，严词拒绝其要求，并将为“叛贼”说话的杨畏知抓起来，送到监狱劳改。

杨畏知也不是傻子，见封王的事情压力确实很大，于是适时提出了新的建议：封孙可望为郡王，其余主要将领为公爵。这样既不违背祖制又可适当满足孙可望，实现联合，不是很好嘛。

杨畏知的折中意见马上得到了以礼部主事钱秉镫为首的多数大臣的支持，但因为还是有人表示反对，封赏孙可望的事情不得不一拖再拖，一直持续了几乎半

年。而这期间，堵胤锡由于在七星岩私下会见了孙可望派来的随行将领潘世荣、焦光启，整天挨骂，被迫离开肇庆；五虎又因为党同伐异开始在永历心中印象越来越坏。最终，永历亲自拍板，这件事才算是有了一个最终的结论：孙可望封平辽王，赐名朝宗，其余主要将领为公，钦此。

终于可以回去交差了，杨畏知抹了一把头上的汗。然而此时的杨畏知并不知道，当他返回云南时，流的汗会更多。

杨畏知高兴地带着朝廷正式颁发的印玺和诏书返回昆明，随即当众宣读了册封诏书并将相关证件移交给了孙可望。没想到听完了诏书的内容，孙可望很吃惊："我已经被封为秦王了！"

对于孙可望的这一反应，杨畏知更吃惊："谁这么告诉你的！"

孙可望一拍脑门，清楚了，奶奶的，让人给忽悠了。还好，那个人现在仍在昆明没跑，带上来！

大忽悠很快被带到孙可望和杨畏知的面前。他叫胡执恭。

在孙可望、杨畏知的质问下，胡执恭没能顶住压力，最后只好老老实实交代了。原来得知孙可望占据云南且有意与明朝合作，陈邦傅动起了借刀杀人的心思，不过由于楚党警惕性很高，大臣们一致反对，陈邦傅就认为这事没戏了。可是陈邦傅却极不情愿放弃这个消灭李元胤的好机会，于是在苦思冥想之后，陈邦傅终于想到了一个自认为天衣无缝的好主意：造假。

陈邦傅与他的中军胡执恭商量，决定利用永历颁给的空白敕书，伪造成册封诏书，又暗中找来了私刻公章的工匠铸造了一枚刻有"秦王之宝"字样的金印（当时这一行业并不发达，真是难为陈邦傅了），以图抢先结好于孙可望，倚仗大西军的声势与李元胤搞对抗。一切准备妥当后，作为朝廷假冒使臣的胡执恭早早就出发了。等杨畏知赶回昆明，孙可望这个秦王已经做了小半年了。

不过，这在杨畏知看来，根本不算个事。既然弄清楚了真相，上疏告发陈邦傅，让刑部追究他的责任就行了，现在我们要做的就是昭示全省，真正封您为平辽王就成了。谁知，孙可望不干。准确地说不是不愿意这么干，而是不同意这么干，注意，这之中是有区别的。简单点讲，是前者出于主观因素，而后者出于客观因素。孙可望之所以不干，实在是迫不得已。

假冒的"天使大人"胡执恭送来敕书和金印时，孙可望极为激动。一激动，他就安排了隆重的仪式，亲自出城用最高等级的礼节迎接胡执恭（郊迎之），紧接着把诏书迎进府衙就是行君臣大礼，孙可望带头五拜叩头，称臣谢恩。从胡执恭手中接过东西，立即郑重收藏了起来。随即是"率其义兄弟三人并三军士卒各呼万岁"，孙可望本人又以秦王的名义"升座受义兄弟三人并三军士卒庆贺"。等这一切仪式都进行完了，孙可望还不忘与民同乐，下令全滇欢庆三天。并特地让人把敕书上的文字悉数眷到黄布上，然后发往云南各地，昭示全省：我孙可望当王了！

现在突然告知孙可望被人玩了一把，封秦王的事压根儿没有，您要降格为二字王，平辽王。估计你要是孙可望，当着兄弟们的面一下跌入如此尴尬的境地，你也会不干的。孙可望本来目的就是通过以皇帝陛下的名义把自己的地位提升到与几个义弟不同的层次，以此凸显自己在大西军中的领导人地位，现在玩砸了，孙可望的状态由激动转变成了冲动。

这时，怒火中烧的孙可望耳边却响起了这样的声音：你的平辽王敕印也是假的，据我所知，朝廷所封不过是景国公。孙可望终于在沉默中爆发："我想称帝就称帝，想做王就做王，还需要你们来册封吗（为帝为王，吾所自致）？况且还接连更易，只会让我成为天下人的笑柄。"

孙可望当即下令，不管是胡执恭还是杨畏知，统统给我抓起来。等把问题搞明白了再找你们算账。

事到如今，只好直接去问永历了。于是，孙可望给皇帝陛下写了封奏疏送了上去，充分表达了愤懑与疑惑：于某日接敕封臣秦王，于某日接敕封臣平辽王，臣莫知所从。而除了向皇帝陛下大倒苦水、把先后所接敕书全部抄送朝廷外，精明的孙可望比较注重突出与强调的主要是这样的一点：接到秦王敕印后我已郑重宣布了，大小官员都已前后道贺了，此事全省人民全都知道了。孙可望就此表示，我不知如何是好，请朝廷定夺。其中的暗示很明显，您就将错就错承认了吧，算是卖我一个面子。

永历倒是有顺水推舟的想法，但却由于有两个人站出来坚决反对，皇帝陛下拗不过，只好沉默了。这两个人一个是桂林留守大学士瞿式耜，一个是肇庆首席大学士严起恒。两个都是重量级的人物，要是都得罪了，这朝廷里的活儿估计就没人干了。

事实上，据我所知，瞿式耜并不是属于那种特别顽固的人，真要是那样估计也不会信天主教了。他之所以坚决反对，是因为从孙可望的奏疏中，瞿式耜看到了一种让他十分厌恶的东西：飞扬跋扈。

用瞿式耜自己的话说，孙可望的来书是"启而不奏，名而不臣，书甲子不书正朔"，翻译成现代汉语就是上疏时用的是启禀而不是启奏，称自己的名字却不正式称臣，日期署的是天干地支纪年而不奉正朔，采用永历纪年。由此瞿式耜认定孙可望实际上只是迫于形势才称臣，此人有不臣之心，早晚必定会成为朝廷的内患。就后来事情的发展来看，瞿式耜的断定似乎是相当准确的。

孙可望既然将皮球踢给了朝廷，朝廷肯定不能再给传回去，因此朝中大臣们认

为当务之急是先敲定一个切实可行的解决办法。

话是这么说，可执行起来困难了点。首先有人提出，考虑到孙可望不喜欢做平辽王，要不改封澄江王得了，消息传达给了候旨的孙可望使者，人家马上表示如果这样自己绝不敢回滇复命。看到使者同学如此为难，紧接着又有人提出，孙可望是陕西人，想光宗耀祖，衣锦还乡，无可厚非，要不就满足他的愿望封到秦，只不过秦王的封号前要另加上一字，比如兴秦、定秦什么的，但这种提议出来后不久，很快又被其他大臣否了。

这边朝廷的廷议众说纷纭，纷争不已。那边的孙可望先生却失去了耐心。得知朝臣为此事吵得天翻地覆，孙可望决定自己的事情自己干。为打破僵局，他派遣御史瞿鸣丰入朝，请求朝廷实封自己为秦王，玺印就用陈邦傅拿来的那个就行，省得浪费，你只要给我正式加发一道敕书就行。至于先前冒牌版中特许的称监国、加九锡、总理朝纲等特权，不用担心，一个都不要。

在孙可望看来，自己主动做出了让步，至少朝廷也应该显示点诚意。不料针对此事，就连起初和楚党不对眼的户部尚书吴贞毓也坚定地站在了大学士严起恒等人的立场上，并联合兵部侍郎杨鼎和等人坚决抵制孙可望的要求，所以一直到永历四年两广基本丢干净了，大臣们才不得不走这一步，向孙可望屈服。

经过讨论，朝廷终于敲定破格封孙可望为一字王，不过鉴于秦王位居诸藩之首，传世二百多年，有人用过了，因此为避免重复，决定封为冀王，并派出了编修刘禬担任使者，快马赶去了。身在南宁的永历等人谁都拿不准清军何时会攻过来，因此朝廷很需要孙可望立即派兵入卫，保护朝廷。

遇到事了，这才想起我来，早干吗去了？此时的孙可望早就生起了闷气。所以永历方面虽说是做出了突破，孙可望那里的态度却变成了无所谓。这一次是拒不接受。即便是杨畏知出面劝了半天，孙可望也没有一点妥协的迹象。然而孙可望最后还是行动了起来，派遣贺九仪、张明志领精兵五千人前往护卫永历。原因很简单，就在这年的十一月，清军开始由柳州南下，直奔南宁，再不出兵，孙可望就只能每年给永历扫扫墓了。

十二月初十日，清军线国安部占领南宁。这下原本不愿意依附孙可望的永历也没有办法了，只好乘船溯江而上，边躲避清军的追击，边向西南方向转移。

次年三月，被孙可望派兵接到贵州的永历终于安全了。不过皇帝陛下最终还是要做一件违背自己意愿的事，正式承认孙可望的秦王封号。封号之争，孙可望赢得了最后的胜利。可孙先生显然不是那么大度的人，为了达成这一目标，在他的指示下，到达南宁的贺九仪和张明志先后杀死了曾坚决反对封秦的兵部尚书杨鼎和及兵科给事中刘尧珍、礼科给事中吴霖、御史张载述等二十余位大臣，不久又逼死了大学士严起恒，朝中的反对者就这样基本上被孙可望一扫而光。

自此，明朝确实是得到了张献忠的所有遗产，但是，孙可望得到了永历。南明的历史也就此走上了与以往情形大不相同的崭新时期。

当初清兵即将打到南宁，永历曾召集大臣们廷议，商量朝廷该何去何从。当时占主流的意见一共有这么几个：逃往两广腹地找李元胤寻求保护；迁入安南地区（今越南）避难；前往云南依附孙可望；再有就是乘船渡海往福建投奔郑成功。在这些主张中，永历和多数大臣比较倾向于最后一种，但迫于形势没能成行。即便有些遗憾，可这至少证明了一点，之前在东南沿海只能小打小闹的郑成功在经历了多年的成长与发展后，此时已经变为一股再也不能被永历或顺治忽视的强大力量。

永历元年，郑成功联合叔父郑鸿逵攻打泉州。因清漳州守将王进来救，郑军退兵安平。

永历二年四月，趁鲁监国的军队接连攻克连江、长乐、永福、闽清、罗源、宁德等地，郑成功发起同安战役，阵斩清同安守备王廷，攻克同安城，取得了第一次独立作战的胜利。不久，郑芝龙的一些旧日部将陆续来到了郑成功麾下，其中就包括前文提到的曾率海军击败了永历军队的林察。不过，在我看来，这一年郑成功最大的收获还不是同安战役的胜利或是林察的投奔，而是另一个人的到来。

林察有勇有谋，深谙水战之法，确实是一个很不错的部下，然而相对于此人而言似乎还是差了那么一截。这个人叫施郎（施琅的名是日后才改的）。施郎，郑成功一年后同生共死的得力部将，四年后必欲置之死地的最大敌人。

不管后来事情发展成了怎样的一个情况，至少从当时来看，郑成功相当器重远道而来投奔自己的施郎，不仅授予他军中所谓左先锋职位，而且对于施郎和他的叔叔施福都礼遇有加，凡事请教。

对于郑成功的重用，施郎很感动。而像施郎这样的能人，在感动后的效果当然极不一般。施先生充分发挥了自身的主观能动性并显示了在水军战法、装备方面的高深见解。郑军不但在军事训练上有所革新，而且开始广泛使用由施郎独创的拥有完全自主知识产权的海战阵法，后来郑军之所以能威震东南沿海，搞得几任清廷浙闽总督头痛不已而又无能为力，事实上靠的就是施郎当时创造出的这一系列调度攻战之法。

这年八月，同安县城虽然由于清军的大规模反扑不幸失守，郑军守将邱缙、林壮猷、金作裕以及同安知县叶翼云全部牺牲。但此时郑成功却得到了一个非常重要的消息：永历在梧州。

于是，郑成功决定就此改用永历年号，并派人前往广东拜见皇帝陛下，商谈联合抗清的相关事宜。永历对郑成功的主动联络极为惊喜，因此热情接待了使者并传

旨封郑成功为威远侯，主抓东南沿海的抗清活动。

永历三年，郑成功在同部下商议后，决定主动出击攻占清军防备松懈的地区，以解决军粮不足的问题。因为去年福建出现了非常严重的饥荒，对本来就没什么地盘的郑成功军影响很大，引发了粮荒。恰好此时镇守漳浦县的清军副将王起俸注意到了日益壮大的郑成功，打算联合郑成功反正，并向郑成功发出了里应外合夺取漳浦的邀请。

得知此事，郑成功很高兴。他特地派遣水军战船停泊在距漳浦东面三十里处的龟镇港，准备按照约定时间突袭县城。谁知，在关键时刻王起俸那里出了问题，反正的计划不慎泄露，被迫仅带着几名亲信逃离漳浦，随同郑军战船返回位于铜山的郑军大本营。

里应外合没合成，郑成功却并没有吃亏。王起俸虽说在清军中只是个副将，却很善于骑射。当时的郑成功部队和郑芝龙时代的郑家军的问题差不多，水战天下无敌，陆战谁都敢敌。依据著名的短板理论，郑军就算在海战的水平方面有了多么壮大的理论技术创新，只要岸上功夫没有增强，就永远都不可能对任何人构成真正的威胁。

郑军开始实现由单一专门特长型部队向全能水陆两栖作战军种的演变，正是自王起俸到来后正式开始的。

王起俸来到铜山后，针对郑军在陆战中不敌清军骑兵这一明显劣势，开始大力主抓士兵们的骑射本领。由于见识过清军骑兵的威力，王起俸特别强调了“射人先射马”的重要性，建议将在战斗中格杀敌人的马匹，割下敌军马耳者，与斩获敌人首级者同等记功。在这一政策引领下，士兵们砍马的积极性大大提升，对抗骑兵的水平得到显著提升。在王起俸的帮助下，郑成功自此开始拥有了一支可以在陆战中与清军匹敌的部队。

既然士兵水战与陆战的作战能力都有所提高，郑成功毅然决定开拓在福建的抗清根据地，至少咱不能每天就在一两个小岛上吹海风吧。

永历三年十月，以创建一个稳固的陆上基地为主要目的，郑成功又回来了。这一次他的进攻目标锁定在与广东相邻的诏安、云霄两座县城。当时的两广是南明的地盘，占据这里不仅能和朝廷的军队互相扶持，同样也有助于带动新的东南各省的反抗浪潮，因此郑成功拍板，就要这里了！

郑军的舰队秘密驶进了云霄港，并于十日在一个名为白塔的地点成功实现了登陆。郑军随即按照郑成功的事先安排，兵分三路，直奔县城。

守备云霄的清军将领叫张国柱，县内守兵总计有一千多人。这一战斗基本上就没有悬念了。

经过几个时辰的战斗，施郎率领的左路军率先冲入清军营地。混乱之中，张国柱被左路先锋镇副将、施郎的弟弟施显当场干掉，郑军乘胜大举进攻，就此攻占云霄。

值得一提的是，在出战的清军溃败之际，清军将领姚国泰表现得非常顽强。他率部坚守城池，与郑军死磕，战到伤重力竭，这才被俘。要是对手换成博洛或洪承畴，相信姚国泰的下场会很惨，云霄县的百姓会更惨。不过好在他的对手是郑成功。

虽然姚国泰的顽强抵抗导致郑军人员损伤大大增加，但郑成功似乎并没有处死姚国泰的意思，反而对姚国泰的反抗表现赞赏不已，甚至给重伤的姚国泰派了最好的医生仔细调养，最终救活了姚国泰。

这究竟是在打什么算盘？姚国泰搞不懂了，但他坚定地认为郑成功不安好心，他本人也始终坚守着一个个人原则：败军不受辱。

要杀要剐随你便，反正休想让我投降！

姚国泰最终等来的通知是，伤好了，请自便。

姚国泰先是蒙了，继而沉默了，然后感动了，最终投降了。这是完全真心实意、自觉自愿的。在这里他感受到的不是歧视侮辱，而是对敌人的真诚和尊重。在我看来，这才是最为强大的武器，因为它征服的不是身体，是人心。

国姓爷，俺姚国泰这条命从今往后就是您的了。

有了同样精于骑射的姚国泰加入，郑成功的骑兵越发变得有模有样了。姚国泰也将像他承诺的那样，成为郑军中不可或缺的重要将领，并为郑成功的理想奉献出自己的一切力量。

攻下了云霄，郑成功马上带领部队赶往下一个目的地诏安。只要打通了这里，郑成功就可以完成他的战略目标，打通闽、粤两地的陆上通道，与广东方面的明军实现真正的联合，开创明朝中兴的新局面。就当时的形势看，郑成功的计划似乎不难达成。

诏安同云霄的情况比较相似，镇守的将领名不见经传，县里驻兵也不多，也就千把来人。看似很容易拿下，不过此时郑成功已与三年前水准明显不同。至少郑成功认识到了一点，军队是普遍联系的。诏安的清军虽少，或许大兵列于小城，威胁下便可以招安守将，但是令人担心的是来自漳州府城的清军。那里可是兵力充足，领兵的将领也不熊，有随时增援诏安断自己后路的可能。

郑成功既然能够想到这一点，当然就会有所防备。在前往诏安时，郑成功特地在漳州至诏安的必经之路盘陀岭方向安置了一路伏兵，交由父亲的旧将黄廷、洪习山两位指挥，认为如无意外，自己一定能在清军突破防线前攻克诏安。

果然不出郑成功所料，得到诏安被围的战报，漳州的清军立即行动起来，拼死向诏安的方向靠拢。但是黄廷等人不是摆设，自然不肯放行，双方就在盘陀岭干了起来。然而此时一件出乎郑成功预料的事还是发生了，不过个人认为，这件事情的发生的确怨不得任何人，因为天有不测风云。

清军抵达盘陀岭时，雾起，很浓。

依据盘陀岭的实际地形，郑成功把兵力平均分成了左右两路防守。这样安排的好处是，一旦其中一路遭到清军攻击，另一路就可以趁机抄敌后路，救援策应，让清军防不胜防。但是现在浓雾到来，这一设想就告吹了。清军趁着雾起，拿出了自己的镇军法宝：大炮。

雾中虽辨不清方向，不过只要认准了郑成功部队驻扎的大致方向，仅需点火开炮就得了。在搞不清敌方动向的情况下，不知从何而降的炮弹马上就把守在岭上的郑军士兵打懵了。即使是身经百战的黄廷和洪习山估计也没遇到过这种状况，因而郑成功精心布置的右翼防线很快失守。

左翼的将领柯宸枢虽说是听到了隆隆的炮声，却因浓雾的影响无法预料具体出了什么情况，不能进行有效的策应，坐视右翼防线被敌军突破。受到重创的黄廷、洪习山率部撤离阵地，这样一来，柯宸枢部便成了一路孤军，单独面对数倍于己的清军。

浓雾渐渐散去，此时柯宸枢明白，败局已定。以现有的兵力，自己势必无法挽回战局，但此时柯宸枢心中并不存在恐惧这种东西。他只知道，自己坚持奋战的时间越久，牵制的清军越多，在诏安作战的郑成功的胜算或许会多上一分。于是，面对着集中优势兵力的清军的猛烈进攻，柯宸枢挥刀继续镇定指挥战斗。一般这种情况下，只要带头的不乱，士兵们的斗志反而会更加昂扬。

事实证明，榜样的力量是无穷的。在柯宸枢的带领下，郑军士兵发起了英勇的反击，直到箭用尽，刀缺刃。他们为了最终的胜利，战斗到了最后。

得知柯宸枢在盘陀岭战死，郑成功十分悲伤。因为在郑成功看来，柯宸枢“沉毅有谋”（郑成功的评语），是一位非常得力的助手。他的阵亡对事业刚刚进入腾飞期的郑军和郑成功本人而言，那都是相当大的损失。

更为严重的问题是，诏安的清军也因得知盘陀岭的战事详情而士气大增，拼死守城，使得部队的攻城难度大大增加。照这个进度来看，估计是很难短期内攻破诏安了，自己甚至还有因围点被援打的可能。于是郑成功决定撤军。

要撤军，事实上有两种撤法。一是返回自己的海上根据地铜山岛，一是绕开诏安一路西进，退入当时还是明朝地界的广东。郑成功经过考虑，最终选择了后者。毕竟郑成功的最高政治理想是中兴明朝而不是割据自立，因此需要一个有发展空间的新军事基地，这样自然不能待在岛上。

趁潮州的清军还未赶到，郑成功果断率部撤入了广东潮州地区，在黄冈安顿了下来，谋求进一步的发展。当时郑成功的邻居主要有三个，一个是一年前就搬到揭阳的叔叔郑鸿逵，这是自己人，碰不得。另一个是东边潮州的郝尚久，是友军，也不行。所以郑成功自然而然地将目光投向了第三个邻居，潮州境内大大小小的山贼、海盗。

这群山贼、海盗很有意思。他们从不表现出自己的政治立场，哪怕是倾向，一直以来都是以一种“不清不明”的第三种势力的姿态在潮州一带游荡，十分惹眼。这些人基本上都是独立势力，一般很难抵御前来征剿的大军，不过他们奉行的一向是“敌进我退、敌退我进”的战术方针，流动性很强。当初佟养甲做清廷的两广总督时，就致力于消灭这些不找组织的社会闲散人员，派出军队跑了好几趟，基本上都无一例外落了空，原因就在于此。

郑成功不是死板的人，而且在势力非常弱小时对清军的进攻也常采取类似战术，所以他非常理解这些人在想些什么，作何打算。既然你们不主动找组织，那就由我代表组织主动深入群众吧。在当地人的引领下，郑成功找到了当地山贼、海盗中势力最大的那拨人的头目黄海如。

这位黄头领据说身份比较复杂，以前曾在官府里做过小吏，后来又跑到南澳岛从过军，担任过明军军官。丰富的从业经验使得他在黄冈镇的土匪中极具影响力与号召力。

可是在国姓爷金字招牌的光芒下，这点影响力与号召力显然是不够的。

估计他当兵那阵子，是属于郑芝龙招的军队。因此不等郑成功开口，黄海如就很明智地选择了归降，而且还在施福的引领下，正式拜见了郑成功。

在与黄海如的会见期间，郑成功提出了一个很关键的问题：为什么自我起兵以来，每次取得一个地方就会很快失掉，从来不能持久呢？

答：没基础。

“那我今天率兵到此，想要以此地作为练兵措饷的基地，我又该咋办呢（必何而可）？”

答：打山贼，把他们的兵和粮拿过来用（第而收服之，藉其兵而食其饷）。

郑成功大喜：跟我想的是一样一样一样的。

郑成功遵照黄海如的建议，锁定的第一个降伏目标是潮阳的许龙。此人长期盘踞在南洋一带从事海盗活动，可谓富得流油。他占据的潮阳也是潮州地区最富庶的一个县城。更为难能可贵的是，那里有几个设施非常完备的优良港口，完全可以在收服后停驻郑军庞大的水师舰队。

好，就这样定了。许龙，我来了。

许龙与黄海如不同。在当海盗前，据说他的职业是摆渡的，估计也是类似于张顺的那种行当，摆渡只是一种掩护。总而言之，这就是一个从小做大、从弱到强、纯粹无污染的劫道儿的。

既然没有接受过组织的教育，觉悟自然就不那么高。当郑成功打算兵不血刃收取潮阳，给他发了一道准备小船供郑军渡河的命令作为暗示时，许头领都懒得理郑成功。

不搭理也就罢了，许龙先生竟然还嫌自己活得太长，明目张胆出兵阻挡郑成功部队前进，甚至对外放话：就是皇帝来了也得按规矩交过路费。

正愁没打你的理由，才打了一个“奉旨专征”的幌子出来，现在许龙居然不揣冒昧，主动送来了由头，郑成功如果再不出手，那也太辜负人家的苦心了。郑成功马上调兵，分别从陆海两路进攻许龙的老巢。郑成功麾下的那些老兵们在当年混成威震东南的海盗时，许龙手下的海盗们可能才刚断奶，因此有点江湖经验的新手遇上了老前辈，自然只有一个下场，被当场废掉武功。此战，海盗军全部完蛋，许龙仅以身免。

不过许龙并不是一个易服输的对手，被郑成功消灭主力后始终没忘记报复。终于，他在郑成功对自己的追击中找到了机会。

郑成功督率士兵追剿四处逃散的海盗余部，行至某处水岸时，几名潜伏在岸边的刺客突然冲杀出来，惊得郑成功的马猛然跃起，将郑成功跌了下来。当时情形万分危急，郑成功被摔下来还没起身，几个刺客已直奔目标，举刀往郑成功身上砍来。眼看一代名将就要有英年早逝的危险，郑成功的贴身卫士及时出手，拼死保护了郑成功，并最终砍死了来袭者。许龙为了报复郑成功，后来不惜做了汉奸，主动派出船只搭载清军进入潮州城攻打郑成功。不过在这之后，许龙的名字就此消失在了史料中。

对于郑成功而言，攻打许龙的收获的确不小，缴获大量的军械粮食不说，还起到了意想不到的宣传作用。附近的海盗势力听说了郑成功的胜利后，纷纷前来投诚，郑成功的力量就此大大增强。几个月后，郑成功凭借强大的实力消灭了潮阳地区最后一个不听招呼的割据者张礼，派兵占据了潮阳西部的靖海卫与惠来县城，总算在粤东站稳脚跟了。

永历四年，清军大举南下，潮州守将郝尚久降清，随即联合清漳州总兵王邦俊向郑成功发动攻击。八月，郑成功战败，被迫率部退回福建的铜山岛。但就在这时，郑成功却因祸得福，得到了自己梦寐以求的事物：父亲郑芝龙留下的最强水师与战船，还有厦门、金门两座岛屿。

众所周知，郑芝龙降清后，郑氏水师主要分成了两大部分，愿意跟随郑芝龙投降的被改编为清军，部分被分配到佟养甲和李成栋那里，不久又辗转投奔了郑成功。不愿降清的那部分则基本上统一归于一个人的旗下，这个人就是郑彩。

作为郑成功的族兄和郑氏集团的三号人物，郑彩先生的日子一开始过得那是相当滋润的。隆武遇难后，精明的郑彩立刻改换门庭，联合郑家军的旧将杨耿等人转奉鲁监国朱以海。在朱以海处境最为困难的时候，把他由黄斌卿控制的舟山迎往福建，甚至找来一个相貌与鲁监国类似的人充当替身，送给清军处死，使得朱以海得以逃过一劫，转危为安。因而朱以海对于郑彩的所作所为，那真是相当感动。

永历元年，鲁监国的势力稍有恢复，他就马上封郑彩为建国公。郑彩由此成为匡扶鲁王政权的第一功臣，被朱以海视为心腹。

事实上，鲁监国还是不够了解郑先生。因为郑先生的理想并非是当心腹，而是当头儿。

仅过了一年，而且还是刚过完年（正月十七日），郑彩就悍然击杀大学士熊汝霖。熊大人是当时鲁监国政权中唯一掌管票拟大权的大学士，地位相当于首辅，现在无端被一个武将杀死，鲁王政权中立时掀起了一场轩然大波。

义兴侯郑遵谦最先站出来斥责郑彩随意杀害大臣的行为，估计说的话很难听，郑彩一时兴起，竟然连郑遵谦也顺便干掉了。

前文提到过，郑彩特别喜欢和自己同姓的人联宗，然后大家就成为一家人，怎么用也不怕出问题。

他和郑遵谦的关系实际上就是这样的。郑彩与郑遵谦认祖归宗后，按理说就成了郑遵谦的族兄，应该同呼吸共命运，相濡以沫，同甘共苦，可现在就因这件事便把人给逼死了，可见郑彩兄此时真的已被权力冲昏了头脑，只认权，不认人了。

熊汝霖被杀，接替他职务的是兵部尚书钱肃乐。钱大人主抓军队事务，对揽权之类的事不太上心。在钱肃乐看来，攘外是安内的先决条件，不把清军赶回老家，争权夺利什么的都是扯。所以郑彩想要掌权就随他去，等收拾完清军再收拾这小子不迟。

然而钱肃乐没有想到的是，自己虽然不想过早与郑彩撞车，但以钱肃乐的身份，撞上是不可避免的。

当时，大学士刘中藻凭借畲族兵收复了福宁，杀死了清朝任命的福宁州知州宋若苏，先后杀伤清兵五千余人，名声大振。战功之显赫，与一直被视为鲁王身边第一大将的郑彩的默默无闻形成了极其鲜明的对比，因此郑彩对刘中藻有没有羡慕不好说，但嫉妒加恨是肯定的。于是，郑彩就开始暗中指使部下拆刘大人的台，乃至公开出兵占领刘中藻控制的地区。

刘中藻对于郑彩的无耻行径感到很愤怒，上疏鲁监国，要求惩治郑彩的部下，约束郑彩的无礼行为。代替朱以海作答复的是钱肃乐。虽然他对郑先生也极为反感，但出于安内必先攘外的一贯立场，钱肃乐出面劝解并安慰了不忿的刘中藻，并开始私下里常给刘中藻去信，帮他调整心态。

一次，钱肃乐在给刘中藻的信中对郑彩最近一些过分的行径多有指责。谁知没几天在朝中与郑彩碰面时，郑彩在谈话当中竟多次引用了钱肃乐信中的语言议论朝政，使得钱大人惊异不已。要知道，钱肃乐写的不是公开信，而是很少有人知道的私人信件。现在郑彩居然张口就能复述自己的言论，这只能说明一点，自己一直处于郑彩的监视中，自己的亲信还很有可能全被郑彩所收买，成为他人的眼线。这实在是太可怕了。有明一代，除去郑彩的情报网，能做到这点的估计只有专业的特务部门东厂与锦衣卫了。

钱肃乐得知自己被监视，很生气，但为了抗清却不能公开与郑彩翻脸，因此只好忍着，把满腔的愤怒憋在心里。结果憋着憋着，身体就出事了。

永历二年五月，钱肃乐接连得到刘中藻被清军优势兵力击败，退守福安被围，明军在福建的最后的一个据点连江失守的消息后，呕血而死。

接连四位重要的大臣都直接或间接死在郑彩手中，这下包括朱以海在内的所有人集体愤怒了。郑成功的族叔郑芝莞和郑芝鹏得知鲁监国已经彻底与郑彩决裂，趁机从中左所（即今厦门）赶来，带给了郑成功一个好消息：郑彩已率舰队北上，现不在岛上，要夺其兵就在近日。

对于丧失了粤东根据地的郑成功而言，眼下没有比这更给力的消息了。于是郑成功马上带领舟师向中左所进发。

当时在中左所留守的是郑彩的弟弟定远侯郑联。郑成功采纳施郎的建议，以与鲁监国政权和郑彩通好的名义，给郑联送去稻米一千石。郑联很高兴地接受了。随后，郑成功派人提出了让自己的军队登岸的要求，郑联先生拿了别人的手软加嘴短，又考虑到是自家人，就同意了。看来，郑联活了这么大还是相当的单细胞，没有记住那个万世不变的道理：天下没有白吃的午餐。即便吃的就是霸王餐，你小子也早晚有跑不过保安的那一天。

八月十五日，中秋佳节，郑成功送给郑联一份大礼：缴械休息。郑成功的士兵趁守军不备，夺取了岛屿的控制权，随即捕杀了还没有反过味来的郑联。

这时的郑联或许依稀记得，郑彩离开时说过这样的话："如果郑成功来了，一定要好好戒备他（国姓帆船来往，宜备之）！"

当然应该还有他本人的回答，徒有虚名的小鬼罢了，怕他做什么（少年乳臭，虚名而已，何足介意）！

现在挂在了小鬼手里，不知道郑联先生还有什么好说的。

掌握了中左所的控制权，杀掉了族兄郑联，搞起兼并工作来自然容易了许多。郑联的部将陈俸、蓝衍、吴豪等人当即表示愿意接受郑成功的收编，郑彩在其他各岛屿驻守的部将如杨朝栋、蔡新等人也在郑成功招徕下陆续来归。

郑彩是在半路上得到郑成功袭杀弟弟郑联、占领中左所的消息的，于是愤怒的郑彩直接率领“舟师百余艘”开回中左所，找郑成功玩命。不过郑彩带出去的兵力比较有限，岛上郑成功的准备又非常充分，因此玩命最终没玩过郑成功，反倒是被打得更惨，率打剩下的破船狼狈逃到了广东的南海一带游荡。

没办法了，向鲁监国上表求救吧。

求救信发出去了，但等了很久都没能等到鲁监国派来的援兵。郑彩纳闷了，难道送信的出了问题不成？事实上，没有出问题，朱以海接到了信，明确了详细的情况，现在的确正在集结兵力准备出海，但是，鲁监国军的讨伐对象不是郑成功，而是我们的郑彩先生。

在朱以海眼中，此时的郑彩就是彼时的郑芝龙，作威作福，不可一世，目无君长，骄横跋扈。所以在得知郑成功偷袭了郑彩的老巢，还做掉了郑彩的弟弟，鲁监国打心眼儿里只想说三个字，也只有三个字：干得好。

近半个月后，郑彩终于等来了悬挂有鲁监国字样旗帜的战船，可此时郑彩依旧不知道这支军队的目标到底是谁。随着轰隆的一声巨响，郑彩弄清楚了这个问题，紧接着全军覆没了。

失去一切的郑彩最终没被杀死。他辗转托人找到了郑芝龙的母亲黄氏作为中间人，与郑成功达成和解。这才得以返回中左所，不过这一次是以一个闲散人员的身份。

作为东南沿海威震一时的一代风云人物，郑彩最后病死在中左所。或许有人认为这有点太便宜他了。可是也许给予一切再收回一切，这才是对于郑彩最合适的惩罚。

郑成功在夺取了郑彩、郑联兄弟的兵将、船只，又取得了厦门这一具有战略意义的岛屿后，实力大大增强。他终于拿回了寄存在郑彩那里很久的郑家军，获得了明朝最为强大的水师，彻底终结了自郑芝龙降清以来原属郑氏集团的各种势力各自为政的局面，为之后的与东南清军周旋甚至是收复台湾的壮举打下了基础，开创了条件。

以上是许多主流研究者的看法，很重要，很有意义。

一个本来坚守仁智义信的好孩子的漫漫人生路，就是自此加速跑偏的，这是本人的看法。

永历五年，郑成功奉调前往广东勤王。临行前，他将中左所的防卫工作交给了自己当时最为信任的人，族伯郑芝莞。起初郑芝莞在之前的郑氏家族中并不那么突出，但这几年帮着郑成功保管在中左所储存的粮饷，又在郑成功因是否要突袭郑联而犹豫时，用李世民发动玄武门事变的旧事让郑成功下定了决心，因此郑成功对他的信赖甚至超过了亲叔叔郑鸿逵。

固守中左所是件要事，要事自然要托付给最靠得住的人，大爷，这儿就交由您看管了！

为了切实保证郑芝莞能够担负起这一使命，郑成功特意留拨阮引的前冲镇、何德的后冲镇、蓝登的援剿后镇（一镇的兵力大约相当于我们今天的一个营）协助郑芝莞守卫中左所。

三将都是还不错的将领，大伯也是很谨慎的负责人，这下万无一失了。郑成功就此亲率剩下的军队南下广东，踏上了救援朝廷的道路。

郑成功到达广东时，广东的首府广州城已经沦陷，自己在粤东的原有地盘在清军的打击下也日益萎缩，郑成功没有办法了，只好前往揭阳与郑鸿逵商量下一步的行动。

郑成功认为潮阳、揭阳不可避免地将成为清军的目标，而以己方手中现有的兵力来看，这两个地方很难守住。郑成功建议郑鸿逵先撤到中左所避风头，自己则继续南下，与广东的明军会师勤王，保护永历。

当然，更确切地说，郑成功是想抢在孙可望之前将永历接到自己这里来，因为一旦成功，东南将无可争议地成为全国的抗清中心，皇帝加国姓爷的超豪华组合，势必将招引到更多有志青年投身于保家卫国的伟大运动中来，而且自己的势力也可以由此大大增强。

南下，郑成功可能会遭遇两个结果，一是跑过去，晚了，永历被清军灭了（或被孙可望抢先接走），感叹一会儿，一个人回家。另一个是赶过去，刚好，永历亲切接见，寒暄一阵儿，两个人回家。但是上天好像偏偏要让郑成功的勤王之路变得更加坎坷，给郑成功预备的是第三条路，一个郑成功做梦也想不到的结果。

二月二十五日，郑成功的船队刚与郑鸿逵军告别，从白沙湖启航，来风了。从种种迹象表明，估计是台风。一场暴风雨后，郑成功的旗舰基本只具有烧火用的价值，整支船队也遭受了沉重的损失。更为严重的问题是雨打风吹过后，军中的锅灶全部被毁，连储备淡水的地方也没能幸免。总之，郑成功此时是既断水又断粮，怎一个惨字了得。

幸好，郑成功的部将诸如施举等人都是拥有多年海上经验的航海家，大风大浪见识得多了，相对损失不大，他们没用太长的时间就找到了郑成功，一次由自然带来的危机终于得到了圆满化解。不过，郑成功并不知道，真正的危机事实还在后面。

郑成功稍事休整后，转乘损坏不算严重的部下蔡进福的船，并把这艘船作为自己的暂时旗舰，再次宣布扬帆远航。皇帝陛下还在等着我们呢！

船队行至大亚湾附近的大星所，郑成功命令士兵登岸，上去砍伐些树木搬到船上以备不时之需。但郑成功没有想到，这里的清军得知自己到来的消息，第一个反应竟然是联合当地的居民把郑军的士兵直接赶进了大海。

听闻此事，郑成功怒了，他娘的，就凭你们这里这点兵和十来艘武装的破渔船，竟敢动老子。于是郑成功传令舰队靠岸，召集士兵们在岸边安营扎寨，开始对大星所发起了进攻。守卫此地的清军抵抗之顽强远远超出了郑成功的想象，郑军不仅进攻受挫，几次进攻也没能把城打下来，反而一不留心让城内派出了使者前往惠州求援。

事情发展到了这一步，郑成功更加愤怒了。他一边派部将万礼率兵在两地的交通要津处埋伏准备伏击增援的清军，一边亲自上前线督战。

胜利的战报很快传来。在惠州与大星所之间最险要的龙盘岭，万礼在最重要的小路龙盘径上成功奇袭了清军援兵，清军增援部队全军覆没。几乎在捷报传来的同时，郑成功也下达了对大星所城发起总攻的命令。大星所本就不是什么特别坚固的据点，几炮轰下来，城墙很快就轰塌了。郑军再趁势一拥而上，占领全城，全歼城内的守军也就是分分钟的事儿。

大星所战役虽然是郑成功南下勤王的第一仗，且还是胜仗，但是除了打胜了，大大激励了全军的士气外，其他的积极意义基本没有，消极意义倒是很多，比如说浪费了时间、浪费了火药、消耗了兵力什么的。之所以还特地拿出来讲一下，只为说明一点，郑成功身上的性格缺陷正在逐渐暴露出严重的负面影响，将为不久之后发生的决裂与血案埋下伏笔。

荡平了大星所，郑成功的闷气总算是消了，咱们接着走吧。但是船队没有走多远，就又得到了郑成功的命令：转舵，回中左所。

命令传来，大家都感到莫名其妙，好不容易才全速前进，北上勤王，您这又是在唱哪出啊？一般士兵不知道，可郑成功和一些高级将领心里还是有数的，因为他们刚刚得到一个准确的情报，中左所被清军袭击了，而且很可能已被攻破！

事实上，不是很可能，而是确定一定以及肯定被攻破了。清廷任命的福建巡抚张学圣和巡道黄澍、总兵马得功为打这一仗，已经预谋了很久了。

获悉郑成功已率主力南下，中左所守兵单薄，二月二十七日马得功奉命调集军队渡海偷袭。不过，在出发之前，清军方面必须先解决一个紧要而现实的问题：我

们怎么过去?

众所周知，在郑芝龙旧部纷纷叛逃投奔郑成功之后，施郎叛逃投降清廷之前，清军的海上武装基本上是有建制没有兵，或者是有兵没有船的形态，即便少数几个地方有兵又有船，也不过是平常进行些近海巡逻的简单任务，能不能打海盗还是个问题，与二百年后的情况差不多，用四个字概括就是“有海无防”。

现在清军虽然在陆战方面占有绝对优势，但要是对中左所这样的岛屿发动进攻，陆战水平高是没用的，士兵和马匹总得上岸才能展现实力啊。那么想要登陆作战，凸显优势，船是必不可少的，无论如何，咱总不能划着洗澡用的木盆去吧。那样虽然壮观，不过明显横渡时移动得很慢，遇敌时死得很快。

当时的福建清军显然不受重视，因此船只严重不足。不过好在巡抚张学圣是一个有办法的人。他早就听说郑成功的叔父郑芝豹在清军占领福建时并未跟着北上或是出海，而是低调隐居在了老家安平，做良民。于是，张学圣派人找来了郑芝豹，要求他为政府“剿匪”工作提供一些必要的援助。当然，某些必要的话，比如要是你拒绝与政府合作，我就代表政府，代表人民怎么怎么了你也是难免的。

在张学圣的威胁下，郑芝豹屈服了，他向清方提供了所需的船只，虽然他很清楚清军要这些船的目的。叔都自身难保了，你就不要怪叔了啊。

东拼西凑加征用，张学圣最终总共聚集起了七十艘船，随即塞满了清兵与马匹，在总兵马得功的率领下，向中左所进发。

三月初一日，清军抵达厦门岛。对于清军的突然来袭，岛上的郑军守将几乎毫无准备，阮引、何德二人仓促出战，被击败，随即率领舟师撤至金门。要知道，阮引三将的军队是郑成功部署防卫中左所的部队主力，其中阮引、何德率领的是水师，只有蓝登的援剿后镇是陆上的唯一防守力量，因此海上防线一经击破，清军骑兵在总兵马得功的带领下，几乎无人能敌，中左所很快宣告陷落。

受托节制三镇、守卫中左所的郑芝莞，其表现明显属于没有履行合同的行为，而且还是严重违约。听说清军打上岛来，郑芝莞最先做的事是尽可能地将他能够顾及的财物往自己船上搬，随即抛下了中左所的士兵和自己的承诺，带着金银财宝乘船跑路了。

一个人的人品高下往往是在需要他的关键时刻表现出来的。事实证明，至少这一回郑成功是看走眼了。郑芝莞用实际行动证明，自己并不是一个有骨气的人。不过，有骨气的人在岛上倒也不是没有，比如一个叫曾樱的人。他的行为就与弃岛而逃的郑芝莞形成了鲜明的对比。

这位曾樱曾在崇祯年间任福安、宁清二府按察使，以全家百口性命担保郑芝龙领兵讨伐刘香不会叛变，后来又在隆武时期被任命为吏部尚书，文渊阁大学士，可以算是郑家人的老朋友、老同事。福建陷落时，曾大人不远万里携家带口前来中左所投奔，拒不降清。在我看来，这绝对是忠君爱国精神的集中展现。

现在这里又被清军攻陷，曾樱很清楚自己要做的是什么。

士不可再三受辱！

三月十二日，福建巡抚张学圣、兴泉道黄澍两人率领又一批清军上了岛。他们此行的目的并不是为了安抚岛上受惊的百姓，而是来亲自指挥监督搬运的。此次搬运的物品比较特殊，是历经郑芝龙、郑彩等两代人的经营努力，在岛上积累下来的大量粮草、军饷以及郑氏家族的私人财产。不用说相信大家也猜得到，这批财物的数量那是相当惊人的。

从各种史料以及后来郑成功给老爹，郑鸿逵给老哥的信上来看，据保守估计，清军总计从中左所转移了黄金九十余万两，珠宝数百镒，米粟数十万斛，而从出征在外的将士家属及当地百姓那里抢来的钱财粮食更是无法计算。更让人想不到的是，张学圣在夺得这笔财富并安全运回福建后，居然没有上交清廷，而是私下里同马得功、黄澍两人将东西给分了。连个零头都没给顺治留。

张学圣本以为这件事干得神不知鬼不觉，谁知一年后东窗事发。永历六年，清廷面对实力越来越强的郑成功转而采取招抚的措施，派人与郑成功协议投降。在谈判中，郑成功提出的一个不可或缺的降清条件就是退还当初被抢的近百万两财产，清廷负责交涉的大臣把此事反馈回北京，顺治才得知还有这么一档子事。

得知被人蒙了，顺治很生气，下令由刑部严查，并指示联合都察院、大理寺三法司会审。但张学圣、马得功、黄澍三个当事人和巡按御史王应元（失职罪）虽被革职，扭送京师，住了监狱，然而结果却不严重。三位仁兄打死不招，而且还十分一致地一口咬定城中并无财宝。甚至表示如若被查出有私分郑成功的财产，甘愿接受凌迟。最后居然成功过关，被判无罪释放，有的还在不久得到了起复，升了职。对此我们只能感叹一句：钱可通神啊！

张巡抚搬完财物，实际上还是在岛上留下过点东西的，譬如说总兵马得功和他所部的清兵。张学圣之所以这么做倒不是想借刀杀人，减少回去分钱的人数，主要是为了展示清朝对中左所的主权。更重要的原因是，张大人并不清楚郑鸿逵和他的部队已经从广东赶了过来。

郑鸿逵的突然到来，吓了留守中左所的马得功一跳，我咋没有收到情报呢？不过，现在提这个问题似乎也不是时候了，因为郑鸿逵军已经得知中左所的情况并出兵切断了马得功回福建的后路，封锁了周围的所有海上交通线。郑鸿逵随即派部将杨杍素、吴渤率军登陆。

要知道，相对于郑成功的部队而言，郑鸿逵军在陆地上待的时间要长，因而陆

战技术也相对成熟。经过激战，郑鸿逵方面虽有吴渤在战斗中中箭身亡，但岛上的清军基本上被扫荡干净，仅剩下马得功和少量骑兵部队顽强固守中左所城，企图得到福建清军的接应，顺利返程。

抢完了我们，就想这么轻易回家？郑鸿逵肯定不会答应。郑鸿逵一面派兵将中左所城团团围住，一面率水师主动迎战由漳州参将冯君瑞率领的援军，最终击败了敌人，使得清军不能靠近岛屿，更甭提进城了。

眼看自己快要完蛋，马得功使出了撒手锏。他派人前往郑鸿逵处，说你如果非要弄死我，那就等着顺便给你老娘黄氏和弟弟郑芝豹收尸吧。

面对马得功的这张底牌，郑鸿逵不得不选择屈服。经过一番交涉，郑鸿逵最终被迫同意归还所缴获的清方船只（包括郑芝豹提供的八艘船）。除此之外，答应另派兵船三十艘将马得功和他的所有部下送回大陆，并负起保护他们安全抵达的责任。

就这样，凭借着两个人质，马得功等人在杀完了、抢完了、烧完了后，大摇大摆回到了泉州，而且还是在敌人的护送下，那滋味真是相当过瘾。

郑成功是三月二十五日率船队从大星所一带返航的。四月初一日到达中左所，这个时候马得功部早就逃回福建了。听闻了一切的详细情况，郑成功大怒。随即干了两件事，第一是拔刀。事先说明，此时的郑成功即使脾气已经越来越差，可是杀叔叔这种明显不合人伦的事情倒是不会干的，毕竟郑成功以前是读书人，深受儒家思想的影响，如果是换成了他爹郑芝龙，估计郑芝莞等人谁也活不了。

郑成功拔出刀来事实上是为砍自己，放心，不是自虐，砍断的只是头发。读过《三国演义》的朋友应该都清楚，古人有以发代首的好习惯（比如曹操）。

郑成功自断其发为的就是以示郑重，随即郑成功当众发誓，誓必杀尽清兵，报此大辱。

接下来就是第二件事了，惩治相关责任人。卷钱逃走的郑芝莞和纵敌回闽的郑鸿逵自然首当其冲。郑成功下令，如果这两个叔叔前来求见不许进入，同时遍告郑氏族人，谁也不得与他们相见。这就是郑成功对于两位长辈的处罚，也是郑成功能够想出的唯一惩治方法。

当时郑成功的船队停驻在浯屿，郑鸿逵军已入驻中左所，两军相距不远，因此郑鸿逵最先得到了这一消息。郑鸿逵对此感到很愧疚，也很委屈。于是，他派人给郑成功送了一封亲笔信，请郑成功回中左所城从长计议，听自己解释。谁知，郑成功的脾气上来了，让人代为回复：定国公（郑鸿逵）既然与清廷通好，请我回去恐怕没有什么好意吧。回去明白告诉定国公，不杀清军，不要指望我会和他见面（回报定国，谓不杀虏，无相见期也）。

郑鸿逵是看着郑成功从小长大的，对于郑成功的秉性，郑鸿逵自然是最了解的人之一。透过郑成功的回复，郑鸿逵意识到事情闹大了。但他更清楚，郑成功是顺毛驴，性格暴躁，不能硬顶，只能说软话，因此既然郑成功不愿当面听自己解释，那就写封信解释吧。所以郑鸿逵又赶忙写了封信，派人送了过去。

信的大致内容是：我知道自己这事干得有点糙，不过这是因为你老爹我老哥郑芝龙和我老娘你奶奶在清军手里，他们以此要挟，我才不得不妥协的啊。不然，我怎么会放过马得功那小子呢？侄儿如果就这样对我起了疑心，那我也太可怜了（侄有疑吾之言，不亦惜乎）？

平心而论，这封信写得十分诚恳，说的也全部是事实。作为一个当叔叔的能用这种语气道歉，实际上已是很难为一向高傲自负的郑鸿逵了。但郑成功的态度依旧是不高兴，不满意，不妥协，不退让。

面对郑成功的“四不态度”，郑鸿逵做出了一个惊人的决定。他主动向郑成功交出了自己的全部军队，并对外公开表示从今往后不再参与任何军事活动。郑鸿逵本人除留下部分船舶从事对外贸易，其他的船只及军械也全都交给了侄子。自此，郑鸿逵携家隐居在白沙，一如昔日之言。

在我看来，这是一个内疚的叔叔所能给予的最大的补偿。隐忍退让的背后，站着的并非是畏惧与仇恨，是一种叫爱的事物。

郑鸿逵选择归隐，郑成功却依旧没有打算就此停手。四月十五日，郑成功登上了饱受劫难的厦门岛，并在澳仔扎营。他随即召集诸将，目的只有一个，彻底追查厦门失守的责任。

郑成功之所以这么做，除了悲愤其实还有一个原因，那就是弃守跑路的叔叔郑芝莞迟迟未归。据群众反映，当时自己的老婆董氏抱着儿子郑经和祖宗的牌位逃到海边，上了郑芝莞的船。郑芝莞却因自己的船上装满了宝物，怕董氏发现，居然以兵船不便居住为由，意图赶董氏和年幼的郑经下船。听说还有这种事的郑成功更加气愤，立即下令部下四处出海，寻找郑芝莞和同船的老婆孩子。

不久，郑芝莞到了，随即被押到了郑成功面前。看着这位自己曾无比信任还委以重任的逃跑叔叔，郑成功怒不可遏，大声责问道：我南下时，本来不敢完全把此地托付给你，你是怎么说的？你不是说如果在有水陆军队供你调拨的情况下，城池有失愿依军令受罚。现在还有什么好说的？

没想到郑芝莞先生还真有话说：那完全是由于阮引未能履行责任，临阵脱逃，以致清军登陆造成的，跟我无关啊！

这下郑成功更生气了，都这个时候了你还把责任往别人身上推，先把自己择干净！于是，郑成功的声音开始因愤怒而变得颤抖：他没履行职责，你就履行了么？

据我所知，水师还没有战败，你就已经开始先派人搬东西了，你本人早就身在船里了。

听到这儿，郑芝莞才真的是没话说了。

郑芝莞认罪了，其他的啥也别多说了，赶紧判刑吧，还有灾后重建工作要做呢。于是，郑成功当即宣判：判处主要事故责任人郑芝莞死刑，立即执行，首级传示军中；有逃跑迹象的阮引，死刑，立即执行；作战不利的何德，革职，责打一百二十棍；其副将杨升被处死。其余相关人员各获免职、降级留用等处分。

在郑成功回师之前，中左所的一干将领大都受到了牵连，两个人除外。一个是协守中左所的蓝登，因为清军来袭他的确是率部抵抗了，虽说最终依旧战败，但郑成功很清楚，这不是由于蓝登指挥不行，而在于清军骑兵与自己的陆战力量确实存在很大的差距。所以这不是你的错，我知道，免罪。

另外一个人是施郎。在郑成功与郑鸿逵在南澳岛回师时，身为左先锋的施郎就曾以自己最近做的梦不吉利为由劝郑成功放弃挥师南下，返回防卫中左所。不过，郑成功似乎是个无神论者，拒绝了施郎的请求，并认为施郎不想参加勤王作战，所以把他的军队留了下来，让施郎一人跟随郑鸿逵的船队返回中左所。

施郎并不是个心胸狭隘的人。无论从他之后的表现和十多年后的行动来看，虽然许多方面发生了变化，至少这一点始终没有改变。

施郎在返回中左所途中，同样听说了清军入侵的消息，但他并没有因受到郑成功的怀疑而袖手旁观，在手中没有军队的情况下，施郎反而表现得异常英勇，仅带领着身边的数十名随从，就跟着郑鸿逵军上了岸，勇敢地投入了战斗。据说施郎的人虽然很少，但就这样居然还击败了一队进犯的清军，并且把人一直追着赶到了中左所城门口才算了事。

每当读到此处时，施郎先生如此彪悍的表现，总让我不禁联想起创造了几十人追数万大军的朱能和另外一个曾带领二十七个人创造奇迹的传奇人物孙承宗孙老爷子。

那真是身不能至，心向往之。

有鉴于此，在惩处的同时，郑成功找来了施郎，说，要赏，下令赏赐给施郎纹银二百两，以兹鼓励。

对于郑成功的奖励，施郎坚决不收。说过了不是小心眼儿，他的理由是中左所失守在先，清军全军而退在后，自己作为军中主要将领却没能改变任何一种局面，实在没有理由接受赏赐。

听了施郎的话，郑成功很感动。在郑成功的坚持下，施郎不再坚持了。因为郑成功说了这样的一句话：功而不赏，罚将何施？

所以我们说当时的郑成功的确是一个很少见的赏罚分明且不以自己的亲疏喜恶对待下属的统帅。在我看来，这就是郑成功之所以会一步步走向强大的理由。

清算结束了，重建工作也有条不紊地搞了起来，不过郑成功的精神状态似乎还没有恢复。这是由于郑成功就此永远失去了一个机遇，与皇帝陛下共同奋战、实现大明中兴理想的机会。这也意味着，南明失去了一种走向不同结局的可能。

第十一章　名将登场

郑成功没能接回永历，为此郁闷了很长时间。但是一段时间之后，郑成功突然发现在自己身边，其实就有一个等待自己拯救并可以帮助自己进一步走向壮大的可怜领导，只不过是自己疏忽了而已。郑成功意识到的这个人，正是鲁监国朱以海。

一手遮天的郑彩下场了，鲁监国的日子似乎也没有得到多大的改善，仔细一看反倒更加混乱了。因为郑彩在把自己玩残的同时，也顺手将鲁监国手下大臣们好不容易才争取到的胜利给退了回去。

永历二年，打着鲁监国旗号的明军和当地义师本来已经收复了闽东北的三府一州二十七县，还把首府福州团团包围，眼看着就要入城了。但在郑彩的折腾下，不到一年，政府中有能力的大臣就基本上走的走，亡的亡，一举克复全闽的大好局面也很快随之一去不复返。在清军的大举反攻下，到了永历三年正月，朱以海先生只能在闽、浙交界的小县城沙埕过年了。

鲁监国政权收复福建的战略功亏一篑，在东南地区也几乎没有了立足之地。所以鲁监国与大臣们商量后决定，退往海上。出于各种因素的考虑，众人一致认为舟山群岛是最好的选择。不过众所周知，舟山的明将黄斌卿一直据守该地且始终尊逝去的隆武为正朔，拒不承认朱以海政府的合法性，因此还曾多次偷袭鲁王统属的明军，巡抚荆本彻、总兵贺君尧等人都是这样惨遭毒手且被黄斌卿收编其军队的。现在我们要前往舟山投奔，黄斌卿会不会再来这一手呢？

大家对这个问题的答案比较一致：肯定会。但是既然有人主动提议说去，自然就有解决的办法。说来这个办法也很简单有效——解决黄斌卿。

永历三年九月，在张名振、阮进、王朝先等人率领的舟师的护送下，鲁监国的旗舰驶往舟山。黄斌卿对于这位不请自来的客人自然很不待见，派人拜见了朱以海，并提出了拒绝鲁王军队入境的两大点理由：第一，我是隆武封的，不方便接待鲁监国；第二，舟山群岛“地窄粮寡”，很难养活鲁监国属下官兵和他们的家属这么一大批人。

听到黄斌卿使者的这些理由，鲁监国手下的大臣们暗中都笑了，多少年了，你黄斌卿咋不知道与时俱进？用的还是这种老掉牙的借口。不过这样也好，至少我们获得了鼓动士兵出战的理由。

王朝先联名张名振、阮进给鲁监国上了一份奏章，历数近些年来黄斌卿乘人之危、派兵攻杀友军、掳掠财物等无耻行为，并要求朱以海下令对黄斌卿进行征讨。虽然明眼人都能看得出来这是事先就商量好的，现在不过是走个程序，但朱以海先生的表演还是很到位的。

朱以海先以互为友军、不宜相攻伐的理由予以拒绝，随后在大臣们的坚持下，不得不下令同意。鲁王军队随即出动，向黄斌卿军发起了进攻。黄斌卿得报急忙派出部将陆玮、朱玖率水军迎战。鲁王的部队长年在外四处征战，黄斌卿军也就是在突袭友军的时候行动了一次，因此几次战斗打下来，基本上没有悬念，黄斌卿军完败。

黄斌卿终于意识到，想要靠武力打退鲁监国的水师是不可能的，于是黄先生企图依靠同为明朝宗室的安昌王和隆武的大学士张肯堂两人作为中间人，劝鲁监国退兵。回复传来，两个人同意了。

九月二十四日，象征团结和解的会见在舟山近海一艘大船上进行。之前双方约定好互相约束己方船只不得出海，所以这时的海面上只有与会者所带的几艘普通船只，会面的气氛是比较平和的。会上，黄斌卿首先检讨了自己兼并友军的种种错误，随即表示同意与鲁监国合作，并归还所有劫得的鲁王军财物与士兵，做出相应的补偿。

黄斌卿本是很抠的，能如此大方，自然是为了尽快将包围舟山的水师忽悠走，到时候还不还钱、放不放人，主动权就在自己手里了。

然而黄斌卿过于自信了。阮进、王朝先这些朱以海手下的大臣都不是傻子，你黄斌卿想些什么，以为我们不清楚吗？再者说，黄斌卿之所以敢来与会，是因为船上有安昌王、义阳王等明朝宗室在场担保，黄斌卿认为阮进等人是不敢当场把自己怎么样的。

谁都知道黄斌卿是个阴谋家，面对这种人大家自然用的是对付阴谋家的方

法——更大的阴谋。

找这几位王爷列席会议，为的就是引出黄斌卿。现在既然已经达到了目的，自然就没有再放虎归山的道理。阮进暗示其亲信尹明，趁黄斌卿不备，将他当场杀掉，随即把尸体直接扔进了大海，一了百了。

不出所料，黄斌卿被杀后，岛上获悉此事的兵将马上出现了混乱局面，这时候轮到张名振上场了。张名振和黄斌卿的关系并不一般，双方是儿女亲家，但这却不妨碍张名振参与并主谋了对黄斌卿的刺杀。毕竟对张名振而言，国家的事明显要高于自家的事。

张名振带兵来到舟山，当即向混乱中的士兵们宣布：监国此来，是代替逝世的隆武实现恢复故土遗志的，肃虏伯原班人马别害怕，各归岗位，与大家无关，照用你（自应协力）。场面终于安静下来了。

讲清了政策，接下来最后也是最为重要的是实际行动。在这方面，张名振做得很不错，他先以鲁监国的名义，以礼厚葬了黄斌卿，并亲自主持祭奠，优养其家属。再有就是具体到个人的安抚工作，所有黄斌卿的旧部将校均官升一级，给予赏银若干，歧视的没有，敌视的不要。

就这样，凭借着自己与黄斌卿、鲁王政权的特殊关系，张名振很快稳定住了局面。黄斌卿旧部全部表示愿意统一在鲁监国的旗帜下，为实现明朝的中兴继续奋斗。一切搞定。

鲁监国在舟山站稳了脚跟并开始重整旗鼓，改变原先主攻福建的战略方针，重新把工作的重心和重点转移到了浙江一带。另外还依照建议，重用自己的老对手隆武留下来的大臣，以团结东南沿海所有的抗清力量。他派出使者敦请前隆武朝吏部尚书张肯堂为自己的大学士，用吴钟峦继续担任礼部尚书，孙延龄为户部尚书，朱永佑为吏部左侍郎，李长祥、张煌言为兵部侍郎。凡是尚在人间并有志于恢复明室的，鲁监国都进行了妥善的安排任用，东南的抗清局势为之一新。

外部是新了，内部却似乎没啥变化，情况反而更严重了。以前是郑彩一统天下，一言堂，现在却变成了张名振、阮进、王朝先这三巨头说了算。虽然表面上看似进步，不过问题是一旦有了分歧没人肯让步，久而久之，出事了。

按照唯物辩证法，一般内部出了问题，最初是由外部显露出来的，或者是由外部引起激化的。这一理论具体应用到这次连锁事件中，情况确实如此。率先爆发冲突的是屯军于温州三盘的闽安伯周瑞和平虏伯周鹤芝两部。

永历四年，两位五百年前或许是一家的周老兄因矛盾长期积累，终于大打出手，兵戎相见。由于他们在名义上都统属于朱以海，因此收到消息，鲁监国连忙派巡按吴明中前去调解，化解这场损己不利人的内讧。

朱以海并不知道，他派出去的吴明中实际上是有问题的。此人其实是一个打入鲁监国政权内部的卧底，虽然在为清廷做官的时候被义师俘获随即投降，但他始终是向着清朝的。所以吴明中一来，无异于火上浇油，二周本来不过是小规模的武装冲突，也就是械斗的级别，经吴先生的搀和后很快就发展成海陆空三方位的立体对打，炮都用上了。

消息再度传回舟山，朱以海意识到这里面有猫腻，又改派他人前去协调。没想到双方此时都已杀红了眼，谁的话也不听，下决心要将对方置于死地才肯罢休。鲁监国被闹得不行，最终也放出了狠话：谁再闹，就灭了谁！俩人这才停手。

最终，周瑞领兵南下福建，投靠了当时已与鲁监国政权翻脸了的郑彩；周鹤芝则带领所部北上舟山，依附于阮进麾下。麻烦也自此被引入了舟山。

当时鲁监国政权的三巨头中，势力最大的当属张名振。张名振先生一直有一个希望，那就是与郑成功合作，共谋兴复大事。当郑成发动兵变占据中左所并击败郑彩后，为了替被郑彩害死的同僚出口恶气，同时也为向郑成功示好，张名振出兵给予郑彩最后的一击，彻底消灭了其残余力量。但周瑞在郑彩被灭后并没有跟着玩完，辗转成为郑成功的部将，军队被统一收编成了郑军的一部分。这下阮进和周鹤芝不高兴了。

周鹤芝原本想趁此机会一雪前耻，干掉老对头周瑞，为此厉兵秣马，辛勤磨刀，就等着大刀向周瑞头上砍去的那一刻。不料等到最后，得来的却是张名振的叫停。周鹤芝不干了，找阮进委婉转达了自己的不满，希望阮进帮着传达。阮进也是个实在人，没多想就找到了张名振，又向张名振转述了一遍周鹤芝反映的情况，想为周鹤芝讨个说法。没想到，最终不干的人变成张名振了。

起初入主舟山时，作为事前的总设计师、事后的善后处理者兼黄斌卿的亲家，张名振其实并没有得到什么实际的好处。

黄斌卿的部队，海上的部分归了阮进，陆上的武装降了王朝先，至于那些军资甲仗之类的东西也全部被两个人平分，张名振忙乎了半天连一点好处也没捞到，本来就很不爽，只不过考虑到政府内部的安定团结问题，没有较真儿而已。现在你阮进居然得了便宜还卖乖，蹬鼻子就想上脸，想坏了我张名振联合郑成功起事的大事，张名振当然不肯答应。

于是，阮进误以为张名振看不起自己，开始暗中联系王朝先一起抵制张名振的政策。毕竟现在政府中是三人委员会制，虽然你张名振实力最强，但我们每次议事都跟你对着干，二比一搞否定，限制你的权力，看你小子还能得意多久！

其实，阮进和王朝先不过是为了迫使张名振屈服让步才出此下策，而与张名振斗法的。然而他们不知道，张名振向来是一个不肯认输的人，这样一闹反倒把张名

振彻底惹火了，跟我玩，玩死你。

张名振感到，要以一敌二，一举取得胜利，还是有些问题的。他决定分而治之，逐一消灭敌人。张名振先找到了阮进，表示同意帮助彻底结束二周之间的争端，与阮先生达成了谅解备忘录。安定了阮进，张名振随即把斗争的矛头直接指向了王朝先。

张名振之所以采取先王后阮的斗争策略，主要基于两大原因：一是阮进是个大老粗，人比较实在，容易蒙，好对付。二是王朝先犯了一个张名振绝对不可饶恕的罪过。

黄斌卿在舟山的旧部本以为张名振对袭杀黄斌卿的事情是不知情的，因而当这位黄斌卿的亲家前来岛上安抚时，大家才会主动听从张名振的安排，才肯最终接受张名振建议，归降鲁监国。现在王朝先为了斗倒张名振，居然把当初事情的真相公之于众，让黄斌卿的士兵们得知张名振不仅预先知情而且还是袭杀黄斌卿的主谋。这下群情激愤了。

杀了我们的老大和你自己的亲家，回来还假装不知情，骗取我们的信任归顺朱以海，张名振你真不是个玩意儿。当然让士兵们更气愤的主要还是后者，被张名振先生当拿来当傻子耍，被人卖了还要帮着数钱！于是，得知此事，当即就有个把出离了愤怒的士兵，回营抄起家伙，要去找张名振报仇。

张名振很快也得到了消息，知道是王朝先在背后捅自己的刀子。为避免黄斌卿旧部发动兵变，张名振决定先从源头着手，解决掉王朝先。在同阮进密议后，张名振确认自己有必要先发制人，永历五年（1651）二月的一天早晨，张名振正式发难。阮进派遣精壮士兵趁着王朝先未起，一举冲入他的帐中，将还没来得及穿衣服的王朝先堵在了里面。

王朝先并不笨，一见这情景，马上明白了这些不速之客的来意。他迅速夺过一把刀，连续砍倒数人，成功从营帐中逃出，跑到了大学生张肯堂家中。张肯堂得知详情，连忙请王朝先入内室躲避。但关键时刻王朝先不知脑子出了什么问题，竟然以自己赤身裸体为由拒绝了张肯堂的好意，同时也错过了活下去的机会。王朝先很快便被阮进带领士兵们再次堵住，这一次没能跑成，被当场杀掉。事后，张名振将谋害黄斌卿的责任全部推到了王朝先身上，并给出了一个杀人的理由："擅杀斌卿，忘谊不赦。"

张名振认为，只要这样做了，给黄斌卿旧部一个交代，事情就平安解决了。但是，事实并非如此。黄斌卿的士兵们得到了交代，王朝先那里却不好交代了。王朝先的部将张济明、吕廷纪听到消息，随即发动了兵变，召集所部士兵抢夺一番之后，乘船前往宁波，向清总兵张杰投降去了。这样清军不仅尽知舟山虚实，而且还得到了他们梦寐以求的向导。那是相当的愉悦。

永历四年九月，清廷调固山额真金砺、提督田雄等将统领兵马，由奉化、余姚两地分别进军四明山区，对当地抗清义师和明军进行围剿。鲁监国任命的兵部右侍郎冯京第在清山行动中被擒遇难。兵部左侍郎兼左副都御史王翊本来打算联合王朝先的舟师趁虚攻打杭州，结果因王朝先已被阮进所杀，不得已回到四明山中，在之后的一次战斗中被清兵俘获，不久就义。

冯京第和王翊是鲁监国在四明山区抗清根据地的最高领导，两人先后被杀，山中的抗清武装基本陷入群龙无首的境地，很快被清军各个击破。清浙闽总督陈锦在大体消灭了四明山区的抗清武装后，开始着手准备大举进攻舟山，以图彻底摧毁鲁监国政权，灭掉这个浙东抗清武装活动的中心。

永历五年八月二十日，清军大部队集结于定关，舟山战役即将打响。这一次，清军可谓是拼上了老本，参与作战的将领有浙闽总督陈锦、平南将军固山额真金砺、固山额真刘之源、提督田雄、定海总兵张杰，基本上都是清廷在东南各省最能打海战的将领。除此之外，金华总兵马进宝、吴淞水师总兵王燝经陈锦要求和清廷批准，也率所部来配合作战。这种架势一经亮相，舟山的朱以海和大臣们马上意识到，这将是场决定鲁监国政权生死存亡的不可避免的大决战，不可马虎。

朱以海闻讯，立即召集文武群臣开会，商讨御敌对策。经过商议，决定由军中最精于海战的荡胡侯阮进带领水师扼守定关海域，击破清军差到家的水军。防守舟山城的重任被交由安洋将军刘世勋、都督张名扬、中镇总兵马泰三营负责。鲁监国朱以海和兵部侍郎张煌言、定西侯张名振三位核心人物也没有闲着，分别率领军队乘船南北出击，协同各部作战。

敌军三路来，我们三路去。朱以海，你是一个勇敢的人。

八月二十一日，大战正式开始。清军方面，陈锦、金砺等分别率军登船，趁清晨海上大雾弥漫，挥师渡海。舟山群岛的明军在发现敌人动向后，不敢怠慢，立即在各山头燃起烽烟示警各部，随即集合战船，在阮进的统领下出海迎敌。两军水师在横水洋遭遇，紧接着隆隆的炮声就在平静的海面上响起，空气中布满了硝烟的味道。

阮进一向身先士卒，在这场决定鲁监国政权命运的关键战役中更加兴奋。他指挥自己所乘战船直攻清军统帅金砺的旗舰，并向对方的船上发射火箭，投掷火球。不料，一件意想不到的事情发生了。一颗投向金砺战船的火球撞上桅杆后竟被直接反弹回来，落在了阮进自己的战船上。当时阮进正专注于指挥士兵们进攻，没有注意。等到发觉起火，火势已控制不住了。阮进被大火烧伤，被迫弃船跳入海中，继而被清军擒获，次日伤重身死。

就这样，一次意外直接导致了明军海战的失败。借用项羽的一句话，这才是天欲亡我，非战之罪。

明军的海上防线因失去指挥，被清军集中兵力击破。因此清军在当天下午就已开始在舟山登岸。依据陈锦的事先安排，登岸的清军很快被分成两部分，一部分攻打舟山城，剩下的接着操纵战船在海上拦截回援的明军，防止被抄后路。

虽然上岸的清军只是参战清军的一部分，前往攻城的清军又是登陆清军的一半，但对守城的明军将领们来说，压力还是很大的。综合多种史料来看，即便是这一部分清军，少说也得有近万人，相对于舟山城中仅有的五百明军和由当地百姓自发组织的数千义勇军而言，这无疑是场艰巨的挑战。即使如此，面对蜂拥而至的清兵，刘世勋和都督张名扬仍然毫无畏惧，亲自率领明军和义师背城力战，重创清军，杀伤敌人千余人。然而随着战斗时间的延续，双方在兵力和实力方面的巨大差距也很快显露了出来。

张名振麾下中军金允彦见城中火药用尽，缒城出降。巡城主事邱元吉也畏死降清。明清两军的攻守激战从八月二十二日一直打到了九月一日，双方的损失都很严重，但更为严重的还是明军。虽说留下守城的五百人都是明军中的精兵，不过并非每个人都是兰博，可以一个人干一个排，阵亡一个就少一个。他们也很清楚，老百姓虽然乐于帮助，可打仗毕竟是军人的事，不能指望义兵拼命。刘世勋在指挥作战时，一般不把危险系数大的任务交给义师做，因而几天的仗打下来，五百精兵基本全部殉职。

九月初二日，围城的清军发觉明军已经出现了兵员补充不足的情况，随即调整了战术，四处挖城竖梯，是墙就爬。守城明军的人数本来已经相当有限，这样一来又得四面布防，因此舟山城最终没能继续坚持下去。城池的西面率先被清军突破，敌兵纷纷入城。战斗由此转入巷战阶段。

在南明时期的明清交战史上，细心的朋友往往会发现战局通常是走两个极端。要不然就是特别好打，清军一来就拱手投降或者是清军没来守将就跑路了，清军只管接受空城，例子很多，这里就不列举了。要么就是非常难打，少量的守兵硬是顶住了清军长时间的强攻，不到箭矢射尽，火药用光，士兵打完，硬是不肯屈服，甚至城破之后还在坚持着打巷战，巷战结束了还潜伏下来，意图趁敌不备搞光复，实在很难应付。舟山的这场仗，毫无疑问应该划归于难应付的那种情况。

城破之后，剩余的士兵愣是在刘世勋、张名扬、马泰三名将领的率领下与入城之敌死磕，最终以全体将士英勇巷战、力尽阵亡为结局，没有人乞降，没有人辜负当日的嘱托。所以说，虽然舟山城是九月初二日告破，然而这座坚强的城池却是在几天之后才宣告失守。

舟山失守后，大学士张肯堂、礼部尚书吴钟峦、兵部尚书李向中、工部尚书朱永佑、通政使郑遵俭、兵科给事中董志宁、兵部职方司郎中朱养时等相继自杀殉国。鲁监国正妃陈氏为免遭侮辱投井而死。鲁监国世子被俘。

朱以海和张名振、张煌言是在回援舟山的路上听到这些消息的。此时的朱以海已经取得了阻击从浙江台州和江苏吴淞赶来的清朝水师战斗的胜利，然而当他们率领主力赶往舟山海域时，明军却遭到了清方留守战船与岸边军队的拼死阻截，双方军队又激斗数日，直到舟山失陷的战报传来，朱以海才不得不放弃继续向舟山城靠拢。

与张名振、张煌言等人商议后，鲁监国决定保留实力，撤离舟山，避免被处于优势的清军全歼。他们唯一可以选择的退守地点也只有两个了，一个是周鹤芝部的原驻地三盘，另一个则是鲁监国曾暂居的小县城沙埕。

经过对比，朱以海最终敲定率领剩余舟师前往“有房可居，有险可恃”的三盘固守。不过，趁着一次张名振等派兵到附近的黄华、龙湾一带筹措粮食的机会，陈锦命令金衢总兵马进宝统兵攻陷了三盘，岛上的房屋器械全部被清军放火焚毁。朱以海不得已再次改换驻地，南下沙埕。

按理说，沙埕也是很不错的选择，这里以南的海域属于福建，不为浙江的清军水师所熟悉，可以暂时作为休养生息的场所，养精蓄锐。但此时鲁监国君臣似乎还是忽略了一点，那就是陈锦的职务这一问题。陈锦是清廷任命的浙闽总督，也就是说不仅浙江的军队要服从陈总督的指挥，福建兵将也必须遵照他的命令行事。恰巧陈锦又是一个很认真负责的人，于是当他听说朱以海又跑到沙埕一带，务求斩草除根的陈锦马上下令在闽安的清军堵截明军的陆上交通线，又调金衢总兵马进宝从浙江出发，协同福建水师合击沙埕。

舟山失守后，鲁监国军的士气本来就已大为低落，后来又遭遇了一次清军突袭。当他们听闻陈锦又要派兵来攻打沙埕时，许多士兵心理上的防线终于彻底崩溃。海上漂泊无定，何处是我家？一些对鲁监国政权的前途感到失望的将领纷纷赴闽安向清廷投降。仅都督一级（正一品）的高级将领就有五人之多，就连在舟山海战中被清军杀死的阮进的弟弟阮美也因为对未来失去了信心而主动降清。

强敌来袭，居无定所，降将如潮，鲁监国政权面临着有史以来的最大挑战。不知所措的朱以海最终接受了大学士沈宸荃和兵部左侍郎张煌言的建议，前去与中左所的郑成功接洽，前往归附。

永历五年十二月，鲁监国在张名振等将领的保护下，乘船南下，到达了已属郑成功势力范围的海坛岛，继而在此暂住。之前死命追着朱以海不放的陈锦也不敢再来了。因为陈大人很机灵，他知道谁是总能惹得起的，谁是永远惹不起的。

永历六年正月，郑成功真正同意鲁监国朱以海和部众进驻厦门岛，随即经商议，朱以海同意以明朝普通藩王的礼节与郑成功会面，并最终被郑成功安置到金门居住。两月后，朱以海正式对外宣布放弃监国称号，奉西南的永历为正朔，派使者上表称臣。永历对于此事表现得很大度，表示如果出于抗清大业的需要，朱以海依旧可以保留监国的名号，领导东南沿海的抗清运动。

不过就当时的条件来看，即便真的如此，留着也没什么用。因为此时东南已有了一个比朱以海拥有更强实力、更大号召力与更令清朝方面感到压力的人，他就是郑成功。

兼并族兄郑彩的部队，接管叔叔郑鸿逵的部队，现在又与鲁监国军结成联盟，郑成功的力量从没有如此强大过。郑家军的水师本来就是当时世界上最强的海上武装之一，如果考虑到西班牙的无敌舰队已被彻底废掉，英荷两国在进行第一次英荷战争，舰队均处于伤亡惨重的状态，朝鲜的铁甲龟船已在库房里生了锈，日本的战船长年躲在平户等海港里不出海，上面的那个“之一”或许也能考虑去掉。

在陆战方面，郑成功军的实力也有了很大的加强。本部士兵的弓马技术日益平稳提升，郑鸿逵、黄斌卿留下来的陆军同样使得郑成功梦寐以求的陆海配合的战术实施更加明朗化。对此郑成功很有自信，只要假以时日，自己一定能够拥有一支海上无敌、陆上也不弱的军队，甚至凭借它纵横东南各省，夺回故都南京！事实上，如果日后没有那两个人存在的话，郑成功的这一理想基本上是能够实现的。

当然，郑成功对一个问题还是有着相当清楚的认识的，那就是一支军队最终能不能取得战斗的胜利，最后拼的不是人数的多少、武器装备的先进与否和单兵的素质强弱。这些虽说都是十分重要的因素，但绝对不是真正的关键，真正的关键其实是人，是指挥战斗和负责后勤等工作的人本身，这才是军队强大的真正秘密所在。这里提到的人当然不是指普通人，具体说来，应该称作人才。

在整顿军队、发展驻地经济、进行基础设施建设的空暇，郑成功最喜欢做的事就是四处招徕有能之士。事实上，国姓爷的这个名头也的确极具吸引力，几年之内郑成功确实网罗到不少豪杰俊才。可是其中却有个问题，那就是武的太多，文的太少，最终不可避免地导致军中文武官员比例失调。

这也难怪。虽说兵荒马乱的，许多读书人不能正常参加科举，出仕做官，但为了建功立业也不至于病急乱投医，投笔从戎去也。想当官不那么注重节气的，大可以主动投靠清朝，混个官职。重视气节的可以南下，去相对正统的永历朝中任职，即便是苦了点，但好歹也可以见见最后一任皇帝，光宗耀祖一番。那些既不愿意受苦四处跑又不愿意降清被视作汉奸的，则可以要么在家乡隐居，要么找个山区避难，再差点隐姓埋名去穷乡僻壤教书育人也成，实在犯不着进入军队跟着风餐露宿，整天和一帮斗大的字不认识一箧还很横的大老粗们混在一起，丢不起那个人啊！

郑成功一度是读书人，虽然到现在身上已经完全不再有书生的身影，取而代之的是一个百战沙场将领的英气与豪气，然而曾经做过书生的郑成功对这些同学的想法还是比较了解的。因此对于那些好不容易找来的读书人，郑成功是相当恭敬的。

永历二年（1648），郑成功攻克同安。这本来是场很不起眼儿的小仗，因为清军很不耐打，一打就完。郑成功很顺利入了城，并任命了各级官吏驻守。可是郑成功离开不久，附近的清军就发动了反扑，郑军守将邱缙等力战而死、同安知县叶翼云被俘不降而亡。在这些坚持与清军对抗到最后的郑军官员中，有一个叫陈鼎的文官，他本来是郑成功在当地任命的教谕，职务不大，又没什么实权，本不用殉城，可出于责任感，他最终还是选择了在明伦堂自缢，用自己的生命诠释了道义的真谛。

几年后，隆武朝时的兵部侍郎王忠孝前往中左所依附郑成功，并为郑成功的军国大事决策献言献策。谈及当时军中缺乏有能力的文官时，王忠孝当即向郑成功推荐了一个合适的参军人选，他就是当年那位教谕陈鼎的儿子。

郑成功其实是想让王忠孝担任自己的参军，这不仅是由于王忠孝多年任职兵部，有着丰富的军事斗争经验，还因为自己和王忠孝的见解非常一致。王忠孝明显知道郑成功的暗示，但他本人就是不允可，只点名让郑成功去与自己所说的人见上一面。

看到连王忠孝也对此人推崇备至，郑成功终于好奇了起来。他决定找到那个人，亲自与他见上一面。

事实证明，这个人并不像想象中的那么难找，看来不是神龙见首不见尾型的，因为他早就来到了中左所，且在郑成功为吸引四方人才而开办的储贤馆读书。

既然很早就来投奔我了，怎么没听人说到储贤馆有个了不得的人才呢？郑成功开始对王忠孝的话感到怀疑，认为那些只是王忠孝不愿居于自己麾下的托词。不过最终强烈的好奇心和求取贤才的渴望还是战胜了疑虑。郑成功把这个年轻人叫进了自己的营帐，与他闲谈起来。谁知一谈最后竟然一发而不可收，说了半天。谈完之后，郑成功很高兴，走出营帐说的第一句话就是："复甫，你真是当今的卧龙先生。"

复甫者，陈永华也。如果你对这个名字还不熟悉，那么后来他在中原内地常用的那个化名相信你肯定是知道的，那个名字叫陈近南。

南明可被称为名将的人实在不多，即便是像焦琏、胡一青这样的猛人也只能说他们是一时名将，但要如戚继光前辈那样为万世所铭记传颂，上面两位可能还不够

格。连胡一青这种一个能打十个的都没资格，那么南明时期可以号称名将的还有谁呢？个人认为，具备了丰富的作战指挥经验、辉煌的战绩、一往无前的战斗意志等等等等名将的基本要素的人，大致有两个。

第一个当然是郑成功。郑成功的名字即使是在今天也可说妇孺皆知，而且就连日本人都知道。除了戚继光外，如果要说日本人还对明朝的哪个将领记忆尤深，估计也就是国姓爷了。

平心而论，综合郑成功一生中参与过的大小战役和他在其中的表现，我们不难得出一个结论，郑成功之所以会成为人们心目中的名将，并非是因为郑先生很能打，郑成功的名将称号基本上不是靠会打仗赢来的，在这一点上郑成功和几百年后的另一个名人华盛顿倒有几分相似。毕竟，人家郑成功是在高中（国子监）毕业后才改行带兵行军的，用我们今天的话，这叫半路出家，不那么专业也是可以理解的。

不过，虽然郑成功不是科班出身，但凭借着老爹郑芝龙留下的强大水师和叔叔郑鸿逵的帮助，在历经数年打拼锻炼之后，普天之下郑成功能看上眼的将领已经没有几个了。可是李定国绝对是个例外。

郑成功曾对人说过，他生平最敬重之人就是李定国。这绝不仅是因为李定国是当时郑成功政治与军事上最亲密的盟友兼亲家翁（郑成功的侄女嫁给了李定国长子），这样说就是为了恭维拍马屁。在我看来，以郑成功的性格，这句话的诚恳度和真实性应该不会很低。事实上，无论是从当时人的角度还是后世人的观点看，李定国的名将称号基本上是靠会打仗赢来的，他获得南明第一名将的荣誉绝对当之无愧。

李定国，字宁宇，陕西榆林人。万历四十八年（1620）生人，家世务农。不过到了李定国这里，没能“世”下去，他在十岁那一年被迫出道，参加了民军。领他出去混的老板兼经纪人就是当时大名鼎鼎的民军领袖张献忠。

虽然按照某些书上的说法，年方十岁的李定国是完全出于对革命事业的向往，自觉自愿参加到张献忠队伍之中的。不过我认为要想让一个质朴的农家少年在未经宣传教育的情况下就拥有如此高的革命信仰和阶级觉悟，基本上只有一种可能，纯属瞎说。

因此，排除天生高觉悟之类的不可抗力因素，李定国被从家里人那里抢走，被迫从军的可能性估计更大一些。毕竟你不可能指望着个头儿还没有长枪高的小屁孩靠当兵给家里改善生活吧。毕竟参加的又不是政府军，况且就算是李定国他爸同意，他妈也肯定会坚决反对的。

反正不管是自愿还是被自愿，我们最终也只能得到一个肯定的结论：从此年仅十岁的李定国开始跟随民军征战四方，西北的戈壁、西南的群山、中原的市镇到处都留下了李定国的身影。从这点来看，李定国似乎比当年的马三保还要辛苦得多，因为他入伍时年龄比马三保还要小一岁。但李定国倒还算幸运，至少他没有每天夜里都要担心自己能不能在明天的战斗中幸存下来，更不用为永远失去他人的关照而暗中伤心流泪。这是因为张献忠虽把年幼的李定国从父母身边带走了，可是他却成为李定国新的父亲，并给了李定国一个还算完整的家。就是在这个新家中，李定国认识了自己的其他三位兄弟，同样在很小时就被张献忠收养的大哥张可旺（孙可望）和三弟张文秀（刘文秀）、四弟张云枝（艾能奇）。

面对新的环境和新的生活，李定国渐渐明白了一件事，想要在这个乱世中活下去，不被父亲张献忠厌弃（民军中也没有余粮啊），自己一定要有本事。因此自出道以来，李定国开始慢慢练就一身本领，并逐渐成长为张献忠军中一位不可或缺的大将。

崇祯十三年（1640），李定国奉张献忠之命，单枪匹马挑战明军大将张令，趁其不被将其当场射杀。这位张令在当时的明军中绝对是一个传奇般的人物，虽说老头儿已年过七旬，尚能开五石硬弓，而且还百发百中（马上用五石弩，中必洞胸），军中号称“神弩将”，类似于三国时期的老将黄忠，不是一般的强。就在此战不久之前，他还带领副将方国安大败张献忠于玛瑙山，追击其军数百里。不过这一次，他却说什么也没有想到会被一个二十来岁的小将在根本没有任何防备的情况下用自己最拿手的功夫置于死地，实在是出乎预料啊！

一箭射杀“神弩将”张令，此后李定国之名开始在明军和民军中流传，张献忠则更为器重自己的这个义子。一年后，他决定交给李定国一个危险而艰巨的任务：奇袭襄阳。

这个时候的张献忠虽说除去了张令这个劲敌，可猛人杨嗣昌还在，并还率领大军猛追自己，势要将自己彻底消灭。张献忠知道杨嗣昌比较较真儿，既然已经向皇帝陛下保证要灭谁就一定要灭了谁，所以杨嗣昌这几年有家不回，有假不休，甚至连年都不打算认真过，只是认认真真在做一件事，跟着张献忠在山里跑，然后追上他，接着灭掉他。张献忠终于被追得烦了，也意识到如果杨嗣昌和自己二者不死一个，这件事就永远不会完。因此张献忠决定，让杨嗣昌去死，结束这一切。

张献忠毕竟不是皇帝，更不是玉帝或上帝，想要杨嗣昌死不是动动口就能办到的，最终得靠动手。经过对战局的分析，张献忠打算派一支小部队急行军前往突袭杨嗣昌的大本营兼明军后方总部襄阳，杀掉襄王朱翊铭，把杨嗣昌逼上绝路，只有这样才能够使崇祯下令处决杨嗣昌。他最后在挑选领兵的将领时，第一个想到的就是李定国，认为只有这个人才能够实现自己的计划。

李定国几乎没多想就接受了这个任务，随即就马上带人去了。参加这次奇袭的，算上李定国总共只有二十七个人。后来经过一路狂奔，掉队了后来才跟上的不算，真正参加奇袭攻城的只有十二个，也就是一支足球队加教练的数量。但就是这么点人，在李教练的缜密策划和出色指挥下，最后竟然成功完成了任务，狠狠折腾了一夜，一直坚持到张献忠率大军到来，里应外合，襄阳城就这样被拿下了。这一年，圆满完成任务的李定国只有二十一岁。

崇祯十七年，张献忠在成都称帝，孙可望、李定国、刘文秀、艾能奇这四个都十分争气的义子分别被封为平东将军、安西将军、抚南将军和定北将军，日后大西军中的四将军平等议事的制度就是在这个时候建立起来的。李定国虽然不如孙可望那样深受张献忠的信赖与喜爱，不过凭借着多年的战功和辉煌的战绩，李定国在军中的地位实际上已经仅次于张献忠和孙可望，成为大西政权的第三号人物和张献忠手下第二号大将。

与善于防守的孙可望不同，李定国是一个功防俱佳的全能型选手。由于李定国在攻城野战方面的实力更强，许多人都误以为李定国只擅长攻击。事实上，从后来的肇庆之役中我们不难看出，李定国守城的水平也很不错。

除了敢于兵行险招、寻隙出击外，事实证明，李定国不但是一个出色的军事指挥家，更是一个上马能砍人的猛人。平时不坐镇指挥时往往能带头冲锋，直接上阵杀敌，久而久之李定国也得到了当时普遍流行的一个象征身份地位的事物——外号。

在明末，民军的主要首领或主要首领麾下的主要将领都是有外号的。因为在他们的眼中，外号不仅是拿来互相区别用的，更是对外显示能力身份、招揽部众的一个标志，作用类似于我们常见的商标。当然，和今天“傍名牌”的现象一样普遍，盗用他人外号的更普遍。不过除了一个外号有 N 个人共享的这种情况外，还有一个人专用一个外号（比如“一堵墙”的孙可望）和一个人专用 N 个外号（如张献忠就有八大王和黄虎两个绰号）的现象。

即便是相对于这些人，李定国应该算是比较特殊的。李定国先生的专用外号不止一个，而是三个，相当于“干爹”张献忠和“义兄”孙可望绰号的总和，由此可见李定国在当时的知名度已经很高了。

李定国的第一个外号是“万人敌”。这个词本来是兵法的代称或是当时一种武器的称号（袁崇焕守宁远时临时发明的一点燃烧一大片的那个）。虽然有时候也用来形容一个人很猛，但并不常用。据我所知，在李定国之前唯一获得此称号的只有两个人，分别是关羽和张飞（陈寿如此评价）。

接下来的这个称号虽说没有“万人敌”猛，但也叫得很响，叫小柴王。所谓

"柴王"指的就是后周世宗柴荣。据部分史料反映，李定国生得英武，身材魁伟，眉修目阔，举止有度，与民间传闻中的柴荣很有几分神似，就得到了这样的一个外号。不过起初看到这个外号时，本人有些晕，因为这和李定国的第三个外号"小尉迟"似乎有些矛盾。众所周知，尉迟恭长得奇黑，相貌方面也是大手笔型的，实在谈不上什么精致，所以把两个大相径庭的外号安在同一个人的身上，怎么说也很难让人理解。后来我去了趟图书馆，又找了几张疑似李定国的画像看了下，了解了。"小尉迟"应该和"万人敌"归为一类，与相貌无关。

上面提到的事看似很无聊，事实上提及这些只为了说明一点：我们对李定国的了解实在太少，李定国远不如与他齐名的郑成功曝光度高，知名度与美誉度则更是谈不上。至于这之中的原因，后文中自会为大家揭晓。

张献忠在西充被清军射杀后，孙可望顺位被推为大西军首领。不久之后，孙可望杀掉了与自己政见不合的大西军宰相级人物汪兆龄，从此完全将大西军的军权与政权收归一身，老大的位子坐得更稳了。孙可望既然升格做了大当家的，那么李定国、刘文秀、艾能奇这些个三、四、五当家的也应该按顺序晋升一级，理由很简单，张献忠在的时候就有四将军共议大事的制度，现在张献忠虽不在了，然而哥儿几个还在，你总不能在干爹的尸体还没凉透的情况下就开始专制独裁吧！这样别说是三个弟弟不干，底下的弟兄们也是不会干的。

孙可望对这种状况早有准备。虽然在得到大权后孙可望就不愿意分权，不过他很清楚，这三个弟弟都不是好惹的，特别是李定国，此人在军中威望极高，人缘很好，又特能打仗，一旦与他翻脸，麻烦是不小的，后果是严重的。所以孙可望在平定云南被大西军将士推为国主时，封李定国为安西王，刘文秀为抚南王，连已经战死了的艾能奇也给追赠了一个定北王的头衔，力图先借此笼络这两个弟弟。不过，在孙可望进行笼络的同时，压制也是必不可少的环节，毕竟萝卜总是有限的，大棒才是有效的。

于是，在孙可望的精心安排下，著名的演武场升旗事件发生了。

永历二年四月初一，孙可望借李定国在演武场商议军事的会议中早到，预先让旗鼓官鸣炮、升帅旗的机会，把李定国当场抓了起来，并趁机向在场的全体将士宣读了李定国"目无兄长"等数条大罪，下令将李定国按在地上打屁股一百下。等到打完了，孙可望马上扑了过去，抱着被打得开了花的李定国哭开了，一边哭还一边大声说道：不是做哥哥的太狠，一切都是为了严明军纪啊！

少来这套！李定国出来混靠的不仅是膀子，更是脑子。你孙可望心里想的是什么我还不清楚吗？李定国不是那种心胸狭窄的人，自己不小心犯了事被打了本来无话可说，然而孙可望却表演了这么一出既想当婊子又想立牌坊的蹩脚戏，李定国愤

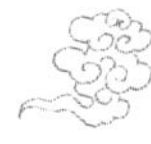

怒了。为了维护大西军内部安定团结的局面，防止四川的清军乘虚而入，李定国决定忍了。

孙可望看到李定国被打之后，大西军上下对自己的领导地位都加深了认识与了解，十分欣喜，又一手策划了请封秦王的活动。孙可望希望以此为契机，从此名正言顺的统辖李定国和刘文秀，成为真正的一把手。

没想到李定国为此事又站了出来。事实上，李定国并非像某些史料上形容的那样，一开始就十分积极地赞同联明抗清方针。最先提出这一方针的，其实恰恰是孙可望本人。虽然孙先生在动机方面不是很纯洁，但至少这个功劳该属于孙可望。起初李定国对此是极为反对的。

听说孙可望遣使联络永历后，李定国随即找到了孙可望，见面就说了一句话：我想当王就当王，用得着永历来封么（我自为王，安所用请）？这摆明了是不高兴、不愿意、不合作。

不过，孙可望不会放弃这次向李定国宣传朝廷政策的好机会的。他马上示意李定国坐下听自己解释，经过反复的劝说与诱导，在孙可望的帮助下，李定国终于理解了与南明合作的重要性，同时也表示乐意接受朝廷的封赏，改头换面，重新确定自己的人生理想和奋斗目标。

谈话到了最后，李定国激动地对宣讲国家政策的宣传员孙可望说了一句话：如果真的如此，那么我们自此便是朝廷的人了，不再是流贼，不能再反复了。

听了李定国的话，孙可望终于笑了。在孙可望看来，说服了李定国同意接受永历的封赏，就意味着自己已完成了正式接管大西军的第一大步，剩下的就只差领旨与办仪式了。孙可望兴奋之余，似乎并没能搞清情况，李定国的意思其实是这样的：既然如此，我们以后就全部是明朝的臣子了，今后谁也不要反叛朝廷。两者的区别在于，在孙可望看来，李定国服了朝廷，朝廷又迟早会被自己掌控，因此李定国最终同样要屈服于自己。而在李定国看来，大家之后将彻底平等，皇帝陛下最大，你孙可望也要听皇帝的话。

兄弟决裂的伏笔就此埋下。

因此当永历被从南宁接来的那刻起，实际上未来已经注定。兄弟二人即将走向截然不同的道路，而且势必越走越远，直到生命的尽头。

虽然孙可望抢在郑成功之前将永历君臣接入了自己的势力范围内，但当时的局势尚不明朗。东北面的清军豪格部趁大西军撤出四川的机会，先攻下了明军扼守的内江，杀死了南明四川巡抚马乾，接着又进军遵义（明代属四川），击败了重病中的明督师大学士王应熊，杀掉了已经降清的四川总兵贾登联、副将谭得胜及其所部所有官兵。因此四川除少数地区还残留着些明军外，清军基本上占领了四川。

东南面的贵州大致还是由明军掌控，不过也不太平。用今天的话说，那些驻守当地的明军将领已经蜕变成了名副其实的军阀，整天只会互相打。兵是多，基本上是抓来的；官是高，基本上是自封的。这样的一拨人别说是联合起来一起对外作战了，不主动入侵云南跟孙可望争夺永历的保护权或者降清引兵来攻，已经是烧高香了。

面对危机四伏、复杂纷乱的局势，孙可望认为如果想要守住云南这最后的根据地，大西军必须采取积极的防守战术，简单来说就是以攻为守。

永历四年，孙可望派遣大将白文选进军贵阳。按照孙可望的说法，此行是为了结束贵州各部明军割据称雄的局面，联合当地势力最强的明军将领匡国公皮熊和忠国公王祥，与各路明军结盟。虽然表面上是这么讲，不过大家都很清楚，这是孙可望打着皇帝的名义想要收编西南的所有明军。

皮熊在官场混迹多年，对孙可望的来意自然十分清楚。不过他更清楚的是，以自己的兵力根本不是孙可望的对手，况且孙可望是挟天子以令诸侯，自己完全没有拒绝的理由。皮熊并不甘心就此归附，于是他先派遣自己的亲信李之华为使者，表示愿意与孙可望方面通好，又提出了一些零碎的条件，意图先拖住孙可望的进军步伐，能拖多久是多久。

皮熊有些太小看孙可望了。孙先生事实上是一个城府极深的人（这一点拜张献忠耳濡目染所赐），而且喜欢玩阴的。孙可望在给皮熊回信的同时，秘密命令部将冯双礼伺机消灭皮熊的武装。大将王自奇和冯双礼接到孙可望的密令，统兵从小道攻打平越，并一举击破守军，活捉皮熊，皮熊部明军全被收编。

解决了皮熊，孙可望的下一个目标是王祥。此人是已故大学士王应熊的家人，具体说来是他家的仆人。王祥本人极为机智，办事干练，出身虽低，但在王应熊的教导与培养下很快就升为副总兵，帮助王应熊抵御张献忠。后来王应熊病死，王祥凭借与王应熊的关系接连收集散落的明军士兵，不久便拥兵数万人，并自此积累功勋，一直做到了总兵官右都督，镇守遵义。

九月，刘文秀、白文选奉孙可望之命北上遵义、永宁。明永宁总兵侯天锡很识趣，当天开门归降。王祥估计是怕孙可望会因之前的过节而恶整自己，因此率部迎战。孙可望对反抗自己的人向来就只有一个处理意见——杀，所以大西军与王祥部在乌江河进行了一场大战。王祥兵败，逃亡真州。大西军攻下遵义，王祥部下的兵将同样被孙可望收编。

十二月，孙可望亲自统领大军，从贵阳进兵贵州东部的铜仁，并很快完成了攻城任务。至此，贵州全省都处于大西军的管辖之下。

与此同时，大西军在四川明军占据地区的收编工作也在有条不紊地进行着。永

历五年，孙可望见几个月的交涉都没能如愿和平收编四川明军，于是决定来硬的，诉诸武力。

孙可望派刘文秀总领兵马，分两路入川。一路由刘文秀本人率领，渡金沙江，取道建昌；另一路由孙可望的亲信王自奇统帅，从毕节取道永宁，大举进入川南。两路大军接连击败在当地称雄的武大定、袁韬和李乾德。其中袁韬、李乾德被刘文秀派出的轻骑在日夜兼程的追击中俘获，押回大西军驻地嘉定。武大定仅带领十余骑逃走。四川南部也归于大西军的统领之下。

虽说孙可望是在投降明朝之后搞出这些名堂的，而且似乎也很难逃兼并友军的嫌疑，不过好在孙可望还算言而有信，在接管了贵州全省和川南后开始履行当年的承诺，奋力抗清，中兴大明（至少表面上是这样的）。自此之后，大西军的名称将不复存在，取而代之的是一个统一的称呼：明军。

永历五年（1651）四月，孙可望派遣冯双礼等率领马兵一万余、步兵数万，由黔入湘，配合李定国进军湖广，收复失地。这是李定国和冯双礼第一次以明将的身份与清军交锋，但这似乎并不妨碍李定国自此一战成名。

刘文秀率领的是西路军，由川南进发抗清。李定国作为东路军的总指挥，将他的第一站锁定在了位于湘西北地区的沅州（今湖南芷江）。这里自古以来就是人们眼中的蛮夷之地，很不招人待见，但在李定国看来，攻打此地却是最好的选择。

鉴于无论是明军还是以前的大西军都有遭受到清军重创的惨痛经历，李定国认为在与清军主力进行决战前有必要提升士兵的作战信心，这样才不至于师出无功，见了清军就四处跑。须知，士气对于一支军队来说是最为重要的。没有取胜的决心就永远没有取胜的结果。

当时的沅州恰好十分符合帮助明军找回信心的条件。既然这里被认作是不开化地区，清军自然不很重视此地，防守比较薄弱，守军共三个营，合计才只有士卒三千人，说实话还不够李定国部塞牙缝的。不过一个合格的将领从来不会嫌弃敌人弱小，他们知道，所谓的大胜往往是由无数的小胜积累而来的。

随着李定国的一声令下，明军很快就完成了对城池的包围，士兵们随即在冯双礼的指挥下奋勇攻城，当天就占领了沅州。清将郑一统、知州柴宫桂被一并俘获，守城清军被全歼，完胜。

接着冯双礼等人前往攻打临近的辰州，这次明军遭到了异常激烈的抵抗。清朝任命的辰常总兵正是一向表现出色的徐勇，他带领清军拼尽全力抵挡住了冯双礼指挥的几轮进攻，并凭借严密的防守将明军拖住，等到了续顺公沈永忠领兵两万前来支援。冯双礼部就此被两路清军纠缠住，打了一年的拉锯战。

明军虽说是在永历五年四月左右就进军湖广与清军作战，但实际上出发的仅是作为李定国北上湖广的先头部队，也就是冯双礼部的几万人而已。李定国真正出场是在永历六年四月，也即冯双礼出征整整一年后。不过李定国不愧为李定国，人一出现，湖广的战局立刻发生了巨大的改观。

五月，李定国和冯双礼部在湖南会师，随即大军以迅雷不及掩耳之势攻打靖州。沈永忠闻报，忙派总兵张国柱领兵八千名往援。不过沈永忠并不清楚，李定国的真正意图并不在于攻下靖州，而是迅速消灭沈永忠部下能打的军队。在今天看来，这种战术应该叫主动吸引敌人，组织大规模的运动战，进而开展以消灭敌人有生力量的歼灭战，这样看来，李定国的军事修养已经达到了一个很高的层次了。

沈永忠派出的增援部队很快便陷入了等待许久的明军的重重包围。一场交战之后，清军大败，五千一百六十三人被杀（其中满洲兵一百零三人）、战马损失八百零九匹，仅剩四分之一的人侥幸逃回，可以说几乎是全军覆没了。张国柱的援兵既被打败，围的点自然也没有啥用了。明军趁胜攻克靖州，处死了靖州知州沈一恒，进而收复武冈。

沈永忠相对于冯双礼而言，也就是个小学水平的将领，更何况现在李定国又亲自来到了湖广战场，不用说沈永忠更加没戏了。在李定国先生领衔的军事实践课程中，沈永忠被结结实实狠打了几把，手下的士兵人数也迅速缩水，只剩下了万余人。按照这样的速度打下去，沈永忠估计自己离见阎王的日子是越来越近了。

沈永忠感到自己实在招架不住李定国了，打算找一个能招架住的人来代替自己挨揍。所以沈永忠没多想，就向广西桂林派出了使者。

沈永忠本来和孔有德互相看不对眼，出于这个原因，当时清廷才派沈永忠率军入驻湖广，为的就是让孔有德识趣快点收拾东西领兵去打桂林。现在沈永忠被打得受不了了，居然晕了头主动找老对头孔有德告急求救，真是失策啊！

孔有德对沈永忠的求救表现出了高度的关注。孔先生几乎没有丝毫犹豫，就立即召见了沈永忠的使者，并让他送去自己的回复：不用担心，湖南出事朝廷不会不管的，但现在我手下的部队分散在各地驻守，分身乏术，无法借兵给你，因此兄弟你要顶住，顶住啊。

废话半天，找了一大堆的借口，最后的主题还不是两个字：不去。看完孔有德亲笔信的沈永忠很愤怒，老孔你迟早要倒霉的！

不过骂娘是解决不了问题的，李定国不请自来，孔有德请了不来，沈永忠比较无奈，只好拿出最后一计，跑路。

永历六年六月初二日，沈永忠带领麾下清军从宝庆向北跑，退守省会长沙。沈永忠一跑，清廷任命的宝庆知府冯桓、永州知府李策鼎、长沙知府张弘猷等官员马上也跟着跑，因为大家都不傻，明军势头如此强劲，援兵又迟迟不到，不跑就会完

蛋。大家虽有收税的权力但是没有与城共存亡的义务。在跑路精神的鼓舞和明军的迅猛攻势下，除岳州、常德和辰州尚有清军驻防外，湖南境内的大部分州县均被明军克复。

事情发展到这个地步，沈永忠别无选择，只能主动向清廷汇报真实状况，自觉承担丢城失地的罪责。可是沈永忠没有想到，上面的态度却相当暧昧，顺治为此事特地给在湘潭蹲守的沈永忠发了一道密旨，总计八个字："不可浪战，移师保守。"

这可是您让我跑的。接到密旨，沈永忠立即再次宣布开路，八月初六日，沈永忠放弃长沙，率部逃往岳州，几日后明军入驻长沙，湖南战事基本宣告结束。

作为挂印湖南将军的驻湘清军最高统帅，沈永忠基本上把湖南丢了个精光。虽然沈永忠大可以用不是奴才无能而是敌人太狡猾的借口搪塞，实在不行还可以搬出顺治的密旨为自己开脱，可是该来的弹劾到底还会来的。

沈永忠逃到岳州不久，清兵科都给事中魏裔介就向顺治上疏弹劾沈永忠"身为大帅，望风宵遁"，要求将沈永忠革职查办。顺治起初还帮着沈永忠说几句，后来随着弹劾的奏章越堆越高，也就不吭声了。最终，顺治大笔一挥，同意，沈永忠就此完蛋，被削去爵位，押回北京候审。

孔有德得知沈永忠被办了，欣喜不已，你小子终于也有今天！但是此时的孔有德并不清楚，明天的自己会比今天的沈永忠更惨。

李定国在沈永忠往长沙跑的同时，早就已离开了湖南前往开辟第二战场，全州战场。而全州已是孔有德的驻防范围了。孔有德对李定国的到来并非没有预料到，事实上在李定国带领八万军队开到全州的几天前，孔有德就已预先派出部将孙龙、李养性率部赶赴全州加强该地的防守。不过，仅这样是远远不够的，因为这一次孔有德的对手是李定国。

从率领精锐兵马由武冈、新宁进军来攻全州，到二十八日歼灭全州所有清军，击杀守将孙龙、李养性，李定国用了不到十天。消息传到桂林，孔有德终于清醒了。李定国和八万人不是来观光旅游或虚张声势、武装游行的，他们来的目的就是打仗，而且还很会打仗。

孔有德起初并没有把年轻的李定国当回事，只在全州加强了防守，其余的军事部署丝毫未变，因此明军一攻破全州马上就顺利打到了兴安，直逼桂林的门户严关，孔有德急了。

得到消息的第二天，孔有德亲自带领手下最为精锐的辽军赶赴严关，打算凭险拒守此地，阻止李定国继续南下。可是到了前线，孔有德才认识到什么击败明军、固守严关都他娘的是扯淡。因为充当明军先头部队的是一支极为特殊的兵种——象兵。

李定国之所以会在东路军出征整一年后才达到湖南前线，不是因为李定国不愿打，耍大牌，而是李定国在等人，准确地说是在等着接货。李定国当时接的货物就是今天孔有德和清兵面前的这些庞然大物。据说这批大象并非普通的大象，全部是由缅甸进口的战象，总计五十头。这些大象本着“打仗，我们象更专业”的原则，每只都经过严格的训练，刀砍箭射不怕，把眼睛一蒙，就连老鼠大炮都不惧，很是厉害。因此在严关的战斗中，李定国体贴地将大象兵团放在了阵列的最前方，冲锋陷阵。

孔有德是地地道道的北方人，估计对大象这种动物虽听说过但没见过。而且孔有德到底不是沐英，对火器并不在行，论应变能力也远不及张辅，于是只能采用最原始的方法，两军对冲，死磕。

你骑马人家骑大象，摆明了是欺负你，还不知死活下令迎战，不是被大象给踢坏了脑袋了吧？最终的交战结果基本上没有悬念，清军大败，“浮尸蔽江下”。孔有德仅带少数残兵，于当日傍晚从战场上狼狈奔回桂林，而且一进城就马上下达命令，即刻紧闭各个城门，务要严防死守，阻止明军乘胜攻城。看来真是吓得不轻。

孔有德虽说是打输了，而且还很惨，可是心里并不服气。在他看来，自己之所以会败得如此之惨，主要是李定国太过缺德，在战斗中投入了惨无人道的生物武器，而自己的士兵没见过世面，才会吃败仗。于是不服的孔有德在七月初一日又一次率军出城，与李定国玩儿命。

李定国面对孔有德的辽军，还是采用老方法，兵来象挡，骑兵次之，步军殿后。这一回在孔有德提倡的玩儿命精神的引导下，战局果然较前次大有不同，除孔有德外出城的清兵基本上都一次性地把命玩儿完了，不是被大象撞死就是被踩死，战场之上那真叫一个惨不忍睹，目不忍视，到处都是重伤的清军士兵痛苦的呻吟声。

虽说又被李定国的大象兵团打败了，孔有德到底还有点收获，至少明白了一点，只靠身边这点兵力是很难守住桂林的。七月初二日，孔有德终于做出了与李定国交手后最为正确的一个决定，派人飞檄南宁的提督线国安、梧州的左翼总兵马雄和柳州的右翼总兵全节，放弃各自镇守的地方，领兵火速回援桂林。而在同一天，李定国也下达了一个命令，率大军包围桂林城。

桂林很快被明军围得水泄不通，外加四面攻打。守城的清军逐渐感到越来越吃不消，要不是城内有孔有德四处巡视督战，士兵们早就投降了。事实上，不仅士兵们有投降的想法，说实话孔有德本人也有。

清朝对孔有德而言并没有什么过于特殊的感情，只不过是当年实在混得太差，没办法了才入伙的，仅为了混口饭吃而已，犯不着为清廷扔了这条老命。再说，在

哪吃饭不是吃饭，生命诚可贵啊！于是在孔有德的指示下，降将王允成出面与李定国的代表马进忠见了面。

王允成同马进忠的私人关系很好，以前在明军中被人并称“王、马”，因此由他与明军接洽归顺事宜，孔有德很放心。可是得知此事的清军其他将领对孔有德的行为提出了强烈抗议，投降的事就这样不了了之。

既然谈不拢，那只好接着打了。七月初四日，李定国率领的明军攻破武胜门，清军抵挡不住，全线溃败，桂林城破矣！

第十二章　锋芒

孔有德丧失了最后的投降机会，又在战斗中被明军射中额头，流血不止。在明军进城的时候，孔有德跑回了自己的王府，在极度的绝望之中连呼“完了”(已矣)，随即将一路上掠夺来的珠宝全部聚在一间房内付之一炬，又手刃爱姬，点火自焚。

孔先生会不会在烈火中得到所谓的永生，我不知道。我知道的是那句话的确很靠谱，就是那句“出来混，迟早要还的”。

孔有德自杀了，按照传统惯例，作为孔有德老婆的白氏也没有理由继续活下去。自缢前，白氏把儿子孔庭训托付给侍卫白云龙照顾，只对儿子说了一句话：“如果你能免于一死，就出家为僧，不要学你父亲做叛徒，落得像今天这样的下场！”(苟得免，度为沙弥。勿效乃父作贼一生，下场有今日耳)

在我看来，这既是遗言也是心得。

明军六月三十日进抵桂林城郊，七月初四日攻破城池，历时五天，全歼守城清军，俘获叛臣庆国公陈邦傅及其子文水伯陈曾禹、清廷任命的广西巡按王荃可、布政使张星光，降王允成。迫使定南王孔有德举家自焚于王府(前明靖江王府)，史称“桂林大捷”。

说到孔有德，还剩下三件事值得一提。一是他的儿子孔庭训没有当成和尚，出城后不久就被明军士兵查获，抓了回来。几年后由李定国下令处斩，孔有德一系绝后。

二是清廷得到孔有德在城破没有投降而全家自杀的消息，很激动，认为孔有德

实在太够意思了，就由顺治出面追赠了一个谥号，立碑纪绩。还修建了一座祠堂，春秋祭祀。

三是孔有德家的人实际上并没有完全死光光。孔庭训虽没跑出来，可他的妹妹孔四贞乘乱逃出来了。三年后，她护送孔有德的棺木返还京师，听说孔有德事迹的顺治他妈孝庄皇太后觉得这闺女无依无靠很可怜，于是决定收养她为义女，封为和硕公主。孔四贞就此成为清朝唯一一个汉人公主，被留在北京。后来据说顺治爱上了自己的这位干妹妹，想要娶回家，没想到不久又偶遇弟弟博穆博果尔的老婆（福晋）董鄂妃移情别恋了，婚没结成。最终，孔四贞嫁给了父亲孔有德的旧部孙龙之子孙延龄。不过事情并没有就此结束。

康熙三年（1664），孔四贞与孙延龄携家驻防广西，掌握孔有德的定藩旧部。九年后，三藩之乱爆发，孔四贞夫妇因为清廷当时克扣定藩粮饷，头脑一热，也跟着反了。不久冷静下来后，后悔了又打算重新投降清廷，被吴三桂察觉，孙延龄被骗出桂林诱杀，孔四贞则被带到了云南，孔有德剩余的部属家当就此全部归于吴三桂。

康熙二十一年（1682），三藩之乱平定，原有的定藩也被顺手一道平了，孔四贞被接回北京。不过孔四贞用以维系实力雄厚、忠于孔有德的定南王旧部的政治利用价值已经不复存在，孔四贞开始以一个普通人的身份住在北京，几年后病死，就近葬于北京，其墓民间称之为公主坟。

这样看来，顺便一提，说到的还挺多。总之，套用一句歌词“故事里的事说是就是不是也是，说不是就不是是也不是”，听上去很像顺口溜，不过人生确实如此。

收复桂林后，李定国亲自坐镇桂林，指挥明军继续南下克复失地。不到一个月，明军攻下平乐，杀清朝府江道周令绪，擒平乐知府尹明廷等人；收复柳州，俘清廷右江道金汉蕙，把广西各地的清军统统逼进了梧州。

接下来，李定国挥军进攻梧州。孔有德的余部线国安、马雄、全节三人干脆连迎战的勇气都没有，直接抛下梧州就逃入了广东，投奔老上级的老兄弟平南王尚可喜。

八月十五日，明军进入梧州，至此广西全省均告平定。

桂林的胜利对南明而言是空前的。与四年前的江西、广东两省反正不同，这一次明军是靠一刀一枪打出来的，换句话说，这是实力的见证。所以此战的影响也很大，堪称轰动效果，不仅两广清军被打得闻风丧胆，但凡见到李定国的旗号转身就跑。以至于一向主张采取主动，对南明势力赶尽杀绝的清廷，在得到战报后也特意下谕旨告诫尚可喜和耿继茂等人，千万不要为了替孔有德报仇轻易出兵广西，否则就把你们……

李定国本来打算乘胜进兵广东，让尚可喜先生去陪他老哥做伴的，可孙可望那里却发来了急报，要求李定国立即北上湖南，迎战清廷调派的敬谨亲王尼堪和他带来的八旗军精锐，因此李定国急忙集结部队赶赴湖南战场。

临行前，李定国委任部下总兵徐天佑为广西巡抚，留守广西。并派人将俘获的陈邦傅父子二人连同王荃可、张星光等清廷官员解赴贵阳，交由永历先生处理。随即就此启程。

当时的清廷所谓的四大贝勒早就成了传说，就算是年纪相对较轻的四小贝勒此时也已经老的老，死的死了。当得知明军李定国等部接连攻克湖南大部分州县的消息时，刚亲政的顺治显得很慌张，由于以前发生过金声桓、李成栋反正的事，顺治对于汉族将领已经不那么信任了，于是他转而将目光投向了满蒙籍的将领中，打算挑选一名信得过又能打的，前往湖南作战。就这样挑来选去，尼堪进入了顺治的视野中。

尼堪，全名爱新觉罗・尼堪（清初其实还有另一个叫尼堪的大臣，不过是姓纳喇氏，注意区分）是顺治的本家，从这点来看，绝对可以信得过。据说这位仁兄同样是十岁从军，历经战事无数，军事经验丰富，曾先后追随多铎与明朝的关宁军交战，打过朝鲜，跟多尔衮入山海关，打败过李自成，之后参加了攻打南明福王政权的南京之战和后来的江阴之战，又随豪格出征张献忠的西充战役，可谓是打遍了天下，而且还真没遇上什么难啃的对手，说他是清廷宗室的新一代猛人，似乎也不过分。

事实上，尼堪这个人在众人的眼中还是很特殊的。首先是名字，尼堪是满语，翻译成汉语意为汉族，不过这是礼貌些的翻译方法，译得难听点，叫南蛮子。所以真不知道当年尼堪的老爹为什么要选择这个词来给自己的儿子起名，本来是满族人，而且还贵为皇帝的直系亲属，居然整天被别人“尼堪，尼堪”地叫，估计是个人就会很不爽。但是，或许在尼堪先生看来，最让他不爽的还不是自己的名字，而是自己的老子。

前文提到尼堪和顺治是一家人，这里暂作尽量简单的说明。从血缘关系上看，尼堪应该是顺治的叔叔辈的，因为尼堪他爷爷就是顺治的太爷爷，闻名遐迩的努尔哈赤，而尼堪的爹正是努尔哈赤的长子褚英。

按照封建社会的传统，家业一般是要由长子来继承的，就算这个家大了点，是国家，那也不例外。不过，这在当时的后金第一家庭中却出了意外。褚英因为与努尔哈赤手下的所谓“开国五大臣”不和，后来又由于执掌后金国政深受四大贝勒的嫉妒，被五大臣加四大贝勒结成的反对派连续恶整了几把，最终以很搞的诅咒罪名被努尔哈赤下令幽禁致死。死时年仅三十六岁，的确是很惨。

可是在那时，女真人还比较实在（或者说是现实），讲究的是谁拳头硬谁就当

老大，成者王侯败者寇之类的，所以褚英先生虽说死得不明不白，但大家都忙着抢东西，谁也没空考虑这个问题，更没闲工夫去为褚英平反。含冤去世，含恨而终，那就含着吧，还能怎么样？于是，我们就可以明白了，年幼的尼堪就是在这种环境下走上了战场，跟着四处跑，又背负着这样的一层身份得到了顺治的重用。因此尼堪为什么会在湖南的战场上有一些令人不解的表现，相信在了解了这些前因后，不用在下明说，你应该懂的。

七月十八日，尼堪正式受封为定远大将军，统领八旗精兵南下，先打服湖南，再进入贵州，联同在陕西的吴三桂和四川的李国翰所部合攻贵阳，从而彻底消灭南明这个被清廷上下一致认为最棘手的对手。二十日，尼堪率领大军前脚刚走，明军攻克桂林、孔有德兵败身死的战报就传来了。顺治对这个消息深感震惊，于是在与大臣们讨论后，众人一致决定，火速派人截住前行的尼堪军，告诉他计划有变。

八月初五日，尼堪得知了修订后的新计划：先占湖南宝庆，然后进军广西，最后联合广东的平南王尚可喜、靖南王耿继茂所部，指挥二人配合自己先桂后黔征服大西南。

尼堪对这个新方案不是不满意，而是非常满意。因为尼堪很清楚，吴三桂很久之前就是名满天下的猛人，很难控制，而且在此人的光芒下，自己的身影很容易被掩盖，虽说是主帅，但也很可能沦为配角。可尚可喜和耿继茂就大大不同了。这两个人向来是陪衬级的，而且命中注定是配角，除了特听话，没什么特别之处，因而跟他们一起作战攻打南明，最终的功劳绝无意外是自己的，甚至可以毫无顾虑地在他们面前大喝一声：“我是主角！”那感觉真是相当好啊！

作为一个曾在阴影中生活了很久的人，尼堪不想再次体验那种难以表述的痛苦。因此一接到命令，尼堪当即下令改变进军方向，取最近的路直奔两广。

十一月十九日，尼堪率领大军行至湘潭县，刚到就收到了一个好消息：驻守在当地的明将马进忠闻讯率部众退往宝庆。尼堪闻讯大喜，命令大军继续前行。

二十二日，清军前进至距衡州三十里处。尼堪的先头部队发现了明军的踪影，并在印证属实后发动了进攻。

这支明军据记载虽然一千八百人，可他们抵抗的时间却大出尼堪预料，连喝杯茶的时间都没有，就被打得溃不成军，四处逃跑。实在是不堪一击！接到前方胜报的尼堪更加兴奋：真是闻名不如见面，明军就是这么一个东西。于是尼堪马上向军队下达了新的命令：兼程前进，直取衡州。

经过一夜的赶路，尼堪和他的军队在次日天明之前终于到达了衡州府，并发现了明军主力的痕迹。在尼堪看来，这里将是自己独自指挥的战争生涯的起点，但事实证明，情况刚好相反。

在尼堪和满蒙军到达之前，李定国已在这里等了很长的一段时间了。事实上，尼堪所有的“乘胜”追击，无论是十里还是二十余里，都是李定国一手导演的。目的就是在尼堪面前示弱，让他的轻敌之心膨胀到极致，然后再一步步地引清军进入包围圈，一举歼灭。

现在尼堪既然听话地来到了预定的位置，李定国也不打算再客气了。随着李定国一声令下，预先埋伏在各处的明军一同杀出，顿时杀声震天，势如潮涌。至此，尼堪终于有点搞明白状况了，敢情是被围了。

尼堪虽骤然遭遇包围，脸上却没有显示出像影视剧中中计将领的那种不安与慌张。他认为自己并不存在惶恐的理由。自己是身经百战的将领，带领的这支军队更是非同一般，属于清军中没有大事不出门的满蒙部分，而且还是精锐。就算眼前这些明军之前确实隐藏了实力，我辈何足惧哉！

尼堪开始在包围圈中从容不迫地组织清军发起反攻。尼堪对反败为胜那绝对是百分之二百的自信，所以他信心很足。信心很足，所以他冲在最前头。冲在最前头，所以就出事了。

个人认为，这件事绝对不能怨尼堪本人。就算他不冲动，迟早也是会出事的。

众所周知，清军将领的盔甲都比较有特色，特别是头盔，搞得跟插了根避雷针似的，实在是太过醒目了。当时的满清皇族将领是可以穿黄色战甲的，如无特殊情况，尼堪现场的打扮应该是一身金灿灿的软甲再搭配可以当旗杆使的头盔，这战场之上只能用一句话形容：不只是吸引。

很快，尼堪就意识到了行头出位的危害性。就算是再没见过世面的兵丁，也能猜得出这是个大官，所以明军士兵分批向尼堪涌来，围住就是一通群殴。尼堪和随身护卫多人最终全部被明军群殴致死。

主帅尼堪在混战中被杀，一等伯程尼也战死了。清军打到这个地步，也不敢再继续了，在多罗贝勒屯齐的率领下大举退往长沙。后来这路清军班师回京，跟随出征的将领如贝勒吞齐、巴思汉，贝子扎喀纳、穆尔佑，固山额真韩岱都被顺治严加惩处，以陷师论罪，有的受到革爵、革职的处分，有的直接下刑部狱，可以看成是侄子顺治给叔叔尼堪间接报了仇。

随着李定国战胜清军的消息又一次传开，各地南明军队和各路义师的抗清积极性大增，在广东一直打游击的安定伯马宝趁李定国大军收复广西的余威，率部接连收复阳山、连州、连山等州县，活捉清连阳副将茅生蕙、游击马泗汗、守备白守富。江西西部的义师首领刘京则配合李定国部将高永贵攻克了永新、安福、永宁（今属江西省吉安市）、龙泉（今江西遂川县）等地，俘杀安福游击张曾显，甚至还一度围攻吉安，迫使清江西巡抚蔡士英不远千里向江南总督马国柱告急，请求援兵

入赣帮手。

总而言之，南方各省的抗清浪潮再度高涨，清廷驻守南方各地的封疆大吏叫苦不迭。南明军队终于在清军面前扬眉吐气了一次。

继桂林大捷之后，李定国在短短四个月内又取得了衡州大捷，重创清朝最为精锐的满蒙八旗部，斩杀皇叔级的亲王尼堪，一时间名扬天下。拥护明室的官员百姓更是为之精神振奋，弹冠相庆，认为复兴之期指日可待。不过，或许人们最熟悉的还是战后黄宗羲为此说过的那段话，现帮助大家温习一下：

> 逮夫李定国桂林、衡州之捷，两蹶名王，天下震动，此万历以来全盛之天下所不能有！

接下来是作为两次战役的失败方、清廷的首席代言人顺治先生对此事发表的评论："我朝用兵，从无此失。"

然后是清朝官员的：自国家开创以来，未有如今日之挫辱者也！

比较搞笑的是，自此之后，清廷官员中居然有许多人被打出了"恐李症"，其中比较典型的是曾任清朝广西巡抚的王一品。这位仁兄之前因病回京疗养，有幸避过了桂林之战，几年后清军乘虚夺回广西，吏部想起了王一品，就推荐他复任广西巡抚。谁知王大人得知此事，打死不去，最后靠送礼拉关系好不容易改任其他官职，没想到后来东窗事发，事情被捅到了顺治那里。顺治很生气，直接就给判了个绞刑，拉出去挂了。不能不说运气还是差了些。

自李定国统率明军以来，三战三捷，击败清军数十万，干掉两个王爷，声闻四海，全国欢欣鼓舞，但孙可望不鼓舞。孙可望和李定国本来就是有矛盾的，现在李定国取得如此辉煌的战绩，孙可望先生有些坐不住了。孙可望经过认真思考，决定亲自上阵露上一手。

永历六年十一月初一日，在李定国驻军衡阳给尼堪设好套等待他钻入的同时，孙可望发动了攻打辰州的战役。孙可望之所以把作战的地点定于此，是因为这里是李定国一开始打的时候没能拿下的城市。倘若自己能一战攻下辰州，至少可以证明一点，李定国干不成的我成！

为了确保战役顺利进行，孙可望不仅率领大军来到沅州坐镇督战，还调来了大将白文选，命他统领五万人，限期夺取辰州。

白文选这个人不同于大西军的一般将领，属于当年跟着张献忠一起从陕西老家打出来的最早的那帮人之一，年纪虽不是很大，但资格很老，作战经验极为丰富。白先生一接到命令，也不废话，当即开路，于当月二十一日，带领明军分水陆二路进抵辰州城下，包围了城池。随即白文选就叫人拿出了攻城略地的必备撒手锏——大炮，下令：给我日夜不停地轰。次日天刚亮，白文选休息好了，又来了，在视察了昨日的炮击成果后，领导很满意，随即下达了第二个命令：上撒手锏二号。

撒手锏二号名曰大象。

李定国的作战风格讲求的是快速凌厉，先派大象踩，再派骑兵砍，最后让步兵清扫残敌，给人的感觉比较类似于日后的机械化步兵师，千里推进，平原野战是其特长。如果这样看，白文选部就应该是重装甲师，配备的都是大型工具重武器（大象、大炮），虽说行进速度慢，但在攻打敌人据点或城市时效率相当高。因此这一套用下来，效果真的很好。

清军副将张鹏星领兵出战，被明军的大炮送上了天。辰常总兵徐勇凭城固守，最终也没有扛过这要命的两招。明军借助大象为先头部队突破东门，跟着大队人马以此为突破口冲入城内，徐勇在城内混战中被明军乱刀砍死。

辰州在孙可望的亲自指挥下被攻克，清朝任命的辰常道刘升祚、辰州知府王任杞等文武官员被抓住后砍了。东路军再创佳绩。按照这个趋势进行下去，收复江南半壁河山似乎并不是个梦。但是对未来充满信心的南方人民并没有等来美梦成真的这一天，因为西路军败了。

前文提过，率领西路军的是孙可望和李定国的义弟抚南王刘文秀，其既定任务是统率五万明军从川南出发，防止清军在四川站稳脚跟南犯贵州，同时渐次夺回失地，牵制清朝部署在西部的重兵。

应该说，西路军一开始打得也是很不错的。八月初九日，明军攻克叙府（今宜宾），取得了叙州大捷，阵斩清军总兵南一魁，全歼守城清兵，迫使清军的叙府总兵马化豹只身逃回保宁。除此之外还有甲喇、牛录也被明军一举做掉若干，四川清军的损失不可不谓惨重。

顺便一提，南一魁和马化豹原来都是明朝将领，其中的南仁兄更是当时久负盛名的“两叛将军”（官方评价，非本人），先降李自成做参将，后来清军入关，认识到李自成不可能再做皇帝，又炒了老板的鱿鱼，投奔蒙古的鄂尔多斯部，转做清军先锋，调转枪头打李自成，而且还穷追猛打，死追不放，比狗仔队还疯狂。其人品之低下，行径之卑劣，无疑将无耻二字引向了一个新的境界。

本来其人因为汉奸工作做得太好，被分派到四川做总兵，正有待突破，谁知刘文秀竟来了，为了立功，出去打了一仗竟死了。时人评价，一个字：该。

刘文秀初战大捷。与此同时，当时还在西路军序列下的白文选率部攻打重庆。时任川陕清军最高领导的定西将军李国翰本来得到的通知是尼堪王爷将带领精锐的八旗铁骑和自己合兵一处，大举南下扫荡川南和西南的明军，抓到明朝皇帝押解到

京师砍头。结果没有想到尼堪望穿秋水不见人，明军却主动来了，来得还挺猛，在四川各地四处攻打，一个不留神的话，说不定明军的马刀就砍自己头上了。

于是，八月十九日李国翰秘密前往夹江，来见四川巡抚李国英，与他紧急商议应对明军的对策。最终两人的决定是全师北撤，保命要紧啊。

八月二十四日，驻守重庆的清军将领接到了撤退命令，渡江北走。二十五日，明军收复重庆。刘文秀从当地百姓的口中得知清军在一天前方才撤离，立即做出了准确的判断，敌人应该跑得不算太远。因此刘文秀果断下令，派兵追击清军。

不出刘文秀所料，清军确实没走很远。在距离重庆一百二十里的停溪，明军部队赶上来将清军包围。停溪战役就此打响。

刘文秀十分清楚，清军的优势在于骑兵野战。所以刘文秀不触这个霉头，派出的追击部队虽然是骑马追过去的，不过军兵手中拿的并非是马刀而是火枪。

在古代，想要克制骑兵，特别是清军骑兵，靠得住的只有火器。明军士兵们截住了撤离中的清军后，没有冲上去玩对砍，而是先封锁了敌人的退路，然后步兵骑兵压阵，弓弩手防止清军发起冲锋，接着就是主角火枪兵的事了。

火枪兵们四处分散开来，寻找有利于掩护的隐蔽处，从容地装药，放铅子，瞄准，扣扳机。空旷的山谷中突然间发出巨响，万枪齐鸣，流弹从各处飞出。清军全部成为活靶子，霎时间许多人被当场击毙。带头的梅勒章京葛朝忠几乎要疯了，想要突围突不出去，进行大规模的冲锋地形条件又不允许，只能眼睁睁地观赏明军火枪队一颗子弹消灭一个敌人的表演了。

不过刘文秀并不是个残忍的人，至少他不愿让葛朝忠和他的士兵们将这份痛苦体验得太久。

二十八日这天，火枪队按照刘文秀的命令，不再悠闲地继续让铅子多飞一会儿，而是配合其他兵种，对包围住的清军展开全歼。此时清军上上下下依旧陷于被不知何时从不知何处射出的铅子击中的恐惧之中，因而对明军的围歼已完全丧失了反抗能力，只剩下任人宰割的份儿了。明军几乎没有费力就彻底击败了不可一世的清军，活捉副都统白含真，杀清军都统白广生，基本上实现了全歼。清朝永宁总兵柏永馥侥幸逃回保宁时，部下也就剩百十来人了。

这一次漂亮的追歼战，史称“停溪大捷”。

之后，清军按照命令接着退，从保宁退至绵州，接着又从绵州退到广元。面对兵败如山倒，士卒四处跑的状况，此时的四川巡抚李国英和定西将军李国翰实际上已经有放弃四川、退入陕西汉中的念头。但是历史告诉我们，清兵并没有就这样退出蜀地，因为两个人的坚守和一个猛人的到来。

连被顺治予以重任的李国翰都有意不与刘文秀争锋，打算放弃四川，从长计议，但就是有人说什么也不肯走，硬要留下来同刘文秀拼个鱼死网破。有这种不要命想法的还是两个，即四川巡按御史郝浴和总兵严自明。

按照清朝史书上的说法，郝浴之所以坚守不走是因为他忠于职守，并且最先认识到刘文秀军不过是纸老虎，也是有着其固有的弱点，不用过于害怕，一推就倒。真相真的如此吗？在我看来，真实的情况并非像传说中的那么高尚。

我们知道，李国翰要撤退，撤退的目的地就是陕西。当时驻防陕西的是大名鼎鼎的平西王吴三桂，而郝浴和吴三桂是有仇的。

半年前，吴三桂曾奉命同李国翰一道带领所部兵马由陕西汉中入川。其间，随行的郝浴以吴三桂军纪不严为名，向清廷参过他一本，因而遭到吴三桂的忌恨，两人就此结下了梁子。现在李大人招呼所有人都退入吴三桂的地盘，郝浴当然是不会去的。在郝浴看来，在四川被砍死无论如何要比在陕西被整死强，因而他坚持抗命留了下来，还顺道忽悠总兵严自明答应带着部下百多名士兵一起陪着留在保宁。

当然，郝浴也不傻。虽然做烈士很光荣，不过相信是个人还是同意活着最好这个观点，郝浴自然也不例外。他一面写信用大道理刺激吴三桂领军前来救援，一面上书给顺治弹劾吴三桂拥兵观望，引明军入境，是图谋不轨（不能取蜀，更引敌兵入秦境）。

顺治本就不信任汉将（辽人除外，如李国翰），如此敏感的时刻，郝浴恰好送上去这样的一封奏折，实在是够狠够要命。吴三桂如果在这种情况下不做点什么，显示出诚意来，估计肯定完。吴三桂没有办法，只好率部入川，防守保宁。

面对强大的政治舆论压力，连吴三桂都动身了，李国英作为四川最大的地方官就更没有理由继续北撤了，只得跟着返回。九月十九日，吴三桂、李国英、李国翰相继统兵回到保宁城。

刘文秀只听说四川各地的清军望风逃窜，空城而走，并不清楚事实上两场战斗下来，入川清军的主力并没有被消灭，而是基本保存完整。不仅如此，吴三桂又率部入川，此时蜀地的清军不少反多，战斗力也大大增强。因而当十月初八日的早晨，刘文秀亲自率领大军攻打保宁城时，他犯了一个致命的错误——误判敌情。

刘文秀认为眼前的保宁城内只有少数清军，李国英、李国翰早就弃城跑路，吴三桂尚在为是否出兵犹豫不决。于是他根据这些过期的情报做出了如下部署：主力包围城池，从四面发起强攻。火枪队占领城外各山头，用鸟铳“延山放铳，据险凭城”，配合主力进攻（保宁城三面环水，西、南二面临嘉陵江，东为东河，江河对岸是连绵不断的山脉）。此外，为防止吴三桂可能的救援，另分出了少数兵力渡河进至保宁城北，进行骚扰，切断保宁与汉中交通供给线。

平心而论，刘文秀这一布局确实是万无一失，必可破城的，如果没有郝浴的那

封奏疏的话。

保宁之战按照明清双方各自的设想，就此开打。打着打着，依计行动的明军渐渐发觉情况有些不对劲，守城的清军数量明显和情报上说的差距很大。最先发现明军不是在跟一百个清兵而是全川的清兵作战这一事实的，是刘文秀部下大将王复臣。

王复臣和白文选曾并列为大西军的五大都督，是一个比较有能力的将领。得知城内敌情有变，他立即派人报给了在后方指挥的主帅刘文秀，并提出了相应的应急方法：集中优势兵力攻打保宁城的薄弱部分，把城北让出来供敌人跑路，逃往陕西。这样虽然不能全歼清军，但可稳妥保证此战的胜利并进而保证平定四川全省。

刘文秀拒绝了王复臣的这一正确建议。不是因为轻敌盲目自信，而是为了面子。其实在战役正式打响后不久，刘文秀也看出了蹊跷，做出了相同的判断。知道保宁绝不仅有一百个清兵，其兵力往最少说也得上万，而且还不是一般的清军，是当年曾威震天下的关宁铁骑。

既然如此，作为一名十分重视军人荣誉的大将，刘文秀认为自己更不能示弱，一定要就此按照原定部署全歼城内清军。只有这样，才能显示出所谓的强悍，彻底击碎清军的骄傲。

我要在这里击败吴三桂，击败这个曾经的神话，创造属于我的传奇。

城中的吴三桂是极不情愿进入保宁镇守的，本来打算在刘文秀率部围城之际，捡个薄弱处突破出去，反正自己手下的兵士大多是关宁军，一向是来去如风，破个围，一天跑上百八十里，护卫自己逃回陕西绝对不成问题。更何况吴三桂从名义上讲是“客兵”，根本没有誓死守卫四川的义务，因而就算一箭不放地从保宁撤出，清廷也不好更不能归罪自己，到时候只要归因于明军太强、城墙质量太差就可以轻易了事，反正是死无对证。不过在城外和攻城的明军碰了次头后，吴三桂的想法完全转变了，因为在与明军拼杀的过程中，吴三桂意识到刘文秀要的不仅仅是自己守的这座城，还有自己的这条命。

小兔崽子，居然想杀我！吴三桂终于出离了愤怒。于是，昔日的猛人吴三桂从消极怠工的状态中觉醒，为了生存，他要以命相搏。

通过侦察，吴三桂得到了一个宝贵的情报。张先璧已然率部归附了孙可望，而且此时此刻就在刘文秀军中效力，带领所部攻城。

与大西军实现合并前，大部分明军的战斗力是很弱的，其中张先璧部是一个典型，这是当时几乎所有清军将领都清楚的一件事。就算现在张先璧军采用了先进的设备（大象），士兵的素质有所提高，但短时间内绝对不可能产生质的飞跃。吴三桂决定以张先璧为突破口，打刘文秀一个措手不及。

为了帮助吴三桂完成既定的战略目标，扰乱明军的阵脚，李国英也想出了一个好办法迷惑明军，那就是命令部下的绿营兵改打八旗正兵的旗帜，帮助吸引明军主力，更快辨别出张先璧的部队。

十月十一日黎明，趁刘文秀麾军攻城，清军方面开始设套。果然，计划一经实施，明军上当了。

辰时，清军成功锁定张先璧的方位，随即吴三桂率部开门出城，直取张先璧军。面对传说中的天下第一强军，张先璧部自然不是对手，很快便抵敌不住，士兵们纷纷四散逃窜。

张先璧被吴三桂击败那是难免的，可以说完全在众人意料之中，不过接下来的事却出乎大家意料之外。那就是张先璧部战败后只顾着跑了，竟然没选对正确的跑路方向，直接转过身就撒腿。这就很恶心了。他们刚好与赶上来接应的其他部分明军士兵形成了对流，随即堵塞，最后居然把王复臣等部的军队冲得乱成一团。

明军就此大败。

刘文秀知道局面已经不可收拾，只好下令撤军。就在此时，屋漏偏逢连夜雨，又一件出乎意料的恶心事彻底把刘文秀拖入了惨败的深渊。

刘文秀领军撤退时，负责殿后的将领中有一个叫张先轸的，此人是张先璧的弟弟。这位仁兄的自尊心比较强，看到是自家兵马崩溃导致了全军失利，感到很丢脸。为了挽回面子，他代替哥哥做出一个决定，决定帮助大家重新鼓起勇气，与吴三桂军再战。于是乎，他做出了一个比较愚蠢的举动，在大军尚未完全渡江的情况下，张先轸事前未经任何人的许可，事后也未向任何人禀报，就私自派人斩断了嘉陵江上的浮桥。

张先轸的本意是好的，想学习当年韩信的背水一战，可他却疏忽了一个问题，那就是当时唯一可以扮演“韩信”这一角色的明军主帅刘文秀已经过江了。这下惨了，大部队在断桥的这边，“韩信”在断桥那边，双方完全失去了联系，一些不明真相的士兵更是充分发挥了想象，认为是清军出奇兵断了自己的后路，因而原本还算有序撤离的明军，在张先轸的自作主张下彻底无序了。

与此同时，吴三桂见明军后方陷入混乱，趁势指挥关宁军杀出。明军变失败为大败，许多没来得及过江的将士被关宁军追杀致死，另外一部分则落水而死，损失惨重。

灭虏将军王复臣和他的亲兵在战斗中被乱兵冲散，随即遭到清兵的包围。在连续手刃数十名清军但仍然没有看到明军接应的情况下，王复臣知道自己是不可能突围出去了。他继续坚持杀敌，直至力竭，自刎而亡。临终遗言：大丈夫不能生擒名王，岂可为敌所辱！

除大将王复臣战死外，明军还有姚之贞、王继业、杨春普三名总兵被清军擒

杀。而那位造成大祸的好心人张先轸最后也没能逃过清兵的那一刀，被当场杀死。

据战后双方的奏报统计，此役明军大致有四万人阵亡，丢失战象三头、马骡二千三百余匹，就连象征刘文秀身份的抚南王金印也被清军缴获。

至于清军方面的损耗情况，刘文秀那里不清楚，清朝自己也很模糊。不过估计应该是险胜，兵力损失也相当惨重，因为保宁战役结束后，一向无所畏惧的吴三桂先生说过这么一句话："我生平从未遇见过如此厉害的敌人，差一点就完蛋了（特欠一着耳）。"

再简单说一些战后的事。明朝方面，刘文秀大败后，率领余部安全地退回了贵州。孙可望得到战报，深表不满。不过孙可望也正好找到借口，得以趁机下令解除刘文秀的兵权，把人打发回昆明闲住。至于张先璧先生，下场就惨了些。他不仅要为自己的战败负责，还要为自己老弟的过失负责，于是张先璧被孙可望下令乱棍打死（杖杀之）。

清朝那里情况比较复杂一点。先是顺治终于等到了一个捷报，十分兴奋，大大奖赏了参加保宁战斗的所有人员。然后就是有仇报仇有怨报怨。吴三桂差点被郝浴的一封奏折干掉，当然先发制人，两年之后借着一次机会参劾了郝浴，在朝中党羽的配合下把郝浴抓了起来，论了个死罪。

不过，好在郝浴平日人际关系还行，得到大学士冯铨等人的求情，被特别开恩，免死，改判流放盛京（沈阳）。二十二年后郝浴遇赦得到自由，但不准回家，只能就近迁居铁岭。康熙十四年（1675），清廷与吴三桂彻底闹翻后，郝浴终于得以复职还朝，数年后病死。看来在清廷的眼中，有没有价值和够不够忠心完全是两个概念的东西。

四川巡抚李国英则继续当他的巡抚，而且爵升一级，后来一直做到了兵部尚书、川陕总督。另一位配角李国翰也过得有声有色，以功进三等侯，日后和吴三桂一起出征西南，半路病死于军中，不过此是后话，这里就不多说了。

刘文秀于保宁之战中损兵折将，这让孙可望很是不爽。当他每天都能听到对连获胜利的李定国的称颂时，心中不爽的级别反而更高。在孙可望看来，李定国和刘文秀始终是自己独揽朝政大权的障碍，尤以李定国对自己"国主"地位的威胁最大。所以长久以来，孙可望一直有一个愿望，也是孙可望每年过生日吃长寿面前都要重复一遍的唯一的夙愿：让李定国赶紧去死。

可是一年年过去了，一碗碗的面条吃完了，李定国还在自己眼前活蹦乱跳，一点也看不出有要去的意思。孙可望逐渐失去了等上帝动手的耐心，决定自己动手，前途无忧。

趁着把刘文秀办下去的机会，孙可望开始着手办李定国。他首先密令冯双礼退师宝庆，紧接着又随便找了个理由把马进忠也调走了，搞得李定国手边仅剩下万把来人，全歼尼堪所统清军的原定计划就此落空。

李定国的兵力在孙可望的抽调下日益萎缩，最后以致连用于镇守新近收复的城市的数量也不够了，因此只好在十二月间放弃了衡州。但此时的李定国并不清楚，这正是孙可望所期盼的结果。

离开衡州不久，李定国收到了孙可望的邀请信。信中希望李定国按时出席由孙可望在武冈主持召开的全军高级将领军事大会，讨论下一阶段的军事布局和征战等相关重大问题。这次会议看上去还相当重要，因为在短短的三天里类似的信李定国一共收到了七封。看来是不去不成啊！

就在李定国准备赴约的时候，三弟刘文秀的儿子拿着父亲的亲笔信找到了李定国，并向他揭露了会议的内幕：孙可望试图以主动放弃衡阳的罪名捕杀你！

李定国闻讯大惊。恰好李定国的亲信龚彝从沅州派人传达了类似的消息，李定国信了。

这样看来，湖南这块是不能待了。李定国是和孙可望一起长大的，深知孙可望是个不达目的誓不罢休的人，只要自己还在一天，孙可望就绝对不会回心转意，除非他失忆。李定国经过思考，决定进军广西。

于是李定国召集部下将领，向他们解释了自己的苦衷，随即宣布自己将转战广西，愿意一同前往为国立功的可以跟着来，不愿冒险的也不勉强，可任意去留。最终的结果是无一人选择离开。

永历七年（1653）二月，李定国率领所部五万兵马放弃永州（今零陵），经永明（今湖南江永县）越龙虎关撤入广西。孙可望与李定国兄弟就此决裂。

李定国离开了湖南，孙可望很高兴。虽说没杀成李定国，而且还带走了五万士兵，不过在孙可望看来自己还是稳赚不赔的。此时明军总计尚有数十万之多，跟随李定国走的不过是个零头而已，冯双礼、马进忠、白文选这些得力的助手都还留在自己的身边，永历也掌控在自己的手里，孙可望完全没有悲观的理由。可是，个人以为，孙可望失败的结局其实早在这个时刻就已然确定了。

为什么这么说呢？因为一点小事就废掉了与自己有多年手足情谊的兄弟刘文秀，而且还意图加害于国有功的李定国，把人家逼走。孙可望虽然表面上得到了云贵根据地的实际控制权和庞大的军队，却失去了一个最为宝贵也最难找回的东西，人心。四年之后，孙可望将真正尝到这颗苦果的滋味。

当时的孙可望尚处在得意之中，自然没有留意到这一点，身边也没有人敢向孙可望提及这一点。于是孙可望开始以意想不到的速度向着孤家寡人、众叛亲离的结局前行。

第十三章　压力很大

“本来人的眼睛是黑的，心是红的；但是眼一红，心就黑了。”这是某年央视春晚中某小品的台词，也是该年春晚中留给本人印象最深的一句话。这句在我看来，完全是对孙可望先生的真实写照。

孙可望起初是个好同学，孝敬老爹，团结兄弟，勤劳肯干，亲和友善。不过随着弟弟李定国的事业越做越大，功绩越攒越多，老孙眼就红了。按照上述原理，眼红的必然结果是心黑（兔爷除外），所以为了保住自己的地位，孙可望开始刻苦研习厚黑学，致力将自己训练成新一代站在厚黑学业界前沿的整人专家。

平心而论，孙可望这么做本无可厚非，因为换做我们中任何一个人处于孙可望那种境地，都会毫不犹豫如此这般。李定国不过是带了几万人出去转了几个月，就打下了两个省，还接连击败清军中的精锐，辽军、满蒙骑兵什么的通通完蛋，这实在是太恐怖了。打八旗都不费劲，打我不跟玩似的么？这种忐忑不安的心情估计古往今来只有一个人能与孙可望产生共鸣——李建成。

李建成最终结果如何，相信孙可望是知道的。

以李定国的能力和军中声望看，绝对不在当年的李世民之下，但我绝对不能做李建成！

孙可望认为，不整走李定国，自己迟早会被取代。因此孙可望下手了，不牵带昔日感情，不拖泥带水。

昔日同患难、共生死之人，最终不可和谐共生，共享富贵，这或许是一个老天爷最喜欢开的玩笑吧。

李定国出走，军中现在有谁能代替空下来的东路军总帅的位置，把北伐进行到底呢？孙可望给出的答案是：我能。

永历七年三月，孙可望亲统大军由靖州出发前往宝庆，准备攻打湖南境内剩下的清军，完成全歼的战略目标。此时的孙可望麾下大将白文选、冯双礼等人都在，至于明军总兵力记载得并不是清楚，不过按照清方的说法有十万人。

孙可望带着十万大军，就这样开始了对清军余部的搜索工作。三月初六日，搜到了。

与其说是搜到的，倒不如说是人家主动找上门来的。入湘清军继任统帅、定远大将军屯齐虽然被李定国打得四处跑，但不得不承认这位到处跑的新统帅实际上也是一位很有水平的将领，之所以会搞得那么狼狈，只不过是由于对手比自己更有水平。现在李定国走了，孙可望取而代之，屯齐闻风出来了。

说到这位新统帅的身世，事实上和前任尼堪有着许多相似之处。屯齐同样姓爱新觉罗，老爹叫图伦，爷爷则叫舒尔哈齐。

舒尔哈齐这个名字，一看就和努尔哈赤先生的关系非同一般，实际情况也的确如此。舒尔哈齐正是努尔哈赤的同母胞弟，很早就随同兄长努尔哈赤一起出去混社会，一起进山刨人参，拉到边市卖，用以补贴家用，一起去辽东第一名将、总兵李成梁的手下当差，学习军事，体验沙场生活。

更不可思议的是，舒尔哈齐当时混得似乎比哥哥更好。他的女儿最终嫁给了李成梁的儿子李如柏，虽说不是正室大老婆，但无论如何当李成梁见到舒尔哈齐时总得叫上一句：亲家好！

于是类似的现象再次在历史上发生了。当哥哥的预感到了即将到来的严重威胁，为了不被干掉，哥哥决定大义灭亲，做掉兄弟，接管他手中的一切。

其实，努尔哈赤之所以要整舒尔哈齐，还有一个不太适合公开的理由，那就是统一女真各部后，努尔哈赤已经感觉到打平个把原始部落无法体现自己的“雄才大略”，更不能满足自己日益膨胀的野心，因此打算向一直帮助支持自己的明朝下手，以夺取更多的东西，扬名立万，建不世之功。而舒尔哈齐是个明显的拥明派，更是个实诚人。

他认为虽然爷爷和老爹的确是被明军杀的，但人家后来说明了是误杀并且道了歉，也及时付清了抚恤金，还常常暗中帮助自己这方扩充势力。钱也收了，人情也领了，可翅膀硬后却要翻脸不认人，转头打明朝，这样做实在是不地道，更不仗义，太不符合咱东北汉子的重情重义、知恩图报的豪爽性格了，所以对于努尔哈赤提出的伐明主张，舒尔哈齐坚决不干，甚至打算通报明朝，让他们密切关注努尔哈

赤的反叛行径。

不杀了舒尔哈齐，独占女真社会的舆论话语权，努尔哈赤就不能将恩将仇报的战争行为装饰得有理有据有节。趁舒尔哈齐消极怠工、拖延完成对周边部落征服任务的时机，努尔哈赤出招了。他以临阵脱逃的罪名废掉了舒尔哈齐的亲信将领常书、纳齐布，进而剥夺了舒尔哈齐的军权，将舒尔哈齐挤出了最高领导层。几年后，他将企图脱离自己控制的舒尔哈齐强行带回了自己的地盘。最终，舒尔哈齐被幽禁致死，死因不明，他的两个儿子阿尔通阿、扎萨克图皆被努尔哈赤诛杀，就连当时已经身为四大贝勒之一的阿敏也险些因此完蛋。

有这么个出身，屯齐最早也和尼堪一样，希望极力摆脱祖辈的阴影，通过建功立业来改变自身处境，赢得他人认可。屯齐最后并没有步尼堪的后尘，这是因为他有一位十分争气的弟弟济尔哈朗。

前文提到过，多尔衮死后，济尔哈朗一举清除了多尔衮在朝中的残余势力，秉持朝政，风头直逼死前的多尔衮。作为炙手可热的郑亲王的哥哥，屯齐头顶上的大山在无形之中已然消失，再也不用像之前一样靠玩儿命证明自己，毕竟清廷实际上的一把手就是咱兄弟，谁人还敢小觑！

于是，屯齐一改原本和尼堪相同的打得赢要打、打不赢也要拼一把的指挥风格，变为打得赢就打、打不赢就跑。反正老子有的是时间，又以骑兵为主，总有挑到软柿子狠狠捏一把的机会。现在在屯齐的眼中，失去了李定国的明军就是一堆软柿子，是咱出来透透风、威风一把的时候了。

屯齐在集结了周围所有的机动兵力后，带领八旗军主力，由永州北上宝庆，打算和孙可望碰个头，捡个便宜。

三月十五日，清军驻扎于距明军白文选、冯双礼、马进忠三将营地周家坡三十里外的岔路口。在这里，屯齐要讨回满蒙铁骑失去的荣耀。

次日，清军进至周家坡，发动了攻击。战斗刚刚打响，屯齐就意识到自己的预计有点过于理想化了。对手虽然不是李定国，可白文选和冯双礼也不是吃素的，二人将明军安营在山顶，凭借着险要的地势阻击清军，用滚石、弓箭和火枪招呼着爬山的来客。

屯齐手下主要是骑兵，在平原上无疑是优势大大的，可一遇到山地仰攻，就算马的冲击力很强，那也是没咒念的。你总不能指望骑着马一口气就冲到山顶上吧？即便有的好马具备这样强劲的马力，那么如何保证到达山顶时能及时停下来，这又是个问题了。论兵力和作战能力，清军虽略占优势，可那几个山头愣是攻不下来，明清双方就此陷入列阵相峙的阶段。

在宝庆的孙可望很快得到了前线的战报。于是孙先生当夜就带领大军前来增援，估计当时孙可望心里有且只有一个念头：决不能让这些人再跑了！

终于等到了，等到了我孙可望扬威疆场的日子。超越李定国或许就在近日这一战。

理想与现实间往往是有着很大的差距的，你要问我具体有多大，我只能说相当大。举一个例子来说，本来你要去商店里买袋醋，店员却告诉你我们这里只卖酱油，要酸的倒是也有，不过仅限酸梅干，你是要点呢，还是要点呢，还是要点呢？这绝对能使任何一个人抓狂。

所谓人生、生活、历史，事实上都是如此。不仅真实，而且现实。我们不要抱怨生活欺骗了自己，其实是我们真的并不那么了解生活。

个人认为，孙可望到达前线后做的最蠢的一件事，正是做了一件自己并不了解的事：指挥明军下山进攻。

众所周知，孙可望的强项是防御，不是进攻。进攻之类的事情一般是交由李定国或刘文秀去做，可为了在将士们面前显示自己的军事才能并不比号称天才的李定国差，证明自己是个人才，孙可望传令明军各部同时下山，向清军发起全面进攻。

屯齐一直以来郁闷的就是骑兵不擅长爬山，无法发挥自身的战场优势，如今明军主动跑了下来，问题终于解决了。

清军分路迎击冲下来的和从宝庆赶来增援的明军。下山的那部分好对付，但是赶来的可就难了。在孙可望带来的援军中，清军士兵们惊喜地见到了久违的老朋友——大象。

没办法了，死战吧。两军就此展开激战。经过几个时辰的交战，清军以韦征、武京都两名正黄旗蒙古梅勒章京（汉语副将的意思）阵亡的代价取得了战役的胜利。

不再热心于自我证明的屯齐战胜了急于自我印证的孙可望。除去士兵个人素质和数量的差异，对此我只想说一句，欲速则不达，心急则无功。

孙可望战败了，而且是伤亡惨重，被清军缴获战马七百余匹，就连大象也有一头掉了队，成为屯齐的战利品。而清军又趁胜占领了宝庆府，孙可望可以说是完败。

同样的军队，同样的副将，面对同样的对手，最终的结果却大相径庭。难不成孙可望与李定国之间的差距真的那么大么？我的答案是，是的。

事先说明，本人并没有“尊李抑孙”的意思，对事不对人。本人要说的这件事对整个文章是很重要的，因为这之中涉及的是一个将与帅的区别问题。

将与帅有区别吗？有还是没有呢？这曾经是我多次思索的问题，相信也是许多朋友感兴趣的话题之一。

事实上，我们的老祖先早就给过一个极为标准的答案，就是“能领兵者，谓之将也；能将将者，谓之帅也”（不知是谁说的）。

不过在我看来，这个答案相对于其他说法（如将者以战为上，帅者以略为强）而言的确是高出一头。正如一千多年前，韩信和刘邦先生那次闻名于世的对话的后半部分一样。

当时韩信刚发完“韩信用兵多多益善”的豪言壮语，刘邦就冷不丁问了一句：既然你那么会用兵，那么牛，咋还被我给抓住了？

韩信老师身为著名的军事理论与实践专家，是这样回复的：这是因为陛下虽不擅长带兵，却十分擅长统帅诸将的缘故啊。

虽然在我看来，韩信之所以被抓是由于不懂政治的缘故，不过韩专家的观点倒是与我们引用的答案大体一致。那就是所谓的帅才要比将才高一个层次。而任何一个帅才都是由将才成长升级而来的。

作为一个将领，通常考虑的要么是怎么指挥士兵，采取什么样的战术打击敌人，要么就是直接冲锋陷阵，驰骋疆场，与敌人单挑或者群殴，亲自从事这种高强度兼具高风险的体育运动。前者中精通兵法，能够想办法以少胜多，以最小的伤亡造成敌方最大损失，达到战略目标的，我们称之为智将。后者里武艺超群，能够一个人打一百个的，我们称之为猛将。

无论是智将还是猛将，不管取胜之道靠的是智力还是膂力，只要他们足够出色，他们都有被誉为名将，自此流芳百世，为众人熟知传颂的可能。然而即便如此，这些名将之中能够真正到达元帅这一级别的人，却是十分有限的。

比如妇孺皆知的张飞仁兄，一向以勇猛著称，很能打，说他是名将相信大家都同意，不过如果让他当统帅，把一百万的精锐交由张飞一人独自指挥，你敢吗？除了人浑胆子大的非一般人，相信这点就连刘备先生都不敢。这是因为猛将虽说很擅长砍人，但更擅长惹事，脾气普遍比较暴躁，平日见棵树都要禁不住上去踹三脚，百万大军交给他，我敢说最后肯定是血本无归（且不管敌人的血是否流光，反正自己的必然见底了）。

至于所谓的智将（或者称作儒将），虽较之一般的只懂喊打喊杀的赳赳武夫，具有头脑冷静、文化修养高、善于揣摩战局、思维缜密等种种优势，更有成长为统帅的可能。搞战略思维、掌控局势比较内行，但通常状只能在阵地战或者游击战、攻防战等注重指挥才能的战役中体现出巨大的能量。可是一旦战况发生实质性改变，双方士兵开始进行我中有你、你中有我的肉搏战的时候，儒将们就麻烦了。

就拿袁崇焕先生来说，作为一个非科班出身的智谋型名将，他就是个很典型的代表。在著名的宁远之战和后来京师保卫战的广渠门战斗中，袁督师至少都有一次将被敌兵砍并在关键时刻被部下救出的惊险记录。在警卫员制度并不健全的四百年前乃至于更早时候，像袁崇焕这样功夫一点没有又不得不亲自上阵，还有幸两次避免被砍的例子，实在是少得可怜。

猛将难成统帅，而元帅化成功率较高的儒将上到前线的风险系数又太高，所以说我们今天常听到的说法是名将，而并非是比之更高一级的名帅。

可是有一种人，他们不但弓马娴熟，精通武艺，而且同样熟读兵书，具有敏锐的洞察力和创新能力，能够统揽全局，善于把握机会。只有对这种文武全才的人，我们才称之为军神。套用一句台词，这是因为他具备了一般名将所不具备的素质和天赋，做到了一般名将做不到的事情。

在下看来，有明一代，能够担起这份沉甸甸的军神荣誉的全能型猛人只有两个，其中一个就在南明时期，这个人当然就是李定国。至于堪称帅才的，除了李定国之外，南明阶段倒是还有一人，不过此人并非是我们熟知的郑成功，此人虽说在前文中出现过，却并未真正登场。

总而言之，简单说来将与帅的区别就是六个字：将将兵，帅将将。军神则是智将与猛将的能力有机结合后的超级豪华升级加强版，上马能砍人，下马能指挥，怎一个神字了得！

孙可望害怕的人

对孙可望而言，战败并不能让他感到压力过大，毕竟这些士兵将领都是自己一手提拔锻炼出来的。宝庆战败虽说伤亡不小，实际上并没伤及明军元气，主力尚存，就算紧接着再打上一仗也不惧。更为真实的现实是，清军虽说打赢了，不过据史料分析很可能是惨胜。因为在得胜之后，屯齐只是派兵攻占了宝庆，可那些但凡有明军相当兵力驻守的地方却一个也没打下来，只是同明军相持于靖州、武冈一线，处于一种不进不退的状态，看来是人手不足，或者更直白的说是打怕了。

西路军战败，东路军又败。孙可望只好返回云贵，让军队进行休整。返程行军的路上，孙可望心中一直存在着一股不安的情绪。这种不安的来源并不是被他废弃的义弟刘文秀和置于掌控之中的永历，反倒是来自永历底下那些手无缚鸡之力的大臣们。

英雄无敌、手握重兵的李定国、刘文秀都不怕，难道不可一世的孙可望还会畏惧刀都不会耍的文官们吗？这个问题看似很矛盾，很不可理喻，但这的确是实情。其实自始至终，孙可望在内心深处都对永历的大臣怀有畏惧，不是因为他们人数多，而是因为他们的意志出奇坚定，且几乎每个人都隐藏着足以颠覆自己地位的强

悍力量。

最先让孙可望认识到这群大臣的可怕之处的人，名叫杨畏知。

杨畏知是最早答应与孙可望合作的明朝大臣之一，也是个比较有能力又在当地有声望的人。因此孙可望一直是极为重视此人的。凡是涉及与永历朝廷合作和处理相关事务的问题，孙可望无一例外会找杨畏知商量，或是直接交由杨畏知去办。当永历君臣受到清军威胁、被迫逃离南宁时，杨畏知是作为迎接永历入滇的代表被派出去的。

那时孙可望的两个部将贺九仪、张明志刚接到皇帝陛下，就针对当年反对封秦的群臣秘密腥风血雨了一把，大学士严起恒等多名大臣被杀，朝野一片震动。群臣对孙可望的这一行为都进行了严厉的谴责并且暗中劝谏永历瞧准机会在合适的时间溜号，逃往东南依附郑成功也好，逃到安南寻求政治避难也好，反正是绝不能落在孙可望那个奸贼手上。

就在永历和大臣们谋划着跑路的时候，杨畏知来了。永历和杨畏知之前见过几面，不过他对于此人的政治倾向并非十分了解。按照当时比较普遍的逻辑，作为战败被俘后的政府官员，既没有杀身成仁，也没有英勇就义，反而是归顺了孙可望（学名："从贼"），那他一定不会是个好人，至少不是一个忠臣。但是包括永历在内的朝中人士很快就将这一观念从他们的头脑中抹去了，因为一封奏疏。

杨畏知入朝不久，永历就收到了一份奏疏，据说是杨畏知上呈的，而且是弹章。永历冷笑一声，翻开奏疏仔细阅读。皇帝陛下想要知道，这一次又是什么人不小心得罪了孙可望，而孙可望又打算以什么样的罪名整治死惹到他的大臣。可永历看完了这份折子，意识到他错了。因为一个进入朝中充当孙可望的眼线和打手的人是绝对不会写奏折弹劾自己的，除非他有病。

永历很清楚，孙可望派来的人绝对不可能有精神问题，那么写出这个奏章，极力要求追查惩治残害朝臣且在奏章中痛骂孙可望的人一定出于真心，并非有人指使（除非孙可望有病，喜欢让人骂自己），而他的话一定是他的心里话。

原来是自己人！永历大喜过望。在进一步印证了自己的猜想后，永历决定破格提拔杨畏知为礼部侍郎兼东阁大学士，留在自己这里，入阁与吴贞毓共同辅政。

这一任命一经公布，孙可望虽然身在贵州，但也很快知道了。他认为这是永历在挖自己的墙脚，想要离间自己与杨畏知之间的君臣关系。更令孙可望吃惊的是，杨畏知居然在未奏请自己批准的情况下就接受了永历的任命，而且事后连个招呼都没给自己打。孙可望怒了。他马上派人给部将贺九仪传达了命令：先把杨畏知那老小子给老子押回贵阳！

杨畏知回来了，随即就被传唤到孙可望处。在那里，杨畏知见到的是一脸怒容的孙先生。

不等杨畏知行礼，孙可望就率先发言，厉声质问杨畏知为何不经自己的授意就弹劾贺九仪二将，为什么要擅自接受永历朝廷大学士职务，之后还不给自己打报告。反正是句句咄咄逼人，似乎是要把杨大人一口吃掉。

没想到杨畏知面对声色俱厉的孙可望，表现得相当镇定和从容。他的回答更是把孙可望气得要死。

“你都已经接受了朝廷的册封当上了秦王，我为什么不可以接受大学士职务的任命呢？”

孙可望一时无话可说，不过脸色是越来越白了。终于，孙可望憋不住了，大喝一声：你居然敢背叛我！

“我从未归附于你，谈何背叛？你不记得当年的誓言了吗！”

搞辩论，孙可望是很有自知之明的，能辩过杨畏知估计得寄希望于下辈子。所以孙可望不讲道理了，就开始骂。

要知道杨畏知也是带过兵的，也很有血性，被孙可望骂得急了，杨畏知怒了。讲道理，孙可望不如杨畏知，论骂功，杨畏知不如孙可望。于是怒火中烧的杨畏知选择了另一种发泄愤怒的方法——动手。杨大人趁孙可望和周围的侍卫不备，抄起头上的帽子就扔了过去（除头上冠击可望）。

在此友情提示一下，古人的帽子与今天不同，多数是木制的，少数是布制的。官员戴的是乌纱，且级别越高纱帽的装饰也越为精致，当然估计也越重。根据当时杨畏知先生的身份（大学士），估计杨大人与孙可望见面时很可能头上顶的就是最重的那个，所以这样一下投过去，孙可望即便是没有中招也吓了一跳。因此孙可望面对只忠于大明而不忠于自己，甚至还敢向自己动手的杨畏知，决定动刀。

孙可望杀掉杨畏知这件事还有另外一个版本。在这个版本中，前面发生的事相同，只是最关键的杀人动机方面略有区别。杨畏知成功击中了目标，而且还是准确地将自己的头巾拽到了孙可望先生的脸上（取头上帻击其面）。因此孙可望气急了，一怒之下下令将杨畏知拖出去给剁了。

但无论是头脑发热，一时冲动，还是经过深思，为除后患，反正结果只有一个，那就是杨畏知的确被孙可望下令处死了。

本来在孙可望看来，杀掉一个不听招呼的杨畏知不会惹出太大的事来。事实上情况刚好相反，孙可望这次算是捅了马蜂窝了。

首先，杨畏知是永历新近任命的内阁成员，一天内阁工作都没有正式干，就被孙可望找个由头领回了贵阳，不久告诉皇帝陛下，人我给宰了，不光永历不干，广大文官也会义愤填膺，坚定站在一起抵制孙可望。朝廷之内自此安下了不和的重磅

炸弹，只要孙可望一进入朝中或稍微做一点出格的事，大臣们都会和孙可望死磕到底。

其次，杨畏知曾帮助沐天波与沙定洲等叛乱分子坚持做不懈的斗争，并在斗争过程中表现得有勇有谋，因而在云南百姓心目中极具威望。现在孙可望在没有任何明确罪名的前提下擅自杀害了人民心中的忠臣义士，云南地区的士兵和老百姓对孙可望的信任度与好感无疑大打折扣。

最为要命的是，被杀的杨畏知与军中的将领们关系都十分之不错，特别是李定国和刘文秀二位都极为推崇智勇双全的杨畏知，与其亲密的程度甚至远超孙可望。现在孙可望连声招呼都没打就处死了杨畏知，两位弟弟对孙可望的憎恶又加剧了一层。

孙可望从没料到，杀死一个杨畏知会带来这么大的政治影响。但是杀完之后，孙可望却并不后悔。反正自己最终是要代替永历做皇帝的，与拥护永历的李定国等人迟早要翻脸，早晚不都是翻吗，就这样吧。

孙可望迈过了掌权的第一个障碍，开始加速自己的代班计划，以便尽早将朱天下过渡为孙天下，成为这个政权名副其实的一把手。

为了实现这个目的，孙可望首先要做的是加强对永历君臣的控制。当时永历君臣虽说是处在孙可望的势力区域内，不过始终是在桂滇交界处走动，一点没有找孙可望的意思。虽然据许多史料反映，永历一行在这段日子里生活十分艰苦，在云南最东边的一个名叫皈朝的村子暂住，过年都吃不上一顿特别好的，可是在大臣们的支持下，永历并不打算就此向孙可望低头。因为大臣们很清楚，孙可望和一千年前的曹操先生基本上没有什么区别，对于忠于皇帝的臣子，他的手段只有一个，杀。作为皇帝的永历更加明白，一旦自己落入孙可望直接掌控中，汉献帝这个角色自己就当定了。

为今之计，不想做亡国之君的永历唯一的选择就是跑路了。经过与朝臣的秘密商议，永历和大臣们打算向云南的广南府进发。

应该说，这个计划是相当不错的，因为广南府位于云南内地，往那里行进可以向孙可望传达一个强烈的信息：我们君臣以后就靠您罩着了，云南从此就是朝廷的行在所在，我们听您吩咐。不过这事实上只是用来迷惑和麻痹孙可望的，永历等人到广南的真正目的是利用广南临近安南（今越南）的地理优势，从那里偷渡出去，逃出孙可望的控制。出海后是不是要投奔郑成功，我不知道，但至少要尽早逃出去。

然而孙可望接到永历君臣的动向报告后，却做出了出人意料的反应：广南那里是边境，敌情未知，陛下就不要去了；我这里临近抗清前线，陛下也不用来，现下为臣已经为陛下选定了一个基础设施完备、交通便利、物产丰富的所在作为您和各位大人的暂住地，请到那里去吧！

随即孙可望派出了使者，带着新房的钥匙，领永历一行到新家去。同时命令亲信、副总兵王爱秀带兵前去护送，务必保证皇帝陛下和各位大臣搬家顺利，旅途愉快。

永历等人见孙可望识破了自己的计划，于是在得知孙可望派人来追的时候立刻加快了行进速度。永历一行跑得再快，肯定不可能快过王爱秀的部队，因为永历君臣是拖家带口赶路且对云南地理状况不熟，更重要的是王爱秀的护送军具备了永历所不具备的优势资源——军马。

一边是老弱妇孺、大规模行进，一边是精锐骑兵，日夜疾行。类似这样的追击问题，相信只要上过小学稍微有点数学知识和生活常识的人都不难得出一个相同的结论：永历是逃不掉的。

事实证明，情况确实如此。永历一行还没有出境，就被王爱秀追上，这样不想接受孙可望的安排也不成了。随后皇帝陛下和大臣们在士兵们的护送下，被送往位于滇黔粤三省交界处的传说中的宜居之地——安隆千户所。

这个安隆千户所虽说位于三省交界处，不过准确说来应归属于贵州地界。贵州到今天都是欠发达地区兼偏远地带，安隆既是贵州省的偏远地区，那么其真实条件就可想而知了。基础设施完备什么的实在谈不上，不过所谓气候宜人，环境优美，生活纯天然无污染，还是没错的。永历六年二月初六日，朝廷正式迁移到这里，并将此地改称安龙。事实上，此地的本名是安笼，有“牢笼”之意，安隆的地名是孙可望在奏章中有意改写成的。现在皇帝陛下既然大驾光临，名字自然要起得好听点，最终就叫安龙吧。

此时的永历并不知道，或许就是因为改了名字，这个偏僻的小地方居然让君臣们整整被安了四年之久。这一时期无论对皇帝本人还是大臣们而言，都将成为挥之不去的噩梦。

皇帝陛下就此开始在穷乡僻壤过上了困苦生活。外边小雨宫里中雨，外边大雨宫里暴雨，有时候雨实在太大了，第一家庭人都得上院里避雨，天天喝稀粥、啃馒头。此时孙可望的心腹王应龙正在昆明为孙可望大兴土木，营造一座金碧辉煌的秦王王府。

据说这座王府用的是皇帝专用的黄瓦，石墙脚宽六尺，规模极为庞大。大门外还设立了通政司，立下马牌，“制天子仪仗，殿悬五龙，设螭陛，选有声音者为鸿胪寺赞礼”。时人评价：显然有僭称天子之形。不仅如此，昆明在搞建设的同时，贵阳等地也在建，只不过这些地方建的只是秦王的行宫而不是王府，所以相对而言

不那么正规而已。虽是如此，这些大大小小的行宫也是很讲究排场的，宫殿、楼台、花园、池塘样样具备，是个地方就比整个安龙公署，永历的行宫要豪华气派。

而在这个时候，孙可望虽然依旧按时上表向永历称臣，可实际上孙可望在不写奏折时往往更加喜欢用自己的新称号——“国主”。

孙可望在贵阳建立了一套直属自己的中央政府机构，其中内阁、六部、科道等部门官职一应俱全。以范鑛为吏部尚书、马兆羲为户部尚书、任僎为礼部尚书、万年策为兵部尚书，人事权、财政权、军权全部收归贵阳，基本上接管了在安龙的永历朝廷的所有实权。以致当时的许多地方官员遇事只提孙国主，不提朱皇帝。说句不中听的话，永历连作为傀儡的价值都几乎不存在了。

既然已经没有啥利用的价值，还供着这个皇帝做甚？不如趁早废掉，还能节省点开销。

最先提议让永历禅位给孙可望的是时任兵部尚书任僎。此人之前担任过御史，后来退休闲居在家。几年后，孙可望入主云南，任先生决意发挥余热，主动前去投奔，由此被孙可望任命为副都御史，都察院代理长官（掌都察院事）。由于任御史曾长期在官场混，所以为人很滑头很有主意，久而久之渐渐成为孙可望的亲信，帮助孙可望控制朝中言论，具体工作大致与我们今天警匪片中常见的卧底、线人极为类似。

所谓老油条，除了够滑够世故外，大多数还具有一个共同点，那就是比较无耻。为了获得好处，除了好事什么事都愿意干，除了出卖自己什么招数都敢使。

在任僎的眼中，今时今日老朱家气数已尽，永历就是支十足的超级垃圾股，再这么跟着混下去，手里的老本迟早会赔光的。孙可望就大不相同了，事业蒸蒸日上，地位如日中天，是绝对的绩优股加潜力股。只要自己抓住机会，肯投资支持，说不定孙可望真的当了皇帝，自己可以以开国功臣的身份享受余生，死后还能留名青史，为后人传颂。

因此，经过内心并不是很激烈的斗争，利益完全战胜了道义，任僎决定就此跟着孙可望混，赶走徒有天子虚名的永历，亲手把孙可望扶上皇帝的宝座。

永历刚被迎接至安龙时，作为永历名义上的臣子，孙可望曾一度准备去安龙陛见领导。得知此事，任僎主动找到了孙可望，并向他陈述了不见驾的理由：“国主欲进安龙，二龙岂便相见？”

孙可望大喜，我也是龙么？今儿个才知道。

好，既然如此，那我就不去了。

在一个人做出有悖于良心的事情之前，往往需要一个听上去正大光明的理由。现在孙可望得到了一个令他满意的理由，即二龙不相见理论。

本着维护知识产权的态度，在这里有必要声明一下，这个所谓二龙不相见理论的提出者其实并非任僎。事实上，早在一百年前这一理论的基本框架就已形成了，创立者正是嘉靖年间大大有名的道士、方术家陶仲文。这一理论的核心内容是：在位的皇帝是真龙，即将继位的太子是潜龙，所谓一山不容二虎、一水不容二龙，两条龙最好不要见面，否则其中一条龙肯定是会倒霉的。

无论从哪个角度来看，孙可望都完全有代替永历的可能。对于这点，孙可望自己也是这样认为的。鉴于当时永历领土尽失，身边有能力的大臣也基本死绝，就连皇帝本人也处在自己实际的监视和软禁中，完全没有实权甚至是自由，可以说是倒霉到了极点了，孙可望认定如果自己真的跑去安龙见驾，依据理论，霉运就会转移到自己头上。

既然如此，那就趁他病，要他命。

在孙可望默许下，任僎等一帮大臣开始暗中谋划拥戴孙可望称帝的一系列计划。

想要将安龙的永历取而代之，舆论工作是孙可望等人最为看重的。自孙可望明确表示自己有意当皇帝后，其在朝中亲信随之在朝廷内外宣传“明运已终，事不可为”等言论，意图很明确，就是要为下一步的禅让工作营造舆论，并由此发现、锁定、剔除大臣中间的反对者，铺平篡位的道路。

果然不出孙可望及其亲信们所料，有人上当了。

永历六年，山东道御史李如月上疏弹劾孙可望，主要罪名是两条：擅杀，无人臣礼。奏疏送了上去，没想到居然就此了无音信，被留中了。

李御史从知情人士口中确定了此事，很生气，就把自己之前弹劾孙可望的奏疏抄了好几份，像传单般四处分发给周围的同事朋友，义正词严地要求皇帝陛下果断行动，将飞扬跋扈的孙可望治罪。这回情况总算是有所不同了，李如月终于得到了皇帝陛下久违的回复：着革了职，于午门外廷杖四十。

平心而论，李如月得到这样的一个结果，既可以说很冤，也可以说是不冤。说他冤是因为李御史弹劾孙可望的那些罪状并非空穴来风，这些事情孙可望的确全做了，而且还做全了，做得很过分。弹他是正常的，没有人管才是不正常的。李御史是一个比较有正气且工作认真负责的好同志，对不正常的事情向来看不惯，看不惯则自然要出手去管，由此看来，李如月对孙可望的弹劾的确是单纯出于道义和职责的忠于职守的行为，而绝非投机。为此被免官还打了屁股，的确看上去很惨，很黑暗。

不过，说不冤也是有理的。李如月虽说为人刚正，但脑子看起来似乎并不那么好使，他一直没能理解永历将自己的弹章留中的深意，说得再明白一点，李御史并

不清楚皇帝陛下之所以不理会自己，实际上是为了保护自己免遭孙可望的黑手。结果没想到李大人会错了意，二杆子精神一上来，把事情搞大了。因此永历不得已下旨打李如月一顿屁股，而这之中的含义也很明确：你给我清醒点！

永历不愧老谋深算，通过敲打李如月提醒拥护自己的大臣们，稍安勿躁，保存实力，千万不要硬碰硬。

可惜李御史始终没弄明白皇帝的这番好意，而一个叫张应科的大臣却一开始就隐约察觉了永历的真实意图。

张应科，时任安龙提塘官。此人的另一身份则是孙可望安插在皇帝身边的卧底。得知李如月上疏参劾孙可望时，张应科十分兴奋。在他看来，这是巴结领导从而升官发财的一个大好时机，于是他慕名前往李如月家中，向李如月索要那份奏疏的原稿。谁知，李如月竟然当面拒绝了他的请求，张应科很失望。

当张应科沮丧地向门口走去时，身后一个声音响起，却使他笑逐颜开。

“张兄，不是不愿给你书稿，只不过不久之后自有揭帖，明早你就可以收到了。”

第二天一早，张应科果真收到了从李如月家送来的奏疏揭帖。张应科看着手中这几张薄薄的纸，激动不已。他当即写了一封信，连同揭帖一起，派仆人送到了贵阳。

看完了张应科的报告，孙可望大怒，马上下令逮捕李如月，并命张应科全权负责刑讯李如月，务要问出其同党，由此将朝中的反对派一网打尽。

孙可望不知道，所谓手无缚鸡之力的读书人，当他们认定了自己是为什么而死的那一刻起，就已化身成为钢铁战士，严刑逼供一般是不顶用的。李如月就是这样的一个头脑虽不灵光可骨头很硬的读书人。几次审讯之后，孙可望没能得到自己需要的情报，自己的十八代祖宗反而全让李如月问候了个遍。对此，孙可望气愤不已，决定采用最残酷的刑罚：处死李如月。

你不是在受审的过程中多次大呼太祖高皇帝么？那我就用他老人家的独特发明来杀死你！

这个独特发明就是传说中的剥皮实草。

就这样，在张应科监刑下，李如月被施酷刑而死。绝命前留言如此：死得快活，浑身清凉！

李如月仅因为骂了孙可望几句就落得个惨死的下场，朝廷的大臣们自此更是噤若寒蝉，对孙可望恐惧不已。与此同时，孙可望的亲信们则气焰更为嚣张，越来越多的人开始倒向孙可望一边，甚至主动献媚。

最能闹腾的、把话讲得最直白的是翰林院编修方于宣。能够在翰林院混的，不论是什么时代肯定是个文化人。事实证明，方于宣的确很有文化，因为他将孙可望登基为帝的事上升到一个新的高度——天命的高度。按照方先生的说法，这几年除了白天上班看书外，夜里经常上房看星星，而依据他的悉心观察，最近“帝星明于井度”。这种星象是上天在预示，圣人已出，要换皇帝了。据推算，圣人就在西南分野，位极人臣。因此嘛，自己应天行事，这才上书劝秦王殿下进位称帝的。

这是为了天下人的幸福生活着想，可不是为了我自己啊！

拍马屁能达到这种高度，把全国人民都扯上了，方于宣算是比较有水平的一个。对此本人由衷赞叹：这位仁兄无耻的样子，很有当年陆万龄同学的神韵啊！

不过至此方于宣同学的表演还远远没有结束。

不久，本着向先进同学看齐的态度，方于宣送给了孙可望一份礼物，具体说来是一本书，署名“国史”。这本书系方于宣等开国积极分子通力编纂而成。在书中，方于宣大力发扬了只要进步不要脸的写作风格，称孙可望的干爹张献忠为太祖，并作《太祖本纪》，把张献忠与古代杰出帝王商汤、周武王对比，并最终得出结论，张献忠比这两人还要神得多哇。至于自己的老主顾崇祯，方于宣也没忘记拿出来给张献忠作为陪衬，为崇祯找来的两位伴儿也是名人，分别为桀先生和纣先生。虽然这部书主要讲述的是孙可望他爹张献忠的光荣事迹，不过在字里行间随便扫一眼都可以看到颂扬孙可望的句子。毕竟孙先生很早就跟着干爹出来混了。

孙可望对这份礼物很是受用，鉴于其中某些言辞实在过于肉麻，连孙可望本人读到最后也实在不好意思了。为此，他找来了方于宣：也不必写得这么过分吧！

谁知，方于宣先生当场斩钉截铁地回答：自古以来史书都是这样的，否则怎么纪念圣人的开创功勋呢！

孙可望听完笑了笑：你很三俗嘛，但是我喜欢。

再往后，方于宣再接再厉，又先后参与了为孙可望制办天子卤簿、创作九奏万舞之乐，与鸣胪寺薛宫商订新朝朝仪等活动。但他办的最出彩的还是这样一件事，正是这件事标志着方于宣的无耻等级到达了与陆万龄相等的水平。

方于宣在一次朝会中公然提出，朝廷应重立太庙，而太庙的祭祀内容应该有所改革。那具体怎么改呢？方大人的意见是，太庙主要供奉三个人：第一个坐在正中间的自然是明朝开国太祖高皇帝，这点当然不用争议。只不过旁边的人要改，左边应该改奉孙可望的义父张献忠，而右面则理所应当的摆上孙可望祖父的灵位，一国三祖，这样才符合现实的情况。

据说方于宣此语一出，骂声一片，唾液横飞。虽然这些大家没都在现场表现出来，但很多大臣已经明白了一个客观事实，再不采取什么行动的话，明朝真的就要亡了。

事实也确实如此，孙可望的亲信们此时在私底下已经完成了相关的理论工作，

甚至连新的国号都想好了，叫后明。

这样孙可望想要当皇帝的事不再是司马昭之心路人皆知，就连路边的狗也有了要换主人的预感，整天在孙可望的王府门口叫个不停。

是个人就知道的事，行宫之中的永历自然也知道，更何况此事实直接关系自己命运和整个国家存亡，永历的关注程度始终是非常之高的。

很快，一件事情引起永历的警觉和注意，并使得他真正感到了形势的危急。根据可靠密报，马吉翔和庞天寿在不久之前和孙可望的亲信张应科等人结拜为兄弟。不只如此，马吉翔甚至还说出了一句让永历无论如何也想不到的话：今日天命在秦，天之所命，人不能违。我辈意欲劝粤主禅位秦王，烦两公为我先达此意。

反动，实在是太反动了！

虽然之后马吉翔与庞天寿像没事儿人一样返回了宫中，继续做他们的本职工作，劝永历禅位的事也压根没胆提。然而马吉翔在朝中的表现却是越来越让皇帝陛下失望了。

为了讨好孙可望，马吉翔准备找一份特殊的礼物送去。于是马吉翔派人找来了在朝中任职的武选司郎中（正五品）古其品。之所以会找这位仁兄，并非是因此人家中收藏有什么珍奇宝物，而是因为这个古其品本人就是一个特殊的人。

古其品，重庆梁平人。明朝著名画家，而且是一个在活着的时候就已经很有名的画家。所以马吉翔找到了古郎中，拿出了白花花的银两堆放在他面前，说：古大人为我作张画吧。

入滇之后，永历都变成了二流人物，马吉翔的地位自然也下降了不少，不过即使层次再低，相对于古其品而言也是上级，因此面子多少是要给些的。古其品开始磨墨。不过，古大人磨了一会儿就说什么也不继续了。因为此时他听到了马吉翔先生的要求。

"请先生为我画一幅《尧舜禅受图》。"

这个时候，谁是尧，哪个又是舜，不言而喻。这幅画要拿去做什么，更是用脚趾头想都能明白。古其品官很小不错，但这并不影响他对明朝和永历的忠诚，因此古其品拒绝作画，拂袖而去。

敬酒不吃吃罚酒！

马吉翔由此对古其品怀恨在心，不久就将此事添油加醋地反映给了孙可望。孙可望得知此事也不含糊，马上找了个由头，把古其品押解到贵阳杀了。

这两件事对永历的震动很大。至少他意识到了一点，孙可望要比之前的刘承胤、陈邦傅难对付得多。

此时的永历虽然处于孙可望严密监视下，几乎和被软禁没有什么区别，可并未因此灰心丧气，甘心做孙可望的木偶。事实上他每天都在思索着逃脱孙可望控制的方法，并在竭尽全力积聚力量，保护拥护自己的大臣，等待翻身重做主人的时机。

经过长时间的琢磨与观察，永历做出了一个极为准确的判断：能够抗衡孙可望、拯救自己和这个国家的人有且只有一个，那就是在两广作战的李定国。

第十四章 密诏

如今孙可望大权在握，要搞一场形式上的“禅让”活动，不过是分分钟的事儿。他之所以拖了这么久却迟迟没有动手，怕的就是大臣和百姓的反对，再有就是李定国了。

李定国是孙可望最为畏惧的人。此人勇谋兼具，声望很高，不像朝中其他大臣那样，说干掉就干掉。不过在永历看来，更为关键的是，李定国的眼中是有自己这个皇帝的。

当初，永历一行刚迁到安龙时，当地的粮食等物品并不充裕。李定国和刘文秀得知此事，特地派人到安龙请安，并带来了许多银子和食物，帮着大大改善了第一家庭的生活。之后李定国攻克桂林，抓住陈邦傅等叛将，虽说是到贵阳的孙可望那里献的俘，可李定国却没忘记自己，与此同时派使者特意来到安龙行在奏捷。凡此种种，让永历很是感动。

永历和大臣们就此认定，李定国绝对是个靠得住的人。于是在大学士文安之的建议下，永历决定下密诏召李定国统兵入卫。

派谁去执行给李定国送密诏的任务，对永历而言是个难题。文安之、吴贞毓虽说绝对信得过，不过这两人身份比较特别，身为内阁成员一直是孙可望的眼线密切监视的对象，让他们去肯定不成。自己身边的几个亲信太监虽然也十分可靠，可个人特征又很明显（没有胡须），一出宫估计就暴露了，也不能用。马吉翔和他的锦衣卫本来是永历眼中最为合适的人选，可这个曾经是永历最为信任的人已经倒戈，连同庞天寿一起背叛了自己，主动投奔到孙可望那边了。永历这下真就犯难了，这个年头还有谁可信呢?

看到皇帝陛下愁眉不展，服侍永历的贴身太监张福禄和全为国凑了过来，低声说（事关重大，怕人听见）：陛下，我们知道几个不错的人选。两个人随即说出了几个名字，分别是：吏科给事中徐极、兵部武选司员外郎林青阳、武选主事胡士瑞、职方司主事张镌、工部营缮司员外郎蔡缜。

永历恍然大悟，是啊，这几个大臣的确信得过。因为不久前正是这几位上疏劾奏马吉翔、庞天寿“包藏祸心，称臣于秦”，并揭露二人曾偷用御笔，私封龙府土官赵维宗为龙英伯。哥儿几个还比较精明，弹劾范围和用词控制得恰到好处，只骂马、庞，不提孙可望，以致马吉翔和庞天寿气愤至极，也不能借由孙可望之手进行报复。

有胆有谋，可以大用。永历很高兴，秘密吩咐张福禄和全为国暗中召集五位大臣秘议此事。

七个人经过共同商议，对密召李定国入朝的事均表赞成。不过为了保险起见，五位大臣最终决定行事之前再找首辅吴贞毓一趟，听听老成持重的吴大人的意见。

吴贞毓对于召李定国入卫的计划也深表赞同。可是此时此刻，吴大人再次提出了那个最最关键的问题，谁去?

孙可望的耳目遍布西南一带，朝廷内外，形势十分危险。出了云贵，两广地区也不太平，恰好是明清双方打得最热闹的地区，兵荒马乱，普通人走一趟都是九死一生，何况一个孤身上路、身藏讨伐孙可望密诏的大臣? 一经发现绝对是有死无生。有谁愿意抛弃还算过得去的生活，冒这个险呢?

“我愿意走一趟。”一个声音打破了寂静。发言者是林青阳。

吴贞毓充满敬意地看了这个原本默默无闻的官员一眼，用无比郑重的语气说道：国家大事就托付给你了。

事情谈妥了，适合的人选也有了，紧接着就剩下将计划付诸实施了。吴贞毓先命礼部祠祭司员外郎蒋乾昌拟定敕稿，再让兵部职方司主事朱东旦缮写下来，最终由张福禄等秘密持入宫内，钤盖皇帝之宝。密诏完成。

几天后，按照计划，林青阳向朝廷请假，以归葬亲属的名义获得了批准。

永历六年十一月，林青阳携密诏离开安龙。为沿途免遭孙可望的人盘诘搜身，林青阳特地选择小路东行。但他没想到这一去一回就是一年之久，而在这期间更是发生了一件谁也想不到的大事。

人生中最令人抓狂的事情就是等待，特别是等人。我曾不止一次听到身边的人这样抱怨过。不过在我看来，我们今天的状况还是相对好许多的，因为 21 世纪手

机基本已经普及，实在不行打个电话催一催，问清楚对方具体走到哪了，还得走多久，心里总有个底，尚不至于发疯。可是时间再往前推上几百年，情况就基本足够让一个人由焦急到焦躁，再由焦躁变暴躁，最后直至疯掉了。

林青阳一走就是半年，生死未卜，音信全无。永历的耐性已经彻底被磨光了，于是派人找来吴贞毓，暗中吩咐吴大人再派使臣前往李定国处探听消息。是死是活，是有戏还是没戏，总得给我一个说法啊！

皇帝陛下很着急，吴贞毓事实上也不轻松，每天除了要处理政务，保护受迫害的大臣，还要为林青阳的安危担心，心理压力那是非常之大。现在永历一提此事，吴贞毓也意识到此事拖得也有些太长了，莫非中间出了什么变故？

吴贞毓向永历推荐了第二个联络员：翰林院孔目周官。

然而周官还没有派出去，有人说话了。

说话的人是武安伯郑允元。郑允元认为，林青阳出去执行任务这么久都没能回来，出事的几率很大，所以这次派人前往李定国军中，务要更加谨慎小心，防止泄密。因此郑允元提出，是不是应该找个借口先把专门从事情报收集和传递工作的特务头子马吉翔找个借口调走，再趁机行事。

这一建议得到了在场大多数人的认同。马吉翔很快接到了皇帝陛下的命令，前往梧州出趟差，出差的具体内容是代永历祭祀兴陵，马吉翔就此成功地被从朝中支开（一说马吉翔是以朝廷重臣的身份被派往留守南宁）。反正无论如何，马吉翔终于走了，永历等人的计划则继续开展。

在马吉翔离开安龙的几天内，周官怀揣另一份密诏秘密上道。

事实上，此时此刻林青阳已然完成了组织交代的任务，正在往回赶。长期搞谍报的马吉翔也得到了林青阳密访李定国军营的报告，已经暗中派出手下前往详细调查此事。现在朝廷突然给马吉翔派了个出差两广的任务，反而正中下怀，帮了马吉翔一把。对此马吉翔或许还应该好好感谢郑允元一番。

马吉翔来到广西之后，很巧地遇到一个熟人：主事刘议新。这位仁兄刚从李定国军中公干回来，途经南宁，就这样和马吉翔碰面了。

刘议新这段时间一直没回到朝中，并不清楚面前的这个马吉翔早就不是以前的那个深受永历信任并无限忠于皇帝的马吉翔了，他已成了孙可望的人。两人聊着聊着，刘议新就把皇帝陛下发密诏给李定国，要求李定国领兵迎驾的事说了出来。刘议新以为马吉翔知道，不知道马吉翔不知道，刘大人在讲述的过程中，兴奋喜悦之情溢于言表，临了还多了句嘴：李将军得敕，感激流涕，不日就将带兵前往安龙迎驾了。

马吉翔听完刘先生的话，非常吃惊。然而长年的处事经验让他很快强自镇定了下来，随即假意表现出了同样的喜悦。一出门，他就立即派人飞报孙可望，同时命人通知自己留在安龙的弟弟马雄飞加强对永历和朝中大臣的监视，及时反馈相关情报。

永历八年正月初六日，得知永历下发密诏的孙可望率先发难。孙可望的亲信将领郑国、王爱秀率兵闯入了永历位于安龙的行宫中，公然逼迫永历交代情况。

永历经历过一次类似的情况，所以这回处理起来永历先生表现得很淡定。面对郑国等人的质问，皇帝陛下是这样回复的：密敕一事，朝中臣子必不敢做。数年以来，外面假敕、假宝亦多，尔等还要密访，难道那些都是朝里闹的吗?

不管永历再怎么没实权，从名义上说还是皇帝。皇帝陛下既已发了话，说明此事与朝廷无关，郑国和王爱秀两个粗人也不好意思做得太过分，就退下了。

不过事情既然已经发展到了这个地步，让孙可望就此打住是不可能的。孙可望虽然现在手中没有证据，但他很清楚证人还活着。于是孙可望给郑国下令，派他前往南宁的马吉翔处探听周官等人的去向，并趁机探听李定国军的动静。与此同时，早一步接到孙可望命令的马吉翔也已开始四处派出锦衣卫寻访林青阳的踪迹，打算把人带回安龙对质。

眼看着朝廷的局势越来越紧张，徐极等拥护永历的大臣使出了自认为很绝的一招：釜底抽薪。以徐极为首的七名大臣交相上疏，弹劾马吉翔与庞天寿二人表里为奸，祸乱朝政。

永历很明白大臣们的意图，当即谕令廷臣公议，对二人治罪。可没想到庞天寿听到风声，居然在刑部官员到来前便叫上马雄飞带领数骑逃跑了，衙役们扑了个空。不过不忙，几个大臣还留有后手。

庞天寿带着马吉翔的弟弟跑了，这不更证明两个人早有勾结么？于是大臣们使出了第二招：金蝉脱壳。大家提出，文安侯马吉翔奉命谒陵，在他的身上或许携带有先前由皇帝赐予的空白敕令，因而如果马吉翔为了避免自己的奸行暴露，擅自填发那些敕令，挑拨皇帝与秦王间的关系，借此达到打击敌对大臣的目的，这也并非不可能。

实事求是地讲，大臣们这一招确实够狠，知道马吉翔、庞天寿不敢回来对质，把所有的责任都推到他们的身上，以求保护皇帝，顺便自保，还能借此除掉朝廷里的两大叛徒，不得不让人写个服字。可是，众人还是有些太低估孙可望先生了。孙可望最终圆满解决了这一矛盾，而且用的是徐极他们永远想不到的方式。因为孙可望更狠。

你不是说这事与马吉翔有关吗？好，孙可望马上给郑国下令，让他去南宁把马吉翔绑上押回行在，随即传令各地抓捕林青阳同周官，一起带回安龙审讯。

变故发生时，林青阳正在回行在复命的途中。南宁的守将常荣是一个比较支持

永历的武将，得知皇帝给李定国下密敕的事已泄露，便及时派人阻止了忙着往回赶的林青阳，选派亲信回到安龙向永历密奏了李定国方面的情况。永历得到消息，也担心林青阳回来会出事，就给他派了新任务，让他携带黄金二十两送给李定国，铸印一枚作为出兵的信物。所以当孙可望得到消息赶来捉拿的时候，林青阳早就走了，而且还在道上碰见了周官，两个人又一起走了一趟。

林青阳、周官一个也没捉回来，不过马吉翔倒是回来了。郑国受孙可望之命全权负责审理此事，于是把朝中大臣们召集起来，并带上了马吉翔，开始问话。

“马吉翔现在就在这里了。列位要明白说出林青阳、周官下敕之事，他果真参与谋划了？”这个问题看似很容易回答，实际上却是凶险万分。郑国问的是马吉翔是否参与谋划，并没有问他是不是主谋，所以贸然回答极易被对方抓住把柄。

关键时刻当然是老将出马。首辅吴贞毓代为做出了答复：我们的职责在于票拟，关防严密，如何晓得！

自古以来，耍嘴皮子、推卸责任就是广大文官的从业法宝，特别是像吴贞毓这样的朝中元老，更是精通此道。郑国深知自己搞辩论不是这帮人的对手，决定改变策略，找软柿子捏。

郑国眼中的软柿子就是永历。他提出事关重大，需要在皇帝面前进行审理，以便做到公平公开公正。永历先生就此出马。

见到永历，郑国开始以启奏的形式、审讯的语气对永历进行提问：西藩（指李定国）私通朝内奸臣，胁敕要封；国主已差人前去捉拿正法。林青阳、周官也不日便会被押到，皇上可知是哪个大臣主导此事？待臣等好回覆国主定罪。

对于郑国的问题，永历几乎没有多想就予以迅速答复。皇帝陛下的回答还是老三样。

台词一：哦，是这样吗？这件事我不太清楚啊！

台词二：唔，应该不是朝中大臣做的，外面的假诏书太多了，不是吗？

台词三：嗯，原来如此，你们继续用心查下去吧！查明之后重重有赏。

至此，郑国终于意识到自己之前的想法事实上是很幼稚的。问了半天，一点收获没有，不论是上面坐着的皇帝还是底下排排站的大臣，几乎所有在场的人都维持着相同的动作，头部左右摇摆各一百八十度。郑国崩溃了。

郑国先生向永历告退后，回到朝房，终于出离了愤怒，忍不住大喊了一句：我们还要回贵州汇报，列位须快说明白！

“皇上虽在播迁之中，但朝廷法度尚在，谁敢妄行！我们这些大臣真的不晓得。”说这话的还是首辅吴贞毓。

气势汹汹的郑国和王爱秀当即不敢大声喧哗了。他们虽说是粗人，但多少也是懂规矩的，惊扰圣驾的罪名很大，弄不好要咔嚓的。

就在这时，在旁边沉默很久的庞天寿站出来了。庞太监看得很清楚，如果不来硬的，杀掉几个支持永历的大臣，最终死掉的人里肯定少不了自己。所以庞天寿此时突然大喊一声：你如何推避得！

在庞天寿的指认下，被视为主谋的吴贞毓最先被带出了朝房关了起来。紧接着是郑允元、蒋干昌、张镌、徐极等官员，一共抓了二十人。这些被当场逮捕的大人们其实并没有直接送入牢房候审，而是被关在了一个特殊的地方，王爱秀的家中。

王爱秀把吴贞毓等人囚禁在自己家中后，很快就带着家丁直奔永历的皇宫。依据庞天寿的供词，宫内还有几个太监参与策划了此事。于是王爱秀在庞天寿的指引下二度进宫，将张福禄、全为国、刘衡三名内侍系上铁索，带了出来。

时值永历八年三月初六日，永历朝最为著名“十八先生之狱”案发。

起初被捕的二十人中，除胡世寅一人于是日释放外，其余大臣全部就此被收押在王爱秀家中，接受连夜审讯。一时间朝野大震，宫内宫外乱成一团，人人自危。

趁此机会，孙可望在朝中的党羽冷孟铤、朱企鋘等人甚至公然入宫对皇帝陛下进行恐吓，要求永历立刻将密敕之事老实交代，并明确指出是何人主使。没想到永历的抗压能力远远超出了他们的想象，皇帝依旧表示自己并不知情，随即一脸悲愤地宣布退朝。弄得孙可望党羽们碰了一鼻子灰。

看来这个皇帝不是那么好欺负的啊！

既然无法从永历那里取得更多突破，就只能转而在被捕的大臣身上找漏洞了。

这些大臣中，吴贞毓是首辅，职务很高，不能轻易加刑，因此没有打。然而剩下的人可就好说了，官职不大不小，可以随意招呼。最先被抓来审讯的是户部员外裴廷谟，因为此人是吴贞毓的岳父（非正妻的爹），所以郑国起初打算以他为突破口，将吴贞毓拖下水，然而事情的发展证明，郑国的这一想法是极端错误的。

身为吴贞毓的岳父，裴廷谟的岁数应该也不小了，估计至少到了骨质疏松的年龄。可是面对郑国的呵斥，裴廷谟的表现却很硬，审讯全程只说了一句话：我是朝廷五品大夫，如何能跪你！

郑国下令乱棍殴打，以致裴廷谟的双臂被几乎断掉。然而对于密敕之事，裴先生的态度始终坚决，就是打死我也不说。

才审第一个人就碰上了硬茬儿，郑国没辙了。他找来专业人士、锦衣卫康永宁会同自己审讯。

要说专业的就是专业的。在接下来的审讯中，问口供、画押、印指模……一切的进展竟然出乎意料地顺利。

职方司郎中张镌承认自己是敕稿的原作者，御史周允吉自曝是敕稿的修订者，

内侍张福禄对敕书上出现的皇帝玺印也给出了合理的解释：我是司礼监的掌印太监，玉玺是偷偷拿来用的（我为尚宝，宝由我盗用）。光禄寺少卿蔡缤在审讯中更是十分配合，交代得十分彻底，主动要求郑国给自己纸笔，好让自己能够把参与策划此事的人员姓名一一写出，递交一份名单。

不过郑国对事情进展到的这种程度，仍旧不太满意，因为他始终没有等到他最希望听到的那句。

按照孙可望先生的指示，此案不仅要彻底连根铲除朝中的拥皇反孙的大臣势力，最好是还能尽量将此事与永历扯上关系，以便未来自己在废黜永历时可以有个光明正大的借口：当日此人曾阴谋害我。

可惜孙可望这个打算在狱中的大臣们眼里也就是小儿科，早就知道你打的什么算盘。因此被捕的大臣们互相形成了惊人的默契，受刑可以，叫认罪也可以。但有件事始终没一个人做，那就是为了求生而出卖皇帝。

郑国需要的就是这句，可一直却没人说给他听，于是郑国怒了。虽说该认的都认了，但审讯与拷打却依然继续下去，只是为了那句致命的供词。

“此事必有主使。”并不善罢甘休的郑国又一次重复了这句审讯期间使用频率最高的台词。

这一次，郑国惊喜地发现，底下的犯人中居然一反寂静无声、集体沉默的常态，而是传来了一个极为微弱的声音：“确实是有主使的人。”

郑国激动了。他马上在人群之中搜索声音的来源，最终成功锁定了那个识时务的合作者，张镌。

郑国兴奋地走到张镌的面前，用极为少见的缓和语气问道：是谁？

奄奄一息的张镌缓缓抬起了头，轻蔑地望了郑国一眼，随即给出了答案，一个让郑国意想不到的答案。

“指使我们的人正是逆贼孙可望！”

此言一出，受刑的其他大臣纷纷表示肯定。

审讯出了这么个结果，郑国先生很尴尬，他明知这些人说的不是实情，可事关重大，郑国也不敢随意伪造供词，把事情牵连到永历的身上。郑国只好强压下怒火，找来了他眼中最后的希望，蔡缤。

在郑国看来，蔡缤是狱中最为配合的人，仅挨了几顿打就知无不言言无不尽了。因此对于这种人，郑国很喜欢，自然也很照顾，所以被抓众臣中除了打不得的首辅吴贞毓外，蔡缤应该是众人之中受刑最轻、受苦最少的了。现在所有人都异口同声招认是受孙可望的主使，这样下去实在不好交代，郑国就想到了蔡缤，希望在他身上取得进展。

在再次重申了坦白从宽、抗拒从严的政策并为蔡缤展示狱中的刑具新发明后，郑国开始问话，而且一上来就直奔主题：下密诏的事皇上知道么？

在司法人士眼中，这句话绝对难逃诱供的嫌疑。不过鉴于这是非正式的审讯，什么三法司的官员要么不在，要么在的都是孙可望的人，郑国才敢这么明目张胆地询问。

很快，郑国等来了一个语气十分肯定的答案。

"未经奏明。"

"真的？"

蔡缤重复说了一遍，只是回答的语气更为坚定。

至此，郑国只能信了。那就如此结案吧。

不久，郑国向主人孙可望递交了结案报告，认定此事确系部分朝臣勾结内监张福禄、全为国瞒着永历私自矫诏，密敕李定国入卫的极少数不安定分子的个别行为，皇帝陛下本人对此并不知情。其中，为首的主犯张镌已经招认，而参与谋划此事的所有人除林青阳、周官外均已落网认罪，因此特此申请结案。

孙可望对郑国这份报告虽说仍有怀疑，不过大体上还算满意，再加上外界对长期扣押私审朝中大臣的事已多有耳闻，舆论压力渐大，因而孙可望决定顺水推舟，予以批准。

依据蔡缤给出的名单和各个大臣的供词，此案最终敲定的相关责任人共有十八个，大臣许绍亮、裴廷谟经查明与之无关，三日后予以释放。

到了放人的时候，一件令人意想不到的事情发生了。面对来之不易的自由，许绍亮居然断然拒绝，待在牢中死活不愿获释（流涕不肯出狱），甚至当着许多人的面对狱里的十八位狱友说出了一句很大胆的话：今日同事为国，生死与共；我许某人安忍独生！

许大人的意思很明确，既是为国尽忠，要死大家就一起死，哥们儿不差这一刀！

不过许绍亮最后还是出狱了，因为首辅吴贞毓的一句话。

"公今得生，是天未尽灭忠臣。尔既生，我辈虽死犹生！"

吴大人的这句话虽不那么直白，可是意义同样也很明确。你能出狱这是天意，不想让忠臣殆尽，你活着就相当于我们活下来了，所以千万不要想不开。

活下来吧！皇帝还需要你，这个国家还需要你，为了大明，为了我们当初许下的承诺。

好，我知道了。永别了，战友！

殉道

许绍亮在泪眼模糊中踏上了远离牢房的路。他接过了狱中十八位大臣的最终希望与嘱托，肩负起了他们未竟的事业与使命，就此离开。当日，许绍亮同裴廷谟出狱。当日，从贵阳传来了孙可望的最终裁决。

经过主审官郑国等人的商议，对于这个以吴贞毓、张镌为首的祸国集团，他们敲定的最终罪名简单说是八个字："欺君误国、盗宝矫诏。"这八个字看似简洁，可是一旦沾上绝对是必死无疑。可见郑国等人的确是摸透了领导的意思，杀无赦。

三月二十日，孙可望以朝廷的名义对外宣判，主犯刑部给事中张镌、司礼太监张福禄、全为国，凌迟；从犯翰林院检讨蒋干昌、李开元、吏部都给事中徐极、大理寺少卿杨钟、太仆寺少卿赵赓禹、光禄寺少卿蔡缜、中军左都督武安侯郑允元、江西道御史周允吉、御史李颀、朱议氵参、福建道御史胡士瑞、武选郎中朱东旦、员外郎任斗墟、主事易士佳，弃市。

至于身份相对比较特殊的首辅吴贞毓，在永历的求情下，被孙可望勒令自尽（绞刑）。

最先出狱的胡世寅虽然得到了同乡兼同年的陈麟瑞的极力营救，本没多受皮肉之苦，不过后来却也被拉了出来打了一百二十杖，戍边。

这样看来，胡世寅的运气可说是不算太好，然而相对于那个因无心之失导致这一悲剧的始作俑者刘议新而言，又可以说很好了。刘议新同样被打了一百二十下，抬回家五天后就死了。虽说此人的确对这桩惨案负有不可推卸的责任，可是我们知道，他并非是故意的。

当时被从宫中一起带出来的太监共有三个，最后杀了两个，有一个留了下来，就是刘衡。他被打了一百下，没错，可出乎众人意料的是，这位公公居然挺了过来，而且还出人意料地获得了免罪。对此，合理的解释不外乎两个。其一，刘太监真的什么也不知道，郑国抓错人了，但为了遮丑，就打了一顿，放了。其二，刘太监是知情的，只不过了解的是部分内幕或者是部分背叛了永历，因此得以得到孙可望的宽大处置，只不痛不痒地打了一顿就放了。

之所以这样说，是因为事发之后，庞天寿和马吉翔等人曾一度以王皇后知情为由，指示仪制司萧尹上疏要求永历废掉皇后。幸亏永历先生在保护家人方面是从不妥协的，加之皇后平日的人缘、口碑都很好，王皇后最终得以幸免。

该办的都办了，剩下的就是砍头。

永历八年（1654）三月，孙可望下令开刀。

行刑之日，诸君子被押赴法场，神色不变，望阙叩头：臣子一念，今日尽矣；

无以报国，虽死有余责耳！

随后是叹息：天寿、吉翔、雄飞朋胁为奸，欺君卖国。我辈今日为他杀尽，他日必借秦王势挟制天子，为所欲为；中兴大业，从兹已矣！

紧接着各位大臣各自吟诵绝命诗一首，言罢，引颈受戮。

张福禄是个太监，本来没啥文化，出口成章基本不会，然而临行前这位出身卑微、历经宫中数十年宫廷心计、尔虞我诈的老油条却在自己生命的最后时刻，用最为质朴的语言道出了自己内心的愤懑与希望：我辈生不能杀此三贼，死当作厉鬼杀之，以除国害！

对了，还有一句是十八个人共同说给被孙可望叫来现场观刑的其他大臣们的：我们就此走了，中兴大事在此交付列位同僚。望列位都要忠于朝廷，切不可依附庞天寿、马吉翔卖国！如此，我们虽死犹生。

史载，“时安龙虽三尺童子，无不垂涕者”。

十八人遭难后，郑国下令将众人尸体示众三日，这才允许家属收敛遗骸。其中，吴贞毓和郑允元职务最高，被合葬于城西海源寺，其余十六人被合葬于北关马场。不久，林青阳也被孙可望派人抓获，随即被杀害于城南火草坪。至此，当事人中唯有周官逃脱，幸免于难。

两年后，李定国率军由广西至安龙护驾，成功从孙可望的控制下救出永历。在将皇帝陛下送往云南昆明前，永历特地下旨对安龙死难诸臣分别予以赠恤并建庙立碑。在十八位大臣的殉难处，永历亲题“明十八先生成仁处”，命人将十八人的姓名、职务及遇难经过书刻碑上。自此，“十八先生”之名始称。

孙可望在制造了“十八先生之狱”事件，大杀保皇派大臣后，称帝的野心更加膨胀了。此时内阁已无首辅，马吉翔由此代摄首辅职权，因此有些史书直接记载马吉翔为相，这也不能说错。马吉翔终于等到了入主内阁的一天，这也一直是马大人梦寐以求的。鉴于能够代理首辅职权无论怎么说靠的都是孙可望，因而马吉翔很识趣，不久就将吏部侍郎张佐辰和礼部尚书扶纲也调入了内阁。众所周知，这两个人是马吉翔的死党、孙可望的同党。

就这样，孙可望本人除了在贵阳称孤道寡，拥有一套独立于安龙行在的政府班子外，又通过马吉翔控制住了永历的外廷，凭借庞天寿把持住了宫中内廷，可谓一切尽在我掌握中。可是即便如此，孙可望似乎依旧不那么安心，所以他又做出了如下安排：派遣部将关有才带领人马驻防田州，接替撤回的原田州总镇常荣，阻挡李定国率军入卫，同时命白文选带领本部人马驰赴安龙，督促永历移跸贵阳。

事后的情况发展证明，孙可望终究要为自己的这次任命后悔的。

事实上，孙可望其实并没有做曹操的打算。这并非是条件有限，做不成，而是

在其心目中有着更适合的榜样。

说来十分有趣，自诩明朝终结者的孙可望，他的效法对象居然正是大明的创立者朱元璋先生。在孙可望看来，自己无论是经历还是出身都与朱元璋极其相似。同样是贫苦人家出身，少小无依，有幸得到父辈级人物的赏识，开始走向崛起之路，半生戎马，历经百战，在尸山血河旁一次次坚强地站起，擦干脸上的血迹（有的是战友的，有的是敌人的），这才拥有了眼前的一切，成为一支军队的唯一首领，并成为一个政权的唯一权臣。

直到最近几年，孙可望依旧认为，自己同几百年前的朱元璋的处境惊人的相同。当年朱元璋趁群雄纷争之际，领兵把当时的皇帝韩林儿迎至滁州安置，正如眼前永历被自己供在安龙一样。当年大宋的一切大政方针实际上都已由朱元璋一个人裁决，只是在发布诏令时借用一下韩林儿的名义而已，且还是以“皇帝圣旨、吴王令旨”的形式发布的，不过是表面上挂了个宋的国号，并暂时保留着龙凤的年号罢了。现在的孙可望在发布诏令时其实也常采用这一模式，是以“皇帝圣旨、秦王令旨”作开头，只改了一个字，其他基本不变。

至于在大臣的反应和面对的敌人方面，孙可望也认为与朱元璋是一模一样的。朱元璋准备代替韩林儿前，首席谋士刘基提出的舆论新观点是“天命自有在”。几百年后的今天，被孙可望视为手下第一谋臣的任僎也提出了相应的“天命在秦”论。朱元璋称帝之后首要面对的强敌是北方少数民族建立的元政权，而与之相对应的，在孙可望看来占据北京的清廷也是上天交由自己一并打扫、建立不世之功的对象。

皇帝不等儿子做，由我做起；曹操从来不屑当，要当就当朱元璋！

平心而论，这些巧合都是真实存在的，确实很奇妙。但是个人认为，此时的孙可望至少忽略了三个非常重要的问题。

其一，任僎不是刘基，水平差得实在太多。

其二，孙可望在朝廷中的地位其实并不如当时的朱元璋，因为在各自朝中大臣们的心目中，一个是窃国大盗，一个是护国英雄。

其三，朱元璋称帝前后，朝廷内外基本已无劲敌，昔日辉煌的蒙古帝国早已玩不下去了。当时的孙可望少说也有两个竞争对手，一个是处于事业上升期的清朝，一个是忠于永历的猛人李定国。

事实证明，历史将用它自己印证一个传言，历史永远不会重演。虽然那时的孙可望先生并不很清楚这一点。

据一些史书上的说法，在杀掉吴贞毓等大臣的三个月后，孙可望曾经从贵州到云南去了一趟。返回大本营的目的只有一个，当皇帝。

不过放心，孙先生那一次没能当成，要不然我们的文章也只好到此结束了。至于为什么没当成，说法很多。有的说是当天加冕时发现皇冠做得太小，不合适。有的说是进行登基大典时老天爷很不给面子，连续下了好几个小时的雨，还“震雷交作”，差点把孙可望给劈了。更有甚者，说是孙可望当夜做了个奇怪的梦，见了点超自然的东西，觉得不吉利，就放弃了。

以上的种种说法或许是真实的，并的确可能构成了孙可望放弃称帝的理由，不过在我看来这些理由绝不是最关键的。当时能够遏制孙可望的冲动，使他不敢就此废掉永历称帝的原因只剩下了唯一一个——李定国。

据史料记载，孙可望曾在给永历的奏疏中说过这样的一段话，很嚣张：“有人说我是想要挟天子以令诸侯，但是他们不知道那个时候天子的手下是有诸侯的，而诸侯的眼里也有天子。可现在天子下的命令早就跟废话一样，而我却操纵着这样的天子发号施令，我该去哪儿下命令，又该命令什么人？”

不用多说，在孙可望的眼中，永历早就丧失了作为傀儡的最起码的价值，连摆设都算不上。然而苦于无法消灭李定国，这么个不能起到任何美化家居环境的摆设也就一直放在那里。孙可望只好耐心等待下去，等待进入两广作战的李定国被对他同样恨之入骨的清军杀死。

李定国初入两广那会儿，处境之艰难确实是有目共睹。虽说之前李定国曾一举收复了广西全境，数次击败清军，打得三顺王中的孔有德提前交代，尚可喜和耿继茂整天躲在家里发抖，取得过相当辉煌的战绩，但说句寒碜话，那已经是一年前的事情了。当李定国从湖广返回两广时，一切已经不再是当初离开时的场景了。用一句话概括就是，广西全陷。

李定国北上带走的是主力，留在广西的基本是当地原有的抗清武装，兵力还非常有限，仅能守住几个大城市和一些重要的军事据点。守在广东的尚可喜一向喜欢捡便宜，得悉明军主力走远，即将与南下的尼堪军作战，一时半会儿回不来，便马上找来孔有德的旧部线国安、马雄、全节三将，命令他们挑选精壮士兵会同广东水师副将强世爵从封川出发，水陆并进，夺取广西。

从尚可喜的部署中不难看出，现实生活中尚先生其实要比电视剧里演的聪明得多。因为他很清楚，孔有德战死后旧部虽大都跑到了自己手下，但估计清廷是绝对不会同意让自己正式接管孔老兄余部的。毕竟桂林之战后孔有德的部队虽被打残，可饿死的骆驼到底比马大，剩余的兵力还相当可观，这部分军队就这样拱手送人，顺治舍不得。尚可喜更清楚的是，作为清廷册封的平南王，这碗饭绝对不白给，上面早晚会下令让自己出去与明军作战，完成平南的使命。与其损耗自己的兵力，不如让孔有德的旧将率军做主力，自己再派一路兵支援。这样一来，打输了责任主要在孔有德旧将不给力，自己的伤亡也不会很大，最多就是个领导责任。如果一不小心打赢了，那就赚大发了。主功是自己的自然不在话下，在领导面前树立起勤劳肯干的模范形象也自不必说，最令尚可喜暗自欣喜的是，他很有可能借此机会以最小的代价将自己的势力范围扩展至整个两广，成为这一方的霸主。

既然有这么个可能，姑且就试一试吧。没想到，这一试居然成功了。清军于九月初五日重占梧州，孔有德旧将马雄随即镇守该地，作为清军继续深入的基地。

两个月后，明将徐天佑率部由省会桂林撤往柳州（按照某些史书的说法，这是奉李定国的命令，诱使退入广东的清军返回，再行歼灭），此时桂林城内仅有明朝宗室安西将军朱喜三率领少量明军留守。尚可喜得到这一消息，欣喜异常，估计“天助我也”之类的话至少得喊上几遍。他命令前线的线国安等人乘虚而进，果然不出所料，明军兵力确实捉襟见肘。十二月二十三日线国安等人在平乐顺利击败了明军义宁伯龙韬部和总兵廖凤部，占领了该城。

前文提过，平乐是桂林的门户，其作用就相当于今天的大沽口之于天津，一旦丢了，十有八九会全丢，除非出现奇迹。然而现实告诉我们，奇迹这种东西是可遇不可求的。

次年正月，线国安赶在元宵节当天送给了驻守朱喜三一个惊喜：桂林的另一个门户阳朔被清军攻占。在清朝所编的官方史书中，占领平乐、阳朔是一笔就写完的事情，但是实际上这么去写是有用意的，准确地说是为了掩盖什么。掩盖什么呢？两个字，惧怕。

两广的清军估计是真被李定国打怕了。这么说的理由就是，清军在此次作战期间很明显地转变了战法。通常情况下，清军以骑兵为主，讲求的是速度，看到城镇就直接打，打赢了继续走，仅留下少数士兵守城，等待随后的步兵入城驻守。如果打了几次都不成，还是接着打，不过这是边打边等，等着大军来后，大家一起招呼。最终打下来了，骑兵再接着开路。之后以此类推，直到完成对所有战略目标的占领。

然而清军这一次针对广西的军事行动，采用的是稳扎稳打的方法，占了一个地方先忙着稳固，稳固住了再往前走，与昔日的作风截然不同。估计是怕中埋伏。

但是几次仗打下来，清军将领的胆子慢慢壮了。他们发现朱喜三确实仅有一千多人的军队，而且还是杂牌，因此清军上下气势大振。没几日，桂林陷了，不久，清军就再次占据了广西。

帅才

重归广西，李定国的首要任务是开拓一片稳固的根据地，解决部队长期的吃饭问题。要解决吃饭的问题，首先要有土地和百姓。对于这两种重要资源，清军自然不会轻易送上门来，那就只能靠比较原始的方法了——武力。

永历七年二月，李定国率部从广西贺县出发，一举攻占了梧州。接到战报，身在广州的清军高级将领们都极为吃惊，李定国咋又回来了！不过，来了也没办法，赶紧开会讨论应对的方法吧。

依据尚可喜和耿继茂的推算，李定国下一步的进军目标将会是桂林或南宁，所以二人有意加强了两地的防守。谁知李定国居然不按常理出牌，没有像预料中那样西进，反而一头扎进了广东，直奔尚可喜和耿继茂两人而来。

三月十四日，明军攻占开建和德庆。同月二十五日，进抵肇庆城下。次日，开始攻城，同时分兵占领了位于肇庆周边的四会、广宁两地，截断了两地援军的道路。

肇庆战役自最初打响之时，作为军中主将的李定国便亲临前线指挥作战，督促部队架云梯攻城。据史书记载，明军是由从东、西、北三面对城池直接进行强攻的。之所以这么布置，估计是李定国断定城内清军反应不及，面对突如其来的猛攻有可能会立即溃散，从南门逃走。然而事实告诉我们，这种情况并没有发生。

如果是两年前来打的话，李定国的战术很可能会获得成功，可惜的是，李定国来时是永历七年。就在两年前，镇守此地的肇庆总兵许尔显和知府张之璧为加强城池的防御力度，特意修葺了四周的城墙，总计在城上增建炮台六座、窝铺一百四十八间，水城之上增添炮台两座，并拆除了离城四尺以内的所有房屋，用以增置楼堞。所以倘若单靠玩硬的，许尔显是不惧的。

清军在许尔显的率领下，凭借着城楼上的火炮，据城顽抗。不仅如此，许尔显趁明军士兵的注意力集中在躲避炮火与矢石的空档，抽调了一批精兵用绳索縋城而下，出其不意地对攻城的明军发起了反击，并成功扰乱了局势，夺得云梯一百多架回城。

李定国很快意识到自己战法方面的失误，决定改变战术，以奇取胜。

不久，城上的许尔显就见识到了十分壮观的一幕。成批成批的明军士兵分成小队，开始在城外用盛满土的布袋堆墙，找来树木做栅栏，并辅以盾牌作掩护，似乎打算在肇庆扎营长住。

许尔显几次派人出城搞破坏，都被明军用鸟枪打了回来，只能眼睁睁地看着明军就此成为自己的邻居，每天早出晚归的来找自己一起做运动。

几天下来，许尔显感到事情有些蹊跷。据他所知，李定国打仗不是这个风格，在没有费尽心思引诱城中守军出城野战的情况下就派兵费力修工事，做起了打持久战的准备，实在是不符合套路。想了半天，终于明白了，这是障眼法，李定国其实是在想特殊的法子在短时间内攻破这座坚固的城池。

天上不能走，明军中似乎也没带着大象、大炮，那么迅速破城的奇招就只可能

有一个，走地底下。

许尔显猜对了。这几天明军表面上修筑攻城工事，实际上却在全心全力挖地道。李定国对搞这种“地下工作”其实也很有心得，当年入滇讨伐沙定洲时，叛军的一座坚城就是靠这招打下来的。

许尔显对战局的分析能力显然要高于沙定洲的部将们。在料到明军可能以地道发动奇袭后，许尔显派人连夜在城内挖掘了一道同城墙平行的深沟，以防万一。

看来城中守将并不是吃素的。李定国笑了笑，及时下达了停工的命令。

明军停工了，许尔显和守城的清兵却累得够呛。如此这般和李定国斗武、斗智、斗体力，是个人就会受不了。因此许尔显果断做出了决定，请援兵。

然而不久后许尔显就得到了答复。援兵暂时来不了，兄弟你要挺住啊。

其实，这完全不能怪驻守在附近的清军各兄弟部，要怪只能怪李定国实在太有魅力了。

自李定国率军入粤以来，广东境内本来一直行动低调的残余明军和各地义师突然像打了鸡血一样兴奋了起来。两广地区的抗清力量纷纷主动响应李定国的军事行动，自觉自愿地配合作战。各地抗清武装的高昂热情也直接感染了一个人，这个人就是潮州总兵郝尚久。

在李定国打入广东，两广人民群众起义热情高涨的形势下，郝尚久决意反正。

事实证明，郝尚久反正的打算并非是头脑发热，一时冲动，是长期遭受压迫的结果。郝尚久本以为率先降清并帮助清军击退郑成功会得到领导重用和赏识，谁知情况并非如此。投降后没两年，郝尚久潮州总兵的位子就被南赣副将刘伯禄接任了，郝尚久本人被调任为广东水师副将，从一把手变成了副手，从统帅三军改为了专管水师，郝尚久很郁闷。

虽说潮州总兵只能管潮州的军队，广东水师副将统领整个广东的水上武装，相当于由市级干部升成了省级干部，但是希望大家不要忘了一点，当时的清军水师是很怂的，别说和正规的明军水师交锋不成，就连打个把水寇海盗还经常累个半死，因而这摆明了是要剥夺郝尚久的兵权和地盘，说白了还是不信任。

因此当调任令下发潮州，郝尚久拒不执行命令，赖在城里不走，并且调动军队，组织修筑深沟高垒，开始做与清廷对着干的准备。三月二十二日，郝尚久听闻李定国进军肇庆，感到时机已到，当即自称新泰侯，宣布改奉永历。与此同时，勒令全城军民割辫，以示决心。

郝尚久二度反正后，做的第一件事就是派使者同李定国、郑成功取得联系。他相信只要自己能够与当时南明最猛的两个将领联合起来，突破四周清军的封锁包围乃至收复整个广东都是有戏的。然而此时的郝尚久并不清楚，当时郑成功其实正在秘密忙着一件大事——与清朝方面和谈。

永历六年到永历七年的短短一年间，身为东南抗清一哥的郑成功与浙闽地区的清军接连进行了两次大规模的战斗，即永历六年正月的漳州之役和永历七年的海澄战役。

漳州之役由郑成功发起。他率领二千余艘战船进攻，曾一度收复漳州府的重要港口海澄，迫使清军守城参将赫文兴、海澄县知县甘体垣开城投降。郑成功连续两次击败了城外的援军和城内的突围，围困漳州长达半年之久。期间，清朝浙闽总督陈锦因见援军接连战败，脾气过于暴躁，经常打骂家仆而被忍无可忍的家仆合伙刺杀。虽说漳州清军最终在平南将军金砺和福建提督杨名高率领的援兵帮助下挺了过来，不过死了一个总督、上万士兵，实在也算不上什么出彩。

于是为挽回面子，清军主帅金砺发动了海澄战役，事后证明，这是件费力不讨好、损己很利人的事情。

在我看来，金砺发起海澄之战的主要目的是挽回面子。因为调集大量水陆官兵进攻一个海澄县和一座岛屿（中左所），说出去还不够丢人的，更何况最后仗还没打赢。此战清军的最大收获就是锻炼了使用大炮精确瞄准的技术，轰平了郑军的许多防御工事，并且幸运地擒获了因进军途中遇上飓风而被吹到兴化港的林察和他的座船。

用无数士兵伤亡换来的仅是一艘破船和一个不肯投降的将领，清朝感觉自己这个亏吃大发了，于是一些官员趁机再次提出了招抚郑成功的方案。

其实早在一年前（1652），清廷就曾收到过大臣的奏折，提出采取和平手段解决东南地区的郑成功问题。其中提到的招抚原因也的确十分现实，还是“力不暇及”那四个字。如果咱大清的水师够牛，早就把丫灭了，还谈个甚！只不过现在是有心杀人，无力出海，所以和平只能靠谈了。

巧合的是，第二年福建巡抚张学圣等人私吞厦门之战战利品之事东窗事发，顺治便借此机会下令将相关人等押赴京师受审，以此来展现清廷方面和谈的诚意。

永历七年（1653）四月，清朝正式向郑成功伸出了橄榄枝。代表清廷出面的是新到任的浙闽总督刘清泰（就是年前上折子的那位）。刘总督秉承朝廷密敕的打不赢就和的精神，充满憧憬地写了一封亲笔信，派人送到郑成功祖母黄氏处，托她转交给郑成功（郑成功一般不回大陆，回来一般在打仗）。

刘清泰在信中着重强调了两个问题。第一，我们大清皇帝很宽厚，胸襟极其博大，你年少不懂事，犯了错误是可以原谅的，有啥条件尽管提，事情是可以商量的。

第二就是郑成功的家庭问题了。清朝上至皇帝下到官员似乎都很关注郑家的家庭和睦问题，而且还不止一次提醒郑成功，你爹在我们手上。想要实现忠孝两全

么？想要每天不再为老爹的安危担忧，彻夜难眠吗？想要让你的老父亲享受天伦之乐而自己又过上富足幸福的生活吗？那就赶快投降吧！

为了加强宣传与说服的效果，五月初十日，清廷又正式颁发敕书，封郑芝龙为同安侯，郑成功为海澄公，郑成功的叔叔郑鸿逵为奉化伯，郑芝豹授左都督，并公开承诺划出泉州一府地方供郑成功安插和供养军队，以后咱再也不打仗了。

平心而论，清朝这次招抚工作本钱下得很足，而且极具诱惑性和煽动性，一般人说不定犹豫几天，挣扎两下，屁颠屁颠就去了。可惜，这一次招抚对象是郑成功。众所周知，郑成功是一个很有志向的青年。

读完老爹郑芝龙、清方代表刘清泰的亲笔信，郑成功说了一句话：看来清朝也很想蒙我啊！可是我又不傻，既然如此，不如将计就计，权且借他粮饷，养好我的兵。

于是郑成功给郑芝龙回了一封信（事实上是给清朝的）。在信中，郑成功表示由于有父亲的前车之鉴，自己并不敢太过相信清廷承诺，不能就此投降。不过，郑成功很清楚，话不能一口说绝，人不能一棒打死，他给今后有可能重开的和谈留足了后路，并含糊暗示了自己的价码：清廷履行当初与郑芝龙谈判的承诺，交出浙江、福建、广东三省作为自己的势力范围，否则废话少说。

那个泉州还是好不容易一咬牙才决定给你的，这会儿一张嘴就要三个省，比当时南明的统治区域还辽阔，你的胃口也忒大了，不怕撑着？

鉴于郑成功的最低底线远远超过了清廷的最高容忍线，顺治先生一生气，不谈了，打你小子。

可是说狠话一定要有强大的实力做后盾，当时清廷最有实力的是陆军，海上方面是名副其实的“基无力”，基本没啥能力。要打得赢当时世界上最强的海上力量郑家军，除非天天刮台风，还要总吹郑成功那一边才成。

顺治虽贵为天子，但终究不是天神，没那能力呼风唤雨，冷静下来后还是决定继续谈。

清廷在研究了由郑芝龙家人李德带回的信息后，做出了准确判断，南方的抗清势力并非是铁板一块，郑成功确实有归降之意，只不过是不见兔子不撒鹰，好处不足不撤兵。因此在征得顺治同意后，清廷方面决定做出适当让步，同意在泉州之外再将漳州、潮州、惠州三地划给郑成功，作为郑军的驻屯地，把四府的兵饷拨给郑军使用，如若不足，另加补贴。至于当地的民政事务还由清朝的吏部负责派遣文官担任，原来的武官愿意留下用的就留下，不想留下的就遣返。

此外，对郑成功提出的被封为海澄公却担任总兵且位在提督之下的异议，清廷也想出了解决办法，决定特许郑成功挂靖海将军印，以示身份特殊，并享受兵部的区别对待。统兵入闽的金砺军由清廷立即召回，不要误会。这样子妥协了一下，总算行了吧！

谁知郑成功并没有急着回复，而是一边张罗着谈判，一边趁着双方气氛缓和的机会，派人前往福建、广东沿海地区招兵买马、征收粮饷。眼看着郑成功的部将官员带着从福建等地征来的大量粮食饷银慢吞吞地拉到船上，再驶往海上，清朝当地政府的官员们手足无措。

本是按照朝廷的意思，意思意思，可是他郑成功实在不够意思，似乎不知道不好意思，他这么做到底是什么意思？

对此，郑成功的答复是：就是这个意思。

清廷对于郑成功的表现也渐渐不满了起来，主要原因有三。

一是在永历八年正月十三日，清廷内院侍读学士郑库纳等人正式册封郑成功为海澄公并赐予敕印时，郑成功虽盛情接待了清廷来使，并郑重其事地按照礼仪要求行了“三跪九叩头”的大礼，接受了清朝所封海澄公敕印，但却拒绝当场剃发，之后仍然使用明朝永历年号。这严重损害了清朝皇帝和大臣们的感情，影响十分恶劣。

二是郑成功以已受清廷封爵为借口，光天化日之下，堂而皇之地派人到闽、粤一带征粮收饷，而且还打的是清军的名义，一次性带走了总计四百余万两的东西，使当地的富户地主们都不干了，纷纷到地方衙门上访，这严重影响了当地的干群关系，反响也很不好。

最后，也是最让清朝方面不能忍受的是，在清廷允许郑成功驻兵四府不久，郑成功又向清廷提出了新的土地要求，希望心胸宽广的顺治陛下以他那大海般博大的胸怀，同意把福建全省，广东惠州、潮州二府，浙江温州、台州、宁波、绍兴、处州五府都交给自己用以屯兵筹粮，稳定海疆。否则，郑成功表示，海寇将四起，其祸则“不可测”。

敲诈勒索，这摆明了是在敲诈勒索，顺治先生恨不得马上派人把郑成功抓起来，先枪毙个五分钟再说。原来主张招抚的浙闽总督刘清泰感觉到上面的风向有变，立马使出了见风使舵的本领，在写给清廷的密折中改口说什么“抚局之变，不可不防，则剿局之备，不可不早”之类的话。招抚期间发生的一切，还是清廷中时任都察院左都御史的王永吉说得直截了当，一针见血：郑成功如果是真心接受朝廷招抚，就交出武器当良民了，一个总督或巡抚就能制得住他，怎么还会敢要闽、粤两地做自己的地盘？

所以就此事，王大人得出的结论是“虽然归顺，实怀二心”，他的推断也不可谓不精准。

“以职愚见断之，将来为东南大患者，必郑成功也”。

第十五章　恩怨

清廷虽说被郑成功先生结结实实地忽悠了一把，不过从某种程度上看，清廷的部分目的还是达到了。譬如说，在谈判期间履行承诺按兵不动，没有出兵配合李定国和郝尚久的军事行动。

坐镇广州的尚可喜是少数几个了解和谈情况的人，因此当许尔显的求援和郝尚久反正的消息几乎同时传来时，尚可喜对广东的战局做出了极为准确的判断：其他的人不足为虑，只要击破李定国就可以了（破李定国即自相解散耳）！

尚可喜集结部队，亲自率领平南、靖南两藩的主力赶赴肇庆帮手。到达肇庆，登上城墙走了一圈，尚可喜认识到李定国不存在攻下肇庆的可能。因为肇庆原本城墙坚固，易守难攻，明军倘若真的要取胜只能靠长期的强攻，可是现在尚可喜带领广东清军主力进入城中，双方的兵力对比已发生了根本性的转变，只要没有人犯傻率大军出城与李定国打野战，只要凭城坚守，胜利一定属于清军。

即便如此，尚可喜事实上还有一点担心，那就是潮州的郝尚久。

广东清军主力基本全部被调到了肇庆当援兵，广州方面已然空虚，万一李定国派人命郝尚久放弃潮州，趁虚西攻广州，那可要了亲命了。

考虑到这一可能，尚可喜马上派人火速通知留守广州的耿继茂，让他派出一支精锐骑兵扼守三水西南的木棉头渡口，切断李定国同郝尚久之间的联系通道，以防万一。

李定国不愧是名将！相信这是耿继茂派出的清兵到达指定位置后，说的第一句话。因为当这队骑兵来到渡口时，奉李定国之命前往潮州联络的一支明军小部队刚刚开始渡河。

来得早不如来得巧，如此也只能感叹清军的运气实在太好了。乘明军士兵没有发觉，清军采取了击其半渡的传统策略击败了这一小队明军，杀死数百人。李定国的战略就此落空。

四月初八日，城内清军突然从东、西炮台夜间赶凿出的侧门中杀出，明军之前所挖的地道被夺去。尚可喜随即下令，放火熏烧地道内的明军，李定国的地道战法彻底被破。

突然遭到如此出乎预料的进攻，明军的内部出现了不小的骚动。好在李定国头脑始终比较冷静，通过对战场形势的分析，判断出尚可喜的意图只是要夺取地道口，解除后顾之忧而已，并非已完成了对围城明军的总包围。于是李定国在指挥士兵们击退清军后，下令全军后撤，在离城五里处下营。

尚可喜向来是有便宜就想捡，且捡完了还要捡在清军发起突袭取得成功后，尚可喜决定再接再厉。他派出主力从西、南二门杀出，直接攻打李定国设在城外龙顶冈的大营。

从史料反映的情况来看，当时李定国军中军需物资似乎并不充足，但这却并不妨碍明军将士们出战杀敌的劲头。李定国军中部分士兵经过长期钻研实验，别出心裁地解决了盔甲不足的问题。据记载，他们作战时没有头盔，一律用长布条缠头（用以区别敌人），身上披挂的不是铁甲，而是常见家庭日用品——棉被。

身上裹条棉被就出去打仗，看上去似乎十分无厘头，但事实证明，这么个穿法绝对不是简单为了保暖，当然更不是为了搞笑。据说这些棉被其实进行了特殊加工，以致在战场之上任凭刀砍箭射都难以奏效（具体怎么加工的，对不起，我也没查出来）。一旦遇到了这些人，清军往往只有被砍的份，砍过去的通通无效。

可是这一次得悉详情的尚可喜想出了一个比较特殊的办法。他给每个清军士兵配备了一杆一丈五长的钩镰枪，并告诫他们出手就朝对方的下半身招呼。于是凭借阅历丰富的尚可喜的帮助，明军的阵地终于被攻破。李定国被迫放弃攻打肇庆，撤回广西。

写到这里，或许许多人都会有疑问了。你不是口口声声说李定国是南明第一名将吗？怎么用了近半个月连一个肇庆都打不下来，而且还败给了军事才能远不及孔有德的尚可喜手里？这有点说不过去吧。

对于这一疑问，我的解释是：李定国的超越同时期其他将领之处其实刚好就体现在这里。

所谓名将，有时打败仗也是难免的。譬如元末被朱元璋极为推崇的王保保，君

不见每次与明初第一名将徐达交锋，大多时候都是被打得大败，带着三五个人就往漠北跑，第二次再来又一百万人赔掉了。但即使这样，时人及后人对他的评价依旧很高，一致认定他是元朝最能打的人之一，北元的第一名将。不只是因为连败连战的勇气和死了数十万人还敢来二趟的超强心理承受力，更重要的是一个永远保持着清醒的头脑和一颗无比坚强的心。

李定国率领的明军本来是明军一部分中的一部分，在无比艰难的环境下选择跟随着自己的主帅，逃过了孙可望的追杀，长途跋涉来到了一个四处都是敌人的新地点，随后是紧接着的征战、征战、再征战，兵员一直没能得到补充，给养始终不足，没有援军，没有老乡暗中支持，甚至没有足够像样的装备（无大象、无大炮）。一个地方一个地方打下来，由广西打到广东，先干守军再打援军，最后和尚可喜带来的广东全部精锐在坚城下死磕 N 天，打输了没人投降，没人跑路，每次激战阵亡的只有几百人，整个战役打下来，伤亡刚刚过千（依据清方记载，数据绝对真实）。你说这支部队厉不厉害？你说能练出这种士兵，取得这种战绩的将领厉不厉害？

值得注意的是，当时尚可喜和耿继茂在得到消息说是李定国正在进攻肇庆，他们的第一反应不是赶紧想办法前往救援，而是马上派人去请派援兵。虽说这支增援的清军五月才到，没用上，当时江南清军对李定国的恐惧由此可想而知。

肇庆之战，李定国不胜退走，广州由于从江宁（南京）调来的靖南将军哈哈木和都统噶来道噶的援军而更加难攻，潮州的郝尚久犯难了，他知道清军一旦做好准备，确定李定国不会卷土重来，尚可喜的下一个目标一定会是潮州。仅靠潮州的这点兵力，绝对是扛不住的。于是，郝尚久急忙派出使者前往中左所，请郑成功出兵相救。

事实上，郑成功和郝尚久一直有梁子没解开。早年郑成功在粤东发展势力时曾和还是明朝总兵的郝尚久闹过矛盾，搞过摩擦，甚至还一度闹到了兵戎相见、大打出手的地步，因此郝尚久并不喜欢郑成功，郑成功也知道这一点。

不过话又说回来，郑成功也从不喜欢郝尚久，不论他是自己的同事还是敌人，都没待见过。接到郝尚久的救援信后，郑成功并不感冒，恰好又赶上郑成功正同清方代表谈得不错，因而最后只是派人转告郝尚久，令他固守城池，不可再悖叛归清，其他的就没管。八月，就又从大陆返回厦门岛了。

而八月正好是靖南王耿继茂、靖南将军哈哈木以及奉调来援的南赣参将孔国治部合兵攻打潮州府属各县并随后包围潮州城的日子。

在坚守了一个月后，九月十四日夜，潮州告破，郝尚久协同其子郝尧未降，自杀。然而对还活着的人来说，这场战争才仅仅是个开始。

李定国退回广西后，广东的抗清浪潮稍微有些减退，但还不至于陷入低谷。因为在各地坚持作战的各路义师和残余明军始终坚信一点，他还会回来的。

事实证明，李定国没有辜负大家的希望。在认真分析了上次的失利原因，并重新对两广明清军力进行分析对比后，永历八年（1654），李定国又回来了。

当时清廷和郑成功还在谈，尚可喜等人又刚刚击败了李定国，除掉了郝尚久，因而清廷方面做出了错误的判断，认为一年内两广不会再出什么大乱子了，便下令让靖南将军哈哈木所统率的满洲援军于当年十月十五日班师回京了。据说得知哈哈木先生和他的部队要走，尚可喜和耿继茂两位王爷吓得不行，马上联名向清廷上疏，希望争取援军留下。

在奏疏中，两个人大声诉苦，极言广东兵力单薄。按照尚可喜的爆料，自己手中原有辽军打得只剩下二千五百人，耿继茂更是少到只有二千三了，其余清军多是绿营兵（主要由在当地招募的士兵和南明降兵组成），加起来不过二万人，战斗力又不是很强，恳请多少留下点满洲兵作保障。并表示如果实在不行，抽调三千蒙古兵来广东助战也成。

没想到，清廷经过议政王大臣会议讨论后，给出的答复是“塞外归顺的蒙古各部都有首领，朝廷不便调发”，就算最终征得各部首领的同意，还得兵部、理藩院一层层手续办下来，到时才能将这些蒙古兵平分到你们两个王爷手下入伍效用。一句话概况就是，等着吧。更深一层的意思就是两个字：不成。

得知此信，估计尚可喜和耿继茂很有泪奔的冲动。所谓命苦不能怨政府！谁让咱吃的是这口饭。也只能撑得一回算一回，撑死算拉倒。

广东的尚可喜、耿继茂无语凝噎，与此同时，广西的李定国兴高采烈，因为他终于得到了一个人的支持。在李定国看来，这个人的支持是相当重要与必要的，因为这个人就是永历。

永历七年九月，也即李定国回到广西的五个月后，永历朝廷派遣兵部职方司员外郎程邦俊携带诏敕前往广东。他的任务是找时任明朝两广总督的连城璧。

我常常会惊异于这个世界的奇妙，特别是在读史时，这种感觉往往更为强烈。虽说当时永历被困在安龙那个并不大的行宫里，几乎没有自由，更谈不上权力，可是有趣的是云贵地区之外的明朝大臣大都始终忠于他们的皇帝，唯命是从，真正做到了不抛弃、不放弃；虽说当时两广大部分在清军的手里，明军只是散落在各地，控制着个把小城市，势力还很分散，可有趣的是两广总督还是有人做的，而且此人手中还有相当可观的兵力，甚至还有水师，能节制两广明军诸部与各路义师，基本上能做到指哪儿打哪儿。对此我只能说，很好，很强大。

永历派程邦俊不远万里翻山越岭，找到指挥部队打游击的两广总督连城璧，其

实只为了传道圣旨，其实圣旨也只为了说一句话：竭尽所能，支援李定国作战，戮力效忠，誓复旧疆。

因此当永历八年二月李定国领兵数万从广西柳州二度入粤时，军中不仅配备了火铳火炮，就连大象也有了。不用问，这些都是在永历的帮助下弄来的。对于皇帝陛下的鼎力支持，李定国极为感动，而让一个猛人感动的结果，比较雷同，一生相报，猛打猛杀。

在李定国指挥下，明军短时间内迅速收复了横州（今广西横县）、广东灵山（今属广西）等地，并一口气攻克廉州（今广西合浦），迫使清军总兵郭虎逃走，占领高州（今广东茂名），其中高州守将张月战败遣使归降，尚可喜部下副将陈武被当阵砍死，另一名副将李之珍率残部逃亡。

"李定国回来了！"

这一凄厉的惨叫以类似闪电的速度，在广东各地清军中间迅速传开。被那畏惧的闪电告诉过的，他将告诉每一个人。因此清朝的雷州总兵先启玉连抵抗的勇气也没有了，李定国一来，先总兵就立即宣布以城归降。于是明军兵不血刃地收复了雷州。

三月初三日，李定国亲至高州视察前线，并与当地义师领导人进行了亲切的会晤。现场的隆重气氛也再次验证了一点，在当时李定国是真正的偶像派，他走到哪里，哪里的抗清士气就高涨起来，搞得沿途清朝各个地方政府叫苦不迭。

尚可喜和耿继茂没人疼，李定国却有明朝皇帝和各地百姓的全力支持，这个差距也实在是太大了。面对这个局面和现实，广东各地清军无人敢于迎战，可怜的尚可喜也只好抓主要矛盾，集中兵力防守广州及附近地区，只求保住核心区域，罪过不至于太大。

尚可喜有些太小看李定国了。事实上，李定国发动此次战役的目的不止是收复广州一城，更不止是光复整个两广，最终要实现的战略目标是以此为契机，克复江南各省。

在李定国的战略部署中，夺取广东只是第一步，当然也是最为关键的一步。毕竟在明朝末年，广东一省的财赋收入约是邻省广西的十倍！当地人才之多、发展水准之高，同样是南方边陲各省无法比拟的。打下广东，不仅能解决北伐所需的军粮军费问题，还能为明朝中兴大业提供兵力保证与智力支持。

更为关键的是，一旦收复广东，西南以永历为首的抗清力量便可就此与东南以郑成功为首的抗清力量实现联合，所有军队将集中统一在永历旗帜下，协同行动，东西呼应。紧接着，李定国就可以实施自己天才计划的第二步，由自己统领陆军主力，郑成功统率水师战舰，一举收复福建、江西、湖南三省。最终两路人马会师长江，收取江南，将清朝势力逐回江北，光复南京。

事实证明，李定国是这样想的，也是这样做的，只不过在计划真正落实期间，有人不是这样想的，更不是这样做的，因此导致李定国这一伟大战略设想未能得以实现。因为李定国的计划一经实现，中国历史说不定将会是另一种完全不同的走向了。

顺便一提，当时有这种想法且制定了类似战略部署的帅才级人物并非仅有李定国一人，还有另外一人。当时他正在东南地区领导抗清，而他也马上会在下文中出场并显露光芒。

到达高州后，李定国再次派使者前往厦门，督促郑成功率主力舟师入粤会师。在李定国看来，郑军在水上拥有无与伦比的优势，从海道赶来可以不受潮州、惠州方面清军的阻击（没那个能力）。所以李定国为两军选定的会师地点为广州南面的新会。

当然，为了保证战事进展顺利，李定国还派出了一路部队前去与广东义师王兴等部会合，共同向新会进发，攻下广州城。

然而在一切事情都布置妥当时，一个没有预先料到的意外情况发生了。作为明军指挥核心的李定国本人在这关键时刻病倒了。

李定国病倒了，而且病得还不轻。四月份患的病，八月份才完全康复。在此期间明军进军速度非常缓慢，六月明军先头部队才抵达新会城郊，开始试探性进攻。

不过清军方面已早有准备。一个月前，得到消息的尚可喜先后派参将田云龙、右翼总兵吴进忠率部入城，协助防守。

李定国患病时，暂代指挥官位置的是部将吴子圣。在他的指挥下，明军联合当地义师对新会城发起了多次进攻，由于新会已有清军重兵布防，几次进攻的效果并不显著。虽说攻城的部队战绩平平，明军却在水路上取得了突破。这一战绩靠的并非是郑成功军（没来），而是长期在广州临近的南海中的上川山、下川山两岛打游击的凌海将军陈奇策部。

陈奇策收到李定国的会师请求，亲自统率舟师战船百余艘从南海出发，先发兵攻占了江门，随即在泗水河入口设置障碍物，“列水栅、攒柱数重，以大舟实土沉水中”并筑起炮台，阻击由海路来援的清军。

八月初三日，来人了。广东水师总兵盖一鹏奉尚可喜之命，带领所部八艘战船从广州来援。陈奇策闻讯统率战船出海截击敌军，经过一番交战，清朝水师全面溃败，盖一鹏被当场击毙。明军完胜，自此控制了广州地区的出海口，切断了广州同新会之间的水上通道。就这样，新会战役的第一阶段宣告结束。

时至九月，战役进入到第二阶段，明清双方均在新会加大了兵力投入。清军方

面增派徐成功、盛登科率大军来加强防守。大病初愈的李定国也率部赶赴前线，参与了攻城战的相关部署工作。听说李定国到场，战场上两军士气发生了巨大的变化，明军军心自然大为振奋，城内清军虽然略显萎靡消沉，不过也不至于太差，因为不久上面刚下达了死命令，倘若城池有失，守城将士无论职位高低，统统手拉手见阎王去。一句话，人在城在，人不在了不要紧，城得继续在。

因此在死亡的威胁下，守城的清军一致选择了死在李定国的手里，至少人家是名人，不枉咱活过一回！

新会是广州南面重镇，一旦有失，广州的情况势必堪忧。据相关信息反映，李定国已完全恢复健康，无复发的征兆，明军此来又带上了火炮大象，这样看来不拼尽全力在新会堵住李定国，早晚会被李定国堵在王府里，落得个与孔有德相同的悲剧下场。

所以在连番上疏求援得到清廷允许后，尚可喜和耿继茂商量后决定亲自出马，进行自救。

九月十二日，尚可喜、耿继茂亲率清军出战。然而令人不解的是，他们的行进方向不是正南而是西南，这也就意味着所谓的救援是针对兵少势弱的陈奇策所在的江门，而不是有李定国大军压境、危在旦夕的新会。

本来得知尚可喜带领广东清军主力赶来，李定国当即下令明军猛攻清方在高明、肇庆的两个据点，尽快夺取三洲墟和高明城，以便肃清后方之敌，做好与尚可喜决战的准备。谁知一天天过去了，尚可喜军队的身影居然久久没有出现。派人一打听才知道，尚先生在江门好似武装游行般走了一圈后居然立刻就折回广州了，而且从此还闭门不出，一心一意等着援军来。说到底，尚可喜对同李定国的野战对决，心中始终还是一个字：怕。

不过在回去之后，上呈顺治的报告中，话可绝对不能实话实说，要稍微修改一下，譬如解除了明军对哪儿哪儿的包围啊，亲身督阵击溃敌军多少人啊，阵上生擒贼帅若干之类的。反正是要告诉外面，咱虽然没和李定国正面交手，不过已经挫动了敌方的锐气，收获是不小的，战果是显赫的。

李定国亲眼见证了尚可喜的所作所为，虽然不清楚对方打的是什么算盘，也意识到此时尚可喜不敢跟自己正面死磕，一定是有原因的。之所以躲入广州闭门不出，目的更加明显，是在等待援军。

既然如此，那就一定要在清朝援军赶到之前攻克新会，广州城外再见！

十月初三日起，明军在广东各地义师的配合下，对已接近极限的新会发起了最为勇猛的攻势。为增加守军的心理压力，明军号称二十万，且由李定国亲率。挖掘地道、大炮轰城、伐木填壕、象兵直冲……多种战术相互配合，从作战方式上给予了清军从整体到个人、从肉体到心灵的沉重打击。眼看新会不日将破，李定国却遇到了前所未见的难题。

就在李定国下令集中炮火轰塌西城城墙时，清军阵地上突然出现了一大群非清军的身影，准确地说，那是新会城中的普通百姓。

趁着李定国和冲上前去的明军士兵尚没反过味来，百姓们在清兵的监督下，冒着炮火开始有秩序地搬运砖石、添堵缺口。不断有人在炮声中倒下，或是因城墙上的激烈争夺而丧命，却没有马上下去的意思。这是因为，在他们上城之前，新会守城将领曾对着所有居民传下去了这样一句话：一旦此城失守，我朝势将派兵反攻，重夺之日，此地将为扬州！

果然不出所料，老百姓老老实实地走上城楼帮助清军防守。城下的火炮也很快戛然而止，李定国下令停止进攻了。城中守将弹冠相庆。

然而没有多久，明军士兵又杀了上来。只不过从这一次开始，明军的炮很少响了，即便是大象也似乎被禁止使用，一切只靠普通士兵浴血奋战。

当时新会城墙高壕深，能用得上的云梯数量十分有限，明军将士们登城主要靠“捆青”法。所谓“捆青”法就是把树枝树干什么的捆扎成类似柴火的一团，先用它来塞平护城河，再叠高成架，借此攀爬登城。一开始这种方法虽说效果不错，但危险性太大，因为城内守军常常找来木枝棉花等易燃物，用油浸湿后直接点燃向下投掷。不过到后来，不知是谁最先发现用葵树干扎成的“捆青”不着火，于是攻城明军便开始普遍采用葵树制成的“捆青”作战，基本实现零烧伤事故率，让守城清将很是头痛。

但是现在的清军不怕了，在配备了大量人盾之后，城中百姓被赋予了从城墙上挖缺口爬出去，将“捆青”一一搬进城内的重任。因此打到最后，李定国被迫放弃了进攻。他很清楚，人命关天。战争虽然难以避免，可城里的百姓是无辜的，他们都有妻子儿女，他们完全没有理由被卷入厮杀并就此不明不白地送命。

事实证明，李定国是一个很仁慈的人。即便这或许和老一辈“仁不带兵”的要求不大相符，不过似乎并不影响他成为一代名将。士兵是士兵，百姓就是百姓，李定国在这一点上分得很清楚，或许这也是后来清军大举进攻云南，李定国没有下达不惜一切代价死守城池、拖住清军的命令，以致战败的原因吧。

对付不择手段之人，我们往往被教导使用更为不择手段的方法。在我看来，这或许是不完全正确的。至少就当时李定国的选择看，他采用了一种相对能减小伤亡的方式来实现自己的战略意图。那就是只围不打，依靠饥饿赢得胜利。虽然后世许多人认定这是李定国军事生涯中做出的少见的傻事，但我知道这一很傻的举动背后，有一种十分珍贵的事物，叫良知。

我钦佩这样的傻人。

十一月初十日，尚可喜和耿继茂统领清兵再次从广州出击，这次方向是奔新会没错，可行进不够坚决，走到三水就不走了，开始了所谓的休整。此时，不管是带兵的尚可喜还是得到战报的李定国心里都很清楚，他们都需要等待。尚可喜要等的是清廷派遣的满蒙军快点到来，李定国要等的是新会城内的粮草快点耗尽。

事实上，有一件事李定国并不清楚，那就是城内的粮食其实早在一个月前便已耗尽。

没粮了，那吃什么？这个答案很简单也很残酷，吃人。

自进入攻防战以来，清军就强征了全城的所有食物，严格控制，每日每家按量发放。发现明军有意围城后，粮食便不发了，城中居民只能吃家养的小猫小狗和野菜为生（自是民皆绝食，掘鼠罗雀，食及浮萍草履）。十多天后，狗猫鼠雀食尽，被迫以浮萍、葵树皮、嫩草充饥。

然而挨到十二月，百姓们能吃的都吃完了，清军士兵的粮食也吃完了，于是城中百姓就代替了士兵的粮食，被有组织地安排今天这家提供几个，明天那家送来几个，挨家挨户地吃下去。剩下的就风干，集中储存，以备不时之需（当地县志记载，非恶搞，非玩笑）。

后来仗打完了，在城中坚守过的两广总督李率泰（李永芳之子）哭了：诸将虽然守城有功，却有食人之罪。因此诸将无人不是自损其功啊。

城内但凡稍有良知的，生不如死。不过与此同时，李定国那里状况也不太好，遭遇了出战以来的第四个所料不及——瘟疫。

瘟疫不期而至，毫无防备的明军死伤过半，基本上丧失了战斗力。作为主帅的李定国虽说有幸躲过了感染，但士兵们的状况还是让他忧心不已。因为如果李定国的判断没有错的话，清廷的援军应该不日就到。

果然，李定国的推算很准确。十二月初十日，清廷派出的靖南将军朱马喇带领的满、汉八旗兵经过长途跋涉，已经到达位于新会附近的三洲并在当地休整。休整三天之后，朱马喇会同早已等候多时的尚可喜、耿继茂，在新会城外向明军发起了总攻。

明军大败，但在战败前，是连续整整四天的激战。

十二月十八日，李定国下令明军全线撤退。

史载，沿途多达六七十万的百姓主动要求跟随撤离。李定国一面派人安抚难民，帮助逃难，一面哭号失声，将军身边之人无不泪下。

解围之后，朱马喇下令清军乘胜追击。或许在他看来，这是战胜传闻中南明第一名将唯一一次机会，所以极其不愿就此放弃。

战胜李定国，就此千古留名！

二十四日，李定国统领明军主力退到高州。两日后，除留部将靳统武领兵数千镇守罗定州（今广东罗定县），阻击清军、掩护百姓和大部队外，其余人等全部撤回广西境内。明军好不容易收复的广东全部州县和部分广西领土再次沦陷。明军在广东的战事自此永远宣告终结。

整个新会战役自始至终，郑成功有联络、有称颂、有许诺，没兵。

李定国精心制设的恢复广东、进取江南的天才战略计划完全落空。自此之后李定国再也没有足够的力量和合适的机会进入广东，复兴大业就此功亏一篑。

唯一带有一抹喜剧色彩的是一份第二年由两广总督李率泰上交清廷的关于新会战役的奏报：去年十二月在新会获象十三只。

奇怪了，记得我当时只带过去了十二头啊？

救驾

新会战败，丧师失地，昔日精锐伤亡大半，南明中兴自此无望。相信对于这一残酷的现实，李定国应该看得很清楚。可在当时的李定国身上却丝毫看不到一点颓废沮丧的表现。或许对李定国而言，能不能施展自己的全部才能和抱负已经不那么重要了，重要的是在现实给设定的这一情景内，做好自己所能做的。

从当时的条件来看，朝廷最需要李定国做的事，是将永历从被孙可望严密控制的安龙解救出来。

孙可望的心在膨胀，一直在膨胀。膨胀向来是万恶之源，本来还算是一个不错的年轻人的孙可望，终于在嫉妒、野心的诱导下走上了那条直通黑暗的不归路。

林青阳、周官带着永历密旨到来时，李定国正在广东忙着打仗。后来仗打完了，见了面，李定国才得知皇帝的处境已凶险万分。就在得知详情不久，李定国又收到了令他更为震惊的东西，一份由兵部侍郎萧尹从安龙带来的皇帝陛下的亲笔血诏！

读完密旨，李定国决定前往安龙营救永历。然而此时军中却出现了两种截然相反的意见，持反对意见的居然占大多数。

为了一个有名无实的皇帝而与兵强马壮的孙可望闹僵，这么做不值当。况且此去安龙，沿途必有孙可望布置的重兵层层封锁，就这点人去，恐怕凶多吉少。

当一个人决定做一件事而大家都反对时，一般情况下这个人很难坚持己见直到最后。但是关键时刻，李定国坚持住了。他当着身边将士们的面，毫不犹豫地说出了心里话：如今孙可望上欺天子，下凌群臣，专横跋扈，奸佞堪比曹操、司马昭，

天下忠义之士无不愤慨，皆欲诛之而后快。何况我平日自比关张，难道可以接旨后袖手旁观吗（岂有主请而不救之理）！

随即李定国召集所部，下令，出征。

按照孙可望的部署，其亲信部将刘镇国、关有才领兵驻扎于田州（今广西田阳），目的有且只有一个，全力阻截李定国，阻止李定国北上。为了达到这一目的，孙可望甚至还下达了一道极为绝情的命令：凡定国必过之地尽焚刍粮，以绝其归路！

这样看来，孙可望已决定和昔日的兄弟彻底撕破脸了。

不用别人多说，李定国很清楚孙可望的军事实力，而且所谓道途凶险、重兵把守也是客观存在的，不能不考虑。但时间紧迫，情况紧急（此时孙可望得到风声，已经杀掉送信的萧尹，并催促白文选把永历君臣送往自己所在的贵阳），只能边赶路边想办法了。

刘镇国、关有才一直在自己的军营中静候李定国到来，这时突然得到报告，前方关卡于近日发现了一支似乎在执行侦察任务的小部队。守关部队闻知，迅速出兵攻打，截获其所遗衣甲数件，特此上交实物，请领导定夺。

关有才让手下将那支小部队丢弃的衣甲拿来查看，刚看一眼，脸色随即大变。这些衣甲全部是黑色的，上面又明确写有捷取字号。据关有才所知，这种衣服只可能属于一支军队所有，那就是清朝的军队。

不是说李定国要来么？怎么会是清军？难不成情报有误？关有才彻底陷入了混乱之中。然而很快关有才就清醒了，因为他收到了第二份战报。距自己大营百里处突然出现了大队人马，具体人数不详，但估计不少，所部以骑兵为主，黑甲皂旗，来势凶猛。

是了，关有才立刻做出了自己的判断，那帮不速之客极有可能是清军。大家都知道，李定国在新会一战损兵折将，伤亡惨重，所以清军乘胜以奇兵突袭安龙捉拿明朝皇帝的可能性很大。因此，在做出这一断定的基础上，关有才马上想好了应对的方法：跑。

对于不战而逃，关有才考虑得很清楚。自己手中的兵力虽多，但绝对不可能是传说中的清军的对手，力敌一定不敌，死磕势必磕死。与其为了保护没啥用的皇帝，不如留住有用之身做点别的什么。再者说了，现在人人都清楚孙可望有取代永历当皇帝的野心，只是一直苦于找不到借口废掉永历，如今清兵来了，问题算是解决了，因为自清军入关以来，明朝宗室落入清军手中的存活率始终为零。永历活不了了，主公孙可望就可以顺理成章地做皇帝，自己还保住了一条命，这买卖不亏本。

就这样，刘镇国、关有才带头跑路。守兵得知主将跑了，马上也跟着跑了。孙可望精心部署的安龙一带防线就此全线溃散。

不过这些士兵们跑着跑着就不跑了。这是由于在众人逃命的路上，有人骑着快马一路追来，边追边大声喊：西府驾来！

西府者，李定国也。

实际上，清军是没有的，李定国是有的。那些打出清军特有的皂旗、身着黑甲的骑兵，正是李定国设下的疑兵之计，目的就是为了避免作战，避免不必要的伤亡。毕竟大家曾是一起出生入死过的兄弟，是一家人。

得知是李定国带兵入卫，许多刘、关部下的士卒都不跑了，当即静候在原地，放下了手中的武器，有的甚至跪在道路两旁，等待迎接他们心目中的英雄归来。在我看来，这正是得人心者的力量。

李定国接收了刘镇国和关有才的兵士，立刻传谕安抚：你们不要害怕，我和秦王是兄弟，是因有小人谗言才发生今天的事。不过不用担心，没有其他的事了。你们马上回营归建，我要犒劳你们！

士兵山呼万岁，归营。次日，李定国下令发放白银二万两犒赏三军，传令休息。事情搞定。

此时逃到安龙的关有才这才得知事情的真相，与刘镇国一对难兄难弟抱头痛哭：我们究竟做了些什么？

这个李定国真是防不胜防啊。

哭是没有用的，关有才明白这个道理，可是抵抗也是没有用的，关有才更明白，这是现实。当初自己这一方人数占据绝对优势，然而此时优势却是李定国绝对占据着，关有才欲哭无泪。虽说孙可望大人曾特意告诫自己和刘镇国见到李定国千万不要心慈手软，不必手下留情。不过照现在这个形势看来，主语似乎要换一下了。李定国先生，希望您能看在昔日同袍的情分上，手下留情啊！

李定国率军继续兼程前进。他的对手孙可望此刻也得到了李定国突破田州防线的消息，派出了自己的亲信叶应祯快马赶往安龙，催促白文选马上帮永历君臣完成搬家。

对于孙可望的焦急催促，白文选方面的反应出乎意料的淡定。白先生的回复是：安龙这地方过于僻小，招募民夫不大容易，加上永历和大臣们无一不是携家带口，行李众多，一时之间来不及走。

拖着拖着，就过年了。永历十年（1656）正月，李定国军距离皇帝陛下所在的安龙城已经不远了。无论是安龙的刘镇国还是贵阳的孙可望都很急。恰好在这个时候，刘镇国的部下抓到了一个人。此人自称是孙可望帐下参将杨祥，此来的目的是

督催附近的道府州县预备粮草，等候孙可望率领大军赶来增援。

刘镇国从这个杨祥的供词中没有察觉到漏洞，但还是感觉到事有蹊跷，于是下令将人带到主将白文选处，交由领导处置。

白文选见到了杨祥，问明来意，然后看了一下杨祥提供的证据——龙牌一纸（孙可望日常公文专用纸），信了。在安排酒食款待杨祥后，白文选下令，放人。你爱去哪儿就去哪儿吧。

杨祥从白文选那里出来后，直接就奔永历的行宫去了。不久出宫，随即告辞而去。

叶应祯对白文选的这一行径不置可否。鉴于白文选的职位和自己相差的确很大，虽说自己是孙可望的亲信，可也不好多说什么，只好眼睁睁地目送那位来历不明的杨参将不慌不忙地离开了安龙。然而此时的叶应祯并不知道，这只是城内一切莫名其妙的开始。

正月十六日，元宵节都过去了，李定国的军队离安龙越来越近了。叶应祯寻思着，再这样耽搁下去，自己很有与李定国一个地方吃饭的可能。于是叶应祯带领一队全副武装的士兵闯入宫中，威逼永历和王皇后马上收拾好行李，这就跟随自己骑马赶赴贵阳。

不料，叶应祯还没来得及出宫，白文选先生就火急火燎地来了，而且上来就吼："你在干什么！"吓得叶应祯够呛。

见到叶应祯如此蛮横无礼地对待永历夫妇，白文选似乎很生气。他招招手把叶应祯叫来，开始对这位叶百户进行教育："国主（即孙可望）担心安西（李定国）降清，这才让我们来此迎驾，一切都是由于担心皇帝陛下的安危（恐陷不测也），你怎么能这么做呢？"

"皇帝陛下是金枝玉叶，与你我这样的大老粗不同，万一发生些许意外，这个责任你负得起吗？"

"现在我立刻派人前往探查。如果李定国真的勾结清兵前来劫驾，保护皇帝移跸也不算晚。但是如果只是安西领兵回家，我们还是一家人，你说我们怎么能够如此逼迫天子，自讨没趣！"

白文选的三句话，把叶亲信说得一愣一愣的。在白文选出面干预下，叶应祯被迫妥协，带人回去了。毕竟疏不间亲，如果哪天孙可望突然问一句，当初你怎能那样对待我兄弟呢？估计自己就该报销了。所以，人家的家事，还是少管为好。

二十一日，夜。莫名其妙再次发生。贵阳搬家队工程总监白文选突然出现在安龙城外，随行的则是白文选部的全部士兵。据目击者回忆，当时白文选先生率步骑绕着城池走了一圈，而且还反复大呼同样的一句话："李定国的兵马马上就要到了，守城诸人切须谨慎。”言毕，白文选和他的所有手下就此消失在薄薄的雾气之中，所有的一切发生得极为诡异。

二十二日，黎明，大雾依旧弥漫。然而白文选的预言却没有因起雾的干扰被推迟，而是如期实现了。

数十名骑兵出现在安龙城下，绕城喊道：“西府大兵至矣！”城门就此莫名其妙地开了。

得悉李定国的士兵入城，叶应祯惊慌失措。但慌乱之中，这位孙可望的亲信似乎依旧没有忘记上级交代下来的使命。叶应祯立刻带人冲进了永历的行宫，进宫一看，没人了，别说是永历，就连永历身边的太监也没见到一个。

叶应祯疯了，关键时刻，白文选找不到人，永历又不知道躲哪去了，这如何是好？然而随着李定国入城的消息传来，叶应祯还是快速做出反应，跑了。

历经千难万险，牺牲了无数人的性命，永历和李定国君臣二人终于见面了。

总算等到这一天了，阿门！永历的心情极为激动，虽然在迎面走来的一帮人中，永历并不知道其中哪位是李定国，可这似乎并不妨碍皇帝陛下的深情表露：“久知卿忠义，恨相见之晚！”

对面的李定国此时已然激动得泪流满面，带头跪倒行君臣之礼，泣不成声地回答道：“臣蒙陛下知遇之恩，本欲收取两广用以迎驾，不料时运不济，未能如愿，且使陛下多受苦难，为臣者真是罪该万死（至万死无能自赎）。”

就这样，共同经历了多年苦难辛酸，却是第一次见面的两个人，像老朋友般相持痛哭。

永历这一生遭遇了太多常人无法体会到的阴谋诡计、刀光剑影，但我认为，这一天是他做皇帝以来最为真情流露、做得最轻松的一天。这对于风尘仆仆赶来迎驾的李定国而言，或许皇帝陛下的眼泪远比赏赐那些金银珠宝受用更多。

在得到永历赐座，一起喝了杯茶后，李定国告辞皇帝，离开了行宫。在他看来，眼下还有一件重要的事情要赶快去做。

回到营中，李定国叫来了自己的贴身长随夏太监，交给他一个任务，去城外请一个人来与自己相会。虽然李定国没有明确说出那个人的名字，但是作为李定国的亲信，夏太监懂得。

很快，李定国的客人被秘密请到了，此人正是近来安龙一切莫名其妙的制造者，李定国最重要的朋友，白文选。

虽然相关史料并没有明确记载，但据估计白文选可能很早就“起义”了，或者说是另外一种情况，白文选自始至终就站在李定国这边，是李定国安插在孙可望身边的金牌卧底。如果事实真的是这样，那么如此看来，白文选还真是一个相当不错

的地下工作者，在孙可望的身边潜伏了这么多年，不仅身份没有暴露，而且还获得了孙可望几乎百分之百的信任。实在是很了不起。

现在在白文选的巧妙配合下，李定国圆满完成了对人质的解救任务，白文选的工作自此也终于可以暂时告一段落。因而李定国十分高兴地与好朋友见了面，两个人好好地聚了聚。

李定国和白文选都是比较有远见的人，聚在一起除了喝喝酒，讨论一下近况外，一个关键的话题估计是落不了的，那就是接下来的打算。

虽然成功救出了皇帝陛下和群臣，虽然部分接管了孙可望的部队，可是下一步你真的打算带着所有人返回广西吗？

对这个问题，李定国的答案是否定的。

不瞒你说，新会一战，我军大受打击。广西虽说没有全丢，不过已经不很安全了。如果再把皇帝陛下带过去，就算清军闻讯不来，气愤不已的孙可望也会倾巢出动，前来讨伐我的。所以广西是绝对去不得的。

那你到底想要怎么办？如今朝廷的安危可都系在你一个人的身上了！

入滇！李定国做出这一回答时，他的眼睛在发亮。

白文选自然知道，这绝非玩笑。不过白文选脸上却没闪出一丝惊讶的表情。

你呢？

我要回去，回到贵阳孙可望的身边。

对白文选这一回答，李定国也似乎早有预料，他笑着点了点头。兄弟，走好！

二十六日，永历君臣在李定国亲自护送下离开安龙，向云南进发。在李定国动身的前后，白文选也带领着士兵们踏上了返回贵阳的行程。即使两个人分开后的方向是完全相反的，但我知道，他们的心和目标是一致的。

李定国预先挑选了帐下精锐士兵五百人，护送永历及宫眷先行，前往普安。在离开安龙之前，李定国还有件事要办，那就是为有可能尾随而来的孙可望的追兵准备好一份惊喜。在盘江设置好伏兵后，李定国回望了一眼曾经发生过太多故事的安龙，策马启程。

二月十一日，李定国一行到达云南曲靖。李定国随即把永历和大臣们暂时安顿在这里，自己带领精兵直奔昆明而去。

当时，孙可望尚在湖广与清军对峙，而他的主要屯兵地点是在贵州，所以云南一带预留的兵力并非很多（昆明附近也仅有二万来人，而且还不是精锐）。至于留守在昆明的大将，则是抚南王刘文秀、固原侯王尚礼等人，其中虽然不乏有能力的将领，不过相对于李定国来说，大致还处于中学生的水平。

听闻李定国已经从安龙带走了永历，并且一路保驾到了曲靖。昆明城内迅速陷入了一片骚动之中，不过最先动起来的当然还是位于高层的刘文秀等人。

李定国军带着皇帝和群臣突然来到云南，一定是要开会商议的。然而会议伊始，留守昆明的大臣就明显分成了两派，一派是以刘文秀、沐天波为代表，一致意见是立刻开门，张灯结彩，有必要的话可让身为黔国公的沐天波带人前往曲靖迎接一趟。

可是以王尚礼、王自奇、贺九仪为首的反对派却不这么认为。在这些人的眼中，永历也就是个傀儡，国家的真正领袖应该是国主孙可望，开了门，这就相当于赤裸裸的背叛。因而，要开城门必须要有孙可望的命令。命令不来，城门打死也不能开。

由于两派大臣各有考虑（或者说是各有所忠），所以会议开了散，散了开，直到最后也没有得出一个大家都满意的解决方案来。

不过在我看来，其实得不得的出方案已经不重要了，因为会议还没结束，众人已经得到了报告：李定国已亲统大军来到昆明城外，现下正叫门呢。

在刘文秀的劝说下，王尚礼勉强同意了开门迎驾。于是城内的大小官员在刘文秀、沐天波等人的带领下，主动出城迎接李定国的部队入城。

入城之后，一切事务的决定权不用想都知道是李定国和刘文秀说了算。因为二人品级实在太高，是国公级别的，又同为原大西军的四将军，军中支持者、崇拜者遍布，反对派中重量级最高的王尚礼也不过是个侯爵，完全不够档次。所以经过商议，新方案很快出炉，迎接圣驾入驻昆明。

此时估计王尚礼的肠子都快悔青了，当时为啥要听他刘文秀的忽悠啊。不过现在的王尚礼也没辙，从名义上讲，李定国和刘文秀都是自己的上级，自己不便违抗二人的命令，而要迎请的永历又更是自己上级的上级，堂堂的大明天子。按照传统的“普天之下莫非王土”的观念，整个天下都是老朱家的，王尚礼不过是受雇看房子的打工仔，连个管家都算不上，有什么资格拒绝房主回家？

更为主要的原因是，云南地处偏远，当时的通信技术又不发达，所以王尚礼并不清楚这一次李定国究竟带了多少人马来。虽说当时昆明周围有王自奇部的骑兵驻于楚雄，贺九仪所部五千人屯于武定，不过王尚礼很清楚，就算是这两拨人马和自己的部队加在一起，再变为原来的三倍，打李定国估计还是打不过，因而王尚礼等人一时间不敢轻举妄动，只能纷纷点头表示同意。

三月二十六日，永历帝进入昆明。这对昆明的百姓来说，喜悦兼兴奋的程度不亚于过年。有明一代近三百年，南方边陲各省（广东除外）素来被朝廷视作不太开化的地区。云南更由于身居神州腹地，被称作偏远之地。所谓天高皇帝远，访客很少来（流放、充军者除外）。这绝对不只是一句玩笑话。

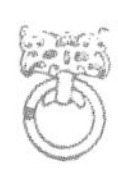

可是如今，云南人民扬眉吐气的日子终于到了，昆明城不仅迎来了访客（人数很多），而且还是天底下最为尊贵的客人，大明的皇帝陛下。全城军民欢欣鼓舞了，心潮澎湃了，激动不已了，以致当天形成了万人空巷的场面，许多百姓夹道欢迎他们的皇帝，其中还不乏为之流下了幸福的眼泪的（遮道相迎，至有望之泣下者）。

估计多年风里来雨里去的永历早就忘却了老百姓热情欢迎自己的曾经场景，所以当皇帝陛下目睹了昆明市民的迎驾盛况，非常感动。随即，他下了一道命令：朕到，勿分军民老幼，听其仰首观瞻，巡视官兵不许乱打。

整座昆明城就此沉浸在一片欢乐的海洋里，每个人的脸上都是一副笑颜，个别人士除外。

所谓的个别人，具体下来当然还是忠于孙可望的王尚礼等老三位。此时他们的心情估计只能用两个字形容：忐忑。

永历进来了，还受到了城中居民的热情欢迎，倘若自己再发动兵变，估计不用李定国出手，广大昆明群众必然是不会答应的，到那时，自己的下场说不定会比李定国出手更惨。真是想一想就不禁全身发抖。事已至此，只好看情况出招了。

永历移驾昆明，当地人民自然要拿出最好的房子给皇帝陛下住。官员们挑来选去，最终决定，将昔日的定北府作为永历的行宫。

所谓定北府，就是当初同列大西军四将军之一的定北将军艾能奇的住所，那里本来是云南的贡院（即会试的考场），空间本身比较宽敞，又很清静，还空着。就定在这里吧！

三月末，对定北府的简单改造基本完工，新时期的永历朝的首次朝会就在这里召开。初次朝会，自然要处理些重大的问题。在永历看来，最重要的就是对李定国等有功之臣的奖赏问题。所以大臣们刚刚聚集在朝堂之上，永历就派太监宣读了加封功臣们的圣旨。

封李定国为晋王，赐予晋王册宝；封刘文秀为蜀王，赐予蜀王册宝（二人均为亲王，与身为秦王的孙可望同级）；另外还特地加封白文选为巩国公（估计李定国告知了事情始末），作为对这些救驾、迎驾功臣的表彰。不过，作为一个有头脑的政治家，永历知道，仅封该封的，是远远不够的。对于城中依旧掌握着部分兵权并忠于孙可望的王尚礼等人，永历也进行了适当的争取。

王尚礼由此被封为保国公，王自奇为夔国公，就连秦王的护卫（心腹级的）张虎也被加封为淳化伯，基本上做到了皆大欢喜，人人有份。

接下来永历要做的就是着手重建被孙可望摧毁的外廷。沐天波，勋臣之后，是自己人，这个自不必说，因此沐天波奉命承担起了执掌禁卫军的重任，并经永历特许，如遇有紧急事件可以随时入宫上奏。内阁半残了，再重建，大学士雷跃龙、扶纲留任。而为了稳住贵阳的孙可望，本来应该被拉出去砍掉的马吉翔侥幸捡了一条命，被允许入阁办事。至此，朝廷的相关机构终于又恢复了正常，并开始重新承担应有的职责。

在一个人拥有权力时，将曾经欺辱过自己和自己曾经憎恨的人全部干掉，对于这种人，我们称之为政治暴发户（譬如法国大革命时期的罗伯斯庇尔）。对于那些见到了以前的仇敌不怒目而视，反倒是笑脸相迎的人，我们才称之为真正的政治家，至少他是懂政治的。因为所谓政治斗争，其精髓所在实际就是一个忍字。能够压制住自己内心暂时的冲动和愤怒，为了长远的目标考虑，懂得妥协，可以伺机而动，只有这种人方可赢得最终的胜利。

在我看来，永历先生就是这样一个人。

再次夺回了权力后，永历的内心是否想过报仇，我不太清楚。我清楚的是，当年六月朝廷派遣白文选和张虎以永历个人的名义给贵阳的孙可望送去了一封信（玺书）。在这封信中，永历闭口不谈自己与孙可望多年的恩恩怨怨，而是以局外人的口吻劝导孙可望与李定国、刘文秀兄弟之间达成和解，同仇敌忾，抗击清军。个人认为，其中表现出来的政治远见和胸襟，绝对不可能是一个只会逃跑的皇帝所能拥有的。

永历来到昆明后，马上派人将孙可望留在城中的亲眷礼送回贵阳，并不止一次下诏给孙可望，表示自己将既往不咎，继续予以重用。永历甚至还劝服了李定国，让从不妥协的李猛人也服了一次软，亲自修书提出化干戈为玉帛的要求。但是孙可望方面对于朝廷的种种表示始终无动于衷。据传闻，派去安抚孙可望的白文选由于参与了调解，结果被孙可望下令拖出去挨了一顿板子。

这样看来，复合似乎是无望了。不过，令永历君臣想不明白的是，既然孙可望不打算重归旧好，那么他为什么不马上出兵昆明夺回皇帝，顺手干掉令他恨之入骨的李定国和刘文秀呢？孙可望，你到底在等什么？

很明显，孙可望是在等人。等着调集来的大军集结完毕的那一刻，因此这段时间才会显得有些长。那么孙可望到底叫来了多少人呢？答：十四万。

第二个问题，作为孙可望的对手，昆明的李定国和刘文秀手上的士兵加起来有多少？答：不到三万人。

孙可望和李定国在军事指挥能力方面存在着巨大的差距，不过，似乎在孙可望看来，只要兵力足够多，做到五个打一个，这点差距是能够填平的。虽然事情后来的发展证明，孙可望的这一想法很天真。

事实上，在下定出兵云南的决心前，孙可望内心很是犹豫了一段时间。当时经常帮助孙可望下决心的任僎已死，孙可望身边已没有一个比老孙自己还精通厚黑的

人才，因此最初孙可望想出的是这样一个计谋。

他派自己的亲信将领张虎回昆明复命，假意表示愿意接受皇帝陛下的调停，实现兄弟间的和解，但有一个要求，李定国必须亲身前往贵阳道歉才可，不然不足以显示李定国方面的诚意。

孙可望实在有些过于低估永历君臣的智商了。谁不知道，李定国到了贵阳，能不能看得到第二天的太阳还两说呢。即使不立马死掉，也总得被囚禁起来作为要挟朝廷顺服的人质之用。而事情办完，李定国、刘文秀、永历，一个都跑不掉。所以这样的傻事，李定国是不会做的。

不过为了显示孙可望所需要的诚意，昆明方面特意加派王自奇随同张虎一道回去。前文提过，王自奇同样是孙可望的亲信，而且还是铁杆的那种。让他跟着回贵阳，朝廷的考虑主要有两个。如果能按照朝廷期望的那样，说服孙可望与李定国冰释前嫌，那自然是最好的。即使不行，把人放回去也不怕纵虎归山，这样至少能够避免王自奇及其手下在可能到来的战争中在内部捣乱。

王自奇一走，标志着孙可望在云南的主要军中拥护者基本被遣返光，昆明的所有军队自此完全回到朝廷的真正掌控之中。

果然，王自奇到达贵阳后，并没有履行他在朝中的承诺，而是伙同张虎等激进派将领怂恿孙可望对朝廷开战，并表示自己愿意冒险回昆明作为内应，到时候仗一开打，马上统率自己在楚雄的驻军帮着内外夹攻。

在王自奇等人呼吁下，孙可望有些动心了。然而真正使孙可望决意将心动转化为行动的，估计还是张虎的那句充满诱惑力的话。

“皇上虽然在云南，但基本不管事（端拱而已）。文武两班大臣，整天唯唯诺诺，内外大权，尽归李定国。而李定国所亲信的人中，文官不过是金维新、龚铭，武将则是靳统武、高文贵，尽是无名小卒，终日只会升官加赏。更何况这会儿李定国的兵马不满三万，人无固志，要打赢那是很容易的（可唾手取也）。”

是啊，现在我拥有精兵十数万，大将不下百人，粮草器械充足，全军士气高昂，怎可在李定国面前示弱！看着吧李定国！我的永远是我的，你的也终将成为我的。

第十六章 恩怨升级

永历十一年（1657）二月，孙可望下令旨，封马进忠为嘉定王，冯双鲤（即冯双礼）为兴安王，张虎为东昌侯，其余诸将皆加官一级，各领封赏。

孙可望这一行径虽然不是正式对永历宣战，但说是赤裸裸的挑衅，绝不为过。众所周知，自封的除外，普天之下只有皇帝才可册封他人为王。现在孙可望不仅封了，而且还明目张胆地昭告天下，举行了隆重的册封典礼，这样看来，一场内战是不可避免的了。

以一个大臣的身份去征讨自己的皇帝，无论旗号打得多么鲜明，口号叫得再响，在广大人民群众的眼中，这就是叛乱。自古以来，叛乱是不得人心的，即使成功了往往也难逃悠悠之口，甚至会紧接着引起一次又一次的叛乱，形成跟风效应和连锁反应，西晋著名的八王之乱就是这样闹出来的。当孙可望敲定出兵的决策不再更改时，一些支持孙可望的文官就希望帮着孙可望先解除这一恶名。他们想出来的法子虽然不能说是最好，不过至少在他们看来，这个方法总比背负着叛臣之名行事方便得多。

此方法简单说来，就是正“大号”。孙可望自己正式登基做皇帝。这样一来，谋反叛乱的舆论压力就不存在了。因为就算与以前的主顾发生了战争，那也可以美其名曰统一战争，不用承担战争罪责。

最先提出这一论调的，是早就依附孙可望的大臣方于宣。他说，现在皇上在云南，由人气王李定国辅佐着，很惹眼。再这样下去，人心就要慢慢倒过去了（人心

渐属于彼），那时我们就危险了。所以方于宣认为，当务之急是自立为帝，划清两边的界限，实现正名，如此事情就好办多了。

如果这个意见是由任僎提出的，估计孙可望会考虑下，然而这话是由方于宣嘴里说出来的，那就算了吧。孙可望不是不知道，方于宣这个人除了他不会的就是他会的，而他会的那几项中，唯一一个堪称特长的就是拍马屁，有时候拍得连孙可望本人都不好意思了。所以对这种人在关键时期提出的建议，孙可望的态度基本上是无视。

于是，经过近半年准备，永历十一年八月初一日，孙可望以秦国国主的身份（注意，不是皇帝）在贵阳誓师，正式宣告对昆明开战。十四万精锐大军由孙可望本人亲自统率，大将冯双礼奉命率剩余的五六万人留镇贵阳。军中前锋“征逆招讨大将军”的位置，孙可望交给了另外一个人，正是李定国的好友白文选。

从昆明回来时，孙可望本来是完全不信任白文选的。虽然白文选曾说过这样表忠心的话：“国主倘以旧好为念，不必苛求。若必欲擒之，假臣精兵二万，当立致定国于麾下。”但孙可望一直心存怀疑。不久，孙可望确认李定国从迎驾到送永历入昆明的确都得到了白文选的帮助，在盛怒之下甚至一度准备将白文选处死。幸好白文选在军中混了这么多年，与同事们关系都很好，经帐下诸将极力营救，白文选这才免于一死，只是被打了顿板子便予以释放了。

不过后来孙可望很快恢复了对白文选的信任，是因为从昆明回来的王自奇对当地各种情况的奏报与白文选的表述完全相符，孙可望这才认定白文选依旧站在自己这边，所以这时将打先锋的重任交给了白文选。可孙可望似乎忽略了一点，从古至今但凡做卧底的，为了取得对方首脑的信任多少都是要付出点代价的。而白文选付出的明显很少，不过是实话实说了而已。

八月初，孙可望从贵阳出发。八月中旬，大军已渡过了盘江。按照史书记载，得知孙可望把老本都带上来打这场内战，云南方面的反应是震惊。几乎就在孙可望悍然出兵前后，楚雄的王自奇实现了他的承诺，率领张明志、关有才二镇士兵西上永昌，意图联合孙可望合围昆明。一时间，昆明城的气氛变得异常紧张。

李定国同刘文秀商议，决定与其一道亲统主力前往阻击，阻止孙可望军入滇。虽然兵力相距悬殊，昆明守军还不够孙可望军的零头，皇帝陛下却对李定国和刘文秀予以高度的信任与支持。

圣谕：特加晋王得专征伐，赐尚方剑，便宜行事，挂招讨印；蜀王为副招讨，全力讨平之！

就这样，李定国和刘文秀奉旨带领城中主力前往迎击孙可望。李定国的亲信将领、中军护卫靳统武被留下来，会同黔国公沐天波严守昆明。

还有个王尚礼。为防止王尚礼在昆明城内发动兵变，王尚礼的士兵被分散到明军各部，随同李定国出征。王先生本人则被永历召入朝中，随即软禁了起来。据说，当时王尚礼本来想要反抗，但沐天波突然闪了出来，舞起了他最擅长的流星锤，把王尚礼唬得一愣一愣的，当即表示服了，认栽（尚礼俯首叹曰：“吾已为槛中虎，不复烦公攘臂也。”）。朝廷内部自此无虞。

九月十五日，双方军队在云南境内的曲靖相遇。或许是由于两边都忙着赶路，体力均消耗太大的原因，遭遇当天都没有下令向对方进攻。两边很有默契地在打了一个照面后，分别后撤几里，继而扎营。

孙可望带来的人多，营盘的规模也大。十余万人一共设立了三十六座大营，白天红旗招展，晚上灯火通明，极为壮观。相对而言，李定国那边就差点了，全军还不到三万人，列下三个大营就撑下了。李定国的士兵们见到如此巨大的差别，许多人心里都在打鼓，我们能赢吗？

次日，两军初战。李定国战败。又打又败，败了又打，雷同的情景一直重演了三天，直到李定国退守到了曲靖近郊。孙可望乐了，什么百战名将，也不过如此嘛。

孙可望虽然暂时占了上风，却没有大意。因为他知道，李定国或许在隐藏实力。为了彻底击溃挡在眼前的李定国和刘文秀，孙可望决定还是要出奇制胜。

十八日，孙可望找来了部将张胜，告诉他，此地有一条小路可直通昆明城下。因此，孙可望的命令如下：张胜可与武大定、马宝选铁骑七千，连夜兼程，抄小路，袭昆明。最后还神秘兮兮地告诉张胜，此次偷袭，城中有人做内应，保证你能顺利完成任务。你一入城，抓住了李定国和刘文秀的家属，我这边就万无一失了。

可惜的是，此时孙可望并不知道，他所谓的内应王尚礼、龚彝等人现下正在永历同志的新行宫、自己昔日的秦王府内做客呢。

孙可望满意地看着张胜领命走了。与此同时，在孙可望的背后，一些将领满意地看着孙可望满意着。

是时候了。兄弟们，咱要按计划行动了。

就在孙可望秘密下达偷袭昆明命令的当夜，李定国大营中来了客人。这个客人来自孙可望的大营，不过他不是孙可望的人，更不是白文选的人，他是马宝的信使。随即，他向李定国递上了马宝的来信。

马宝在信中明确告诉李定国，张胜等已领精兵七千往袭云南。云南若破，事情就麻烦了。所以他请求李定国马上采取措施。明日务必与孙可望进行决战，否则悔之晚矣。

马宝的话是否可信，这是不是孙可望设下的一个圈套？一系列的问题开始涌入

李定国脑海，困扰着他。不过最终李定国做出了决定：出击。不管情报是真是假，拼力一搏总是没有错的。

十九日，天还没完全亮，李定国军营中就传来了冲锋的号角声。李定国和刘文秀两大主将亲自上阵，率领兵马出营作战。得知此情，孙可望也指挥大军迎战。昔日情同手足的兄弟，至此终于要刀兵相见了。两军选定的决战地点位于交水三岔口，这里地势比较平坦，作为上万人厮杀的场所的确绰绰有余。然而有趣的是，这里最终没有成为一片尸山血海。因为这场战争的结果其实早在发动的那天起就已然注定了。

首先采取攻势的李定国军似乎战况并不是太好。第一轮的骑兵冲锋中，传说中的防守专家、“一堵墙”孙可望先生显示出非同寻常的超强抗击打能力，李定国的骑兵不仅没能冲动孙可望的阵脚，反而搭上了一员高级将领的性命。刘文秀部下骁将崇信伯李本高马蹶被杀，冲锋失利。此时孙可望正立于高处坐镇观战，趁机想象着李定国和刘文秀那沮丧的表情。

就在孙可望感到时机成熟，李定国锐气已挫，可以下令全线进军的时候，阵列中突然出现了极大的骚动。原来白文选得知前线形势危急，亲自率领五千铁骑开始了出其不意的冲锋。更令人没有想到的是，本来首当其冲、马上要和反水的白文选部交战的马惟兴，突然也像受到传染一样，紧跟着在孙可望阵营后方闹了起来。两路人马很快合兵一处，直抄孙可望后路，连破数营。事实证明，白文选搞破坏水平一流，不仅一打就是孙可望阵中的薄弱点，还边砍人边放火，把阵内搞得火光冲天。

孙可望军后方一乱，李定国马上亲率全军冲击前阵。这一次，效果完全不同了，孙可望的阵列变得不堪一击，一击就破，一破就乱。然而奇怪的是，在陷入混乱的孙可望军士兵脸上却看不到一丝惶恐不安的表情，倒是似乎很兴奋的样子。于是不久，站在高处的孙可望听到了手下士兵们震耳欲聋的呼喊声：“迎晋王！迎晋王！”

孙可望意识到，在这场最终的决战中，自己彻彻底底输给了李定国。不是输在实力上，而是输在了人心上。

十四万大军，集结的时候很慢，崩溃的时候却很快，往往几十秒内就完成了，比雪崩还雪崩。面对四散奔逃的士卒，孙可望哀叹一声，带着身边的亲军迅速逃离战场，向东跑去，那是几天前大军雄赳赳气昂昂开来的方向。

路过安顺，孙可望先生有点跑累了，想要进城歇歇脚。没想到留守这里的马进忠得到传讯，很是热情，马上派人出来了，不过不是迎接，而是追击。

其中的原因也很简单，不是忘恩负义，而是忠于旧主。马进忠、马惟兴、马宝这三个原本就是南明将领的仁兄，从头到尾都是一道的。

脚没有歇成，还他娘的又玩儿命跑了几十里，真是得不偿失啊。此时孙可望才真正有了些做曹操的感觉，当然仅限于华容道那一时段。按照剧本要求，这个时候的孙可望还有几句台词要讲。

“当日冯双礼劝我不要兴师南征，我坚决不听。现在落到了这个下场，是天要亡我啊。”

别忙，没说完呢，还有。

“出战之前，我听说有个仙台老僧能预知未来，特地派人去询问这次出师的凶吉。他说只要不让白马跟着，就没问题了。因此出发时我特别下令不许携带白马出征，没想到，他的真正意思指的竟是白文选和马进忠。”

这样看来，孙可望先生的遭遇似乎更为复杂，不仅有曹操的窘迫，还些许带点袁绍和刘备先生的影子。

可是事已至此，多说也是无益。咱还是赶紧赶路吧。李定国的人追上来可就麻烦了。

至此孙可望只好点点头，擦干眼泪，匆忙逃往贵阳。但此时的孙可望并不知道，所谓伤心总是难免的，泪水还得继续流。

孙可望好不容易从云南活着跑回了贵阳，此时身边原有的亲兵三百人只剩下了十五六骑。伤心无限啊。不过，让孙可望感到欣慰的是，至少冯双礼还没有背叛自己。孙可望知道，李定国一定不会轻易放过自己，因为他太了解自己的性格了。如果不到老本统统赔光，这个仇无论如何都要报。

为了在李定国或刘文秀率军追来之前收拾好足够他日东山再起的私人物品（主要是银子），孙可望派冯双礼带兵把守位于贵阳要冲的威清，并与冯双礼做了一个约定：如果追兵到来，立即连放三声号炮报信，我好跑路。

谁知，没等孙可望召集到足够的亲兵保护自己，孙可望就听见了号炮声响。于是在慌乱之中，孙可望携妻带子外加金银珠宝数车、亲信二百余人，开门溜号，前往自认为更加安全的湖广。

事实上，炮响是真的，追兵来是假的。冯双礼不是不想倒戈，而是由于孙可望先生跑路的速度和战报传送的速度几乎一样快，所以没来得及。不过，事实证明，冯双礼是个厚道人，至少没有做趁火打劫的勾当，当下就把孙可望及其家属亲信一并擒住，送往昆明领功。虽然他当时具备这个条件，可他并没有这样做。或许，他从当时狼狈不堪的孙可望身上深刻认识到了一点：人，不能把事做得太绝了。

估摸着孙可望跟老婆孩子见了面，跑路的准备也大致做好了。冯双礼找来了负责的士兵，下令：放炮去吧。

炮响了，人走了，冯双礼归降了。然而孙可望那边，逃命旅程依旧在持续着。

孙可望出了贵州，进入湖广，才发觉原来这一选择也实在不怎么样。因为自己战败的消息远比自己到来的时间早。

孙可望先带家眷逃到了新添，叫城门，没人答应。喊了半天，嗓子都哑了，新添的守将才看在昔日的情分上给缒下了些食物和饮用水，却拒不开城门与孙可望当面答话。这下孙可望真没辙了。孙可望看看身边，跟着自己逃出来的文臣只有一个杨惺先，武将虽然多一点，康国臣、郑国、张应科、叶应祯等几个平日亲信的都在。但孙可望很清楚，想让他们领兵打仗，基本是不成的。因此孙可望只得望城兴叹，默默地绕道而行。

接下来，一路经过的偏桥、镇远、平溪、沅州，孙可望享受到的待遇大致与新添相同。大白天的不开门，摆明了是表示不愿接待，情况好点的喊上几嗓子能获取点日常用品的补给，差点的别说是水和食物了，直到孙可望喊破了喉咙也没人搭理。

昔日权倾朝野、呼风唤雨的堂堂秦国国主，如今众叛亲离，成为人人眼中的落水狗，避之唯恐不及。孙可望完全无法接受这样的巨大落差。虽然最终在湖南靖州感到了一丝温暖，得到了靖州道吴逢圣的率部迎接，可孙可望心中的怒火却是无论如何也无法消逝。特别是当他听说受李定国的差遣，白文选的追兵已经迫近靖州，不日将至，火更是不打一处来。

一群忘恩负义的小人！或许只有这样的反复咒骂，才能让孙可望感到稍微舒服一点吧。不过，仅骂娘是解决不了问题的。白文选就要来了，总要想个出路。老老实实跟白文选上路，前去昆明朝见永历，跪在下面承认自己错了，请求接受处罚。相信就算是死，孙可望也不会接受这样的未来的。

那么剩余的选项还有三个。要么散尽家财，召集人马，就在靖州这里跟白文选拼个你死我活、鱼死网破。要么偷偷玩把失踪，就此隐姓埋名，以一个普通人的身份终老一生。以孙可望的性格，这基本上都是不可能的。所以孙可望最终选择了第三条路，降清。虽然事后的发展证明，这是条十足的不归路，但就当时的情况而言，孙可望实在管不了那么多了。

昔年有石碑出水，镌文云“来是观音面，去是老僧头”。由今推之，天意欲令我去发归清也。定国不世之仇，定须报复，我又岂惜此数茎头毛乎？

在众人面前发表了这一激昂的陈词后，孙可望派遣杨惺先和郑国作为自己的私人代表前往宝庆，正式与清朝方面接洽讨论投降事宜。可是孙可望派出的人还没回来，白文选的兵已经追来。孙可望没有办法，只得在亲信吴逢圣、程万里等人的护送下再次跑路，经过连夜的跋涉，最终逃到了武冈的边境地带，中途还让忠于明朝的武冈总兵杨武截杀了一回，险些丢了老命。

等到了九月底，宝庆那边仍旧没有回音，孙可望急了，派人捎了一封信呈交给当时清朝的湖广巡抚张长庚，简单阐述了自己的不幸遭遇，提出了投降的殷切请求。甚至还说了一些平日很难听到的对顺治的奉承话，实足让人大跌眼镜。

清廷收到湖广巡抚的上奏，经讨论决定，同意孙可望的请求。为了避免这个重要的信息源被明军报销，清廷下达了极为少见的命令：着湖广当局火速前往迎接。

有了通知，我们办事才有底嘛。接到上级指示，张长庚立刻派遣湖广中路总兵李茹春、左路总兵王平带领军队进入武冈接应孙可望。当时的孙可望一行实际上已经陷入了杨武的重重包围，险些就报销了。

清军的出手毫无预兆，明军被打得措手不及，只得眼看着孙可望在大队人马护送下安然离去。虽说在明军士兵眼中，当时的孙可望已失去了一切，不可能再形成什么致命的威胁，是生擒还是杀掉抑或是让他跑了都无所谓。然而事情的发展证明，这一观念是极其错误的。

十一月十五日，孙可望一行四百余人在清军护送下进入宝庆，孙可望至此算是彻底解脱了。但是，作为孙可望命中注定的对手，李定国那边事情依然没有忙完。

对李定国而言，击败孙可望大军既在预料之外又在情理之中。不过赢得胜利的李定国实在没有享受喜悦的时间，因为他知道，这十四万人虽然了结了，可是昆明那边还有七千呢。

李定国留下刘文秀打扫战场，收编倒戈归顺的孙可望军士兵，派遣白文选东进将追击进行到底，随后亲率精锐骑兵火速回援昆明。

当时张胜的奇袭部队经过五天五夜的赶路，已经从小道抵达昆明城下。但他们应该不能算是真正的奇袭了，因为沿途动静实在太大了，昆明方面早已做好了充足的准备。

好好的奇袭策略被搞得满城风雨、人尽皆知，不用说，这当然是马宝一路上沿途焚屋烧房的功劳。对此，领队的张胜先生虽然意见很大，鉴于马宝和自己基本上是平级关系，约束力不大，所以也只能局限在说说而已。好不容易走到了城下，张胜等人却得知了一个惊天的劲爆消息，孙可望战败了！

在反复确认了消息的准确性，原本跃跃欲试想要凭借七千人强攻昆明的张胜彻底蔫了。孙可望大军已败，王尚礼又音讯全无，再这样待下去除了被回援的李定国和城中军队内外夹击灭掉，已经找不到留在昆明城下的意义了。不过出于对孙可望一手提拔的感恩，张胜并不打算投降，于是他选择了从哪里来，回那里去。

张胜率军从昆明往东跑，李定国领兵从东边往昆明跑。两路人马很快就见了面，毕竟大家都很急嘛。双方遭遇的地点在浑水塘。事实证明，这次交锋的过程确实像这个地名一样，很浑，很混乱。

战斗一开始，张胜率先发现了李定国的动向，随即挥军向李定国发动了猛攻。没想到攻击居然一举成功，李定国军几乎不支，险些溃散。

恰在李定国军即将崩溃的关键时刻，乘胜出击的张胜突然享受到了主公孙可望先生的待遇，后方有人临阵倒戈。倒戈的人当然是马宝兄。

对不起，我是卧底。

在马宝的发难下，战局彻底发生了扭转，张胜所部先一步完成了崩溃。好在张胜并不是傻子，后方一乱，他就马上料到了是谁反的水，立刻带领身边未受慌乱波及的士兵夺路而逃，总算冲了出去。

其实李定国之所以险些败在张胜这种无名小卒手里，原因很好解释且完全不需要掩饰。这跟我们跑完一千米后气还没来得及喘，突然有个哥们儿跳出来，非要马上和你单挑一样，打不过是必然的。而据史料分析，当时的李定国应该不只跑了一千米。

不过我们也不得不承认，张胜的确还是一个比较有能力的将领。在接下来的被追击战中，他率领剩余的士兵明确表示拒不归顺，拼死顽抗，连战连退，以致自己和追击部队都伤亡了千余人，依旧不服输。最终，张胜见实在扛不住了，就一头扎进了亦佐县的山谷里，继续抵抗。直到兵粮用尽，出来寻食，这才被驻守当地的少数民族士兵逮个正着，押回昆明砍了。

虽然他是孙可望的人，虽然他不识时务，但我觉得有一点我们还是必须要承认的——这是一条汉子。

在昆明城中做内应的王尚礼，在得知孙可望败走、张胜跑路后，忧惧不已，服毒自尽了。按理说，这应该属于畏罪自杀，虽然死了也是可以恶心一下的。

不过，永历在处理这个问题上显示出了非同一般的远见。他对此事的意见是“加赠恤，予祭葬”，用今天的话说，就是照旧发放抚恤金，给予这一级别官员身后应得的相应待遇。没有罪及亲属，没有加以恶评，就如同什么也没有发生过一样。在我看来，这不叫软弱，这叫智慧。

临阵倒戈的将领也就白文选那么几个，其他文武大臣多多少少都与孙可望有所牵连，您要是把王尚礼按叛乱从犯的身份办了，仗打完后来归的那些大臣怎么办？以王尚礼做标准，统统办了？这恐怕不太合适。毕竟明朝已经不是以前的那个明朝了，人才这种资源在当时情况下显得尤为重要。所以，永历给予死去的王尚礼应有的待遇，这是为了给那些曾跟孙可望有关系的大臣们一个强烈的暗示：此事完了就完了，你们依旧是我大明的臣子。

李定国击败张胜后，马不停蹄地前往楚雄。在那里，李定国轻而易举地清除了孙可望的最后一股势力，阵擒关有才，招降张明志，逼得王自奇远逃腾越，最后势穷自刎。终于搞定了。

李定国凯旋，刘文秀那边也忙完了。孙可望的余党张虎等人被刘文秀从西水抓了回来，同关有才一起拉到外面，磔之，人心大快。

接下来是传统段子，论功行赏。在危急关头力挽狂澜的地下工作者们自然是当之无愧的首功。白文选由巩国公晋封巩昌王，马进忠由鄂国公晋封汉阳王，冯双礼由兴国侯晋封庆阳王，三个都是郡王级别，算是很厉害的了。表现同样突出者，如马宝由安定伯晋封淮国公，马惟兴由兴山伯晋封叙国公，从吃大灶直接跨越为吃小灶，也很不错。其余平叛有功的大小官员也得到了奖赏，这里自不必细说。

当然，有赏必然得有罚，狄三品、王会、张光翠等将领以"党附可望"的罪名被予以降爵的处分。个人点评：量刑适度，不冤。

赏罚完毕，时值永历十二年正月。

事实上，当时永历册封的郡王是四个而并非三个。其中一人由于个人原因和其他种种因素的限制，未能亲自前来受封，所以提到的只有三位。余下来的那位也不能不说，而且还得展开了认真说。那个爵位叫延平郡王，被授予者叫郑成功。

永历八年（1654），清廷对郑成功的招抚终因双方各自坚持己见而以失败告终。这次和谈看似是失败的，但在谈判的过程中，无论是清朝还是郑成功，实际上都得到了他们各自想要的东西，所以这样看来，说是完全失败也是不靠谱的。

就郑成功而言，经过谈判，了解了在北京的父亲和弟弟们的生存状况还算安好，摸清了清廷当局的脾气秉性，还趁机征饷筹粮，扩充了势力，要回了被俘的辅明侯林察，收获不小。

对于清朝而言，通过谈判，认识到郑成功并非是没有私心的，要劝降是可能的，就是代价太大，很让人心疼。郑芝龙多少是有用的，还不能除。但说到底，最大的得益之处还是以谈判为借口破坏了李定国与郑成功两次会师出击，化解了联军之后对清廷在南方的统治造成致命威胁的可能。因此也算不上吃亏。

不过郑成功在和谈过程中显示出的暧昧态度还是让清廷十分不爽。于是乎，谈判一失败，当年十二月，清廷就任命郑亲王济尔哈朗的世子济度为定远大将军，携多罗贝勒巴尔处浑、固山贝子吴达海、固山额真噶达浑等一起远征东南，势要剿平郑成功。

如果人家动起了手，还主动把脸迎过去让人家掴，能够这样做的，除了神经病就是佛祖。在对方手掌抡来之际，抢先狠踩他的脚，再趁机猛击对方的要害，这样

做才是郑成功的风格。

永历八年十月，郑成功先发制人，一边派遣林察走水路，打着南下勤王的旗号前往广东沿海配合当地义师作战，一边亲率主力再次出击漳州。

这一次，漳州的守将很识趣。郑成功大军还没到达城下，降书就送到了郑成功帐中。郑成功兵不血刃地占领了漳州，很快就趁势先后攻克了同安、南安、惠安、安溪、永春、德化等邻近的县城。福建省一时大为震动。

值得一提的是，在漳州主动投降郑成功的那位清军将领，是一个在当时没名但日后大大有名的人，他叫刘国轩。此时，或许连含笑接受刘国轩投诚的郑成功自己也难以料到，就在不到十年后，此人将会成为郑军主要将领，并同陈永华、冯锡范一道被称作郑氏政权的顶梁柱，更在三十年后亲手决定了这个政权的最终走向。

永历九年正月初五日，郑军继续告捷，攻克了仙游县。此时，泉州府已陷入了郑军包围中，形势堪忧。然而在这个时候，郑成功却给清朝的福建巡抚佟国器、泉州守将韩尚亮和知府申伟抱各自去了一封信，搞得三位仁兄那真叫一个哭笑不得。

在这些信中，郑成功是这样说的：跟你们的领导和谈时，漳、泉、潮、惠四府早就已经许给我了，所以你们现在最好立刻投降。然后呢，郑成功又说了这样的一句话，投降我之后，我再带你们一同降清。

据说，看完这封信后，巡抚佟国器的反应是两个字：喷饭。

丫有病吧！还会不会说中国话了？佟国器一度感觉郑成功的脑子出了问题，不过当他再次把信认真读了一遍，发现信中语气很坚决，看上去不像病人写出来的，更不像是他人伪造的。佟国器做出了准确判断，认为郑成功对自己政治身份的断定已经出现了紊乱。所以在给郑成功的回信中，佟巡抚丝毫不掩饰自己的蔑视，直接骂他“侈口而谈，骄蹇满纸”。摆明了一点面子都没给，郑成功就此怒了。

郑成功下令，将漳、泉二府及其属邑的城墙和房屋全部拆毁。这么做不仅仅是为了泄愤，因为郑成功得到确切消息，济度统领的满汉大军即将南下进入福建了。拆房所得的那些建筑材料，正好拿回去用以建造和加固根据地金门、厦门，当然还有新近开辟的陆上基地海澄县。

在将泉州、漳州夷为平地后，郑成功把部队分为两部，一路北上浙江，一路南下广东，与入闽的清军玩起了捉迷藏。

七月，郑成功派出部将甘辉、王秀奇率领部分士兵乘船北上，会同鲁监国系的定西侯张名振、忠靖伯陈辉部伺机进攻江浙一带。经过两部的共同努力，连围带攻，十月二十六日，据守舟山城的清军副将把成功（蒙古族）宣布反正，舟山战役宣告胜利。

明军收复舟山群岛，这是件很有意义的事。为什么这么说呢？大家找来一份中国地图看一下，想必就清楚了。舟山所处的位置恰好在苏浙交界附近，距离大陆不远不近，而且距离南京这个敏感地点最多几天的行程。如果郑成功将这里建设成一个设备齐全的大型海军基地，打下南京是早晚的事。况且主动权还完全掌握在明军手里，想什么时候打就什么时候打，足以让清朝方面疲于奔命，防不胜防。

这下明白了吧。舟山群岛之于清朝就相当于当年的皮岛之于后金，是个让敌人想防防不好、想打打不着的地儿。特别是在填海造陆技术尚未出现的当时，这件事足以让清廷所有领导人集体抓狂。

在“闽、浙逆众联合，有排山倒海之势”（清浙江巡抚秦世祯语）的情况下，清定关守将张洪德率部归明。东南沿海的抗清形势再次出现了一片大好的局面。不过就在大好之中，不太好的事也是有的。比如说，鲁监国系的明军主帅张名振在收复舟山后不久突然逝世。

张名振突然死亡，说法很多。有的说是生病死的，有的说是郑成功派人毒死的，更具戏剧性的说法来自时任清朝江南总督马鸣佩的报告。据马鸣佩从来降的郑军士兵口中得知，郑成功自从接纳了无家可归的鲁监国后，一直琢磨着顺便接收鲁系部队，谁知鲁监国手下头号大臣张名振坚持不干，二人就此有了心结。恰在不久之前，张名振攻打崇明失利，郑成功趁机以此为借口要捉拿并杀掉张名振。张名振得知此事，吓得不敢出门，久而久之，忧愤成疾，就此身亡。

如果那名降兵和马鸣佩都没说谎的话，那郑成功确实存在着很大的嫌疑。事情的进一步发展至少也证明了一点，那就是郑成功对鲁监国部下军队的确是有觊觎之心的。

张名振在临终前，特意叫来自己十分看重的一个手下监军，郑重其事地将军队托付给了此人。不料张名振的尸体还没凉透，那边得到消息的郑成功的命令却下来了，张名振旧部交由北镇总制陈六御接管，其余人等各司其守不必惊慌。

就这样，郑成功终于完成了对东南地域明军的统一。他也决定重拾当年中兴大明的诺言，把先帝隆武的北伐事业进行到底。

永历十年（1656）正月，郑成功派忠振伯洪旭率战船三百余艘，驶往台州港。洪旭的任务不是攻打台州，而是接收那里。台州副将马信曾在郑成功与清廷议和时向郑成功的使者表示过反正的意愿，现在是他实现诺言的时候了。事实证明，马信人如其名，很讲信用。正月十二日当夜，他借口郑军在台州附近时常出没，以商议应对方法的名义，将当地文武官员召集在一起开会。台州官员没有防备，才到齐后就一起被包了饺子。什么知府刘应科、通判李一盛、临海知县徐钰，一个都没跑了。

第二天，依据约定，马信带领部下四百余名士兵和自己的家眷、知府等俘虏，

外加县库存钱粮、兵器，一大堆人和物品弃城乘船来归。郑成功对马信的归降，十分赞许，授予马信征虏将军印一枚，让他带领中权镇，和之前归降的把成功（当时已改名为把再兴）一道负责训练陆军。

郑成功派出的北路军战绩不错，然而南下的那一支运气就差了一点。

南下广东的郑军是由黄廷、万礼领衔担任主将的。一开始打得很顺，出兵包围了广东潮州府下辖的揭阳县，并击败了由广州来援的清将郭登贤、张祥部，歼敌三百余人，初战告捷。半个月后，围点打援还在继续。黄廷带领郑军又打败了清军饶平镇总兵吴六奇亲自率领的援军，杀敌八百余人。以致打得揭阳县内守将完全丧失了继续坚守下去的决心，主动提出愿以交出揭阳为条件，请求郑军主将网开一面，放自己一马。

出兵的目的不就是为了占城池么？所以黄廷等同意了。清军官兵如约撤出了揭阳，郑军很守信用，没有趁机全歼，而是目送这些已经连续饿了数日的可怜对手缓缓撤离，之后才率军入城，并在当地委派了知县等官员。毕竟，敌人也是人，所谓的征服城市，远不如征服人心。

看来当时的黄廷是明白这个道理的，而几十年后的康熙先生同样深谙此道。只不过可惜的是，与此同时孙可望还一直沉浸在权力至尊的迷梦，始终未能自拔。

进城，赈济饥民。随后明军再次出击，连克普宁、澄海。广东地方也震动了。当时李定国的部将已把军队带到了与广东接境的容县。如果让这两路明军实现会师，那么别说是岭南，就算是整个江南也是指定保不住的。善于使用骑兵野战的李定国，加上将舟师运用到炉火纯青的郑成功，一海一陆双向配合，势必所向披靡，无人能敌。

每每想到这有可能发生的一幕，许多清朝官员都会不自觉地浑身发抖，因为在他们看来，会师的那一天将会成为清军末日的开始。

绝对不能让这种情形发生！尚可喜此时也顾不得考虑那么多了，在与耿继茂和两广总督李率泰商量后，三人达成共识，就算把广东的所有士兵全部打光，也务必要阻止住其中一路的继续前进。

那么应该尽全力挡住其中哪一路呢？考虑到李定国当时正在广西横州，随时有可能到达前线，最后众人商议的结果是堵截住主帅来不了的那一边。

为了阻挡黄廷部进一步西进，尚可喜和耿继茂分别抽调了自己手下最能打的总兵许尔显、徐成功出战，兵力总计一万人。另外潮州总兵刘伯禄、饶平总兵吴六奇等部七千余人也奉命配合作战。

十二月二十四日，两军在揭阳县郊的琅山相遇，打了几场，互有胜负，于是战斗就此转入了相持阶段。而这一相持，就变成了名副其实的僵持，双方只搞对垒，小规模战斗偶尔有，出动超过千人的群殴却基本绝迹。

按理说，清军总计不到两万，郑军却多达五万，就此僵住是没有道理的。但是生活不止一次告诉我们，看问题永远不要只看表面现象。清军人数虽少，但是以辽军旧部为主力，且在这几年经常跟李定国交手，水平逐渐被锻炼出来了，因此单兵素质普遍较高，擅长野战。郑军方面还是老问题，从船上下来后，骑马用马刀的技术依旧不是很高，野战还成问题，人手虽多，但深知情况的主将黄廷也不敢轻易出手。

见黄廷迟迟不出手，有人有意见了。这个人就是军中的左先锋苏茂。

几万人一起挤在这片荒山野岭长达三个月，就这样耗着不打仗。作为军中的先锋，苏茂感觉自己都快长毛了。因此在年后的一次军事会议上，苏茂主动向主将黄廷提出了进兵与清军决战的意见，并自告奋勇表示愿意充当敢死队队长的角色打前锋。

黄廷用充满赞许的眼神看了苏茂一眼后，就没有其他表示了。他的意思很明白，你的勇气可嘉，我很欣赏，但过于冒险，不能同意。

可是苏茂并不明白黄廷的这一表示，由不懂意思发展成了不满意。想法简单的苏茂开始质疑黄廷的策略和用意。最终，想得多的黄廷实在拗不过啥也不想的苏茂，被迫同意出战，并且满足了苏茂的愿望，由他担任前锋。前冲镇黄梧、护卫左镇杜辉做中军，殿兵镇林文灿、援剿右镇黄胜为后援，开始向清军的琅山大营进发。

等了这么久，就是为了等这一天的来临。清军的将领得到消息后，脸上无不露出了狡黠的微笑。

郑军进攻琅山大营时，大军必须要过一座叫钓鳌桥的桥。该桥桥面很窄，部队难以展开，特别是一旦前方战败，败兵逃回，很容易造成交通拥堵，以致给敌人以可乘之机，实现全歼。出于这点考虑，黄廷始终不愿贸然开战。

现在没有办法，不出战很可能出乱子。黄廷只好决定冒一次险，只希望此次出击一切顺利。

别说，还真很顺利。苏茂带领前锋部队杀来时，惊喜地发现清军在桥上居然并未布置重兵防守。苏茂在轻而易举地击退了守桥的小股清军骑兵后，兴奋地率部过了桥，并向着自己心中的最终目标琅山全速冲去。

当郑军大部分人马到达桥对过时，黄廷一直担心的事情终于还是发生了。埋伏在钓鳌桥周围的清兵突然像变戏法似的出现，对安心过桥的郑军和已经过桥的苏茂部发动了突如其来的攻势，前后夹击，把郑军截为两段。此时主将黄廷正按照预先的部署，率领后劲镇杨正等部绕远抄袭清军后路，不在现场，因此没有大将压阵，

郑军很快大乱。前面的败兵果然慌乱回奔，正好与迎上来的士兵形成了对流。彻底悲剧了。

根据战后统计，后撤时因桥面过窄，混乱中被自己人挤落河中淹死的士兵，单此一项损失就多达四五千人，而且还搭上了将领两员。这个教训很惨痛。

不过苏茂倒是活着回来了，虽然在混战中身中两箭一铳，在桥上走了个来回，还是带着伤突围而出了。仅以这一表现来看，确实有够猛的。可如果结合之后发生的一系列事件，个人认为，苏先生还不如当场战死了的好。

二月二十五日，郑军于东村渡再次同清军交战，只不过这回运气依旧不好，再次战败。

两次失利的消息毫无保留地传到了郑成功耳朵里，于是郑成功传令黄廷，不要打了，放弃该地，登舟返航。

三月十三日，黄廷带领南征将士们踏上了回家的路。揭阳、普宁、澄海三县就此得而复失。

回到厦门，什么都不用说了。先开会，当然不是表彰会，而是批斗会。主要挨批的是三个人，苏茂、黄梧、杜辉。揭阳之败，不顾一切要求出战的苏茂自然脱不了干系，首当其冲，承担主要责任。剩下的两位则是由于得知前方失利后，没有及时应援反而带头逃跑，被抓出来的典型。

对于典型，处理方式一般都比较有教育意义，特别是这种犯错误的典型。因此郑成功的处理意见也比较典型，一般就是处斩。然而这一次，由于近期军中的将领多有伤亡，又有众将集体求情告饶，郑成功只给予了苏茂重新做人的机会，军前正法了，另外二人被留下，戴罪立功。

事实上，苏茂至死或许并不知道，郑成功之所以坚持要杀自己，其实并非是因为不动脑子导致全军溃败，而是因为另外的原因。苏茂曾经帮助了一个人，一个郑成功立誓要杀死的人——施郎。

郑成功与施郎交恶，那是很早之前的事了。据说是因为施郎有些恃才自傲，激怒了同样高傲的郑成功，所以两人很早就看不对眼。永历五年的那次中左所遇袭事件发生中，施郎因反对南下而被撤职，打发回岛，正是郑成功对施郎不满的一次集中体现。

虽说施郎在那次战斗中不计前嫌，表现依旧英勇，郑成功回师之后也对施郎的事迹大加赞赏，当场予以白银二百两作奖励。不过，事后郑成功并未恢复施郎被撤掉的左先锋的职务，让他继续留职闲住，而命他的副将苏茂继续担任此职。甚至不久又提升了施郎的副将万礼为镇将（郑军官职，相当于总兵），又狠狠地挖了次施郎的墙脚。

就算是再老实的人，得知这样的消息也肯定会产生不满情绪的，更何况是傲气十足的施郎。施郎终于愤怒了。早年投身行伍，给黄道周提意见，人家不搭理；降清后随李成栋入粤，又备受排挤；好不容易在郑成功这里似乎看到了施展自身才华的空间，郑成功还把门给掩上了。

于是施郎决定表示反抗，显示自己的不满。随即，他向郑成功递交了辞呈，告辞的理由很有挑衅性：看破红尘，出家为僧。

没想到，郑成功对于施郎这一挑衅似乎并不感冒，只是淡淡回复施郎说，想要再度出山，可以另行募兵，新组建一个前锋镇。

组你奶奶个腿！

施郎一气之下，当即改换了发型，出家去也。临行前扬言，此生不再参见郑成功。虽然当时事情已闹到了这个地步，可两人之间的关系还没有恶化到最后的水火不容、誓不两立的地步。真正导致这两位堪称当时海战第一流将才彻底走向决裂的，是一个人，一个名叫曾德的小人物。

曾德的确是一个不折不扣的小人物，不要说一般人没听说过，就连一些明清史的研究者在提及郑、施反目时，都是以施郎手下一个亲兵或逃将作为此人的代称，基本算是彻底忽视掉了。

不过，经过本人考证，曾德的身份其实并非只是施郎部下一个逃兵那样简单。

这位曾德是个军人，没错。而且他最初是在郑彩部下任职的，应该最差是个中下级的将领。隆武年间曾追随郑彩、张家玉入赣，后来奉命镇守浙闽间的重要关隘仙霞岭。郑芝龙降清时，曾德没有跟着走，而是辗转投奔了郑成功，被安置在施郎部下工作。

前文提过，施郎因与郑成功闹了别扭，赌气出家做了和尚。于是，比较有上进心的曾德就打算凭借这个机会求个进步。他通过昔日的关系，托人请求投入郑成功营中充当亲随。这样做本来无可厚非，也压根碍不到其他人什么事，更何况施郎先生当时已经成了“两耳不闻窗外事，一心只读《金刚经》”的大和尚，应该与世无争，不理俗事。谁知得悉此事，施郎当即大怒，表示要把曾德抓来开刀。

施郎大师之所以如此愤怒，是因为曾德的所作所为恰好狠狠触碰了施郎内心的痛处，被人漠视，被人背叛！

好你个曾德，连你这种人都敢给我玩这一套！不要以为你投奔了郑成功，我现在做了和尚，就治不了你！

事实证明，出家人施郎想要收拾出逃的曾德，那还是很容易的。虽说此时施郎不做左先锋已经很久了，但当年的手下们对于这位老上级还是很给面子的。这样看来，施郎虽不善于处理与上级的关系，与下属的关系倒处得不错。后来因罪被郑成

功坚持处斩的苏茂，正是其中的一个代表人物。

很快，曾德被施郎派人抓了回来。没废话，当即就下令把人给砍了。据说下达处决命令的前几分钟，郑成功那儿来的人刚把郑成功要求放人的命令给施郎看过。

公然违背命令，擅杀郑氏旧将。这次，施郎的娄子真的捅大了。虽然从当时的情况和施郎后来的表现看，我们不难得出一个结论，施郎先生在政治方面是很缺乏敏感性的，基本可以算作一个政治盲（之后可能强了点），而他决意要杀曾德也完全是出于出气的需要，谋反是绝对没有的。然而，事情已然发生。施郎的确擅自杀了郑军将领，而且还是以一个非在职将领的身份杀的。这样问题就更加复杂了。

单以海战的水平来看，施郎的指挥才能绝对不亚于郑军任何一个将领，甚至比起身为主帅的郑成功也过之而无不及。这或许正是郑成功一直以来对施郎多加防范的原因之一。现在，一个被郑成功解职闲居且长期不在领导岗位的人，一回来，旧日部署依然像以前那样听命于他，而且还敢抓了投奔郑成功的人，违背郑成功的将令把人杀了。这一切的发生，相信给郑成功的印象只有一个：太可怕了。

如果不杀施郎，他日施郎振臂一呼，公开造反，郑军必然分裂成两部分自相残杀，自己苦心经营的事业自此将化为乌有。即使施郎不反，照这个形势发展下去，郑家军在不久的将来极有变为施家军的可能。就算施郎不能代替自己成为这支军队的领袖，但早晚会成为自己子孙的致命威胁！因此，无论如何，施郎此人，吾必除之。

郑成功的这些想法，相信大家来个换位思考，就能很好理解了。当时郑成功没能想到更好的解决方法，或许是因为那时他才二十来岁，年轻气盛的缘故吧。不过他至少还是极为准确地预见到了一点，善打水战的施郎的确将在以后很长时间内成为郑成功乃至整个郑家最难应付的致命的敌人。

既然已经决定杀掉施郎，永绝后患，郑成功马上采取了行动。永历五年五月二十日，郑成功密令援剿右镇黄山以商议军机为由，先把时任援剿左镇的施郎之弟施显叫过来，当场予以逮捕，以防施显知情后发起兵变。与此同时，郑成功另派右先锋黄廷带领士兵前往施家，将施郎住处团团包围，准备捉拿施郎父子。

说来也是，施郎处决曾德之后，居然没料到郑成功会为此事向自己下手，因而施郎本人、施老爹施大宣和施郎的弟弟施显全部在毫无防备的情况下被郑成功派出的人成功抓获，一个也没来得及跑掉。

施郎被捕后，许多旧部和同他关系好的将领前往郑成功处，为施郎求情，但他们并不知道，郑成功就是为此才决意要杀死施郎的。所以，来求情的人越多，郑成功杀人的态度就越坚决，施郎的生命烛光就更加微弱了。到了最后，施郎的一些旧部终于意识到，事发至此，一切已无法挽回。但是失望之余，他们却做出了一个大胆的决定：帮助老领导越狱逃难。

在施郎的亲信部将和当地军民的掩护和帮助下，奇迹发生了。施郎竟然从看守严密的牢房中成功脱逃，甚至安然逃入了郑成功势力无法涉及的地方，清朝的统治区域，而且还是内地。

郑成功得知施郎逃到大陆的消息，勃然大怒。就当时的情况看，郑成功并不知道营救计划是施郎的族叔施福和他的旧将苏茂联合策划的，因此决定下令处决负责看管施郎的林习山。不过，由于林习山私自放人的证据不足，再加上许多将领出面求情，郑成功最终放了林习山一马，没有杀他。

然而盛怒之下的郑成功还是做出了一件极为不理智的事情。就是这件事，导致了郑家同施郎长达数十年的仇恨。这件事正是之后一提及就让施郎咬牙切齿、泪流满面的那件，郑成功下令诛杀了施郎留在岛上的所有家人。

这还不算完。听说施郎可能藏身安平，郑成功还特意派出了一支军队前往捉拿，势要将施郎赶尽杀绝。

当然，郑成功派出的人手并没有完成上级交付的这一任务，否则中国的历史估计就要改写了。

派人追杀没能得手，又把人家的家人杀了个光。郑成功自然知道施郎先生是绝对不会善罢甘休的。因而郑成功也不得不感叹道："吾不幸结此祸胎，贻将来一大患！"

是的，当全家人被杀的消息传入施郎耳中的那一刻起，施郎对郑成功的憎恨已经深入骨髓，并且发誓必报此仇。这也成为让施郎从此死心塌地投靠清朝的最主要的原因。

从那一天起，世上已无高傲的施郎，只有一个痛苦的施琅。他的身份注定是一个坚定的复仇者。

郑成功犯了错误，但他却并未清醒地意识到这一点。更重要的是，大错铸成，已然无法挽回。世间最令人感到惋惜的事情，或许这应该算是一件吧。

五年之后，得知真相的郑成功以导致兵败的名义处死了苏茂。个人认为，这是郑成功犯下的另外一个比较严重的错误。之所以这样说，是因为郑成功处决苏茂时忽略了一点，事后被派去镇守海澄县的后冲镇副将苏明是苏茂族弟。

永历十年六月二十四日夜，黄梧、苏明带领部下官员及所部一千七百人突然叛变，把海澄县献给清军。郑成功在大陆上唯一的据点就此轻易丢失。

黄梧、苏明叛降，驻守在海澄附近的副将林明火速派人将消息上报。郑成功闻讯大惊，急忙派遣大将甘辉带领快船前往平叛。然而当甘辉到来之时，清军早已进驻海澄县内，一切都已迟了。甘辉只好退而求其次，帮助林明部把五都土城内的军

械粮食用船运回中左所。

清廷极为重视黄梧、苏明的归降。正如郑成功对归顺的清将予以重用一样，清廷恰好缺少的就是这种能打水战的稀缺型人才。苏明被授予都督佥事一职，黄梧则更受关照，被封为海澄公。

众所周知，海澄公是清廷与郑成功谈判时答应授予郑成功的爵位，可是此时此刻，清廷却把海澄公的名号赐予了郑成功手下一名降将。这对于郑成功而言，无疑是一个莫大的侮辱。

不过有趣的是，黄梧先生这个海澄公才当了一年就感到不爽了，因为黄梧认为，清廷对于自己实在是过于关照了。黄梧的部下被兵部传令调往浙闽总督李率泰处效力，就像肉包子打狗一样再也不回来了。黄梧自此被糊里糊涂地收走了军权。不仅如此，黄梧还发现，海澄公的地位虽然看起来很高，叫起来很响亮，但事实上工资奖金加起来根本连家里人都养不起，以致他不得不屡次向清廷诉苦，要求加薪。

或许在后来的岁月里，黄梧曾不止一次后悔过，然而残酷的现实却告诉他，一旦走错了路，就再也回不去了。

相信就在黄梧悔不当初的同时，另外一位仁兄也在饱尝着悔恨的滋味。这个人正是郑成功的老爹，曾经威震东南的郑芝龙。

自从郑成功和清廷的谈判完全破裂，郑芝龙的日子是一天不如一天了。虽说顺治待自己还算可以，可清廷那些言官们除了公休那几天安静一阵子，几乎每日都有人上疏弹劾郑芝龙，要求将郑芝龙父子治罪。一些清廷官员指出，郑芝龙在写给儿子和昔日旧部的信件中，多次流露出对大清的不满，而且涉嫌以家人传递口信的方式泄露清军军事机密，已经构成了对国家安全的严重危害，所以群臣本着破鼓万人捶的精神，一致要求将郑芝龙治罪。

清廷的高层考虑到未来也许还有同郑成功和谈的可能，到时郑芝龙仍有使用价值，因此一直顶住了下面的压力，没有松口。然而这些言官却很好地继承了明朝前辈们狗仔队般的工作作风，看准了就咬，咬住了就不撒嘴，不到受害人完蛋，要驱散咱们，妄想！

永历九年，清顺治十二年（1655），正月，更大的风暴来临。

二十八日，吏部员外郎彭长庚上疏顺治，导火线自此正式点燃。彭大人在奏疏明确中提出请求，要废掉郑芝龙，原因很简单，也很实用，为了除内奸。

两天后，正白旗下云骑尉杨国永继续添柴，说得更加耸人听闻，他认为，灭郑成功易，除郑芝龙难。郑芝龙一日不除，则郑成功一日难灭。为了大清江山稳固，杨国永恳切地提出请求：伏乞皇上速灭郑芝龙家族。

在彭、杨两人的带头下，朝中弹劾郑芝龙俨然成了一股风气兼时尚，官官踊跃参与，生怕顺治桌上少了自己的那份弹章。在日益增大的压力下，相关部门的领导也撑不住了。兵部尚书张秉贞秘密给顺治上书，提出将郑芝龙本人及其妻孥一同迁居，另行禁锢，同时冻结郑家在京一切资产，视其子郑成功的具体表现，再行酌处。

顺治对张尚书上书的批示是，着议政王、贝勒、大臣等核实密议具奏。这样的回复虽然很暧昧，既不同意也不否定，但底下老奸巨猾的朝臣们都看出了端倪，郑芝龙的好日子自此结束了。

不久，郑芝龙及其在京家属被囚禁。同年六月初五日，兵部尚书李际期上奏请示："现今已将郑芝龙囚禁，正待议处之时。"

郑成功对在北京的老爹被囚禁一事或许并不很清楚。但他清楚的是，近日来清军对于自己的封锁和打击是越来越玩儿命了。

永历十年（1656）八月二十二日，清遣宁海大将军宜尔德、提督田雄指挥满汉大军，再次进攻舟山群岛。镇守舟山的明将阮骏对清军这次积聚数年力量发起的大规模进攻予以高度重视，亲率舟师主动出海迎战。

阮骏没有料到的是，在短短的几年里，清朝的水军无论是从质量上还是数量上都有了突飞猛进般的提升，战法与战术方面也与以前大有不同。经过两天两夜的激战，阮骏伤重而亡，明军总制陈六御、总兵张洪德、张晋爵、李廷选等主要将领阵亡。二十七日，清军在舟山登陆。很快，战败的明军乘船逃离。舟山沦陷。

清军水师能在短时间取得如此飞速的发展，除了清朝当局为彻底消除郑成功这个心腹之患而大力发展造船业，重视培养训练海上部队外，施琅等郑军将领降清后为对方带去极为丰富的战术、经验也是一个极为重要的原因。所以说，施琅之前，清无海疆；施琅身后，清无海疆。这句话看上去还是十分中肯的。

攻占舟山后，清廷方面似乎并不打算驻守在这里。鉴于当时清军水师的总兵力和作战经验都还不足，要定时向岛上输送粮食，还要警备郑成功的反击，这些全是很麻烦的事，因而清军打算打下来后就撤走。不过为了防止明军卷土重来，再次以舟山为基地，威胁南京等重要城市的安全，临行前主帅宜尔德下令，把岛上所有城郭房屋统统拆毁，至于无家可归的岛上居民则一并带回大陆。

就这样，清军离开后，往日充满生气的舟山变成了一座除了废墟还是废墟的空岛。此后虽然郑成功为了方便他日领军北伐，曾再次派遣驻军来到舟山，不过士兵们也只能自己动手砍树搭棚子住了。舟山群岛，在之后的长达半个世纪内，再也无法恢复原样，空留一片叹息。

因为谈不拢，就把对方家里所有人都关了起来，这样的事终究是遮不住的。隐

约听到风声的郑成功得知家人的非人道待遇，十分生气，决定亲自统率军队进攻福建的省会福州，为家里人讨个说法，顺便解决兵饷来源，拓宽海上贸易的渠道。

此次出击由郑成功亲自督师，因而将士们的战斗热情十分高昂，明军一路高歌猛进，接连攻克闽安、连江，兵锋直逼福州。不仅如此，在攻占了作为福州门户的闽安后，郑成功征调了大量民夫，在当地大规模兴建未经清政府批准的土堡城寨等违规建筑，看样子是打算在此地长住。事实证明，郑成功在这待的时间也的确不短，大致有一年的时间。

福建这片土地，真正的地主早就换成了清朝。清朝当局自然不会允许郑成功的人在不交税钱的情况下，在当地搞私搭乱建，因此负责福建当地军务的郑亲王世子济度调来了拆迁队，立志要将这些堡垒强行拆除。

一边是下了决心要拆，一边是无论如何不许拆。于是乎双方就产生了矛盾，于是乎紧接着就动手了。令人没想到的是，最终抗拆的居然战胜了要拆的，还把身为拆迁队队长的梅勒章京阿克善给当场打死了。乘胜围困了邻近的罗源、宁德二县，意图进县继续私搭乱建。而且对于由郑芝龙差家人捎来的清朝巡抚佟岱的劝降信拒绝观看。自此，清廷和郑成功的关系可以说是真正降到了冰点。

第十七章　征途

在郑成功完全下定决心与清廷抗争到底前，有一个人已为此孤军奋战很久了。这个人就是当初张名振临终前叫来执掌明军的那位监军张煌言。

张煌言，汉族，字玄著，号苍水，万历四十八年（1620）生人，浙江鄞县人（今属宁波）。明末著名的文学家，抗清英雄。他最为知名的头衔还是儒将。

前文在谈到将与帅区别的话题中曾提到，儒将是名帅的初级阶段。只要此人拥有足够的军事天赋，假以时日，再往前一步就可以迈入名帅的门槛。事实证明，这个理论是经得住实践考验的。张煌言正是这样走出来的帅才，堪称南明最有大战略观念的人物之二。

虽说张煌言有如此众多的荣誉头衔，但事实上张煌言同学的学历等级很低，在崇祯年间不过是个举人。由此可见，学历和能力似乎并不是总能画上等号的。可这似乎不能怪张同学学习不够用功刻苦，毕竟京师失陷的那年他才二十四岁，在正常情况下金榜题名估计也就是一两年的事。

可惜的是，当时的局势已经不正常了，天下大乱，四方逐鹿。像张煌言这种自幼熟读儒家经典的人，当然是不可能选择参加清廷举行的科举的。所以既然科举做官、实现志向的救国之路已经不通，张煌言就只好另辟蹊径，找寻另外的报国途径了。

应该说，张煌言是不幸的人中比较幸运的一个了，他寻找的那条新出路并未耗费太多时间，第二年就找到了。

弘光元年（1645），钱肃乐（熟人）、沈宸荃（后任鲁监国政权首辅）等人在浙江宁波起兵抗清。张煌言得知此事，就近参加了义军。接着随军在东南一带辗转作战，共同奉鲁王朱以海监国于绍兴，由此被授为翰林修撰。

翰林修撰也就是个七品的小官，但是张煌言并未因官小而丧失抗清救国的热情。之后，无论是历经怎样的风雨，张煌言都始终追随在朱以海身边。

绍兴、舟山、中左所，一路走来，有很多人或是在战斗中牺牲，或是失去了信心主动离去，或是为了荣华富贵投降了清军。然而当惊险的逃难、阴险的斗争、强力的诱惑，这一切的一切发生过后，张煌言似乎全然不放在心上，依旧继续坚持着。在坚持的过程中，或许张煌言本人并未察觉，他的眼神已经变得越来越坚定而有神。

张煌言坚定的眼神很快引起了一个人的注意。这个人叫张名振。连年的艰苦作战后，张名振至少明白了一件事，只有那些在苦难面前依旧能保持坚定眼神的人，才能足以信任，才能超越种种苦难，获取最终的胜利。

张名振认定，这个职务并不很高（时任右佥都御史）的张煌言，正是一直以来自己苦心寻找的接班人。

于是张煌言不久被张名振调到身边，担任监军一职。所谓监军，就是负责给军事主官提意见、进行监督的官员。其品级很难确定，具体以军事主官的等级为参照物。当时张名振已是鲁监国朱以海麾下排名前三的高级将领，因此张煌言的身份就相当于东南所有明军的总参谋长，其职务不可谓不高，权力不可谓不大（当然责任也很大）。

时值永历元年（1647），身负大任的张煌言还不到三十岁。

张煌言刚刚就任张名振的监军没有多久，一场巨大的考验便随之来临。

当时清朝的苏松提督吴胜兆在苏州密谋反正。为了能一举成功，他派人暗中联络了张名振，请求支援。张名振答应了，于是派出一支部队从舟山出发，前往支援。

没想到，船队刚刚出海走到崇明岛附近，海上突然起了风暴，明军船队就此全部陷于风浪之中。侥幸脱难的明军主将户部左侍郎沈廷扬、总兵蔡聪等人被巡边的清军捡了个便宜，当场俘获。此时，张名振和张煌言都在岸上，只不过他们混入了降卒之中，没有被清军发现。不久，他们带领一些士兵瞧准了一个空子，从清军的监视下逃了出来。

清军得知有人脱逃，马上派出了一小队人马前去追击。张煌言等人在跑了一段路后，眼看着即将被在后方追赶的清兵追上。在关键时刻，张煌言显示出了张名振所不知道的另一面，从而挽救了危局。

发现自己这点人已陷入对方的包围，张煌言不知何时拿起了挂在马上的弓箭，向追兵开弓射箭。随着几声弓弦响，几个清兵当即落马。就在在场的所有人都对眼前一幕感到不可思议时，张煌言抓住机会，带领身边的几名骑兵突然冲杀出来，成功破围，不但吓得敌军不敢继续紧逼，顺手把张名振等几个领导也救了出来，并保护着众人安全返回舟山。

事后，张名振对张煌言当时的表现大加赞赏，从此更加重视这位书生出身但却文武兼修的监军了。

永历五年，张煌言的父亲去世，按规定需要回家守孝。虽说当时宁波已是清朝的控制区域，可张煌言依然回家去了。清军的浙江提督田雄对张煌言的事迹多有耳闻，因此想趁机劝降，几番派人劝说，都被张煌言严词拒绝了。就在当年，清军发动了首次大举进攻舟山的战役，在此一役中，张名振失去了自己的弟弟，张煌言则失去了自己全部的亲人。

永历七年，张煌言跟随张名振发起了南明历史上著名的三入长江之役。

第一次出师长江，是在当年八月，当时已经升任兵部侍郎的张煌言和张名振带领战船六百艘东进，行进至长江口的崇明岛一带，随即对崇明发起了进攻。面对着强大的明军，崇明城内的守兵不敢出击，那就只好被围在城里了。这一围长达八个月，以致城内的清军士兵精神几乎分裂（恹恹待毙），叫苦不迭。

次年正月，张名振、张煌言再次统兵由福建乘船北上。这一次，明军的行军举止和路线都极为奇怪。部队是分批进入长江口的，而且进来后还不立即发动进攻，而是逆流而上，沿途游览了一道长江两岸风景后，这才突然在金山上岸。事发实属突然，沿江驻防的清军各部始终没能搞清楚这路明军的真正来意，所以明军一登陆就得手了，一战取胜，缴获清军防江大炮十门和火药、钱粮等物品。

清军方面不知道张名振等人的来意，但经过对现有史料的分析，我们是可以知道的。简单说，此行的主要目的只有一个：祭陵。

张名振和张煌言等杀散了金山附近的清军后，带领五百名士兵来到了一个著名的旅游景点——金山寺。当然，到这里来主要为的不是查访当年白娘子和法海老和尚斗法的遗迹，更不是为了验证大名鼎鼎的唐僧到底是否在此处出的家。主要目的我们提过了，是为了进行祭拜。在张名振的带领下，一行人面朝东南方向，一脸恭敬地向那里叩拜，因为在那个方向上，明孝陵就矗立在对面。

遥望开国高皇帝的长眠之所，众人感慨良多，在这样的状态下，该怎样表达大家激动而复杂的心情呢？写下一首诗吧，这无疑是最好的选择。

十年横海一孤臣，佳气钟山望里真。鹑首义旗方出楚，燕云羽檄已通闽。

王师桴鼓心肝喧，父老壶浆涕泪亲。南望孝陵兵缟素，会看大纛祃龙津。

中兴大业，就此交给我们。

明军将领张名振亲自率团来了一次长江游，还在镇江地方小住了两三天。这对清廷任命的江南地区最高地方官、江南总督马国柱而言，无疑是一件很掉价的事。所以马总督得知张名振的水师部队尚未撤离长江水域后，马上下令，提督管效忠出浦口，进兵仪真（今仪征），阿思哈哈番（汉语，男爵）尼堪出龙潭直奔镇江，务必要把明军给我堵住，堵住！

经历了一番波涛汹涌的行舟，清军两部都按计划到达了预定地点，准备截击张名振的水师。但一天天过去了，人和船一个都没见。原因很简单，明军早走了。

不过面对热情好客的马国柱，张名振自然不会忘了给这位对手一份惊喜的谢礼。三月初六日，顺流东归的张名振部水师突然派出四五百号明军在扬州府属的吕四场登岸，一举击败当地的驻防清军，从而缴获其大河营守备之印一枚。

这枚印章权且作为我等初入长江之役的纪念品吧。张名振笑呵呵地走了，留下的是一脸愤懑的马国柱。

半个多月后，游完一次长江的张名振似乎意犹未尽，带着明军水师部队六百余艘战船又回来了。这回虽然没有声势浩大的围城作战与公开祭陵，但明军的战船再次光顾了镇江并在随后直达仪真，于城外放了一把火。

明军烧掉的并非是百姓的房子，而是些能够给清朝当局带来直接打击的事物——盐船六百艘。

众所周知，江浙一带长期富庶的原因之一就是当地产盐。仅盐政一项，往往能带给国家大量财政收入。张名振这次派人将城外盐船付之一炬，就相当于站在马国柱面前烧他手里的银票，还让他无法制止，实在是够绝够狠。如无意外，这六百艘盐船被焚毁而造成的经济损失，足够马国柱喝上一壶，即便不被弹劾下台，至少这几年的工资相信马大人是领不到了。

果然，仪真城外一起火，马国柱先生立刻就着了急，火速调兵遣将，打算诱使明军进一步深入长江，随即予以彻底歼灭。张名振不是傻子，张煌言更是精得没边，明军对这种低级的把戏自然不会上当。张名振等人在仪真做短暂停留后，就率兵返航了。二入长江的战役，就此宣告结束。

五月十八日，令马国柱很闹心的张名振和张煌言又来了。说实话，即便是再美丽的景色，隔俩月就看上一遍也总会腻的。事实上，张名振也没有同一地点多次观赏的近似于强迫症的行为，更缺乏那个闲心。明军这回来，较之前两次，目的性其实是最强的。

说到目的，主要有两个：征士兵、筹粮饷。张名振本人率部前往温州一带，一上岸，别的没干，先搞贸易往来，一下子买了七船米。随后，他下令船只南下福建。因为他要去见一个朋友。这个朋友就是郑成功。

作为豪门子弟兼读书人，郑成功对张名振这种仅靠手中有兵而得到倚重的武将，说句实话，那是相当看不起的。对此张名振隐约能够察觉得到。然而在后来中左所的某次见面中，一切突然发生了彻底的改变。

在这次谈话中，郑成功的言语一如既往地盛气凌人：你这个定西侯干了这么多年，不知道都在忙些什么。

面对郑成功言辞上的挑衅，张名振处之坦然，答道：中兴大业。

“我怎么没有看见（安在）？”

“中兴大业若能成功，自然可见我的实绩作为例证。倘若不幸未能成功，那么它就在我的心里。”（济则征之实绩，不济则在方寸间耳）

对于张名振慷慨豪迈的回复，郑成功并未就此罢休，而是紧追不舍：照你这种说法，怎么讲都可以，但不知有何做证明（方寸何据）？

张名振回答：“在背上。”

言毕，张名振当场解衣，向郑成功展示了自己的后背。他的背上不仅有着健硕的肌肉和与敌作战后留下的伤痕，虽然这也足够显示出张名振对大明中兴大业的忠诚，但张名振个人似乎觉得，那些远远不够。于是，郑成功就看到了自己眼前这一足以令任何人动容的一幕。刻在张名振背上的“长径寸，深入肌肤”的四个大字——“赤心报国”。

看到张名振的证据的那刻起，郑成功完全呆掉了。昔日读书之时，郑成功知道，自己那时的偶像岳飞背后同样是刺着四个字。虽说两人的内容版本不同，可这一幕已足够使得当时的郑成功回忆起当年的许多许多。寒窗苦读时立下的壮志，家中闻变时的震惊与痛苦，孔庙焚衣时的满腔豪情。

我们可以说，恰在那时，在张名振的帮助下，郑成功逐渐开始了重新找回自我的旅程，拾起了旧日的抱负和理想。

“久仰老将军声望，奈多憎之口何！”

因此，在谈话的最后，郑成功是这样结束发言的。

因而当张名振来到中左所，面见郑成功并提出了提供兵员、火药、器械补给的要求时，郑成功几乎不假思索地答应了。他立刻下令调派忠靖伯陈辉统水兵五千、陆军一万、大船近百艘，北上支援张名振的第三次入江战役。

有了郑成功派出的生力军的支持，张名振信心大振。九月初六日，张名振部继续开展军事行动，把军队开到了一个当时的小地方、日后的大城市即上海县城下。

据说当时清朝任命的上海知县得知明军已兵临城下，当场就软在地上了。城中百姓却显示出了高度的配合热情，甚至出现了手拿木棍公然阻截追打当地官府衙役，改换明代帽冠头巾，主动对城外明军进行“王者之师”的舆论宣传等在清廷看来是大逆不道的行为。

在我看来，之所以会发生这些有意思的现象，追本溯源还是因为那四个字：人心所向。

听闻明军还没攻城，上海居民就有发动起义的意思了。江宁巡抚周国佐火速亲自领兵来援，毕竟当时的上海属于这位老兄的地头，虽然城市不大，事要闹大了，自己头上的顶戴花翎可就不保了。

在周巡抚屠城的威胁下，上海县城的局势终于安静了下来。可是周国佐并不清楚，兵临上海只不过是一个障眼法，明军的真正目标并不是这里，而是另有所图。

不久，周国佐终于了解了明军的真正意图。他收到了战报，十二月十八日，由张名振、张煌言率领的四百余艘战船突然出现在南京郊外的燕子矶！原来故都南京才是张名振等人的真正目的地。

南京一旦有失，无论对江宁巡抚周国佐还是两江总督马国柱来说，都不仅仅是丢官、丢人的事了，搞不好是要丢老命的。所以，为了不至于丢了老命，那就只有拼上老命了。周国佐玩儿命赶路回援，马国柱带着提督管效忠等将领，指挥驻守南京的满汉士兵拼死抵抗明军进攻。

与此同时，在东南各省驻屯的各部清军开始火速赶往南京支援，清兵是越来越多了。张名振虽然得到了郑成功的大力支持，不过单凭一路明军，既要攻城又要阻击从四面八方涌来的敌军，估计是不成的。因此在几次强攻未能得手的情况下，张名振和张煌言经商议后决定主动撤军。毕竟只要人还在，今后机会还多得是。

于是，永历八年年底，张名振带领舟师边战边退，缓缓东下，退出长江。第三次入江战役宣告终结。

由张名振和张煌言联合指挥的三入长江之役，对东南一带清军的震动无疑是很大的。特别是第三次，明军战船直抵南京城下并展开了攻城战役，搞得附近的清军全部被调集了起来，被迫来了次拉练，可谓效果突出，意义深远。

然而好景不长，张名振回师不久就去世了，鲁监国部分的明军又被郑成功派来的陈六御接掌。所以当时的张煌言虽说依旧保留着兵部侍郎监军的名号，但由于不是郑成功的嫡系，因而备受冷落。

上天似乎并不打算就此让这位难得的帅才埋没，一年之后，给予了张煌言一个正式走到前台的机会。

永历十年，舟山群岛再次失手，总制陈六御阵亡。张煌言在将士的推戴下，终于成为鲁监国系军队的领袖，执掌了军政大权。不过得以掌控军队的张煌言并没有因之前的事情而对郑成功产生不满。走到幕前的张煌言不但继续维持与郑成功的友好关系，还尝试着加深这种联系，并由此影响在政治上徘徊不定的郑成功。从事后的发展来看，张煌言基本达成了他的目标。

随着同张煌言的关系日益升温和清廷态度的逐年恶化，郑成功抗清中兴的观念越来越明确了。于是，郑成功知道了真相，张名振和张煌言领导的三入长江战役的幕后真相。

永历八年到永历九年这一年多内，张名振统领明军乘舟三次进入长江沿线作战，且一次比一次深入内地，一度直逼南京。但对这三次战役，郑成功一直有一件事没有搞明白，那就是为什么每次张名振把几百艘战船浩浩荡荡开了进去，而且几乎每次都是直入长江，威慑清军的要害地区，可却不那么积极地攻城略地，甚至也从不与清朝派出的援军正面交锋，一把大量的敌人引来就开始周旋，随即又三次主动撤退。但撤退又退得不彻底，始终不离开长江入海口，并在崇明一带休整，不久继续出兵。这一切的一切究竟是要干什么？郑成功的脑子很乱。说实话，我也很乱。

不过不用担心。当听完知情人士张煌言先生的讲解，相信你会跟郑成功一样，很快便豁然开朗。

相信不少朋友应该听到过类似的话：世上的所有事情，其发生都不是偶然的，而是看似巧合状态下产生的必然。张名振和张煌言发起的这一系列战役其实也是这样，事实上是一个堪称天才的计划的一部分，但可惜的是，也仅是这个计划被真正执行的一部分。因此初窥史料之时，许多人不能了解它的全貌，才会产生这样或那样的费解，感到莫名其妙。

好了，其他的话就不多说了，让我们赶快认识它的全貌吧。

首先，介绍一下这一大型军事计划的参与策划和制订者。从张名振的军事行动只不过是计划中的一部分就不难猜想，加入其中并参加组织和决策的人绝不可能仅限于一两个，应该有一大票。但在这一大票人中，真正得知全盘计划的人或许不多，依照史料分析，大致被控制在十个人之内。至于他们分别是谁，不要着急，待俺慢慢道来。

最初计划的设计者除了张煌言与张名振，还有他们的几位同僚，即都察院左都御史、督师大学士李之椿，仁武伯姚志卓，兵部侍郎张仲符三位。当然，另有身份比较特殊的一位仁兄，他就是弘光朝礼部尚书、郑成功的老师钱谦益。

在许多史书中，钱谦益虽被写得晚节十分不保，不仅曾投靠过奸臣阮大铖和马士英，背叛了组织和自己的理想，还在之后有过降清做汉奸的失节行径，因而备受

争议。然而根据近几年来对当时历史的研究，许多人惊奇地发现，自从隆武二年（1646）钱谦益借口老病辞去了清朝的礼部侍郎之职返回南京后，事实上他一直是坚持在江南地区抗清第一线的。不仅出钱出力，还出智谋。这个计划就是他和张煌言等人智慧的产物（当然，不排除钱谦益先生那位著名的老婆柳如是女士也加入了进来）。

此计划的主题思路与李定国的大致相同，是东西并举，会师北伐。计划中会师的地点在长江，会师的人马主要为以鲁监国系明军为首的东南抗清武装和以孙可望为主的西南前民军部分（虽然现在也叫明军了）。具体说来，是以秦王孙可望的部队作为主力，从湖广地区沿长江顺流而下，鲁监国军则充当偏师，执行吸引清廷注意、诱使清军主力来攻的任务。等孙可望部乘虚来到长江中下游，两军及各地义师突然在同一时间发动攻击，从而一举恢复江浙一带，夺取江南。

稳定住江南的局势，明军便可以富庶的江南做根据地，先收复被截断联络的赣闽粤三省，紧接着出兵湖北、河南，扫清河朔。最终大军直取北京，完成北伐计划的最后一步。

应该说，这个设想是很不错的。从当时的实际情况来看，此计划一旦真正得以落实，那是很有可能成功的。这段时期清军水师还基本不像样，强悍的八旗军又在湖广吃了大亏，先惨败于李定国，后惨胜了孙可望，大致已经牛不起来了，乘船还老吐，因而估计孙可望派大军走水路东下，肯定拦不住。再者，两广地区的清军被李定国牵制住了，福建的清军还要顾及郑成功。所以，单从我个人的意见来谈，行得通。

钱谦益等人在联络各路人马方面也做得十分不错。其中钱谦益本人主管联系东南各路义师和鲁监国部。联系西南孙可望方面的事务则被委托给了姚志卓。

姚志卓，浙江钱塘人，时封仁武伯。个人以为，这是一个绝佳的人选。此人拥有长年从事游击战的经验，其父姚之朔也曾参加过义军，还与永历朝大学士方以智等人多有交往。足够机智灵活也有关系，了解情况。

永历七年七月，为完成北伐中兴大业，姚志卓冒险从清朝统治区进入西南，来到贵阳拜见了永历朝廷的一号人物孙可望，向他传达了全部信息。此后又上疏在安隆（即安龙府）的永历，得到了皇帝陛下的召见和慰劳赐宴。

当然，钱谦益等人知道，要想使得计划成功，孙可望对这一计划的认可是至关重要的。因而在派出姚志卓担任联络员的同时，还派了一个名叫眭本的生员担任姚志卓的副手。这个眭本的直接领导叫贺王盛，原任太仆寺少卿。而这位贺王盛的座师雷跃龙正是孙可望十分倚重的人，被孙可望任命为大学士，所以通过这层关系，孙可望那边很快被搞定。

永历七年十一月，姚志卓从贵州返回东南。他带回了永历和孙可望对计划的首肯，以及具体的出兵响应的方案。在这一基础上，一个多月后，张名振和张煌言才率领舟师大举入江，开始了计划的序幕。

不过，我们知道，整个计划中只有充作偏师的张名振舟师出动了，而作为主力的孙可望方面却在一年内一点反应也没有，这是怎么回事呢？难不成孙可望中途反悔了？

看上去很可能如此，然而我要告诉你，其实真相不是这样的。

孙可望本人对于这一计划是十分赞同的，之后他也为实施计划做了积极准备和部署。在孙可望看来，这样做对于自己统一全国、将来登基称帝是有百利而无一害的。他甚至也正想找机会，凭借一次出色的大胜仗超越李定国，获得所有人的认可与臣服。而此次会师恰好被孙可望视为一个很有作为的机会。

不巧的是，问题的确还是出在这里，出在了孙可望的动机上。

永历八年正月，被任命为大招讨，负责都督诸军、出师东伐的人是刘文秀。而刘文秀对于孙可望的野心那是相当了解的。他虽然同样很渴望尽早实现明朝的中兴伟业，可是一想到这有可能是在为孙可望打天下，刘文秀的积极性就大大降低了。再加上前文提过，这年六月孙可望由贵阳返回昆明，有意黄袍加身，找来永历参加禅位大礼。所以刘文秀认为首要事务是防范孙可望图谋不轨，因而没有应期出兵，会师的计划也就因此搁浅。

刘文秀由于担心孙可望趁机发动宫廷政变，逼迫永历禅位，止步于常德，没有顺江东下。张名振的舟师由于一年三次深入长江逛了 N 趟，且每次都是来去顺利，终于引起了清廷的怀疑。清朝兵部的官员们在给顺治上疏时就提到了这个问题。他们明确指出数万明军出没在长江流域但却游而不击，这是有问题的。经过一番分析，他们也给出了一个可能的猜测：上起湖南，下至闽广，贼（指明军）必暗中串通。

对于兵部的这一结论，顺治极为关注，于是他密令江南总督马国柱在当地明察暗访。经过马总督的多方谍报工作，清朝当局确实取得了重大的突破。明讨虏前将军平一统、威远将军阚名世等人派往潜伏在内地的情报人员被马总督的人抓获，一番审讯之后，虽然很可能并不知道钱谦益等人的具体活动和明军的真正目的，但清朝方面至少确定了一件事，那就是在清朝控制区域内存在大量的明朝间谍，张名振等人频繁的军事活动的的确确和这些人有关。

由此，在江南的清朝各级地方政府展开了轰轰烈烈的清查奸细嫌疑人工作。本着宁抓错、勿放过的精神和全面撒网、重点审查的方式，许多人被抓了起来，进行了秘密审讯。虽然这个方法看似愚笨加粗暴了些，可是最重要的是，效果是达

到了。

在高额的举报奖金和大规模的搜查下，江南各省的地下抗清组织损失颇为严重。平一统、贺王盛等敌后地方领导因叛徒出卖被捕。他们在受审过程中虽遭到了严刑拷打，却无一例外地避免供出细节，从而牵连更多的人，其所作所为比日后的地下党还地下党，实在很让人敬佩。从当时的一些迹象看，清朝任用的一些汉族官员其实也是徐庶型的人士，他们通过各种关系很好地暗中保护了被暴露在外的朋友，终于使得轰动当时的平一统、贺王盛复明案就此顺利结案了事。

没想到，曾经被自己极度藐视的昔日恩师钱谦益，居然是在幕后联络东南和西南两股拥明势力的高层人物。听完张煌言的话，郑成功的内心除了震动，估计更多的是感动。因此，郑成功暗自在心中为自己许下了一个承诺，有朝一日，自己同样要兵临南京，祭拜太祖陵寝！

永历十二年（1658）郑成功决定亲手实现自己当年的承诺。因为就在一年前，郑成功得到了皇帝陛下的延平王的封号和一道出师江南的命令。当时的清军主力已经几乎全被派出去由三路进兵西南，所以郑成功认为，乘虚攻打南京的机会到了。一旦攻克南京，不仅能对清廷形成巨大的打击，还可以起到支持朝廷、扰乱清军军心的作用，因而这仗注定要打且务必要打赢。

五月，郑成功命麾下大将甘辉统兵作为先锋，乘船进至沙埕，为后方大军的到来探路。几天后，郑成功亲领明军主力到达距沙埕三十里的岑屿驻扎。进军的准备已经安排妥当。

六月十日，由张煌言、甘辉、马信等人统领的明军突然集中兵力，水陆并进，进攻温州府下的瑞安县城。清廷对此大感恐慌，马上下令浙江地方集中兵力，守军加强防御，同时还下令从河南、江西、山西、山东抽调兵马前来增援。

可是，无论是当地的清军还是在往福建赶的援军都不知道，郑成功这一次来温州的主要工作是搞疑兵和筹军粮，目的一经实现，大军马上就转移了，因此浙闽总督大人很快就惊喜地发现，郑成功的军队没有两天工夫就消失不见了。这是个什么情况？就在东南地区的清朝高官都被耍得头昏脑涨时，舟山群岛附近海域居然突然回报，说是发现了郑军战船的踪影。

看样子，这么多的战船和士兵不是冲我们这儿来的，好像是要打南京吧。浙闽各地的军政主官无不轻松地耸耸肩，擦了擦头顶上的汗，但随即一个激灵，各位大人又马上冷汗直流。

不是吧，郑成功竟然要打南京？如果真是这样，麻烦可就大了。于是，预先料想到这一可能的清朝地方官员开始派人密切注意郑成功的动向，并且下达了几乎完全相同的命令：如果明军向江宁方向前行，马上给这边打招呼。

八月初九日，郑成功统领大军乘船由舟山进抵羊山（今崎岖列岛的大洋山）。这里正是驶往南京的海道必由之路。

在正式开路前，郑成功召集了军中的所有将士，当着他们的面宣布了此行的意图：“我提师望复神京，以为社稷。”

好，我们这就出发！

郑成功带领着这支中国最强的海军，满怀信心地前去收复明朝的故都。他相信，在自己和全体将士们全力以赴下，此战一定会有所收获。正当郑成功自信满满下令进发时，一场意想不到的灾难到来了。

八月十日，按照计划这是扬帆起航的日子。郑成功也像往常一样，在自己的座船内召开了由军中高级将领参加的战前军事会议。没想到，时间刚过正午，风起。

大风起兮云飞扬，这种场面如果发生在草原上，或许很美，但如果出现在茫茫大海之上，这绝对是灾难。很不巧的是，当明军的士兵感受到强烈的摇摆，出舱查看状况时，目睹的就是这一绝对震撼人心的场景。

乌云漫天，狂风骤起，大雨如注，电闪雷鸣。好好的白昼在几分钟内就变成了黑夜，据说即便是两艘相邻的明军战船，互相之间也是看不见的。头一次上船的人遇到这种可怖的状况，估计得有哭出来的冲动。

这次的风云突变，确实来势很快又很凶。在猛烈的暴风雨中，战船互相撞击，桅杆开始被风吹倒断裂，船体则发出了犹如撕裂般的巨响，实在是惊心动魄之极。以致连一些在海上摸爬滚打多年的老水手都慌了，跪在郑成功面前，哀求郑成功上拜棚拜告上天，请求海神平息风浪，拯救数万官兵的性命。

郑成功先生估计应该是个无神论者，至少相较而言还是更加信任自己的。听到掌船都督陈德的话，郑成功当即怒了：天意有在，岂人所能求祷？但在全船人的请求下，最后郑成功也没主意了，只好跟着下拜，向上苍祷告，祈求平安。

终于，在所有人的衷心跪拜下，风停了，雨歇了，乌云也散了。然而，太阳重新从云层中显现时郑成功才看清海面上的场景：到处都是船只碎片、军械和溺水身亡的士兵。

事后统计，这次台风对于明军的损害确实不小，船只沉没数艘，受损数十艘。人员伤亡也不小，总计二百三十一人，其中既包括左冲镇指挥官林灿、行营兵官史光明这样的高级将领，还有郑成功的家人。据记载，郑成功有六个老婆外加三个儿子（即第二、第三、第五子），都在这次的海难中罹难，损伤可谓惨重。

郑成功知道，刚出海就遇到了风，这是人力所不能避免的。不过他更清楚的是，如果就这样继续前进，以如此低落的士气和多有损伤的战船，想把南京一举攻克是很有点问题的。于是郑成功在跟身边的将领们讨论后决定，暂回舟山收拾休整

一番，等士气有所恢复，船只完成修复后，再行出兵。

永历十三年（1659）二月二十日，郑成功由沙关来到磐石卫，随即下令限期三个月，各提督、统领、总镇完成准备工作，集结到磐石卫听候命令。

由于休整了半年有余，因而明军不到两个月就迅速完成了集结和备战工作。此时战船已经完全修好，粮食、军械也十分充足，士兵们士气高昂，个个摩拳擦掌、跃跃欲试，等待着一展身手。可以出发了。

四月，在郑成功、张煌言亲自统领下，大军再次北上。

明军经过几天的航行，在浙江定海登陆，并很快向驻守该地的清军发起了猛攻。战斗的结果当然不出意外，定海守军被全歼。明军不仅夺取了定海炮城，还击败了驻防定海的水师，焚毁其大小船只一百余艘，顺道为几年前在舟山之役中阵亡的陈六御、阮骏报了仇。

明军突袭定海，事实上是有着双重目的的。其一是因为定海位于长江口与杭州湾交汇处，与明军的战略目标南京相隔不远，这里的清军水师又颇具战斗力，不把这部分人灭掉，难免会有后顾之忧。其二则是因为定海是宁波府的属县，打这里可以制造进攻宁波府的假象，扰乱清廷的判断，吸引清军多跑冤枉路。

五月初，郑成功和他的十余万兵马在定海稍事休息后，再次出发。郑成功此次将他的几乎全部家当——三千余只大小船舰分成了三个前后联系、互相配合的部分。猛将中提督甘辉统前军负责开路，郑成功自领中军，总兵陈文达担任殿后。

五月十九日，明军前锋由吴淞口开入长江。当时负责长江三角洲一带防务的清军主官是苏淞提督马逢知。这位仁兄很精明，看出郑成功亲统大军是要干大事的，而且也料到了多半是要打南京。因此他事前派人私下同郑成功联系，表示当明军进兵长江时，自己将进行配合，按兵不动，让十数万大军顺利开进。但是，马逢知所愿意提供的帮助也仅限于此。至于有没有必要继续接下来的一步，那就要看郑成功是否能攻下南京城了。

虽说马逢知并未明确表示投降，不过能不费一兵一弹就安然进入长江，这在郑成功看来也是很不错的了。至少能够尽量保持低调，打南京方面一个出其不意，措手不及。这样获胜的可能性当然也会大大增加。

在马逢知的配合下，明军舰队顺利驶入长江，并于六月初一日进至江阴。郑成功是要打大城市的，对江阴县城显然并不感兴趣（以县小不攻），直接绕了过去，继续进军。半个月后，抵达瓜洲。这回可要出兵招呼了。

众所周知，瓜洲乃是南京的东部门户，战略地位非常重要，号称南北扼要之地。想要从海上进军，直取南京，瓜洲是明军不得不过的一道关卡，而且还是一道难关。

瓜洲对南京的重要性如何，清朝不是傻子，对此还是有着相当清楚的认识的。鉴于五年前明军的确有过从长江攻打南京的前科，之后清军方面特地加强了当地的基础设施建设，布置好了一道瓜洲防线。此防线最大的亮点就是设在长江两岸的两座炮台，隔江相对，全部配以红衣大炮，仅用炮火便足以实现对江面的封锁，击沉入侵的所有战船。

不仅如此，清军在瓜洲设的还是双保险。即便前方士兵发炮技术欠佳，准头不够，有敌船侥幸脱逃，那也不用担心，因为接下来的“滚江龙”将很好地解决所有的问题。

滚江龙又称拦江船，名字起得很威风，而且摆出来的那个架势看上去也的确威风得名副其实。这套被清军称为锁江防线的设备，是用铁链、铁索与船只连接而成。其中巨船相连，横于江面，作为阻止快船前行的障碍物；铁链、铁索沉于江下，发挥类似暗礁的作用，可使得对方的船只难以通行。除非明军士兵直接下水，分头游过去，否则想过去，缴费也没用。

而且就算明军士兵都游了过去，那也没有完。因为还有最后的一关：木浮城。

木浮城或称木浮营，其设计原理与我们熟悉的浮桥大致相同，只不过既然被称为营和城，规模那是相当的大，堪称清军的江上移动堡垒。其内部一般可容纳士兵五百名、大炮四十门，同时还配有大量火药与火罐。木浮城的体积比普通的船要大，火力当然也要强，特别是在处于上游的情况下，凭借顺流可以更好地发挥优势，一旦向下游的船只冲撞而去，到哪儿哪船沉，不沉也得残废。

炮台、滚江龙、木浮城这三样组成了让清军引以为傲的完美防线。有了这些，清军士兵可以得意地望着下游沿江遍布的郑成功舰队，大叫一声：快上吧，让你尝尝我们的厉害！

好，听你的。

六月十六日，郑成功下令，全军做好战斗准备，进攻瓜洲！即便前方就是龙潭虎穴，为了荣誉与承诺，我们也要闯一闯！

就这样，南京战役的前哨战瓜洲之役在当天打响。

从发起冲锋到突破三重封锁线，攻占瓜洲，完成战场打扫，明军总计耗时一天。

之所以如此有效率，除了明军将士的奋勇冲锋外，郑成功舰队所装配的先进火炮和多种武器也发挥了很大作用。据史料记载，郑成功发起攻势前，郑军将领马龙突然叛变，带着自己所部的五艘船、一百四十余人降清。仅在这几条并非军中主力的船只上，携带的装备中竟有红衣大炮十三门、铜百子炮四十五门，其他诸如三眼火铳、鸟枪之类的火药兵器更是可观，简直就像是一个小型的水上移动军火库。船

中用于进攻的武器不仅形式多，数量足，用来防身的家伙也不少，有铁盔四十二顶、铁甲二十六副、铁蔽手九副、铁裙九条、铁遮窝十四副，还有棉盔、甲、藤牌等防具，不一而足。

要知道，随同马龙降清的一百来号人并非全是士兵，将士的女眷和家属也占了相当一部分，估计是郑成功对一举攻克南京很有信心，所以特别批准大家把家里人全带上了，准备就此移居南京城。由此我们不难得出一个结论：清军观念中的郑成功部队和现实中的郑成功军早就不是一个层次了，这支明军最强（也是世界最强）的水师早已实现了由冷兵器向火药兵器的过渡，基本率先完成了军事的近代化变革。因而在全是火器装备的郑成功舟师面前，什么炮台、滚江龙、木浮城，也就是个目标大了点的靶子。

因而战斗自打响的那刻起，明军的舰队方向上只有一片轰鸣声。除了右提督马信自告奋勇，率军在潭家洲附近的浅滩登陆，从陆地发起进攻外，作为前线指挥的张煌言不过在反复地指挥铳船找好轰击的角度，并重复着一个命令：开炮！开炮！开炮！

硝烟过后，不可一世的清军终于意识到，重视传统的骑马射箭的这一兵部的最高指示，在进行水战时完全是扯淡。虽然当时火器确实存在性能较差、准头不足、装药填弹费时等问题，也的确在一些场合下不如使用弓箭刀枪等冷兵器的骑兵机动灵活。然而在非陆地的战场上，火器才是王道。

清军的三大难关在明军大炮前几乎不堪一击，所以明军轻易取得了胜利，阵斩清军游击左云龙，破敌兵马数千人，完美截断了“滚江龙”，并焚毁清军浮营三座，夺得在谭家洲的大炮数十门。清军苦心经营的江防工事就此全线瓦解。

防线被粉碎了，小小的瓜洲城自然更不在话下。明军将领周全斌所部率先抢滩登陆，联合已夺取潭家洲炮台的马信部及后续而来的韩英、杨祖两镇官兵，一举破城。清操江巡抚朱衣祚被迫投降。

攻占瓜洲后，郑成功留下部将刘猷镇守该城，紧接着继续进军，前往下一个目的地镇江。

二十二日，郑成功率领舟师在镇江银山大破清朝江宁巡抚蒋国柱、提督管效忠派来的援兵。这一次明军靠的并不是大炮，而是同管效忠带领的清军骑兵在陆上交锋，进行真刀真枪的厮杀后取得的，没有丝毫投机取巧的嫌疑。郑成功的部队向来“偏科”现象严重，水战是拿手科目，但一上岸就不成了，一般只有被砍的份儿。然而现在，一切已成为历史。这是因为此时郑成功军中出现了一支特殊的部队“铁甲军”。

顾名思义，“铁甲军”就是身披铁甲的士兵，这样想当然没有错。不过这支部队的士兵却非同一般，每一个都是由郑成功本人亲自从军中挑选出来的，均是战士中的勇力超群之辈。之所以要找那些力气大的人，是由于整套装备包括铁盔、铁臂、铁裙、铁鞋，还有仅露出眼耳口鼻的铁面罩，穿戴下来大致要有三十余斤重（绝对是武装到了牙齿），身体素质不过硬的估计穿上后就走不动了，只能等着别人来砍。郑成功组织这支特殊部队的主要目的是追求杀敌，而绝非被杀，所以这些穿了三十来斤重甲的士兵还必须领配斩马刀、弓箭等武器。能够在这种情况下如同平常一样奋勇作战，可见其中的要求是相当高的。

经过严格的筛选，合格的铁甲军士兵总计不过一千两百人，加上每人身边两名配合作战的刀牌兵、平常行军时负责挑装备的三名挑夫，总计也不足五千。但这支铁甲军却很符合列宁同志的教导，做到了“宁愿少一点，但要好一点”。自从投入战斗以来几乎未尝败绩，且人员损失也很小，让对阵的清军大吃苦头。

其实，郑成功能想出这么个主意，还是拜清军所赐。在永历十年的护国岭战役中，被郑军全歼的清将阿克善部士兵，基本上就是全身是铁的披挂，而且战斗力极强。如今郑成功模仿着打造出了属于自己的铁甲军，反过头来又向师傅讨教了几招。应该说，一个将领懂得这么做是很聪明的。

清朝的镇江守将高谦和知府戴可进目睹管效忠的援军被刀枪砍刺不破、箭矢不入的铁甲军杀得大败，就此完全丧失了抵抗的勇气，主动献城投降。

郑成功命部将周全斌、黄昭入城留守。降将高谦部下所有兵马则被郑成功下令调出，跟随主力一同进攻南京。这一使降将及其部队分离、以防其伺机反叛的路数，相信大家觉得也非常熟悉。没错，这同样是跟自己的老对手清朝学来的。

以彼之道，还施彼身。这不仅是武学的最高境界，同时也是用兵的最高境界。虽说郑成功在政治上多有徘徊，单从军事方面来看，半路出家的郑成功的确是个人才，且不负名将之名。

在郑成功率主力攻克镇江时，作为前部统帅的张煌言带领着一支数量并不算多的舟师，已挨近南京了。

张煌言军虽然只是前军的一部分，兵力有限，本应等待郑成功率领主力大军赶来，再一同进抵南京城下的。但那是一般的情况，由于这支军队的指挥官是张煌言，因而仅用一般来衡量，那肯定是不够的。

张煌言部在六月二十六日由水路直迫南京城的观音门，首先展开了试探性进攻。不久就与从上新河赶来的清朝援军进行了激战，击退了其水师部队。在率部与这支援军纠缠的时候，张煌言显示出了一个天才将领的指挥灵活性。他派出了一小队明军越过浦口（在南京北岸）直往江浦而去，出其不意地登陆，又出其不意地进攻，唬得城中的清方守军百余人认定明军的大部队到来，闻风开北门先行跑路。仅

靠数十名明军，江浦不战而克。

在取得了几次小规模的战斗胜利后，张煌言开始一边部署并不多的明军围城，一边等待着郑成功的主力大军火速前来接应。可张煌言围了将近半个月的城，他和参与围城的士兵们还是迟迟见不到郑成功和后续部队的影子。张煌言有些奇怪，郑成功同学你到底在忙什么呢？

简单说来，就两个字，瞎忙。六月二十四日占领镇江后，第二天本该立刻进击的郑成功不知在考虑什么，没有起行，反倒抽空亲自巡阅了一下镇江府，接着在城北门外的甘露寺举行了一次阅兵典礼。这些活动进行完，他又叫来了负责留守的右武卫周全斌、常镇道冯澄世谈话，告诫他们要加强对驻军的军纪监管，本着对百姓负责的态度，要争取做到“市不易肆，民不知兵”。

三天后，郑成功对镇江地区的市场恢复等安抚工作感到满意后，这才又召集了军中的高级将领们，讨论进攻南京的相关事宜。

会上，郑成功提出了一个问题：我军此去南京，是走水路快还是陆路快？

对此，郑成功麾下大将甘辉抢先回答：“兵贵神速，乘我军得此大胜，敌人闻风丧胆，无暇预备，还是由陆路长驱直入，昼夜兼程比较好。如果选择由水路进兵，风向顺逆难测，容易给敌人援军抢先赶到，就此固守，那事情就麻烦太多了（我亦多一番功夫矣）。”

对于甘辉的分析，郑成功十分认可，然而这时其他将领却提出了明确的反对意见。他们认为大军远道而来，士兵们不习水土，且装备很多（兵多负重），在大热天赶路，势必会非常辛苦的（值此炎暑酷热，难责兼程之行也），而且近些天来正下大雨，河沟皆满，陆上泥泞难行，不利于行军，所以还是走水路的好。

平心而论，所谓“不习水土”“炎暑酷热”等困难确实是行军中客观存在的，但这些却是能够克服掉的，而且镇江距离南京不过一百里的路，按甘辉的建议走的话，也就是最多辛苦两天的事，咬咬牙就到了。不过由于持反对意见的郑军将领占大多数，又打出了体恤士兵的旗号，因此郑成功最终采纳了多数人的主张，决定由水路进军。

攻克南京的第一次良机就此失去，而剩下的机会，总共还有两次。

个人认为，能够在大多数人都反对的时候坚持或支持少数人，乃至是只有自己站在一边的正确意见，这才是一个人成为名将所必须拥有的素质，也即我们俗话说的胆识。从郑成功后来的表现看，这一点他做得不是不差，而是很差。基本上是在大家都选择错误的时候，跟着选错，且在有些人提出正确意见时，依旧顽固坚持自己的错误主张。在我看来，这些正是他一直未能超过同时期的李定国以致最后含恨而终的主要原因。

当然，根据今天行为学和心理学的最新研究成果，据说这与一个人的童年遭遇和经历有关。参考我们之前介绍过的郑成功先生的早年成长故事，我们能做的也只有表示遗憾了。

由于郑成功的主力舰船体都极为庞大，军队人数有很多，又不巧赶上逆水不顺风，有时得靠士兵下船拉纤方可继续行进，因而一百里的路，郑成功等人整整走了十天。七月初九日才到达南京仪凤门下。

估计是士兵们在行程中大多体验了一把纤夫的生活，所以大军虽说是开到了城下，但将士们却显得疲惫不堪，估摸着是没法让他们一上岸就登城进攻了。没办法，郑成功只好下令全军在城下暂作休整，等缓过劲儿了，大家再上去打。

士兵们都休息去了，不过郑成功知道，作为十多万大军的最高统帅，他本人是不能跟着休息的。于是，七月十一日，在甘辉、马信等主要将领的陪同下，郑成功查看了南京一带的地势，为下一步的攻城战斗做了踩点准备。

七月十二日，郑成功率领手下一起祭拜了明太祖朱元璋和大明列宗，哭奠完毕。郑成功有话要说。

令：甘辉、余新二将驻屯狮子山；万礼、杨祖屯于第二大桥山上；翁天佑为救应，守御仪凤门要路；马信、郭义、黄昭、萧拱宸四将扎营汉西门，连接林明、林胜等部营垒。陈鹏、蓝衍、陈魁、蔡禄、杨好五人驻扎在东南角，依水为营；刘巧、黄应、杨正、戴捷、刘国轩筑营西北角，傍山为垒，连接周瑞、林察等营。张英、陈尧策、林习山屯守岳庙山，连接各宿镇护卫郑成功本人所在的中军大营。所有营垒务须各设鹿角瞭望、深沟木栅以作防御之用。攻克南京，在此一搏！

郑成功的攻城部署搞得很周详，营营相连，可以做到相互救应，而且分兵数路，可以通过佯攻，借以达到迷惑城内守军的目的，应该说是很有些想法的。不过问题在于，事实上以郑成功所带来的这些兵力，想要真正做到把几经返修加固的偌大南京城包围起来，那是远远不够的。

郑成功的部将甘辉、潘庚钟等人也提出，现下明军激战多日，四方清军都已经知道了大军的战略意图，并且都在来援南京的路上，南京城内的将领和守军估计也做好了打长期消耗战的准备，恐怕很难再出奇制胜。因此不如固守瓜洲、镇江，并分兵袭取淮阳，截断京杭运河的咽喉，使清廷从山东派来的援军不能南下，江南漕运的物质不得北上。等到局势有所变动，再发起进攻南京的战役不迟。

虽然甘辉是郑成功的爱将，但是这一回郑成功没有听从他的建议，而是坚持要学习朱元璋的战术，利用优势水师，速战速决。

参军潘庚钟见郑成功坚决要尽快拿下南京，因此为郑成功提出了新的建议。潘庚钟认为，城内的清军自从大军兵临城下以来从未主动出击过，如果不是因为害

怕，那么原因就只可能是一个，兵力不足。既然城内如此空虚，那么可以下令大军四面攻击，在城墙四围各竖云梯，就跟守军拼人数。这样一来，清军很有可能会露出破绽，变为措手不及，而明军则可见缝插针，一鼓登城，取得胜利。

听完潘庚钟的分析，郑成功认为很有道理。因此郑成功马上下令各部预备充足的云梯、木牌和布袋（可装土垒成阶坡用以登城），以备攻城之用。

眼看着一切措施都已就绪，仅差郑成功发布总攻令了。南京城里却在这个关键点上派人来了，而且来人高喊的还是郑成功出兵以来最希望听到的：不要打了，我们投降。

从南京来的使者自称是城中的最高长官、两江总督郎廷佐派来的。他来的主要目的只有一个，商议南京军民投降的相关问题，通过和平的方式解决双方的苦恼。

收复南京是郑成功的夙愿，但是一定要靠打的吗？这个问题郑成功估计也无数次考虑过。虽说以现有的兵力和武器装备，只要肯拼尽全力打上一把，相信问题应该不大，只不过伤亡或许有些大。可是如果不战而降呢？那样不是更好嘛。在得知使者确实是郎廷佐派来交涉投降的，郑成功很高兴地接见了来使。

据史料反映，南京城的使者表现得很谦恭，一上来就是一整套的娴熟的跪倒、叩头、告饶的系列动作，干净利落，美观而标准，使人情不自禁地要为此打个高分。因而郑成功一开始就是笑容满面，马上让该名选手起身说话。

> 大师到此，即当开门延入。奈我朝有例，守城者过三十日，城失则罪不及妻孥。今各官眷口悉在北京，乞藩主宽三十日之限，即当开门迎降。

是吗？清朝居然还有这么邪恶的规矩，郑成功感觉自己好像并没有听说过。不过，或许是认为这是清廷内部的事，不方便过于关注，因而在没有详细询问，甚至没有找马信、刘国轩这样的清军降将求证的前提下，被喜悦冲昏头脑的郑成功居然就信了。

不仅如此，大喜过望的郑先生还随口吹了个牛：我攻打南京这座孤城，不过是动动脚尖的事儿，谁知没出脚，你们就投降了。既然如此，姑且给你们宽限这几天，这也是为了取信于天下嘛（本藩攻此孤城，不过一脚尖耳。既然来降，姑准其宽限者，盖欲取信于天下也）。

当然，还有一句不能不说：“若至期不降，攻入之时，寸草不留！”

来使一脸喜悦，再次叩头，回城去了。

结合当时的情景分析，这位高兴中的仁兄心里所想的不外乎两点。一，我的任务顺利完成了，终于可以活着回城了。二，什么国姓爷，水平不过如此，竟然真的上当了，我们有救了。

没错，这就是古往今来屡试不爽、你用我也用的经典计谋之一，缓兵之计。本来个人以为，随着时代的发展，人类智商水平和厚黑常识的不断提高，这种计策已经完全没有了市场，只能在古典小说里才看得到。没想到，就在这个计谋被记入三十六计并流传后世千余年的明末，作为该书忠实读者的郑成功居然中招了。

据说，这个计策的推荐者正是之前在瓜洲之战中被俘的朱衣祚。

朱衣祚在瓜州之战成为明军俘虏后，本来看上去已经没有什么戏份了。但是好心的郑成功出于招降清军将领的需要，给了朱衣祚一个重新登台的机会，就把他释放了。郑成功的本意是想朱衣祚充当自己优待降将俘虏政策的宣传员，可是郑导并不知道，朱衣祚对这个角色很不满意，于是朱先生自作主张，修改了自己的剧本，并出乎意料地成功了，成了缓兵之计的最初提议者和挽救南京危机的第一功臣。

如此看来，有时候过于心慈手软是要坏事的。至少我们应该知道，动善心要先看对象。不然无私的帮助只能带来贪婪的索要和强烈的妒忌，最终反受其害。

南京方面估计是打算欺负张煌言不在军中，明军没有明白人。但事实证明，他们的猜测实际是不准确的。因为明白人除了外出公干的张先生，其实还是有的，至少有一个。

“此乃缓兵之计，不可凭信。可速攻之。”发言者，参军潘庚钟。

谁知听完潘庚钟的话，郑成功笑了：“我军从舟山一路打到这里，可谓是战必胜，攻必取，他们这样说不也是起了缓兵的作用吗？既然人家朝廷确实有这样的规定，你就不要再多疑了（尔勿多疑）。”

不怀疑可能吗？毕竟这里的猫腻的确太明显了。如果真的等上一个月，说不定南京没攻下，大家都要死在南京城下。

潘庚钟没有放弃，而是继续向郑成功进言：“子曾经曰过（这里是孙子），‘辞卑者，诈也；无约而请和者，谋也’。南京真想要投降，早就降了，还管那套规定干什么（欲降则降，岂恋内顾）？这一定是因为城中兵力空虚。请将军火速进兵攻打南京，这才是最好的策略。”

引经据典搞辩论，郑成功是不会轻易认输的。于是听完潘庚钟的话，郑成功立即给予了反驳：古人还说过攻城为下，攻心为上。现在南京既然来降，而我又已经答应了对方（又准其约），如果突然发兵攻打城池，即便获胜，守城兵将必然心中不服。倒不如在他不履行约定的前提下，发动急攻，这样不要说是城内的人全部心悦诚服，就算是全天下也都会知道我行的是仁义之师。

而接下来的理由，更是让潘庚钟无论如何也不能反驳的。“况太祖皇陵在此，亦不宜震动也。”

好了，郑成功获得了此次辩论的最终胜利。但与此同时，他也失去了最后一次攻克南京的机会，注定要输掉这场战争。输掉的代价则是数万人的生命。有得必有失啊！

来使将郑成功同意停止进攻一个月的消息回报给了管效忠。管效忠拍案大笑："这真是我朝之福啊。"于是管效忠立刻秘密派人持密檄前往附近，要求救援南京。

郑成功在南京城外勒兵等待，清廷和南京周边的驻军则抓紧一切时间行动起来。为保住南京，江南清军高层不惜下达命令，放弃非重点地区，集结全部可用兵力，全力解南京之围。

六月二十八日，清朝苏州水师总兵梁化凤从崇明率兵四千，与巡抚蒋国柱所部在苏州会合，七月十四日进至丹阳，第二天深夜就到达了南京城下，由正阳门入城。从接到总督郎廷佐发来的救援南京命令到进入南京城，梁化凤部只用了一天多的时间。

自梁化凤之后，浙闽总督赵国祚和从杭州赶来的镶黄旗固山大雅大里、甲喇章京佟浩年部满洲兵，浙江巡抚佟国器派出的游击刘承荫部精兵也纷纷星驰赴援。

还不到一个月，南京上游和下游的清军就纷纷云集南京城下。甚至连一支在远赴西南攻打永历的路上清军，得知南京被围，也不远千里从贵州掉头往南京赶，实在是全方位总动员，但凡能跑的都动起来了。

京城中顺治的反应更为激烈，一度决定要"御驾亲征"。虽然后来在大臣们的劝阻下没征成，但也没有就此安生，马上任命内大臣达素为安南将军，协同固山额真索洪、护军统领赖达等统领八旗兵立刻出发，与郑成功进行决战。

就这样，看着身边的邻居日益增多，南京城内也越来越显得热闹起来，城外的郑成功终于意识到了一点，上当了。不过此时此刻派人指责郎廷佐等人违约，要求按合同办事，强制执行约定，估计是没戏的。那就打吧。

然而在郑成功终于决定发起攻城战役之前，南京城内的清军高层已经做好了反攻的部署。二十二日夜，由绿营兵打头阵，梁化凤和管效忠分别率领部下骑兵从仪凤门、钟阜门秘密出城，并在次日黎明时分突然对明军在城外的营垒发起了迅猛的冲击。

要知道，黎明前后正是一个人最疲惫、精神最松懈的时候，后来二战时德军发动闪电战，基本也是将时间定在这一段。清军一突袭，驻守在这里的明军很快就陷入了混乱，有些士兵连盔甲器械都没来得及披挂就仓促上阵，结果由此可想而知。明军战败，营垒尽失，副将董延中、萧拱柱等战死，负责这里的明军将领余新则做了清军的第一个高级别俘虏。

战胜之后，清军立刻收兵，但却并未就此入城，而是直接在城外扎营。这样一来是个人就清楚，此时南京城中的防御实力已经今非昔比了。

余新战败的消息很快被报告给了郑成功。根据清军的动向，恢复正常状态的郑成功随即相应调整了周边明军的部署。其中后提督万礼等部不动，左先锋镇杨祖率援剿右镇姚国泰、后劲镇杨正、前冲镇蓝衍改驻大山之上，作犄角应援；中提督甘辉、五军张英伏于山内；左武卫林胜、右虎卫陈魁列阵于山下迎敌；宣毅左镇万义等堵御大桥头大路；右提督马信、宣毅后镇吴豪、正兵镇韩英由水路抄清军后路；左冲镇黄安专门负责掌管水师，密切注意各个航道动向，防止清军从水路来犯。最后，郑成功自领右虎卫陈鹏、右冲镇万禄在观音门往来策应，准备迎敌。

从这个架势来看，郑成功似乎已经决定要同清军进行最后的大决战。

事实上，在梁化凤、管效忠出战得胜后，清军的高层趁着全军士气高涨，也有同样的打算。他们料定郑成功遭遇败阵后一定不会忍气吞声，放手一搏是必然的。与其被动挨打，不如主动出击。于是南京方面也做出了相应的部署：陆路方面，总兵梁化凤率领主力汉军骑兵出神策门，攻打狮子山下的明军营垒，昂邦章京（总兵之意）喀喀木、梅勒章京（副将之意）噶褚哈、玛尔赛率满洲骑兵出仪凤、钟阜二门，进攻岳庙山，试图直捣郑成功的指挥部，生擒郑成功本人。水路方面，自然是由专业的提督管效忠带领水师出击，但并非是充任主力，而是打配合，意在扰乱对方的判断。最后南京城方面由总督郎廷佐等剩余文武官员在城留守。以上这些就是清军的出击方案。

应该说，仅从军力部署来看，最后谁胜谁负是很难判断的，具体结果还是打了之后才能知道。

二十四日晨，从观音山后绕出的清军按照计划，分路直攻明军杨祖部。这一次杨祖真的是遇上对手了。领兵的梁化凤是当时南京城中最有能力的将领，此人是清顺治三年的武进士出身，调任南方之前曾是山西高山卫守备，跟随阿济格参加过攻伐反正的前明将领姜瓖的战役，于阵上生擒姜瓖部将郭二用，取得过镇压当地反清起义“凡二十二战皆捷”的辉煌战绩。实力不容小觑，须得谨慎应对。

杨祖知道对手实力不俗，但要让他放开手脚，应付敌人，在这个时候却是存在困难的。因为就在不久之前，郑成功因镇江之战周全斌部夺城，各镇争功，互相攻讦，一怒之下下达了这样的一个命令：不得吾令，擅自进兵者，罪之。所以面对着急速冲来的清军骑兵，杨祖先生唯一能做的就是望望山顶，看一下郑成功下令冲锋了没有。

有事知道请示领导，这是没错的。但如果事事请示领导，那就大错特错了。

由于郑成功有严令在先，杨祖先生又比较死心眼儿，不敢便宜从事，这样明军的作战结果注定只会是一个，战败。

梁化凤以他的出彩表现证明了连胜二十二场的陕西汉子绝非浪得虚名。他对明军也从来不存在一丝同情。在梁化凤的猛攻下，顽强抵抗的明军终因兵力不敌和指挥受缚而被击败。混战中，前冲镇蓝衍当场阵亡，杨祖、姚国泰等带领败兵逃离战场，山头阵地就此失陷。

山头一被清军占领，就如同今天在你家楼上入住了个不靠谱的邻居，每天都可能来个高空坠物，垂直打击，使人难以招架。

果然，清军打下山头不久，就开始乘胜杀下山来，由于这涉及高度势能转化为攻击动能的物理问题，就不多说了，你只要知道速度很快就可以了。还是在那位梁化凤的带领下，清军借助山势发起猛扑，一举包围了伏兵于山内的甘辉、张英部。二将按照计划是充当伏兵的，所以士兵虽是精锐，但人数不多，只有数千人。围住他们的清军至少在两万以上。

这是一场实力悬殊的战斗，这是名副其实的绝地。即便如此，明军上下依然坚定，奋起反击。经过一番浴血奋战，埋伏在山中的明军士兵全部阵亡，主将张英奋勇战死。作为郑成功帐下第一骁将，甘辉是在从骑仅剩三十余人而后又击杀敌人骑兵百余人的情况下，因坐骑过于疲惫被清兵绊马索绊倒被俘。就这样，除了列营于山下的林胜、陈魁两部外，山中明军已经全军覆没。

陈魁、林胜的左武卫镇和左虎卫镇两镇，即是我们之前提到过的铁人兵团，是郑军精锐中的精锐，因此要击破这路明军，清军下了很大的本钱，在山下集合了数万兵力发起猛攻。如此一来，即便是真正的铁人也是扛不住的，明军毫无意外地再次战败，陈魁、林胜相继战死，铁甲军基本伤亡殆尽。

实践证明，一天之内突然转变各部的驻守位置，使得明军将士在不熟悉地形的情形下与熟悉状况的清军作战，郑成功的这一部署是很失误的。而且，由于平时治军过于严格，很少给手下将领自主指挥的权力，导致遭遇突变的敌情，将官们不敢擅作主张，选择应战还是撤退，因而让清军有了各个击破的机会，每次都形成了以多打少的局面。这些都应该是观音山失守的主要原因，明军主帅郑成功需要负极大的领导责任。

不过，无论郑成功愿不愿意，明军在观音山的惨败仅仅是一个开始而已。

观音山被清军攻破后，很快在大桥头驻军的后提督万礼等人也遭到清兵首尾夹攻。万礼率部死战，不得脱，被俘。此路明军之中，仅宣毅左镇主官万义等数人泅水逃出。

至此，明军陆上部队已基本被清军逐个击破。清军开始集中优势兵力，并力夹击设于岳庙山的郑成功中军大营。郑成功在山上目睹了各部溃败，见形势危急，只好亲自率领十余骑下山，前往召集实力尚存的水师来援。

临行前，郑成功将坚守山上大营的重任交托给了潘庚钟。

潘庚钟不是“不听吾言，致有此败”的那种人，至少在危急关头没辜负郑成功的嘱托。郑成功走后，潘庚钟始终站在代表统帅所在的黄盖下坚持督战，直到清军士兵喊杀着攻上山来，一支流矢射入了他的胸膛。

虽然郑成功亲自带人赶往江边调集水师救应，但岸上的败局已定，随军带来的将士眷属需要有人保护，之后的撤退又必须保证足够的兵力保住后路，因而说什么力挽狂澜都绝对是扯。在这种局面下，一个清醒的统帅能够下达的唯一命令估计也只剩下一个字：撤！

二十五日，郑成功率领败军全线撤退，逃到镇江。收复南京终成画饼，唯一流传下来的，或许只剩下半个月前，十数万大军兵临城下之时，意气风发的郑成功所吟出的那首诗了。

缟素临江誓灭胡，雄师十万气吞吴。试看天堑投鞭渡，不信中原不姓朱。

第十八章 复台

二十八日，明军在镇江稍作休整，查明了将领和兵员的损失情况，并重新整编了一次军队后，主动放弃收复的镇江、瓜洲等城市，全军退出长江。

明军虽然大败，但水师实力尚存，因而领略过郑军水师威力的管效忠等人自然不敢逼得太紧。毕竟南京之围已解，基本获得全胜，还俘杀了不少郑军大将，赚得已足够了。要是最后在追击时打了一场大败仗，那可真是前功尽弃，大大不妙了。

因此，清军虽胜却只追不击，顶多算是个远距离尾随。明军虽败，却走得很安稳从容。

八月初四日，明军退到吴淞。三天后，明军各部突然接到命令，要求将战船集中在平洋沙水域一带。几位长期跟随郑成功的将领一听说此令，马上做出了准确的判断：国姓爷又要用兵了。

没错，郑成功先生有意要攻打一个地方，以便向清军显示自己的实力依旧强劲。因此在初八日，他将部下将领们召集起来开会，在会上说出了用兵的地点——崇明县城。

郑成功要攻崇明，目的显而易见，是要控制长江的出海口，以此作为日后出兵江南的跳板，好好恶心清廷一番。郑成功接下来的发话也很好地说明了这一点。

师虽少挫，全军犹在，我欲攻克崇明县，以作老营，然后行思明（厦门）吊换前提督等一枝，再图进取。一则逼其和局速成，二则采访甘提督等诸将生死信息，三则使虏知我师虽败，尚全力攻城，不敢南下袭我。诸将以为如何?

既然您认为行，我们这边肯定没问题。于是，八月十日，明军南京之行的最后一战崇明之战就此打响。

当天，登陆的明军开始了进攻。右武卫周全斌攻西门，宣毅后镇吴豪攻北门，正兵镇韩英攻东北角，其余人以后冲镇为主力攻西南角。经过一天的攻打，崇明没能攻克。于是郑成功下令，休息一夜，明天继续。

次日，郑成功亲自上前线督战。明军在主帅的激励下，开始了更大规模的进攻。守城的清军游击刘国玉、仝光英、王龙、陈定四人也豁出去了，带头登城，指挥防御，并且搬出了几乎全部的火器用来防城。

攻城的战斗中，明军将领韩英和王起俸被清军火铳击伤，几天后伤重而死。这无疑更激起了郑成功的怒火，下令全军发起猛攻。

眼看惨败的级别要就此进一步加深，将领中终于有人出面说话了。

虽然大家明知道在这个时候劝服暴怒状态下的郑成功，成功几率是很小的，危险是巨大的，但周全斌还是决定要试试。毕竟已有那么多的战友在这次出征中牺牲了，周全斌实在不忍心让这个数字再次大为飙升。所以他怀着极为复杂的心情，来到了郑成功的大营。

官兵被创之余，昨日韩英被伤，闻者寒心，无心恋战。况且得此孤城绝岛亦是无益，不如回师南下休整，明年再进长江，以图大举。

“好吧，下令撤兵。”或许是意识到连续出战的不利已给这支军队造成了身心两方面都过重的负担，郑成功同意了周全斌的请求。

九月初，除留部将陈辉等守卫舟山外，明军基本上全部返回了厦门岛（当时叫思明州）。

对于郑成功发起的这场南京之役，后世史家评价褒贬不一。叫好的有，惋惜的有，讥讽的也有。事先说明，鉴于参与讨论的已非常之多，吵得又很厉害，本人无意介入其中。在这里，我们不予评价，仅看看这一仗的所得与所失。

南京之战，说是郑成功军事生涯中最重要的一役，个人认为这个结论并不过分。明军以十五万之众（那两万基本是家属），连破瓜洲、镇江，歼敌万余人，兵围南京，以致清廷震恐，让顺治产生回老家的想法，应该说是东南地区抗清活动很久没有取得的壮举了。可相对而言，明军最终的损失似乎更大。

兵败之后，瓜洲、镇江尽弃，甚至还使得深入江南的张煌言好不容易收复的四府、三州二十四县也因大军失利而不得不先后放弃。

其实，土地丢了没有什么，到时可以再打回来，在我看来，事实上明军此次出

征真正的最大损失是在人员方面。

此役，郑成功麾下的高级将领中，战殁者有潘庚钟、张英、林胜、蓝衍、陈魁、魏标、林世用、洪复等十余人，其中被俘的甘辉、万礼、余新也在明军退出长江后不久被解至南京杀害，再加上后来在崇明阵亡的韩英、王起俸和在舟山战死的刘猷，郑军昔日的猛人大将几乎一扫而光。至于士兵的伤亡，那是更加严重。明军各部中，多达十五镇全灭。

郑成功的部队是以镇为单位的，一镇相当于我们今天所说的一营，兵力大约在二千人左右。如此计算，往最少里估计，在南京城下明军的损失应在四万上下，而且从后来郑军的整编记录分析，余下的各镇也大多是牺牲惨重，有些基本被打残，因而伤亡数字或许还需上调两万。特别观音山下那一战，郑成功精心锻炼出的最强武装铁人兵团回来的还不到五分之一，这应该是令郑成功最为痛心的事情。

南京之败，自保尚且不足，东南明军从此无力再举，北伐之行，空为一梦。

郑成功知道，自己已不能重现昔日的辉煌了。对于这一点，清廷也十分清楚。因此，趁你病，就得要你命。省得郑成功缓过来，再次成为清朝统治江南的最大隐患。

于是，在赶尽而后杀绝的思想指引下，永历十四年（1660）正月，被派往南京救援的安南将军达素决定趁胜出击，一举消灭以郑成功为首的抗清武装。为达成这一目的，清廷责令浙江、广东、福建数省水师火速完成集结，统一交由达素指挥，郑军的降将施琅、黄梧等人也被调到达素手下，以便辅助达素完成消灭郑成功的任务。

就这样，在押上了清朝东南地区的全部水军力量后，达素统率着舟师踏上了攻打金、厦两岛的路。事后的发展证明，上了船的大部分人，都没能领取到回家的船票。

得知清军大举来攻，郑成功的部将周全斌第一时间找到了郑成功，并向他提出了自己的意见。

当时，号称郑军中的五虎上将之首的甘辉已死，足智多谋的潘庚钟也已阵亡，郑成功身边最有资历和战略眼光的将领也就是这位周全斌了。他建议郑成功立即下令撤回在舟山等地驻防的军队，全力保卫厦门岛。因为将士们的家属大多在岛上，这里的粮食等军用物资又相对充足，所以要获取保卫战的胜利，是不会很难的（虏虽百万来犯，亦可立破）。

明军新败，虽经休整，士气始终不高。现下正是需要一场稳赢的胜仗来改变这一切的时候。郑成功听从了周全斌的建议，下达了各部返回思明州的军令。

不仅如此，战败后的郑成功相信也做了相应深刻的自我检讨。关键时刻，他一改往日治军过严的管理风格，陆续起用了一些在之前曾被撤职查办的将领，并委以重任。这样一来，在郑成功的努力协调下，全军上下逐渐恢复了团结，至少大家都明确了一点，即将到来的厦门之战，将会成为决定自己生死存亡的重要战役。不成功，便成仁。

与此同时，清朝方面也在积极行动着。三月，达素亲自到达泉州，做出战前的最后准备。不久，由同安征集的一百余艘船只、漳州集结的四百多艘船只都将驶往这里，加上在泉州本地的数百艘战船，清军也将拥有一支蔚为壮观的千船舰队。

四月，清将明安达礼带领的由吴淞、宁波、绍兴、温州、台州等地召集的马兵，外加五百只战船，来到了集结地点泉州。至此，清军已准备就绪，只差南下出海，合击金门、厦门两岛。

达素先生虽是这数万大军的统帅，但仅仅是名义上的，因为不要说水战能力，就连打野战，达素在清朝将官中也不过是个二流水准。或许此刻大家会问，一流的清军将领都哪去了？希望你还记得，前文提过，他们这时都集中在西南，拼尽全力和南明第一名将李定国斗智斗勇。所以一流的不在，只好就派二流的上了。

达素应该是个还算有自知之明的人。他将水师的指挥权（注意此处，不是全军，至于原因，后面会说）交给了时任同安总兵的施琅。他相信，凭借施琅的海战才华，击败已经大伤元气的郑成功，那是很容易的。

对于达素的乐观，有人却持不同的态度，他就是清朝福建地区的一把手、总督李率泰。李大人认为，即便清军再练上十年，要一举全歼郑氏水师，消灭郑成功，恐怕也是有困难的。只要郑成功这块国姓爷的金字招牌不倒，即使全军覆没，郑成功也总有东山再起的一刻。所以在李率泰看来，彻底消除郑军势力的唯一方法，就是彻底置郑成功本人于死地。

想要永无后顾之忧，不留后患，最好的办法是杀死郑成功本人。杀人的最佳途径，李率泰也想好了，就是搞暗杀。事实上，在达素招人出征的同时，李率泰也安排好了刺杀行动。本次行动，策划指挥者由李率泰本人担任，中间联络人则是李率泰麾下的一名叫张应熊的旗牌官，具体负责执行的人叫张德，是张应熊的弟弟。

经本人考证，这位张德并非啥身怀绝技的武林高手，也不是像荆轲那样有勇有谋的壮士，可为何要找上他呢？难道此人可以按照李总督的要求，做到真正的不知不觉间杀人于无形么？

说出来或许你不信，我的答案是：是的，他绝对能。

因为这位张德有着双重身份，除了是李率泰部将张应熊的弟弟，他还有另一个特殊身份——厨子。一个专门为郑成功做点心的厨子。

拿着从李率泰处得来的毒药，张德颤抖了。不仅是由于想到事成之后享受不尽

的荣华富贵，估计还多少有点恐惧带来的紧张。所以在不知不觉抖了几天后，张德最终下定了决心，这事一定要做，不过还是交给别人做吧，咱有点头晕。

于是，在郑成功食物中投毒的任务被张德交给了自己的一个学徒。

张德的徒弟接受了师傅交由的这个任务，并且得知了可能获得的好处，当即心动，毫不犹豫地答应了下来。然而一段时间后，徒弟后悔了，因为他发现这几天他的手也在抖。

是下还是不下呢？这是个问题。最后这位终日忐忑不安的仁兄决定就此事咨询一个人，他的老爹。

那位父亲得知竟有这样的事，当即愤怒了。父子俩经过商量，决定向郑成功自首。

郑成功听完这对父子的陈述，笑了："我是老天爷关照的，一般人怎么能害我（吾乃天生，岂人能害）？"

随即，郑成功下令重奖学徒父子，并派人捉拿了依旧在家中发抖的张德，为他彻底解除了烦恼。

既然李率泰派人来投毒，这就证明清军大举进攻之期已为时不远。郑成功接连下达了两个命令，个人认为，这两个命令为后来战役的胜利打下了很好的战前基础。

第一个命令是给驻守南澳岛的忠勇侯陈霸和铜山岛的忠匡伯张进的，具体内容是命令他们互为援军，防备广东清军水师将领苏利等来攻。这位苏利原先是干海盗的，后来在海上争锋中没能干过郑成功，一气之下降了清。被授为碣石总兵，部下的海盗军实力较强，善打水战，因而不得不防备这个老对头趁机夹攻。

第二道命令应该依旧属于内部调整。郑成功下令，将所有官兵的家眷搬往金门暂住，由英兵镇陈瑞率部承担保护任务。这是吸取上次南京城下的经验教训，明确告诉将士们，不要担心后方家人的安全，只要全力出击、奋勇杀敌即可。

四月初九日，郑成功召集全体官兵发表战前演讲，号召大家"鼓勇用命"，凭借善打水战的优势全歼来犯之敌。最后时刻，郑成功进行了战役部署，明军这边一切准备就绪。

四月二十六日，泉州港内的清军船队先行出动，沿海岸行进。奉郑成功之命蹲守在附近的明军舰队探知清军动向，立刻出发，打算将其打回泉州。但清军似乎为此早就做好了准备。明军战船刚驶近清舰，清军设在海边山上的炮台便集中火力，居高临下地向明军开炮。

在岸上炮火阻击下，明军战船不得靠近，清舰趁机驶过附近海域，进入同安境内。船上的清军将领对这次顺利出航弹冠相庆，然而他们似乎还是忽略了一个问题，同安县的海域沿线是安不起射程那么远的大炮和全线的炮台的。

此时，方才离开了陆上炮火保护的清舰马上就遭到了明军舟师的猛攻，小船被击沉，大的着了火。没辙了，兄弟们撤吧。这支清军船队不得已，又再度掉头折回泉州港内。

这次阻击战看似打得很单调，明军出击，受到炮轰，撤退。清军出海，脱离炮火保护，遇袭，折返。一点也不够激烈，甚至让人感到无聊，这对像本人这样写故事的人来说并非好事。

但对郑成功而言，这次成功的阻击却意义非常。这队由泉州南下的清军船队船只体积都比较大且运载能力强，是清军计划中专门用来运兵的。如果他们能与驻在同安的大军汇合，帮助运送大量的精锐骑兵登陆厦门作战，这对已基本丧失了陆军的郑成功而言，无疑是一个相当大的威胁。现在这支船队自此一直被堵在港内，不能到达同安，同安的清军就不得不使用小船运兵了，这就会使清军计划中的大举进攻变得更为分散。

五月初八日，郑成功得到情报，清军在五月初十日从漳州和同安两个方向同时发起进攻。其中出漳州的是福建总督李率泰本人，以叛将黄梧为副手；另一路出同安的，就是安南将军达素，其副将是郑成功的最大宿敌施琅。

敌人的进军部署已然搞清，接下来就是如何迎敌制胜了。郑成功决定亲自乘船到海门督师，以经验丰富的老将忠靖伯陈辉为前敌总指挥，迎击漳州方向的清军。另一路则由另一员旧将、水师总督林察统领，监视并拖住同安来的客人。

由于此战十分关键，关乎东南地区明清双方的力量对比，因而作为主帅的郑成功也极为谨慎。临行之前，他又特地严密部署了守卫岛上的军队，以防清军奇袭。当时的郑成功并没有预料到，自己在清军可能登陆的高崎一带的布防，将会取得一个令人意想不到的效果。

五月十日，晨，清军水师果然和情报所说的一样，乘黎明涨潮之机，率先发起了进攻。四百多艘大小船只直扑九龙江入海口处的小岛圭屿，目的很明显，要占据这里作为大军的支撑点，进而进攻厦门岛。郑成功对此做出了准确判断，随即果断下令在清舰到来之前，所有战船依次下锚，停泊成一条鞭状，排成阵列后拉出大炮，炮击清军。

在此令的最后，郑成功还特意提到一点，无令不得起锚！之所以加上这么一句，是因为在这片海上混了这么多年，郑成功很清楚这边的水文变化情况，到了两军交战之时，海水将由涨潮变成退潮，到时在战斗中船只可能会因此顺潮退却，自行乱了阵脚，所以只有下锚将船固定好，方能保证阵型完好。

清军挑选这个日子出战，相信并不是因为看了皇历，而是出自同样对该海域情

况十分了解的施琅等人的建议。所以清舰出发以来一直顺风又顺水，推进的速度很快，甚至超过了郑成功的预测，在郑成功下令开炮前一下子出现在阵列最前方。

处于阵列最前端位置的是闽安侯周瑞和忠靖伯陈辉部。趁势冲来的清军为了打好战斗的第一枪，出动了几十艘战船，首先包围了周瑞乘坐的炮船。紧接着，一些经过训练的清兵纷纷顺着船帮爬上了周瑞的坐船，开始与船上明军展开肉搏战。这个时候，周瑞附近的船只陷入了两难的境地，如果违反军令，起锚前往营救，很可能会导致战列的混乱和全军的战败。但如果不救，周瑞和他船上的人在如此众多敌人的夹击下，注定是会全灭的。

对于这个问题，战斗中的周瑞或许在清兵跳上船的霎那就清楚认识到了。然而直到他和身边的士兵全部战死，也没有要求临近的船只来援。因为作为一个因过曾被郑成功下令永不叙用的将军而言，能够在关键战役的关键时刻，为了最后的胜利牺牲在战场之上，这是一个军人的无上荣耀。

就这样，周瑞及船上将士全部阵亡，目睹了这悲壮一幕的其余明军将士全部因此觉醒，在怒火的引导下成为充满勇气的钢铁战士。

和周瑞几乎同时被清军包围的还有陈辉的坐船。但陈辉的情况比周瑞要稍微好一点，因为紧挨着他的船的就是援剿右镇杨元标的铳船，即便是所有的船只都不能动，杨元标的铳船也可以通过炮火、弓箭对自己这边进行支援。

事实上，杨元标也的确是这么下令去做的。在杨元标的指挥下，士兵们把炮口对准了围住陈辉的清舰，向清军尽全力开火，用弓箭、鸟枪射击，意图最大限度地帮助友军。可清军实在是太多了，很快数十艘战船就将陈辉、杨元标这两艘战船围在了一起打。杨元标被跳上铳船的清兵杀死，他的这艘船也被清军俘获。

现在，只剩下陈辉一条船上的明军死撑了。由于陈辉乘坐的是艘指挥船，因而识货的清兵认定，在这条船上的一定是一个大人物，一时间爬上船来的清兵竟然多达两百多人。一番厮杀之后，船上的明军士兵基本死伤大半，陈辉只能带着身边剩下的士兵边战边退。

郑成功知道，观战的其他将士也知道，他们这是在为不久后的全军反攻争取时间。陈辉和士兵们已经被迫退入了船上的官厅，这意味着陈辉等人到了退无可退的地步。

最后关头，陈辉似乎想到了什么。他毅然下达了一个简短的命令：点火。

士兵听命，点燃了火药桶引信，随之而来的是一声震动天地的巨响。火药爆炸掀起的气浪将船上的甲板全部掀飞，整艘船船体完全炸裂，船上的二百多名清军没有来得及跳海，就在一片火光中跟着战船一起消失在烟雾中。

值得一提的是，这一次，历史再次为我们验证了战场上的一个真理，向死而生。陈辉本来决定与敌人同归于尽，偏偏被拒收了。陈壮士虽然受伤不轻，却侥幸生还，后来被其他郑军船只所救，也算是功德圆满了。

周瑞、陈辉的英勇表现不仅感动了所有明军，也震惊了所有清军。在这短暂的停歇中，海面恢复了平静，风向也开始有利于明军舰队，反攻的时机终于到来了。

随着郑成功全线出击的命令传来，没有人催促，没有人监督，明军各部立刻发起了攻势。万炮齐鸣，硝烟滚滚。清军在明朝最强水师的奋勇打击下，很快显露出了实战经验不足的弱点，被明军冲入舰队，接连中炮。不知道是谁出的主意，又或是出于什么目的，清军舰队的战船居然是有明显区别的，满洲兵坐的是船头漆成红色的战船而绿营兵的船头却是黑色的。这样就太感谢了。

满洲兵虽然个个善战，单兵素质很强，但长年的马上训练和作战自然不会让他们很容易适应摇摇晃晃的船上环境，因而郑军部将抓住这个缺陷，集中全力攻击红船。毕竟这些人是清军的主力，只要干掉了主力部队，清军势必会更快瓦解。

于是明军由周全斌带领，纷纷瞅准红色的船狠狠招呼。不一会儿，已有数艘红船沉没，另有几艘遭遇重创，看样子正打算跑路。

在明军全力猛攻下，战场上的形势已变成了十足的一边倒。主帅郑成功亲自乘坐哨船，直抵第一线指挥战斗，顺便鼓舞士气。郑成功的到来使明军将士更加勇猛，接连攻上敌船，俘虏了清军将领哈喇土心、马勒土心、石山虎等十数人。清军主将李率泰不得不大声重复那个听起来很丢人的命令：撤退！全线撤退！

漳州方向上的清军就此全面败退，郑成功等人终于迎来了久违的胜利。

不过，在郑成功获得海门之战胜利的时候，北面的战斗却并未彻底结束。在那边的战场上，郑成功没有预料到的事情已经发生了。

从出发的那刻起，达素和施琅的这支清军就是兵分三路的，分别从同安的南北两港和浔尾（集美）三个方向行进。他们的战略意图是横渡海峡，在厦门岛的守军发觉前在赤山坪抢滩登陆。作为清军的实际统帅，施琅似乎极有自信，好像一旦登陆成功，胜利就非他莫属了一样。

按照以往的作战规矩，绿营兵担当首发，作为探路兼炮灰之用。赤山坪水浅泥深，踏进去第一脚后再想迈下一步大致要用半分钟左右，因而他们很快就被岸上守军发现，一排排弓箭火枪连射之后，先头部队撂下尸体一片。然而，问题的麻烦之处在于，一片清兵倒下后，后面的一批很快就冲了上来，守在这里的明将黄麟部渐渐抵挡不住了。

在黄麟部行将溃败之时，陈璋统领的殿兵镇投入了战斗。虽然这是一支生力军，但就当时双方兵力对比来看，被敌人击败也是早晚的事。

形势危急，陈鹏，你和你的右虎卫镇为什么还不赶紧上去？被郑成功新任为五

军戎政王秀奇，派人向拥兵不进的陈鹏表示了质疑。

此刻王秀奇并不知道，其实陈鹏就是施琅先生自信的源头，这位掌握着郑军王牌武装右虎卫镇的陈统领，事实上早在南京之役后不久，便因对未来的前景感到悲观，私下与降清的施琅串通好了，意图通过军事上的不作为，配合清军进攻，将来好有个不错的出路。施琅先生也的确信誓旦旦表示过，老战友，你下半辈子的幸福生活就交给我了。

为了自己明天的幸福，陈鹏也只有在今天狠下心来，亲眼看着自己的更多战友遭遇不幸。原谅我吧，我只是为了追求幸福！

总督后方的王秀奇对陈鹏的不行动和不表态非常愤怒，但是他和陈鹏都没料到，更为愤怒的是陈鹏手下的那些将领们。

这也并不奇怪，因为所谓右虎卫镇中有不少都是从南京之役伤亡过半的铁甲军中整编过来的。他们之中，有不少人的兄弟、战友乃至至亲都是为清军所杀死的，现在见到仇人在前，报仇雪恨的时候到了，主将却不下令出兵，底下人为此激动一把，可以理解。

众怒难犯啊！如果不答应手下这些大兵的请求，陈鹏自己很有可能先成为他们的出气筒，不知被谁一个冲动给砍了。于是为了应付一下王秀奇和这帮手下，陈鹏先装模作样地派出了部将陈蟒、刘雄率各自辖下的部队赶赴前线。不用说，派出的这部分人兵力有限，且战斗力也不强，上去了估计也最多撑上半小时。

可是，广大的人民群众是好忽悠的吗？人民的眼睛是雪亮的。虽然大家并不清楚陈鹏和施琅的暗中交易，但陈鹏这老小子不用心作战，是个人就能看得出来。因此越来越多的人不干了。前协万宏、领兵林雄力等人作为全镇将士的代表，主动上前要求前往作战。

对此，陈鹏没有合理的拒绝理由，总不能说我突然闹肚子了，需要大家的照顾和保护吧。那样说不定会被愤怒的大兵们直接打飞的。陈鹏最终无法否决，只好在极不情愿的情况下下达了众人期盼已久的命令：全体出击。

右虎卫镇的到来使得前方的战局发生了显著的扭转。原本步步逼近的清军一下子被堵在了浅滩一带，无法继续向岛上深入。在这个时候，负责在岛上巡视救应的刘俊也带上他的前冲镇，赶来支援。

就这样，面积本就不大的沙滩上突然又来了两千多人，双方加在一起估计得有两万之多了，挤也挤得喘不过气了，更不要说还互相搞对砍，能冲到前面的清军如无例外，都很快躺下了。

抢滩登陆战这种活动应该动作越快越好，越隐秘越易成功，现在搞得人尽皆知，打了半天都过不去，施琅先生的奇袭计划可以说是彻底泡汤了。

然而对施琅而言，最大的问题还不是被明军发现，仗打得胶着，而是随着时间越拖越久，海水开始上涨了。而上岸作战的后续满洲兵大多是不会游泳的。

清军所在的浅滩地带因为海水猛涨，情况变得越发糟糕，几乎半数以上的清兵都深深陷入了淤泥之中，就此成为挨劈的活靶子。在这个时候，更大的麻烦来了，在附近巡海游弋的宣毅前镇吴豪接到战报后，也率领舰队赶来凑热闹了。

见到企图凭借小舢板和快船返回大陆的清兵，吴豪用了一个十分简单有效的方式来提醒大家自己的到来：炮击。

这活靶子看来是当定了。

前后夹击，水陆合攻。登陆的清军士兵真实感受到了叫天天不应、叫地地不灵的痛楚，基本被全歼。停留在海上的清舰也因林察指挥的主力舰队来临，被打了个措手不及，多艘战船被击沉。主帅达素就算再二流，也知道这样下去只有下海喂鱼这一条路可走，要不想做鱼饲料，只好先跑掉。达素就此率队走了，留下施琅带领浔尾水师殿后。

厦门保卫战最终以郑成功军的全面胜利宣告结束。

战后，陈鹏的事情暴露。对于此事，郑成功的反应自然是暴怒不已。于是陈鹏等来了他的结局：凌迟。在作战中表现英勇的部将陈蟒接替了领导的位置，从此接管了右虎卫镇。与此同时，出于种种考虑，不久郑成功下令重建左虎卫镇，并任命何义担任军事主官。铁甲军虽然尚在，但被一分为二，战斗力多少有些缩水。

本来事情讲到这里应就此终结的。然而几年前郑氏后人公布的一部名为《延平王起义实录》的家传手抄本，却使我们不得不再多说两句。按照这部史料的记载，厦门战役的最大战果并不是歼灭了四万余清军水师，而是一炮干挺了一个大人物——福临。

顺治真的像他所说的那样亲征江南了？而且还是在厦门被炮轰而死的？在专家们都没有给出明确结论之前，在下自然也不敢随便讲。不过一直以来，顺治的真正死因就是清代一大疑案。依据正史记载，顺治是在厦门之战八个月后去世的，看上去应该没什么直接联系。然而让人感到可疑的事情却至少存在三点。

其一是清朝官方史料对此战主帅达素回京后的记录，存在很大的矛盾。按《清史稿》的记载，这位仁兄虽说战败了，但因有老大鳌拜先生罩着，活得还算滋润，到了康熙年间鳌拜被玩残，才开始跟着走下坡路，被革职后不久死去。可有的书上却说，达素根本就没有那么长寿，回到福州就遭遇了弹劾，为此吞金自杀了。同是清朝己方的记载，为啥前后的差异竟这么大呢？这是第一个让许多人有所怀疑的地方。

其二是清军战败后，居然就此不再主动与郑成功交手，而是很快实行了饱受争

议的迁海政策，对沿海居民实行大规模的强制迁徙，搞得东南一带一片抗议之声。顶了这么大的雷，做了这么一件费力不讨好的事，难道就仅为了封死一个郑成功？这个代价未免太大了些，个人认为，排除脑残者执掌清廷大权等不可抗力因素，正常人是不会这样干的。

最后，也是最让人感到疑惑的是，就在顺治去世或出家的当年，清廷突然决定不再囚禁关了八年之久的郑芝龙一家子。十月初三日，郑芝龙及其子孙家眷十一人被清廷下令于北京柴市处决，老少无遗。这很容易让我们想起周星驰电影中的那句名言：何必呢，闹到这个地步，你说何必呢？

我不能给出一个确切的定论，但我却能给出一种可能，以及可以被视为这种可能所表现出的诸多外在现象来。因为让大家了解真实的历史，掌握揭示历史真相的方法是本人写本书的初衷之一。关于这个问题就作为留给大家的一个思考题，有空可以想想。

下面回到正题，继续讲当前主人公郑成功先生的事迹。接下来他有一件改变历史走向的大事要做，相信不用我说，你也能凭中学阶段积累的历史知识知道。嗯，就是复台。

台湾自古以来就是我国的领土，这点不用多说。自从元朝在这里设立了澎湖巡检司，并派驻军队，负责澎、台地区防务的那一天起，台湾就正式归入了我们中国的版图。到了明朝，澎湖巡检司依旧存在，明军也依旧在这里驻守，承担着相应的使命，维护着一方的安宁。这种和平一直维持了二百多年，直到荷兰人的出现。

荷兰人似乎并不见外，与同时期的西班牙人、葡萄牙人一样，他们的船只行驶到哪里，就在那里竖起自己的国旗和十字架，随即告知当地热情迎接的土著，这里是我们的国土了。

没办法。要不是因为语言不通，实力不济，早就把你们驱逐出去了。

当时比较落后的地区不行，不过换成是经济、军事样样处于世界领先水平的明朝，那就另当别论了。

万历三十二年（1604），荷兰军队来到澎湖列岛，老毛病又犯了：这是我们的国土。

后来通过翻译，好不容易搞清楚对方在嘀咕些什么，澎湖巡检司的领导怒了。很快，在福建当局的批准下，都司沈有容率领百余名明军，就把这些自以为是的家伙驱走了。

谁知十八年后，新一代的荷兰人似乎忘记了别人的东西不能出手就抢的教训，再一次非法占领了澎湖，还在主岛上建起了堡垒，看样子打算是要在这里长住。占了别人的地儿盖房也就算了，荷兰人居然还在当地玩起了海盗，派出船只骚扰台湾和大陆沿海地区，甚至把俘虏到的中国老百姓直接卖到巴达维亚（今印尼雅加达）去当奴隶。这就彻底没救了。

作为土地所有人的明朝方面得知荷兰人的种种恶行后，自然不再客气。明福建巡抚南居益亲自出面，先警告，后出兵，派副总兵俞咨皋等人带领军队先后在铜山（今福建东山）、厦门一带接连击败了来犯的荷兰海盗船。并在天启四年（1624）亲自驻于金门岛，督明军渡海直捣荷兰人在澎湖的基地。围攻了八个月，最终迫使荷军宣布无条件投降，全部收回了失地。再往后，就是前文曾详细讲到的，郑芝龙归附了朝廷，成为明军总兵，打得荷军四处跑，最后不得不承认郑芝龙的权威，很是安生了一段时间。然而这种安宁没有持续太久，自郑芝龙降清被清军带往北京的消息传来之后，老实了许多年的荷兰人再次亢奋了。

荷兰人趁着郑芝龙被俘、大陆打得不可开交的空档，全面侵占了台湾，并在台湾岛上建立了两大要塞热兰遮城和普罗民遮城，开始在当地进行所谓的统治。

按照荷兰人自己的说法，台湾的确是“属于中国皇帝。但中国皇帝将土地赐予东印度公司，作为我们从澎湖撤退的条件”。人无耻到这个地步，也难为创造他们的上帝了。

不久，荷兰人凭借强大的武力驱走了岛上的欧洲老乡西班牙人，占据了西班牙人在台湾北部的鸡笼（今基隆）、淡水两大据点。自此，荷兰人完全控制了台湾岛及其周围海域。荷兰人甚至一度计划从葡萄牙人手中夺取澳门，然后进攻金门、厦门、南澳、烈屿等郑成功的基地，以便达到他们的最终目标——称霸东南亚。

荷兰人一直很想干掉郑成功。原因很简单，他们对这位继承了郑芝龙海战天赋与强力水师的人，在内心深处始终存在着一种无法消除的恐惧。只要郑成功存在一天，荷兰人就会担心郑成功会不会有一天率领他的舟师前来收复台湾和澎湖列岛，正如当年郑芝龙做的那样。荷兰的诸位从前辈那里听说过料罗湾的惨败，也实在不想让料罗湾的场景重演。

事情的发展证明，昔日料罗湾的场景并未重演，因为地点不是料罗湾。

郑成功应该知道，荷兰人对自己充满恐惧和敌意，但对这些不友好的邻居，郑成功似乎没有搭理他们的意思。这也很容易理解，郑王爷的志向是收复故土，中兴明朝，主要对手是清朝，主要战场在东南沿海，什么荷兰鬼子，实在是没工夫理会。但或许冥冥之中，命运已经注定郑成功的名字要和台湾紧密联系在一起，而台湾也将成就郑成功最后的辉煌，并成为这位海上英雄的最终归宿。收复台湾的计划很快就要呈现在郑成功脑海里了。

永历十四年（1660），思明州郑成功的大营中来了一位特殊的客人。此人名叫何斌，之所以说他特殊，是因为他并非是从西北方向乘船来的，而是由东南方向乘

船来的，换句话说，他来自台湾。

这位何斌兄的职业是荷兰东印度公司台湾评议会的通事，按理说，郑成功虽然在东南沿海除了打仗外，也顺便搞搞对外海上贸易，为军队多赚些军饷，但一般不与东印度公司打交道。对于何斌的突然来访，起初郑成功本人也感到极为意外。不过，更让郑成功意外的还在后面。

“恳请国姓爷即刻出兵，驱逐荷夷，复我故土！”

对于何斌的恳切请求，郑成功没有当即回复。郑成功不是傻子，天知道眼前的何斌是不是奉了荷兰人的命令，来试探自己态度的？于是郑成功很巧妙地做出了回应：为什么？

> 台湾沃野千里，实霸王之区。若得此地，可以雄其国；使人耕种，可以足其食。上至鸡笼、淡水，硝磺有焉。且横绝大海，肆通外国，置船兴贩，桅舵、铜铁不忧乏用。移诸镇兵士眷口其间，十年生聚、十年教养，而国可富、兵可强，进取退守，真足与满清抗衡也。

在这段话中，何斌主要给出了郑成功三个理由：台湾地大物博，资源丰富；交通便利，可做生意；位置讨巧，可攻可守。

听完何斌的话，郑成功有些心动了。但他依旧没有明确表示自己的态度，直到何斌拿出了一件足以让郑成功相信的东西，一份标明荷兰炮台部署和在鹿耳门登陆航线的秘密地图。

见到地图，郑成功信了。至少他可以明确一点，何斌不是荷兰人派来的，而是凭自己意志来的。可是收下了地图，郑成功还是没有明说何斌最想知道的信息：何时出兵？

其实，不是郑成功不想，实在是马上要有一大批客人来岛上观光一回，我们还要好好准备款待他们。出兵的事，稍后再说吧。

永历十四年六月，在送走了以施琅为导游、达素为旅游团团长的清方客人后。郑成功正式将收复台湾的计划提上了日程。

当时在西南地区的永历政权已在清朝大军威逼下被迫逃到了中缅边境，李定国虽然依然挥军奋战，但看上去也很危险。东南一带，明军在大陆上的军事据点已经基本全丢光了，舟山也变成了一座荒岛，无法实现自给自足，现在就金门、厦门两个岛，要养活这十万大军及家属，总有一天会让管后勤的官员们力不从心的。

那么为今之计，只有去台湾发展了。

为此，郑成功特地召集诸将，召开了一场高层的秘密会议。在会上，郑成功正式提出了攻取台湾的计划，认为收复台湾好处大大的，“进则可战而恢复中兴，退则可守而无内顾之忧”，实在是个大便宜，不占白不占。

然而，当满怀激情的郑成功就此事询问在座将领们意见时，却出乎预料地遭到了激烈的反对。

最坚决的反对来自宣毅后镇的主官吴豪。郑成功之前可能对他表露过攻台的意思，因此吴先生对此事的可行性估计进行过一定的调查研究，因而他给出的反对依据在众将之中是比较客观实际的。

在吴豪看来，攻打台湾的计划是行不通的。为什么这么说呢？吴豪给出了答案。

“台湾沿海，荷兰人多设炮台，其火炮厉害，远在清军之上，兼之近海处水路险恶，荷军堡垒异常坚固，即便是有精妙的计谋也不一定能攻得进去，我军很可能会徒遭损耗，空手而归（纵有奇谋而无所用，虽欲奋勇而不能施，是徒费其力也）。”

吴豪的观点很快得到了以黄廷为首的众将的支持。大家一致认定，台湾这么久没去，荷兰人又在那里经营多年，根基已深，熟悉状况。贸然出战，可能会像围攻南京一样遭遇惨败。不过鉴于郑成功的脾气，将领们说这些话的时候并不像吴豪那样直白，大多是转了七八个弯后，才委婉地表达出这层意思的。

眼看着自己的计划就要淹没在反对的浪潮中，郑成功突然惊喜地听到了支持的声音。发言人是马信。

马信对海战并不如其他郑军将领那么熟悉。不过在他看来，凡事皆有可能。马信提出，明军现在的问题是地盘太小，生计很可能会就此出现问题，而攻取台湾正好是个扩大实力的机会，不能就此轻易放弃。因而马信的意见是，明军可以派出部分军队去台湾试一下，如果初战受挫，就趁早放弃，如果一打感觉没问题，马上叫人帮手，趁机一举打下台湾。

马信的话自然很受郑成功赞许，同时也得到了杨朝栋等将领的支持。现在支持者和反对者各成一派，互相间越来越有吵上一架的劲头。这时，新上任的参军陈永华适时站了出来，进行了会末总结陈词：“凡事必先尽之人，而后听之天。宣毅后镇所言，是身经其地，细陈利害，乃守经之见；亦爱主也，未可为不是。如建威伯（马信）之论，大兴舟师前去，审势度时，乘虚觑便，此乃行权将略也。试行之以尽人力，悉在藩主（郑成功）裁之。”

要说还是身为读书人的陈永华有水平，一下就抓住了事情的关键——领导郑成功的态度。如果领导说要去，不去的喊破喉咙也没辙，反之亦然。

听到陈永华这么说，郑成功马上抓住机会，顺水推舟地表了态：去！

既然已经决定了，那就赶紧准备吧。

于是郑成功先后派出了大批军队前往广东沿海地区筹集粮食，次年正月也不休息，督促下面连日整修船只，做好大举远航的准备。

几个月的忙碌后，出战的各项准备措施均已完成。扬帆起航前，郑成功再次召集手下的高级将领开会。这一次不是战前讨论会，而是全军动员兼誓师大会。

“我欲平克台湾，以为根本之地，安顿将领家眷，然后东征西讨，无内顾之忧，并可生聚教训也。”郑成功明确说明了此行的最终目的。

兴师驱荷，光复旧土，在此一战，起航！

这里需要说明的一点是，郑成功这次出征为的不是搬家，而是要克复台湾作为反清复明的总后方。因而郑成功虽然亲自率领主力舟师踏上了宝岛之行，但在原来的根据地金、厦一带还是留下了十分充足的留守兵力，而且对出行期间的防卫工作也做了亲自部署。

防守南澳岛的忠勇侯陈霸依旧干他的老本行，防备广东方面的清将苏利乘虚来袭，郭义、蔡禄各领本镇兵马，前往铜山（今东山）会同原驻该地的忠匡伯张进进行守御，作为南澳陈霸部的后援。至于二号基地金门岛，留下的大将是郑泰和参军蔡协吉，都是郑成功非常信得过的人。说到厦门岛的防务，那人员配置更显豪华。主将是郑成功的长子、延平王世子郑经，负责辅佐的是老将洪旭、黄廷、王秀奇、林习山等人，外加军师陈永华。

除了这些人，还有一个人不得不提，他就是与洪旭之子洪磊、陈永华之侄陈绳武同样奉命调度各岛防守事宜的郑军第一后勤负责人冯澄世的儿子，也是陈永华日后的最强政敌，冯锡范。

在出征前的饯行宴会上，当时东南沿海一带的抗清主要人物悉数出席，包括明宁靖王朱术桂、鲁王世子朱桓等明朝宗室，还有诸如兵部尚书唐显悦、兵部侍郎王忠孝、浙江巡抚卢若腾、吏科给事中辜朝荐、右副都御史沈佺期这些前隆武、鲁监国政权的高官。反正能到场的都到场了，他们之中的很多人都清楚，战败了还好说，假如一战得胜，郑成功很难再回来了。

虽然其中有不少人像张煌言那样极力反对郑成功赴台，认为郑成功离去后东南的抗清事业将就此一蹶不振，然而看着眼前郑成功那张充满信心的脸，张煌言等人也不好再说什么了。这或许是天意吧。一路顺风！

就这样，在为儿子郑经安排好一切并和众人告别后，郑成功安心地踏上了征途。

永历十五年（1661）二月初三日，郑成功率领首批部队乘船出料罗湾，这里正是当年父亲郑芝龙率领明军大败荷兰人的地方。虽然郑成功曾无数次乘船经过此地，可是这一次，郑成功的感受和之前却大不相同。

你没能将护卫明朝的誓言坚持到底，但我会代替你，带领这支部队，再次击败荷军，赢回往日的荣光并将那份沉甸甸的承诺坚守到最后。保佑我吧，让我们获得最终的成功！

又经过一天的航行，郑成功达到了澎湖。此时估计是得知了明军出兵的风声，岛上的荷兰军队已经了无踪迹。

在当地亲祭海岳神灵，巡视附近大小岛屿后，郑成功感慨良多，随即对身边随行的诸将说道："如果收回台湾，此地一定会成为台湾的门户保障。"于是，郑成功留下陈广、杨祖、林福、张在四将带兵镇守澎湖，之后才继续领大军出发。

初七日，在路上的郑成功再次通告全军将士：本藩矢志恢复，念切中兴。尔从征诸提、镇、营将，勿以红毛火炮为疑畏，当遥观本藩鹢首所向，衔尾而进！

拿到了台湾地图的郑成功很清楚，再有一天舰队就将抵达鹿耳门了。到那时一切事情的发生已经不能预知。

次日，郑成功一早就让人在自己的座船上竖起了帅旗，而后发炮三声，下令水手们将鼓擂得震天响。这样做不仅是为了提醒士兵们，也是为了提醒自己，台湾即将到达，战斗即将开始。

事实上，明军舰队想要被荷军发现也是件很困难的事，因为当时除了何斌在舰队之中，郑成功还同时雇到了三百名非常熟悉台湾岛海岸情况的当地人领航。在这些人的引导下，明军得以顺利绕过荷兰人的炮台，并在四月初一日于鹿耳门成功实现了强行登陆。

岛上几千名当地人得到祖国军队到来的消息，主动跑来协助明军士兵们上岸。不到两个小时，数千名明军已经踏上了台湾的土地。大批战舰也驶抵热兰遮和普罗民遮（即赤嵌城）之间的海湾，随时准备对这两个荷军据点进行集中炮击。

参加攻台之役的明军是郑成功手下的精锐部分，大致有二万五千余人。当时，驻台湾的荷军兵力只有一千多。不过作为东印度公司的驻台总督，揆一先生毕竟人浑胆子大，听说郑成功率舟师到来，居然一边率八百多名荷军前往热兰遮的城堡固守，一边命令停泊在海面上的以赫克托号为主的四条战舰做好战斗准备。每当看到这里，在下都会有一种想要提醒揆一仁兄的冲动：您手里的那四条破船可不是航母！

揆一似乎还真是把他的船当成航母来计算战斗力的。因为据我所知，郑成功此行所携带的战船至少有五百艘。

明军的登陆地点具体点说是赤嵌城北面的禾寮港，因而得知情况的揆一打算趁明军立脚未稳，从海陆两边同时展开攻势，把上岸的明军赶下海。于是在赫克托号

的带领下，四艘荷军战舰率先向明军舰船开炮。

平心而论，论起单个战舰的质量，荷兰战舰是远远超过明军的，这也难怪，自从甲申之变以来，明朝只顾着与清朝作战，而且还老被打败，已经没有一个安稳的内外部环境来发展造船业了。至于清廷方面，向来更为注重骑射锻炼，对其他的火器、海船通通不感冒，而近年来清军水师有所进步，江南的造船业开始恢复和发展，那也是因为郑成功存在的缘故。后来在康熙年间平定了台湾，这一部门也跟着荒废了，所以一百多年后当英国海军来的时候，清朝才会长期处于一个被动挨打的局面，当然，此是后话，这里就不多说了。

荷军战舰的炮弹已经打了过来，郑成功自然也不可能就这样一直接着，所以他很快派出了各装两门火炮的舰船总计六十艘，前往迎战。就算质量比不过，我们集中优势兵力，各个击破，总行了吧。

依据史料显示，双方参战的船只虽然不多，可战况却异常激烈。两边全是用炮对战，一时间海上硝烟弥漫，以致稍远处的船上都无法辨别清楚两军的船只。

实践证明，乱拳打死老师傅的事，不止出现在斗殴这种群体性竞技运动中，在真正的两军对战中也是起作用的。荷军船坚炮利毋庸置疑，可是平均被十五艘明军战船四面围着打，那滋味也不是很好受的。不久，明军的舰载大炮就射中了赫克托号，而且打到的还不是一般的地方，是该船的弹药仓。爆炸产生的火花很快引起了更为强烈的爆炸，赫克托号就这样带着上面的荷兰兵沉入了海底深处。另一艘名为斯・格拉弗兰号的荷舰也被郑军的火船引燃，在舰长的带领下仓皇逃走。明军由此取得了台江海战的胜利，并从此掌握了台江内海的控制权。

在海战开打的同时，明军和荷兰人的陆战也在进行。两边交战的战场主要是北线尾屿，而双方的选手介绍如下：明军方面系宣毅前镇的陈泽等将和该镇士兵，兵力约在一千五到两千左右。荷军方面领头的是陆军上尉贝德尔，手下总共有精兵二百四十人。

没错，就是二百四十人，一个不多，一个也不少。但这在贝德尔看来，似乎人数还是多了点。因为依照荷兰人自入驻台湾后镇压当地起义的经验来看，一个荷兰兵大致能抵上二十五个中国人，而且这二十五人的身份是农民还是士兵，差别基本可以忽略不计。在荷军的眼中，无论是干什么的，最后的结果都是一样的。用他们的原话说，那就是："只要是中国人，没有一个不是胆小和不耐久战的，这已经成为我方战士不可推翻的结论。"

因而有着同样观点的贝德尔认为，按照一比二十五的比例，消灭这部分明军带八十个兵足矣。

事情的发展证明，贝德尔是要为自己的狂妄和无知付出代价的。

拿着火枪和锋利的战刀去与一些只能用石制武器的土著战斗，即便是一个打五十个，打赢了也没有什么值得骄傲的，打输了则更丢人。

不过，目中无人似乎是当地荷军的通病，因为在他们口中，骁勇善战的满洲骑兵也不过是“可怜的鞑靼人”。不知道这些话让清廷听到了，会做何感想。

既然被人瞧不起，最好的方法当然是通过身体力行，告诉对方，你比他要强，因为自古以来，尊严只来自于实力。事实证明，在岸上等候多时的明军士兵，心中做的就是这样的打算。

战斗开始了。在荷军的一排枪响后，荷兰人发现战况并没有按照他们剧本写的“只要放一阵排枪，打中其中几个人，他们便会吓得四散逃跑，全部瓦解”那样发展下去。沙洲上的明军士兵居然开始变阵。其中郑成功部将黄昭带领五百名铳手携连环熕在正面列阵阻击，另一个明军将领杨祥率藤牌手五百名绕到敌军左翼发起了侧攻，肖振宸则率大船二十艘一边摇旗呐喊一边向热兰遮开去，似乎要发起攻城战役。

一排枪没有把人吓走，贝德尔意识到情况不太正常。可是他仍然相信自己的作战经验，因而在明军阵势发生变化的同时，贝德尔下令士兵们以十二人为一排，连放三排枪。然而令贝德尔匪夷所思的事依旧在他的眼前发生着，明军的士兵似乎见识过这样的作战方法（废话，自沐英时代以来，已经用过几百年了），很灵活地躲开了射击，而后趁着自己这边装火药的时机逐渐逼近。

明军的表现已经完全突破了贝德尔的所有战局预想，而在他想到新的应对措施前，荷军士兵已在黄昭部和杨祥部的夹击下陷入了崩溃状态。这回抱头鼠窜、落荒而逃的换成了荷兰人。部分胆小的荷兰兵甚至还没向奔来的明军开火，便把枪丢掉，以极快的速度完成了从临战状态向跑路状态的转换。向后转、撒腿跑的动作一气呵成，让乘势全线出击的明军士兵们大开眼界，外国人跑路的速度是这样快啊！

经过一番追赶，贝德尔上尉和他的一百十八名士兵全部当场报销，其余的跳海逃生，据说最终活着回去的还剩下八十个人。按理说这个数字应该已经很不错了，毕竟明军有两千人呢。

与此同时，另一个方向的明军也传来捷报：大败由阿尔多普上尉率领的增援赤嵌城的荷军，杀敌一百四十人。阿尔多普引残余的六十人逃回台湾城。

驻守热兰遮的总督揆一听完败兵们的回报，决定打死不出战，固守城堡，等待巴达维亚方面的荷军增援，顺便派人去鸡笼、淡水传话，把守在那里的兵全部集中到热兰遮，以加强守备。

此时，获得海陆两仗完胜的郑军已经切断了附近地区的海陆交通，并包围了普罗民遮要塞同热兰遮，断绝了荷军之间的互相联络，使荷军各自陷入孤立。台湾的

老百姓也自发配合明军的军事行动，担负起了运粮引路、打探情报等工作。这些台湾居民帮助明军的理由也很简单，因为他们大多数是郑成功的老乡，是当年福建闹灾荒后受到郑芝龙帮助才来台湾安家的，至于岛上的高山族也曾多受郑芝龙的恩惠，因此听说领头的是郑成功，没人招呼就主动上了。

后来揆一先生在自己的回忆录中说，前去帮助明军的台湾居民有二万五千人之多，我虽然不太清楚揆一到底是怎么统计出这个数字的，但这至少证明了一点，荷属东印度公司在台湾似乎没有他们宣传（或说是想象）中的那样受欢迎。

在郑成功的指挥下，明军完成了对荷兰人的两座城堡的包围。先打哪一座好呢？经过商议，郑成功决意先攻取荷军防守力量相对薄弱的赤嵌城。赤嵌城和普罗民遮堡其实就是一个地方，可能是音译不同或中外的叫法不同吧，这事在史书上是很常见的，比如我们前面说到的贝德尔上尉，在一些史料中兄弟快把书翻烂了都没有找到他的名字，后来经人指点，方才知道原来在这里贝德尔还有一个很个性的称呼：拔鬼仔，估计是用闽南语念出来的音译。为了保持文章的连贯性，保证大家不会看乱，以下文中一律统称普罗民遮堡为赤嵌城，特此申明。

明军居然如此能打，这有些让荷兰人怀疑自己是不是在做梦，然而一个又一个的败报传来，荷军意识到了，这的确是现实。怎么办呢？经过东印度公司在台设立的评议会全体议员的商议，最终荷兰人决定采用和平的手段解决问题，于是他们向郑成功处派出了使者，提出了他们所谓的停战条件。

条件很简单，六个字就可以概括，我给钱，你撤军。当然考虑到小笔的赔款郑成功可能不会感兴趣，进一步的让步还有，你进来，我们走，不过有个要求，希望郑成功批准同意荷兰人可以自由进出台湾的各个港口。

被包围成这样，居然还能理直气壮地提出这种要求。听完荷兰派来的使者陈述完条件，郑成功哭笑不得。但是还必须要给个回复。郑成功的回复是：不行。

“这里本就是我们的土地，你们荷兰人擅自占据已然不合情理，现在本藩代表朝廷要收复故土，岂可与你们如此讨价还价！”此语声传百年，迄今犹闻。

鉴于赤嵌城修的异常坚固，城墙上还有四座炮楼，上设进口火炮，郑成功对和平接管这座城堡还是抱有一点希望的。

一开始，郑成功派在赤嵌城外抓到的城内守将描难实叮的弟弟和弟媳二人入城劝降，没想到，描难实叮真的很难搞，就是不吭声。没办法，郑成功又派了第二批人，部将杨朝栋和翻译吴迈、李仲前往劝降，描先生还是不表态。由于有过在南京城下的不愉快经历，见劝降两番无效，郑成功也不打算只说废话了。他给士兵们先下了第一道命令：每人去找一捆草来！紧接着是第二个命令：在赤嵌城下集合，堆！

事情办好了，郑成功派去了第三批使者，派通事吴迈、李仲二人前往拜见荷军守将描难实叮。见到描难实叮，两人的劝降用语简单易懂：不投降，烧掉你（如不降，周围放火焚之）！

描难实叮很清楚，这是郑成功发出的最后通牒，也是对方给自己的最后机会。描难实叮很快答应了投降，因为不久他得到了这样两个消息。一是郑成功为了保证赤嵌城采暖正常，在当地百姓的引领下，体贴地派兵断了城内的水源，那意思是不烧死你，也要渴死你。二是描难实叮向热兰遮求救，却被告知没兵。这下描难实叮知道自己没戏了，于四月初四日被迫出城投降，明军成功收复了赤嵌城，城中数百荷军就此成为明军的战俘。

五月二日，郑成功改赤嵌为东都明京，设承天府。随后郑成功打算用同样的方法解决热兰遮城的问题。他给坚守城中的揆一写了封信，表示看在老爹郑芝龙和荷属东印度公司往日交情的份上，愿意让城内的荷兰人携带全部财物，乘船离开台湾。谁知揆一并不买郑成功的账，一口回绝了。因为无论是揆一还是评议会都很清楚，一旦投降，荷兰东印度公司“就几乎不可能再回到这个岛屿来”。

为了赖住不走，荷兰人决定赌上一把。

荷方派出议员樊·伊伯伦和检察长勒奥纳·德·勒奥纳杜斯为全权代表，去同郑成功谈判。两个人一见到郑成功，就先表达了东印度公司对明军突然到来的愤怒，随即要求郑成功允许荷军保留对热兰遮炮台及其通往航道的入口，重新入驻赤嵌城。而作为交换条件，明军可以“不受阻碍地进入全岛的其余部分”。

能说出这种话来，你们也够无耻的。此时郑成功早就从老乡那里知道，荷军全部兵力基本都收缩到了热兰遮城一地，其他地方基本属于不设防地段，明军想去就能去，爱驻到哪儿就驻到哪儿，还用得着你们保证不受阻碍？实在是笑话！况且这块地的产权是属于大明的，你们不过是强占的房客，扯个什么劲？然而在与揆一的不断交涉中，郑成功突然想明白了一个问题，这很可能是荷兰人的缓兵之计。

经过调查，传回来的情报印证了郑成功的猜想。荷兰人的确是在行缓兵之计，真实意图是保住在台的两个重要军事据点，以此等待荷属巴达维亚的东印度公司派来援军，从而重整旗鼓，再占台湾和澎湖。如果是两年前的郑成功，估计会上当。但吃过一堑的郑成功已经是个聪明人，而聪明人从来不会在一个坑里摔两次跤。特别是郑成功这种的，一旦看清楚这是个坑，就会立马做出相应抉择，把它埋起来。

四月二十四日，郑成功开始动铲填土。

第十九章　巅峰对决

热兰遮城又称台湾城，是荷兰人统治台湾的中枢。城堡建于砂丘之上，三面环海，城垣是用糖水调灰垒砖砌成，比一般的石头要坚硬得多，是很典型的欧式城堡。整座城堡周长二百多丈，高三丈多，分三层，其中下层深入地下一丈多，可与今天的防空洞相媲美。再加上拥有厚度达六英尺的正面城墙和厚度达四英尺的侧面墙，与外围高三英尺、厚十八英寸的围墙。这座热兰遮城的确堪称无懈可击。

然而情况还不仅仅如此。该城四隅向外突出，城堡的四个角落都设置有炮台，每座炮台布有二十门大炮。这些大炮质量极佳，射程又远，全部用上时足以凭密集的炮火形成火力网，封锁周围的每条通道。此时的热兰遮城内，荷兰守军已增到了一千一百人，无论是粮食还是火药都很充裕，所以荷军靠大炮的威力来坚守此城，即便撑上一年也是没有一点问题的。

说实话，郑成功等不了一年的时间，因为此时距离郑成功的逝世也只不过剩下一年多的时间了。虽然当时郑成功并不清楚这一点，但他明白，驱走荷军，刻不容缓。为了尽快攻下热兰遮城，郑成功特地调来了数十门大炮整齐地排在城下，然后下令一起开炮。明军的大炮虽数量多，威力也还行，轰击之后造成了对方一定的伤亡，可相比之下它们确实已与欧洲的先进火炮拉开了不小的差距。加之我们介绍过热兰遮的城墙贼厚，因而只要是及时躲进防御工事的荷兰士兵基本都没事。随即，荷军的炮台开始了反击。

明军的大炮全架设在城外的空旷地带，没有掩体可供保护，此次在荷军货真价实的红夷大炮的轰击下，明军伤亡惨重。礼武镇主官林福也在战斗中被荷兰人的来复枪射伤。鉴于出战不利，郑成功只好下令停止进攻。

入台以来，台湾其他地方的荷兰军已纷纷向明军投降了，现在的热兰遮城不过是一座孤城。可让郑成功郁闷的是，就这么一座孤城，明军还是很难拿下来。对于坚城的围攻战，郑成功不是没打过，但每次打都是少则半年，多则一年（在守将坚持不降的情况下）。此时郑成功很清楚，自己部队的攻城能力依旧停留在五年前的水平。所以他做好了长期围困的打算，甚至派人告诉那位三番五次收信不回的揆一先生：荷军守此一年，我就困你一年；荷军守此十年，我就困你十年！

或许不用十年那么久。当年五月，以黄安、刘俊、陈瑞、胡靖、颜望忠、陈璋六镇为主力的第二批明军，分乘二十艘船赶来增援。援军赶到，郑成功没有安排第二次攻城，而是让他们加入主力部队的围困作业，把热兰遮城又围了一圈，弄得更严实。郑成功知道，想要破城而不伤亡更多的士兵，现下能做的只有等待。

七月二十一日，机会来了。

自从荷兰东印度公司得到荷军在赤嵌城战败和台湾城被围的消息后，公司上层很紧张，经过商议，决定从巴达维亚派出援军赶往救援。被任命为援军司令的是雅科布·考乌。但是这位仁兄出航的那天估计没选好日子，船队好不容易经历了一个多月的航行，终于到达了热兰遮海域，并把消息成功传入了堡内，打算里应外合击败明军。不料，上帝可能感冒了，没有听到揆一和考乌的祈祷，海上突然刮起了台风。考乌和他的舰队被迫离港，又一直被风猛吹，以致被远远吹到海外达二十八天之久，这才从晕晕乎乎中找对了方向，直接返回了巴达维亚。据本人估计，就算考乌先生没遇上风，这仗也肯定是不会打的，因为这位舰队司令此行总共才带了七百人来，还不如郑成功军的零头多，虽说考乌不懂中文，但算数估计还是学过的。

事实上，考乌的舰队虽没参加战斗，却也不是全师而返。他带来的十艘船中，有一艘名为“厄克”号在台湾沿海一带触礁沉没了，船上的士兵还没逃得了，统统被郑军俘虏。郑成功由此从俘虏的口中得知荷兰援军基本情况，并对围城和打援的部署进行相应调整。事后证明，这一调整是很有必要的。

考乌的到来不管有没有实现目的，城内的揆一还是为之在精神上振作了一下子，做出了一个决定：出兵。

当夜，城中的揆一派出三艘大型夹板船、两艘双桅船以及十几条小艇，陆军士兵数百人，企图分水陆两路前后夹攻，破除明军的包围。可是当荷军开出城，却惊讶地发现，城外的海域上居然没有人！

其实不是没人，而是隐蔽起来了。就这样，本来打算进行包围的荷兰人不知不觉被明军反包围了。两边随即开始交火，激烈的海战再度打响，不过结果依然

没变。

三艘荷兰小艇在场上被俘获，两艘大型夹板船“科克伦”号和“克登霍夫”号由于搁浅被明军的炮火和火船变为灰烬。

这场战斗只进行了半个时辰左右，但对荷兰人而言却造成了不小的打击。仅一个小时，荷军的水陆两路就全部战败，损失了一个艇长，尉官、护旗军曹各一人，士兵一百二十八名，另有多人负伤。明军方面，士兵伤亡一百五十余人，副将林进绅阵亡。两军杀伤大抵相当。可自此之后，热兰遮城里的荷军再也没有主动出击过。毕竟明军伤亡一百人，还剩下万把来人，而荷军伤亡一百来人，基数就由千降到百了，实在玩不起啊！

荷军被围数月，粮食、火药越用越少，新的增援也迟迟未到，城中荷军士兵的士气大大降低。此后，揆一虽曾一度与福建清军方面取得联系，意图实现联合夹击郑成功军。但耿继茂是只老狐狸，向揆一的使者提出，只有荷兰人先派战舰帮助清军攻打厦门，清军才能接受荷方的要求，解热兰遮之围。

揆一是请求方，自然无可奈何，只能派人给雅科布·考乌送信（当时还没走），希望考乌司令能率领他的三艘战舰和两只小艇驶往福建，配合当地的清军作战，攻袭厦门。考乌答应了。但揆一并不知道，这在考乌看来是个趁机跑路的极好借口。

当考乌的船队一路北上，行进到暹罗（今泰国）附近海域时，舰队突然转舵，驶往西南方向。依照逃回巴达维亚的考乌舰长的说法，此举是为了向东印度公司争取更多的援兵。

被自己人玩了一把，揆一很悲愤。但他很清楚，再派船出去已不可能了。明军早就完成了对附近海域的严密封锁，可以轻而易举地击沉所有的荷军战船。清军的耿继茂那里，拿不到好处是绝不会动手的，所以夹击明军的计划至此可以宣告剧终。在这关键时刻，揆一又遇见了一件麻烦的问题——城内开始闹瘟疫了。

估计是长期饮用非纯净的水，饮食结构又过于单一，还每天躲在防御工事里，不大运动。病魔开始在城中肆虐，一批荷兰人倒下了，又一批荷兰人站不起来了。荷军的士气更加低落，热兰遮城的守备力量也日益变得脆弱不堪。

疾病、死亡、失望、恐惧，还有漫长无期的等待。当这一切成为生活的主流时，一个人的意志注定要崩溃。

十二月，在军曹拉迪斯的带领下，第一批城内守军为求活命，主动出城向明军投降。投降后的拉迪斯还给明军提出了两条建议。一个是“充分利用围城内普遍存在的惊慌情绪和疲弱状态，不仅要用封锁，而且要用连续攻击，来彻底疲惫敌人，使其完全绝望”。其理由是“这样做既不费事，又不需要很长时间，因为城堡建筑得很坏，经不起大炮猛轰两个整天”。另一条则是提议明军先攻占位于热兰遮城旁小山头上的乌特利支圆堡，取得地区的制高点，加大对城内的压力。

对于这两个合理化建议，郑成功欣然接受了。

也许有人会说叛徒无论哪都有，拉迪斯为了保命出卖了城内的同胞，罪过很大，难逃“荷奸”的恶名。但我要说的是，事情看上去是这样的，其实完全不是那么回事。因为这个拉迪斯是德国人，按照今天的观点，人家是雇佣兵，没有与城共存亡的义务。所以这也提醒了我们一点，外援并非总是靠得住的，关键时刻，还得靠自己。

明军接受了拉迪斯建议，立即行动起来。调集军队，配备二十八门巨炮，开始集中火力炮轰乌特利支圆堡。乌特利支不是热兰遮，一个时辰的炮击下来就扛不住了。守城堡的荷军再也占不了便宜了，因为他们惊喜地发现，明军已经吸取了几个月前的经验教训，发炮的明军都站在修筑了许多防护墙和木栅、前面还挖了大片的壕沟的三座炮台里辛勤工作。要把炮弹直接打到明军身边，无疑是一个极具技术含量的活儿。堡内的荷军显然缺乏这种拥有高精尖技术的专业人才。

在多达两千五百发炮弹的招待下，乌特利支的南墙被轰开了一个缺口，明军趁势一拥而上，当天就占领了乌特利支圆堡，俘虏了城内守兵。

乌特利支圆堡已失，明军以非常惊人的工程速度，居然连夜在城堡废墟的基础上改建出一座炮台，居高临下，向热兰遮城内进行猛烈轰击，轰得城内凡是还能够动的荷兰人全部叫苦不迭。毕竟，刚在空旷地带出现了一下，就瞬间被明军的炮火直接送去见了上帝，这比大肆流行的败血症要恐怖得多，当然还更为快捷致命。

面对明军的攻势，荷兰人几乎是火力全开。即便如此，在城上坚持督战的揆一也意识到，热兰遮城已经到达了它的极限。

看到火候差不多够了，郑成功又一次向城内派出了通事李仲传话劝降：

> 此地非尔所有，乃前太师练兵之所。今藩主前来，是复其故土。此处离尔国遥远，安能久乎？藩主动柔远之念，不忍加害，开尔一面：凡仓库不许擅用；其余尔等珍宝珠银私积，悉听载归。如若执迷不悟，明日环山海，悉有油薪磺柴积垒齐攻。船毁城破，悔之莫及！

总而言之，言而总之，一句话，不投降，死去！

统治台湾的末日已经来临，荷兰人并非没有考虑到会有这么样的一天，只是没有料到这一天居然会来得这样快。

十二月初八日，经过揆一同评议会成员长达六天的会议，荷兰人决定“趁早把城堡交与敌人，争取优惠条件”。随之以揆一的名义修书予郑成功，表示同意

“和谈”。

本来身为总督的揆一认为城内粮食还可支撑四个月，要求继续坚守，等待巴达维亚增派援军。但评议会对长达九个月的围城已完全丧失了信心。作为会上的少数派，揆一的主张被当场否决。城内的荷兰人总数已锐减到了六百余人，还打个屁呀，难道你想让我们全部埋在异国他乡？还是趁早“愿罢兵约降，请乞归国”吧，“如果继续战斗下去，可怕的命运将降临到每一个人头上，而这样坚持，对公司也没有什么好处”，评议会就此敲定了投降决议。

永历十五年十二月二十日，历史注定将会铭记这个日子，荷兰驻台湾长官揆一在停火协议上正式签字。所谓停火协议不过是郑成功卖给了荷兰人一个面子，荷军心里很清楚，这场战争他们彻底输了，而且输得心甘情愿。

按照协议规定，荷方将热兰遮城堡、外堡、大炮和剩余的军用物资以及属于东印度公司的财产全部移交给郑成功的士兵。郑成功将俘获的四艘荷兰船只归还给对方，并保证荷兰人以体面的方式上船，滚蛋。荷兰人就此离开了他们私自占领了三十八年的台湾岛。经过郑成功和明军将士们的浴血奋战，台湾再次回到了祖国的怀抱。

历史永记斯事，中华永怀斯人！

荷兰人走后，郑成功开始了对台湾的进一步开发。他将热兰遮城改名为安平城作为自己的驻军基地，由于之后的郑经、郑克塽等都以延平王的身份继续在这里居住，因而在当地人口中，这座城市又被称为王城。

值得注意的一点是，郑成功管辖的范围并不是整个台湾岛。由于当地原住民对明军并非全部那么友好，在明军继续进军清除亲附荷兰人的原有地方势力、开垦台湾北部土地时，接连发生了冲突，所以本着尽量避免与当地原住民发生纠纷的原则，郑成功只是拥有台湾南部以及部分东部的土地（即现在的彰化县到屏东县的范围），势力并未遍及整个台湾岛。

不过郑成功对台湾的短时间开拓，已为日后的台湾郑家基业的奠定打下了十分稳固的基础。可是正如张煌言所预料到的那样，随着郑成功的离开，东南地区的抗清武装，特别是郑成功留在大陆的余部出现了群龙无首的现象，而且发展十分严重。以致郑成功尚未结束台湾方面的战事，郑军内部就出事了。

当时的郑经虽说也是快二十的人了（虚岁十九），而且已然结婚，可在郑军将领们的眼中，郑经依旧不过是个啥也不懂的小屁孩，凭啥管我们。毕竟，事实证明，郑成功部下的一些将领也只有郑成功本人方才镇得住。

在郑成功远赴台湾、郑经威信未立的情况下，奉命留守铜山的蔡禄、郭义二将率先反叛。他们先与降清的老同事黄梧勾结，约定率军献岛。不料此事被郑经派来押送补给物资的兵部都事杨荣侦知，杨荣随即将情况及时回馈给了郑成功。郑成功查明事情属实，一边下令蔡禄、郭义即刻率部来台，一边密谕杨荣回厦门，传令洪旭，倘若二将拒不听命，立刻发兵处死二人。

接到郑成功的命令，二人得知事情泄露，立即发动了叛乱。铜山守将忠匡伯张进拒绝降清而死，蔡禄、郭义在平叛军队到来之前，率部将铜山岛抢掠一空，乘船向福建清军投降。等黄廷、陈霸等将领到达，为时已晚，只能将损失情况禀明郑经后，留洪天佑、黄元镇守该地，平叛军就此撤回厦门，陈霸仍返回守护南澳。

自从这件事发生后，郑成功的心里增添了很深的阴影，他开始对身边的人逐渐失去了信任，先是部将，后是亲属。不久，曾经大力支持出兵台湾并被任命为首任承天府府尹的杨朝栋，因为用小斗散粮被郑成功发觉，下令诛杀，且罪及全家。另一个万年县知县祝敬也由于犯了事让郑成功办了，家属发配。连续两起事件搞得郑军内部人心惶惶，众将无一不心怀畏惧，终日忐忑。

恰在此时，郑成功下令驻守大陆沿海岛屿的将士把自己的家属送到台湾安置，这个命令很快又在全军掀起轩然大波。将领们心里都很清楚，送家属去台湾表面上是为了让在前线作战的士兵更为安心地作战，但另一方面也有防止诸将士叛变降清而做人质的意思。虽然这个方法历朝历代都有人在用，效果也还可以，基本可以视作朝廷的潜规则，可金门、厦门和南澳等岛屿上的将士却并不高兴。因为台湾岛毕竟与北京、南京这样的大城市不同，当时基本上属于未开化的蛮荒地区，生存环境太差，去了估计要吃苦，所以军中多有怨言。

有怨言不要紧，最要命的是有流言。流言之中传得最广的就是镇守南澳的忠勇侯陈霸因不愿送家眷入台，已同广东的尚可喜协议投降。

郑成功这辈子最害怕同时也最憎恨的事情估计就是被人欺骗和背叛了。于是当得知陈霸要降清，郑成功立刻写下手谕给郑经，命令周全斌、杜辉、黄昌等率领舟师去南澳平叛。

陈霸就是我们前文提到的陈豹。在郑成功起兵的初期，作为郑芝龙的旧将，他是第一个帮助郑成功发展势力的人。所以一直以来他也深受郑成功的信任，一直奉命镇守南澳岛。事实上，一切不过只是流言，陈霸还是那个忠厚老实的陈豹，根本就没有当叛徒、汉奸的意思。但可惜的是，郑成功已经不再是当年的那个郑森。

郑成功轻易相信了流言，轻率下令杀死曾经的亲信陈霸。在岛上的陈霸百口莫辩，只能等着冤案的发生。

难道只能就此为流言所累么？不，一个男子汉怎能死得如此不明不白，蒙受此不实之冤！陈霸一气之下，率部卒乘船往虎门向清方投降。

郑成功后来是否察觉到陈霸是被人冤枉的，我不太清楚。我清楚的是，郑成功

本人经历这么多的事故，认识到一点，留在大陆的郑军旧部不能再这样无组织无纪律涣散下去了，否则自己多年来精心创出的东南基业就将分崩离析。因此郑成功决定改变这一切，挽救这一切。于是乎，一个组织应运而生。

有意思的是，或许连创立这个组织的郑成功本人也没料到，这个组织的生命力居然会比自己的郑氏政权乃至清朝这个朝代的寿命更长，甚至影响到了我们今天的生活。郑成功更想不到的是，自己的反清遗愿最终竟是由这个组织实现的，虽然是以一种当时的人们做梦也未曾梦到的方式。

好了，让我们说说它吧，相信不少人已经猜到了，这个组织就是天地会。

天地会

如果评选有清一代最知名、最有影响力的民间组织，估计天地会要是排第二，绝对没有谁敢坐第一把交椅的（唯一能与之一拼的估计也只有白莲教了）。天地会之所以会如此出名，除了拜金庸老先生的武侠小说所赐，最大的原因可能就是它很神秘。以致秘密到世人不知道它具体是什么时间成立的，最初的倡导和提议者是谁，具体的组织结构又是怎样的。反正一身全是谜题。

普通人清楚的估计就是以下几点：

一、天地会因为拜天为父、拜地为母得名。除此之外，对外的其他名称也很多，红帮、洪门、会党，等等，不一而足。

二、天地会的宗旨（兼口号）是反清复明。有一句兼具意境和深意又朗朗上口的接头暗语（兼正堂对联）是：“地振高冈，一派溪山千古秀；门朝大海，三合河水万年流。”

三、天地会的最高领导人被称为总舵主，首任（也是最出名的那个）总舵主叫陈近南，很忠诚，很能打。

四、天地会的组织机构是十堂，分为前五房五堂和后五房五堂，分管全国各个省份地区的抗清活动。其中具体是哪十个堂口，每个堂房具体管理那片地区，这里就不细说了，有兴趣的朋友可以详见《鹿鼎记》的介绍。

五、陈近南有个叫韦小宝的徒弟，是天地会青木堂的香主，与此同时身兼多重身份，经历很传奇，让人艳羡佩服不已。（这个……）

应该就这么多吧。

我想说的是，大家对天地会的基础认识中虽然有真有假，但还是真的居多。由此可见，天地会在百姓心目中，知名度那真是很高，媒体上的出镜率估计也不次。不过为了体现本书使大家接触真实历史的初衷，下面我们会比较系统地介绍一下这个神秘组织，尽量做到去伪存真，让大家有个比较清晰的认识。

前文提到，关于天地会的由来和创立时间，说法十分之多，到如今史学界和相关的研究者们也未能有一个统一的认识。所以还是那句话，别人无法确定的，本人也无法给定论，但是给个推论还是可以的。

郑成功是不是天地会最初的创立者，这个不好说，不过可以确定的是，如果是郑成功办的，那么时间最早（也可说是最晚）应该是永历十六年也即清康熙元年（1662）五月以前，因为当年五月初八日郑成功就因病逝世了。根据史料记载，天地会香堂上供奉的牌位依次是，始祖：洪英、傅清主、顾炎武、黄宗羲、王夫之；五宗：文宗史可法、武宗郑成功、宣宗陈近南、达宗万云龙、威宗苏洪光。从这点来看，就算天地会并非郑成功亲手创建，也应该与郑成功有着莫大的关联。

因为其中的陈近南就是郑成功的军师陈永华的化名，而万云龙则是郑成功部将万礼的弟弟（一说是郑成功本人的化名）。另外位列始祖之首的洪英据说就是郑成功部将洪旭的老爸（所以又称洪门），因而说郑成功与天地会的确渊源很深，至少是为天地会的出现打下了基础（据叛将黄梧交代，郑成功在清朝控制的内地设置了众多秘密商行，作获取物质，收集清军情报之用）。

当然，郑成功在会中的化名应该也是有的，不然几个会中兄弟在外面谈事的时候一口一个郑大哥，估计是很容易惹事的。个人认为，郑成功最有可能的化名应该是朱洪竺，即洪门传说中的精神领袖。

事实证明，郑成功作为天地会永远的精神领袖，他的遗志确实是被贯彻了下来。令所有人都没有预料到的是，天地会自身随着时代潮流的发展变化，居然也在与时俱进。

具体情况是这样的：康熙年间，身为“千古一帝”的康熙帝确实十分强悍，对内采取休养生息、永不加赋的政策，缓解民生压力，又善于处理朝政，搞得朝廷上下服服帖帖（不服的都被干掉了，譬如三藩），军事上和外交上也同样如此，台湾郑家、蒙古准噶尔外加罗刹国，基本全部打平。所以刚成立没几年的天地会并没有主动出击，而是默默暗中发展实力，特别是台湾被收归清朝、郑氏政权灭亡后，天地会内部开始逐渐细化，三合会、小刀会等就是在天地会分支的基础上发展而来并逐渐自成一派的。

几十年后，康乾盛世的荣光已渐渐不在，势力已然壮大的天地会和其分支机构就趁机进行了起义。特别是在拥明氛围较浓的台湾、两广等沿海地区，什么林爽文起义、陈周全起义、嘉善起义接连不断，让乾隆和他的继任很是头痛。

估计清朝也早已对天地会的活动有所注意，也曾凭借扶植其他民间团体与之搞过对抗，所以天地会很可能被重创了一次。后来在一个叫洪二和尚的人带领下，组

织才又重建了起来。

直至又过了几十年，到了鸦片战争后，中国进入近代史，清朝都快不行了，但没想到作为对手的天地会，生命力依旧很旺盛。当时在两广的天地会分支三合会，在其首领洪大全、罗大纲率领下参加了当地的农民起义，而那场起义后来发展为近代史上著名的太平天国起义。

又过了十来年，一个立志推翻清政府的年轻人正式加入洪门。他日后的屡次起义活动也常常受到天地会在人员和经费方面的支持。这个青年名叫孙文，也即日后的共和国国父、伟大的革命先行者孙中山先生。当然，那时的天地会有它的新名字——会党。

在孙文入会的十多年中，又有两个在中国近现代史上赫赫有名的人加入进来。一个在上海加入了当地名为青洪帮的天地会分支，另一个则在四川一带加入了当地的又一分支哥老会。在上海的那位名叫蒋中正，四川的那位叫朱玉阶。

不仅如此，天地会的势力不止由最初的福建、广东一带波及全国各主要省份，甚至出人意料地冲出中国，走向了世界。先流传到港澳南洋，后来更是将势力发展到了美国。成为海外最重要的华侨组织，联系祖国与世界炎黄子孙的纽带。

1925 年 10 月 10 日，洪门在旧金山召开五洲洪门第四次恳亲大会。在会上，经过各地代表的共同协商，洪门决定真正从民间走到世人的面前。在这之后，历时百余年的天地会有了它的新名字——中国致公党。第一任党主席也是大家很熟悉的人，名叫陈炯明。

如今，致公党已成为我们国家的参政党之一，继续施加它的巨大影响力，相信这一切也是几百年前成立天地会的郑成功、陈永华等人没有预料到的吧。

虽然相隔百年，昔日的爱国抗争精神依然流传了下来。我相信，这才是我们这个民族之所以能够传承五千年的根源所在！

天地会作为后来清朝的最大对手之一，一直与清朝相伴多年，斗争不止。但在当时，在清廷高层那里，天地会不过是个新生的事物，不足为惧（很有可能连听都没听过）。在他们看来，唯一能给他们带来最为严重威胁的对手只有一个，那就是西南方向的永历政权。

永历不能不灭，只要他存在一天，清廷就会感到食不甘味，睡不安寝。毕竟当时拥护明朝的老百姓还是很多的，虽然表面上没有表现出来，但一旦永历政府集聚了足够的力量，或许在清廷处被认为大逆不道的反清复明、中兴朱家的计划并不是不可能实现，更何况他们那里还有足以让所有清军都为之胆寒的李定国。

李定国实在是一个不世出的名将，竟然在双方兵力大致相同的情况下，就敢带着明军和八旗兵直接搞野战对冲，而且还冲赢了。几仗打下来，李定国用他的个人战绩证明了，只要以人数大致相当、双方均准备充足为前提，无论清军是绿营兵还是辽军，抑或是满蒙军，李定国都可以做到来者不拒，甚至是把人打回家里去。强，太强了。

因此，见证了李定国的能量后，清朝方面慢慢找到了似乎可以战胜李定国从而彻底消灭永历政权的方法。那就是趁着明军的实力不足、尚无力北伐的时候，集中清朝方面最精锐的部队和那些最能打、最有水平的将领，以多打少，抢先与明军进行决战，就算赢不了，也不至于输得太惨而让明军一直攻到北京来吧。

就这样，定下来了，以攻为守，这才是最好的防御方法。是主动打人，还是等待被打，一切都要由我方决定！

计划是敲定了，不过具体交给谁执行呢？清廷方面对此犯了难。因为当时不要说是四小贝勒，就是四小小贝勒及其二代，那些能打的也基本不是病死就是战死，要么便是在内部的激烈政治斗争中被自己人玩死了。清朝的宗室之中已经没有可以称为大将之才的人了。所以清朝高层不得已，将目光转向了汉族的降将。

吴三桂看起来还可以。不过对于这个提议，马上就有人提出了异议，理由是吴三桂是入关后迫于形势才归降的，且看上去野心勃勃，不可就此轻信。况且他和明朝的关系较为密切，万一造反了，可就不好玩了。

这样啊，看来就只能找入关前投降咱的汉族将领了呗。那就再看看吧。

彻底讨平南明的事情还是交给那个谁全权代理吧。那个谁，真名叫作洪承畴。

自从永历七年李定国横空出世，“两蹶名王”后，清廷对降清汉将的态度渐渐好转起来。本来顺治相对而言还是更为信任自己人的，但当时满洲将领里最能打的那几个如阿济格、勒克德浑、博洛、尼堪等都在一年前死光了，虽然原因各有不同，有的是病死的，有的是被外人砍死的，有的是被自己人砍死的，但结果都是一样的，全死了。剩下的倒还有个济尔哈朗，不过早就处于半退休状态，奔六十的人了，派老叔出去从事砍人这种高强度的体育运动，于心何忍啊！

所以，清廷应时推出了新政策：以汉制汉。

具体说来，就是适当重用投降的汉族将领，依靠他们与明军作战。不过，还要有两个前提。第一，汉将必须是广为人知的类型，即汉奸中的铁杆。第二，关键战役中必须有满族大臣督战或满洲兵押后阵，以便起到监视和抢功的作用。为了保证政策可行，清廷总共做了三件事：启用年过六旬的洪承畴以兵部尚书兼都察院右副都御史衔，督管西南，任五省经略（下辖湖广、广东、广西、云南、贵州五省）；主持清朝皇室同平西王吴三桂的联姻，把皇太极的第十四个女儿建宁公主嫁给吴三桂的长子吴应熊（所以说建宁公主应该是康熙的姑姑而不是妹妹，而且这婚事早在顺治在位时就定下了，与韦小宝无关）；再有，就是第二年清廷决定把一起蹲守广

东的两个汉族藩王拆开，靖南王耿继茂被命移镇广西，而鉴于当地是李定国经常出没的地带，清朝高层特许将原属定南王孔有德的部队交给耿继茂统领。

就这样，三张牌打出去，清廷开始看效果，没想到，效果还真不错。

当年洪承畴带着由陕西、山西、辽东、河南等地调集的一万多人从京师出发，赶往湖广前线，遏制在那里屯军的孙可望。用了一年多，居然成功地把孙可望拖住了，不仅如此，对往攻常德的明军还组织了一次完美的埋伏战，杀死了刘文秀部下大将卢明臣，使孙可望再次对刘文秀发难，又一次解除了刘文秀的兵权，让他返回云南昆明闲住。

虽然从当时的史料分析，刘文秀担心孙可望夺位称帝，自上任起就从没有想好好打，但洪承畴毕竟还是打赢了刘文秀，使得明军出师的水路一方几乎全军覆没。这对日后与明军再次交战还是积累了不少心理优势，至少洪承畴让士兵们相信，自己是一个有能力与李定国拼上一把的人。

与李定国交手过招，洪承畴不是没有想过。作为二十年前崇祯年间五大猛人中硕果仅存的一位，面对后进的明朝第一名将，想要看看对方的实际能力的渴望估计是我们这些普通人所想象不到的。平心而论，不谈人品，洪承畴确实是一个天才，军事的天才，似乎天生就会打仗，就擅长杀人。这点与李定国极其相似。就当前的形势来看，明清双方在西南地区必将有一场决定天下命运的大决战，到那时新老天王的会面是在所难免的。

洪承畴内心深处一直等待着这一天的到来，而他并不知道，这一等竟然就是五年。可洪承畴又是幸运的，因为他最终还是在入土前等到了与李定国进行巅峰对决的那一天。

永历十一年（1657）十一月，众叛亲离的孙可望势穷来降，并写信给洪承畴，表示希望借洪承畴之口，转告顺治，请兵报仇，以复滇云。这时老谋深算的洪承畴敏锐地觉察到，出兵的日子大致要到了。当时的洪承畴本来由于出任五省经略以来，一直没能灭掉南明（寸土未拓），为此遭遇言官弹劾，已主动上疏辞职，并获得了批准。可孙可望的突然来降改变了一切。

接到孙可望的来信，洪承畴决定不再装了，当即给顺治上疏，表示自己病情已大为缓解。为了清朝的大业着想，“不敢以奉旨解任回京调理致误军机”。

对此，顺治的回复是：著留原任，亲统所属将士，同宁南靖寇大将军固山额真宗室罗托等，由湖广前进，相机平定贵州。

这是清廷首次松口，显示出与西南明军决战的意思。

十二月初三日，孙可望随洪承畴到达长沙。不久，他就得到了清廷给自己的第一份见面礼，义王的爵位。孙可望对于这个称号似乎并未表示反感，或许在他看来，向李定国、永历和刘文秀这些人报仇才是当务之急，其余的也管不了那么多了。

永历十二年二月二十日，孙可望在长沙接受了义王的册封典礼。然而三天之后，孙可望就得到了一个让他感到惊奇的消息，奉旨应诏赴京陛见。

这也是老一套了。清军入关以来，降清的明军高级人物不论是在哪儿投降的，大多都要走这么一趟。他们的返回率却是出乎意料的低，往往一到北京就被热情地安置起来，从此终生落户在京城，不可离开城内一步，除非是领恩陪同清帝去打猎，后来的事实表明，打猎其实也是很危险的。

五月初二日，孙可望在内翰林弘文院学士麻勒吉的陪同下，来到北京。这时，一件让孙可望吃惊的事情发生了。在北京城外，孙可望惊讶地发现，清廷竟为自己准备了迎接团，而且规格还很高。团长由济尔哈朗的儿子和硕简亲王济度担任，副团长则是努尔哈赤的孙子、和硕安亲王岳乐。至于普通团员，其实也不普通，全部是清朝大大小小的公爵、侯爵和伯爵等皇亲国戚，最小的外廷官也是侍郎级别的。孙可望一路进城，沿途锣鼓喧天，鞭炮齐鸣，红旗招展，人山人海，场面那是相当之隆重。因而这一幕着实让孙可望极为感动。

入城次日，顺治在太和殿亲自接见了孙可望。且在十天之内，孙可望被赐宴三次，赐银一万二千两，当然此外还有豪宅（义王府）、高级服装（蟒袍、朝衣）等礼品，种类繁多，量又足，孙可望大喜过望。原来当汉奸也是这样爽的！

成为清廷当时一号红人的孙可望并不知道，他之所以能够得到眼前的一切，金银财宝、众臣的追捧、顺治的厚爱，只因他尚有巨大的利用价值。如果他知道两年后等待自己的将是什么，恐怕即使当场打死孙可望，这个北京城他也是不会进的。

当时的孙可望是不可能预知未来的，他知道的只是清廷待自己很好，而自己则需要为此做点什么。于是，孙可望终于做出了背叛自己昔日诺言的事。他不仅向清廷详细提供了永历朝廷的各种军事机密，还献上了所谓的“滇黔地图”，并作为中间人主动给清军提供了一大批熟悉西南复杂地形的向导，以便清军大举进攻云贵之用。

要干成一件大事，往往需要无数的人团结在一起，竭尽全力努力；而要搞坏一件大事，通常只需一个人就够了。当时的孙可望正好充当了这一角色。

在孙可望的全力帮助下，清廷对明军的兵力部署和将领水平等方面都有了十分细致而深入的了解。顺治和诸王、大臣商议后，最终做出决定：“以大兵分三路趋云南，指日奏功，无事（孙）可望再往！”用今天的话说就是清军分三路攻打西南，等到打完之后你孙可望再去。当然，其隐含的意思是不用你孙可望亲赴前线。

永历十一年（1657）十二月十五日，清廷正式下达三路进军西南的命令：第一路，由被任命为平西大将军的平西王吴三桂主率，固山额真（都统）墨勒根侍卫李

国翰为副，领所部兵由陕西汉中南下四川，进攻贵州；第二路，以原定驻防江宁的固山额真赵布泰为征南将军，统兵南下湖南，在与经略洪承畴拨给部分的汉兵会合后，取道广西会同原孔有德部下提督线国安部，北攻贵州；第三路，由宗室罗托为宁南靖寇大将军，联同固山额真济席哈等统兵前往湖南，与洪承畴本部会合，从而节制汉兵，一道由湖南进攻贵州。

据保守估计，三路兵力大致在十万左右。不过清廷显然认为仅靠这些人还不足以完成战略目标，因此永历十二年（1658）正月，清廷又任命多铎之子信郡王多尼为安远靖寇大将军，同平郡王罗可铎、贝勒尚善、杜兰、固山额真伊尔德、阿尔津、巴思汉、卓罗等带领大批八旗兵南下。顺治给出的行军目标很明确，是“专取云南”四个字。

这样前后加起来，清廷为了彻底消灭西南的永历政权，总计投入兵力达二十万之多，而且还都是清军中的精锐。看来这是要决一死战了。

三路清军中行军速度最快的是罗托部，以满蒙骑兵为主，机动性最强，而且是从京城直达湖南，不用绕道走，所以他最先和在常德的洪承畴见了面。随后立即进军，占领了辰州。与此同时，奉洪承畴之命，偏沅巡抚袁廓宇带领一万余清军作为罗托的偏师，由宝庆出发，接应八旗主力，分兵攻占了武冈、新宁、城步、绥宁四地。

在罗托、洪承畴的指挥下，湖广清军不到一个月内全线出动，发起猛烈进攻。湖南地方的明军将领自然不是洪承畴的对手，士兵的素质也远不及八旗军。智力不足，武力又欠佳，因而沅州、靖州相继沦陷，明军全线溃败，自此长期同清方相持的湘西防线不复存在。

洪承畴用兵向来以够快够狠著称，虽然已经近十年没有机会带领这么多人做主帅打仗，可一旦部队在手，昔日的感觉很快就回来了。洪承畴在战场上越打越顺手，不久就带领清军搞定了湖广全境，进而乘胜出击，一举打入贵州，占领了镇远、黄平、平越州（今福泉）等主要城镇。当年四月，更是人品大爆发，攻克了贵州的省会贵阳，使得明朝的安顺巡抚冷孟饪连战连败，以致最后兵败而死。

在洪承畴找到当年疆场驰骋，指挥千军万马，攻城略地的感觉时，另一位长期遭到清廷冷遇的猛人也在找感觉，他就是吴三桂。作为一个精力十足的猛将，吴三桂一直都不愿意闲着，但由于清廷高层的猜忌，吴三桂又不得不闲着，现在终于有机会活络活络筋骨了。吴三桂已和清朝皇室实现了联姻，取得了顺治的信任，被任命为三路大军中的唯一汉人统帅。吴三桂人逢喜事精神爽，立刻下令率军开进四川。

三月初四日，吴三桂的人马到达保宁（今阆中市），回想起几年前在蜀地与刘文秀的交手，吴三桂的血液全部沸腾了起来。刘文秀，你在何处，让我们再次一决雌雄吧。不过这一次，谁要是失败了，失去的并不仅仅是手下的军队，还有他本人的身家性命，你敢吗？

说实话，在吴三桂看来，当初的胜利并不光彩，只不过是自己运气好，而且还是险胜。所以自那以后，吴三桂一直希望能与刘文秀进行堂堂正正的对决，最好是野战只有这样才能够显示出自己是天下间最擅长攻击的将领，是当之无愧的马上名将。

然而让吴三桂感到奇怪的是，他从保宁率军出发，一路向南推进，过西充，到合州，别说是没有看到迎战的明军，就连迎面走来的路人也没一个，这是怎么个情况？吴三桂有些摸不着头脑，而且就连给清军引路的向导也无法给出合理的解释。

刘文秀那小子不是明朝封的蜀王吗？为什么我军深入蜀地这么久，他连脸都不露一个？吴三桂想不明白。他倒是有个猜测，自己说不定是被刘文秀藐视了，老刘带兵招呼另两路清军去了。

一路上吴三桂对这一猜测的疑心越来越重，火气也越憋越多。当清军进至重庆时，吴三桂脸上终于露出了久违的笑容，他终于发现明军的踪影了。不过很可惜，明军不是朝着自己的方向跑来的，而是背朝自己逃走的。

明朝受命镇守重庆的总兵杜子香本就胆子不大，当他得知来袭清军的主帅就是当年闻名遐迩的吴三桂时，杜总兵的心脏病都要突发了。在清军抵达山城之前，杜子香做出了一个决定，弃城跑路，且专挑难走的山路，一切要以保命为第一要务啊。

就这样，清军于四月初三日兵不血刃地占领了战略要地重庆。在休整了十天后，吴三桂决定带领主力继续进发。鉴于四川地方还有部分明军，势力尚在，为防止被抄袭后路，吴三桂留下永宁总兵严自明和广元副将程廷俊镇守重庆城。随即渡过长江，取道綦江，直奔贵州而来。

吴三桂军要从四川进兵贵州，桐梓是必经之路。这里的三坡、红关、石台关均是一夫当关万夫莫开型的险要关隘，山高路窄，因而吴三桂的行军速度并不是很快。这就方便了守卫在此的明军将领刘镇国精心布置防务。这个刘镇国估计就是曾和关有才搭档，阻挡李定国迎驾的那位仁兄。事实证明，他比关有才更有才，因为根据当地的实际情况，刘镇国决定不单靠士兵的血肉之躯，还要靠大象的庞大身躯，扼险固守，阻止吴三桂进一步南进。

可对吴三桂而言，有才是不够的。

打了这么多年仗，吴三桂在战场上什么奇招怪招险招都见识过了，所以很大的大象在他的眼中也不过是个微不足道的行军小插曲，吴三桂迅速击败了守在此地的

刘镇国和他的大象，因为他一要赶着在贵阳与其他两路清军会师，二要趁早和老对手刘文秀好好打上一场，实在没太多工夫浪费在这个县城上。

清军顺利走过桐梓县境，全速前进。四月三十日，清军占领贵州的重镇遵义，明军守将郭李爱等率部卒五千余人投降。五月初三日，吴三桂到达贵阳，同在这里的罗托部实现会师。经过进一步军事商议后，吴三桂率部前往开州（今贵州开阳），击败那里的明总兵杨武部，继而驻屯遵义。按照计划，吴三桂除了在此驻守，防止附近明军来攻，休养自己的兵马等常务外，另外一件事也得抓紧张罗。那就是以孙可望的名义招降贵州境内的各部明军。

事实证明，孙可望的这个国主还真不是白当的。在将孙可望的招降信大肆分发一段时间后，信使们的努力工作终于获得了回报。水西宣慰司安坤、西阳宣慰司冉奇镳、蔺州宣慰司奢保受等土司及明兴宁伯王兴带着其所部七千余人先后跑来投降。遵义附近的明军士气大受打击，兵力则更为薄弱。

在罗托、吴三桂的两路清军都到达预定会师地点不久，绕路绕得最多的赵布泰部也终于到了。虽然这一路人马是最杂的，既有赵布泰的八旗兵，又有洪承畴的部将张国柱和他的三千人（主要是绿营兵和降军），还有孔有德旧将线国安的辽军八千余人。但他们的战果是最丰厚的，因为从广西西部到贵州东部的这片地方都是由他们打下来的。毕竟此战被孔有德旧部视为复仇之役，因而激动点是可以理解的。

好了，线国安那就请你不要攥拳头咬牙了，注意形象！

五月份，清朝派出的三路大军在贵阳实现了会师，之后又在一个月内基本完成了对贵州全境的占领，休整好了兵马。在这期间，只有部分明军发起了局部反攻，收复清平、新添卫（今贵定县）两个小地方。我相信大部分朋友都不禁要问，李定国和刘文秀，还有南明的大臣们，你们到底在忙些什么？

请各位不要急，且听我慢慢道来。当然，鉴于吴三桂已经很不爽了，需要特殊关顾，我们先说一下刘文秀的状况。

在此我们要很遗憾地告诉吴三桂，你要找刘文秀是可以的，不过见面之前要做些特殊的准备，譬如拿出一把锋利的刀架在自己脖子上，然后做一个使劲抹的动作就可以了。此时的刘文秀已经在当年的四月，因病医治无效，在昆明逝世了。

虽然在后期，刘文秀因为与李定国政见不和，一直闹不愉快，但刘文秀对明朝的中兴大业却是始终念念不忘，临终上表：敌兵日逼，国势日危。臣请入蜀，就十三家（指由忠贞营演变发展而成的夔东十三家军）之众，出营陕、洛，庶几转败为功。

病入膏肓之时，依旧不忘西出巴蜀，坚持抗清。刘文秀，你是真将军！

实事求是地说，李定国虽说是明末最杰出的军事家，但他真的不太适合搞政治。可能是出身军旅的缘故吧，李定国这个人脾气太直，缺乏忍让妥协这些作为政治家的必备素质，而且为人太过豪爽，太容易信任一个人或否定一个人。由于在刘文秀追击孙可望事件和是否迁都贵阳这两个问题上，对兄弟刘文秀的动机产生了怀疑，所以李定国曾一度上疏告病，请求朝廷解除自己的兵权，以此来向永历和刘文秀施压。李定国成功阻止永历迁都后，又采取了一个非常错误的措施，在明军内部搞区别对待（比如将孙可望的兵称为秦兵，把滇省旧兵称为晋兵），还冷遇了刘文秀和他的部下们，因而朝廷内部一点都不和谐，以致最终坏了事儿。

在得知清军由湖广、四川、广西三路大举进攻，明朝守军节节败退，四川、广西、贵州尽失，昆明方面才渐渐冷静了下来，随之而来的则是骂声一片。不过或许应该感谢言官们的痛骂，因为正是这片骂声，才终于使李定国从志得意满中冷静下来，做回了原来简单的李定国。

七月，朝廷商议后决定由晋王李定国为主帅，出师御敌。临行前，永历送给了李定国一件礼物，不是尚方剑，而是黄钺一柄。

所谓黄钺，就是以黄金作为装饰的斧子。用得起这玩意儿的，古代也只有皇帝陛下本人了。不过在特殊的情况下，这种由帝王专用的权力与威望的象征也往往会特赐给那些专主征伐的重臣，以示委以重任，比电视剧里常见的尚方宝剑要牛得多。现在永历将这种特殊的荣誉赐予了李定国，那就意味着他将整个大明的存亡重任托付给了眼前这位将军。

若胜，大明则存；若败，大明则亡。一切都看你的表现了，李定国。

怀着皇帝陛下、满朝文武和全昆明老百姓的希望，李定国率领明军出发了。他不知道此行将会遇到怎样难缠的对手，多么凶险的环境，他唯一知道的是，他是为了这个国家的命运而战。

纵使此去难归，亦要拼死一战！出发！

客观地讲，当时李定国和他的士兵们面临的形势并非凶险万分，而是凶险亿分。

李定国九月前后赶到贵州的最前线时，多尼带领的增援大军也已赶到了。此时清朝的总兵力已达二十万，而且诸如洪承畴、吴三桂这样的猛人都在（高级将领中，只有李国翰在当年七月间病死），虽说信郡王多尼做主帅是差了一点，几乎从来没有战争经验，还很年轻（年仅二十三岁），但清军上上下下都很清楚，真正要跟李定国斗智斗勇的工作是分别由老奸巨猾的洪承畴和骁勇善战的吴三桂合作完成的，多尼也就是个招牌，代表清朝对这支军队的控股权，顺便起到监视督促的作用，不算数的。日后的战争将会是李定国对阵洪承畴和吴三桂的组合，而这场战争

的最终结局也要取决于这三个人的最终表现，别人基本可以忽略。

有时候，历史很复杂，但又很简单。可以看成是所有人的事，也可以视为就那一两个人的事。或许这才是历史的精彩所在吧。

十月初五日，三军统帅多尼下令开会，会议的地点被定在平越州（今福泉县）东南的杨老堡。我们可以称之为杨老堡会议。得到消息后，贵阳的洪承畴、遵义的吴三桂、都匀的赵布泰三位主将急忙赶来参加。大会经过讨论，敲定了下一步的具体作战部署，还是兵分三路，分进合击。

其中，吴三桂率领北路军五万人攻毕节，由七星关入滇；多尼亲自统率中路，由贵阳进攻安顺、关岭，从普安入滇；赵布泰统率本部兵马兼线国安、张国柱部、济席哈部一道出都匀，西攻安龙，走黄草坝入滇，兵力也是五万人，是为南路军。最后，罗托和洪承畴被留在贵阳，镇守新打下的地方，料理粮饷，做好后勤服务工作，并进行有力的智力支持。

这么一种部署，相信大家已经看得很明白了。北路是主力，南路是偏师，中路则主要负责西南连日游，出不出手无所谓，只要别太过招摇，让李定国分兵一路灭了就行。那个起初看起来连个方面军司令都算不上的洪承畴，实际上是战局的操控者和战略的制定者，他才是清军名副其实的真正主帅！

李定国针对清军的大举来袭，也进行了相应的军力调整。起初李定国是打算以收复省会贵阳为战略核心部署兵力的，因而本部驻于关岭，大将冯双礼、白文选奉命调集军队在安顺一带布防，前锋祁三升、李如碧则被派出带领三十余营兵马进抵距离贵阳并不太远的平坝，以求三路出击，克服失地。不过此时清军兵力已经大大增加，之前安排的龙平伯罗大顺攻新添，宁国侯王友进、荆川侯王光兴领兵攻湄潭用以牵制和吸引清军注意的目的，很明显已经达不到了。于是李定国只能在短时间内快速调整思路，转攻为守，遏制住清军向昆明的推进。

在清军三路进兵的情报传来不久，李定国也完成了对明军的新部署。大将冯双礼领兵扼守关岭，祁三升部驻于鸡公背，互为呼应，凭借当地的险要地势，阻击清军多尼部；部将李成爵驻于凉水井，张先璧部驻于黄草坝（今贵州兴义县），阻击赵布泰部清军；大将白文选领兵镇守战略要地七星关，抵挡最为棘手的吴三桂。

另外，李定国又派窦名望率部前往安庄卫，增援守在那里的刘镇国；又派兵给罗大顺送去了粮饷，让他在水西继续进行骚扰清军后方的工作。李定国本人则亲自带领一部分军队驻扎在北盘江西面的双河口，统筹全局，救援各方。

一切准备就绪，为了各自的荣誉，开战吧！

作为三军统帅，多尼似乎并不甘心带着十万主力只进行武装游行和沿途游览，所以他决定打上一仗，毕竟就这样一枪一箭不放地回去，丢人的不仅是多尼本人，还有他老爹多铎。

那就去安庄卫一趟吧。守在那里的刘镇国并非很猛，还被吴三桂击败过一次，应该很好打。干不过关张，欺负一下刘备还是可以的嘛。

十一月，清军在多尼的指挥下突然对安庄卫发起了进攻。驻守当地的明军接战失利，主将刘镇国又在城北响水桥的战斗中阵亡，安庄卫的失守就此无法改变。

主动出击的成功使得多尼认识到一个问题，虽然自己是个十足的新手，可自己麾下的这些将领和士兵，几乎个个都身经百战，实力很强，真打下去是没有什么大问题的。因此几天之后，多尼决定挑战更高的层次，带领所部清军乘胜进攻关岭。去会一会明军大将冯双礼。

冯双礼是一个相当有能力的将领，有时还会根据形势耍些小聪明。得到清军攻破安庄卫的情报，冯双礼决定加强自己责任范围内的防守，而具体措施就是与临近的祁三升合营，把所有的部队移驻到鸡公背，全力坚守这一据点。

应该说，冯双礼这一决策是极其聪明且明智的。在他看来，刘镇国之所以会战败，是由于第一次地势好但兵太少，而最后一次兵不少但地不好。鸡公背是黔滇古驿道必经之地，山似雄鸡，地形极为险要，易守难攻，相对于关岭要易守住，因而吸取刘镇国的教训，集中明军主力固守主要关隘，成功抵御住几倍于自己的清军，可能性才会更大。

但是所谓的聪明，往往被证明，换个角度看，那就是愚蠢。而且还是犯了很低级的错误，影响了吃饭的问题。

冯双礼手中士兵的人数虽远没有多尼的多，一万来人还是有的，然而现在这么多的士兵都守在无比险要的鸡公背山顶，那就意味着每天要有大量的粮食等物资被源源不断运上山去。但我们说过，山路是很难走的，人都要小心翼翼爬个半天，更不用提大包小包的运输队了。久而久之，山下粮食的输送慢慢赶不上山上粮食的消耗了，守山的明军士兵们进入了普遍的饥饿状态。

清军一来发起攻势，肚子都没填报的士兵自然不愿卖力（也没这力气了），纷纷擅离职守，自行撤退。眼看再这样跑下去，光杆司令就当定了。冯双礼连忙找来祁三升，率领还没跑的明军进行有序的转移。至此，清军多尼部出人预料地轻松完成了作战计划。

再说真正的主力军吴三桂部。吴三桂统率大军一路行至毕节，基本没有遇到什么像样的抵抗，可以说是所向披靡，心情自然很愉快。不过又前进了几里后，吴三桂脸上晴转阴了。因为他看到了眼前险峻的七星关，以及关上军容整齐、神采奕奕的明军士兵。

原来不是不能抵抗，而是不想抵抗。七星关才是明军的真正底牌。

吴三桂对白文选有所耳闻，因为当年与刘文秀的对战中，白文选曾一度作为刘文秀的副手同清军周旋。所以吴三桂认定，如今拥兵四万守此险关的白文选将是自己入滇的最大障碍。

如果换成是几年前的吴三桂，管对方守在哪儿，有几万人，只下令猛攻就对了。众所周知，吴三桂一向是擅长打硬仗的，且敌人越有攻打难度，吴三桂就越兴奋，越想凭借正面交锋取胜。不过几年的风风雨雨过后，吴三桂变得不同了，或者说是成长了。只因他学会了将军事和政治结合起来。

战争是政治的延续，当时的吴三桂虽然可能没听过这句话，但有一点他很清楚，清廷之所以会把皇太极的女儿嫁给自己的儿子，那是由于自己的手里有兵。如果因为入滇把手里的这点人全打完了，吴三桂的名字也就不值钱了。现在摆在吴三桂眼前的七星关，很有可能造成这一结果。因此吴三桂决定，绕开它。

十二月初二日，吴三桂的士兵突然出现在七星关背后的天生桥（今威宁县北天桥）。不用说也知道，孙可望推荐的向导又起作用了。

清军变戏法似的出现在了背后，白文选闻讯大惊。为防止遭到清军前后夹击，白文选被迫放弃七星关，率部退回云南。清朝的北路军也因此成功实现突破。

相对于多尼和吴三桂，赵布泰的进军没想到是出乎意料地不顺。起先，赵布泰打算在罗炎渡口乘船，通过北盘江水路，一直驶入云南。正当他四下派人征集船只时，一个人找到了他，说是有紧急的情况上报。得知是紧急军情，赵布泰马上接见了来人，土知府岑继鲁。

简单说来，岑继鲁是个叛徒。他此次前来，目的就是为了告诉清军，不要贸然过江。这是为什么呢？明军方面为此早有准备，已经在江底布置沉船数艘，等到清军运兵船被堵在江中无法行进之时，周围将会伏兵四起，连人带船打沉在江里喂鱼。

是这样子啊！那你说该如何是好呢？

岑继鲁马上给出了主意，在夜间悄无声息地捞取沉船，随即火速偷渡过江。

赵布泰依照岑继鲁的计策行事，果然顺利过了江。守候在渡口的明军一觉起来，忽然发现清军已经完成了过江行动，不由得大为恐慌，立刻撤退。

赵布泰十分欣喜，继续进军，然而不久他便又发现了明军的身影。这一次是奉命驻守凉水井的明军李成爵部。

李成爵部总计有明军一万多人，驻守山上。他没有料到清军居然会在夜间偷渡，所部很快被赵布泰派兵包围（环山夹击）。李成爵虽然立刻带领士兵下山迎战，终因寡不敌众，被清军击败，李成爵本人战死。明军除少部分退入云南，其余的也大多阵亡。

军情急转直下，完全打乱了李定国的部署。没办法了，李定国决定亲自出战。由于周边的己方部队全部战败退走了，李定国只能带着本部三万人与赵布泰的五万人死磕。

在双河口山顶，李定国布置了象阵以应对来攻的清军。估计情况实在过于混乱，李定国本人也有点乱了方寸，因为野战之中单一使用大象兵团，这绝对是一大失策。要知道，清军的骑兵素来以机动性强、攻击速度快而著称，象兵虽然能对清军造成一定的威慑，但如果敌人的骑兵充分发挥其灵活的作战特点，几百名骑兵轮流砍一头象，大象兵团是肯定扛不到最后的。

特别值得注意的是，这部分的清军中有不少人是见过大象并有过交战经验的。譬如孔有德的旧将线国安部，他们为了给死去的孔有德报仇，什么险都敢冒，别说是大象兵团了，就算是坦克兵团，这些不要命的人也会冲上去砍上三刀。敢于玩儿命拼命，以此换取失去的荣誉，这是任何一支以复仇为目的的部队的主要特征。

所谓哀兵必胜，即便是李定国这样的猛人也是无法逃过这一魔咒的。

李定国的大象兵团先被不要命的线国安部击败，失去了双河口的阵地，又在鲁沟被赵布泰的大军败了一阵。只能收缩防线，据守北盘江上的铁索桥。

清军方面虽然接连击败李定国，并乘胜占领了安龙、贞丰、黄草坝三地。然而赵布泰并不敢把李定国逼得太紧，不然李定国一发飙，再加上十个不要命的线国安部，清军也都得没命。因此得知明军守住了铁索桥，赵布泰也不去猛攻，而是使用了吴三桂的那招，在孙可望配备的向导的指引下，走小路，绕过去。

三路清军都已顺利入滇，特别是北线的吴三桂军已越过七星关，可能会突然出现在自己的背后，使得自己和这三万明军面临腹背受敌十余万的巨大危险。因而一向办事小心谨慎的李定国决定：放弃贵州全境，放火烧毁铁索桥，全军撤回云南。至于掩护大军撤退断后的任务，李定国交给了冯双礼。

冯双礼出色地完成了李定国交托的任务，但也由于表现过于抢眼而遭到了多尼大军的围攻。松岭之役，冯双礼被多尼部清军击败，随即撤回云南境内，这意味着贵州已经完全落入了清军的手中。

前方三路兵败的消息一经传来，立即引发了昆明朝野上下的巨大震动。紧接着又是一片骂声，言官们纷纷指责李定国弄权误国，残害忠良。然而到了十二月初九日，不骂了。因为李定国的使者回到了昆明，并带来了李定国的最新建议：移跸。

移跸就意味着要放弃昆明，难不成清军的势力如此强大，连昆明都守不住了吗？事实证明，确实如此。此时行动最慢的吴三桂军也已经由乌撒府（今贵州威宁）渡河进入云南，并在罗平与多尼、赵布泰两路会合，继而仍以三路大军的形式向昆明迅速推进。三路清军既配备了孙可望的向导，又有老孙的招降文书，所以兵

临昆明最快也就是一个多月的事。

时间急迫，赶紧讨论吧。但一讨论时间就会更紧迫了，相信其中的原因，你是知道的。

十二月十三日，李定国回到昆明，这时朝廷去向才真正定下来，迁往四川。

这个意见是由当时朝中一个翰林院侍讲官最先提出的。按照他的说法，幸蜀的原因主要有两个：勋镇如云，巩昌王全师遵义。

换成比较容易理解的话说，就是四川那里还有夔东十三家的军队可以依靠，而且白文选撤入云南的明军也恰好驻扎在附近，安全可以得到有效的保障。

个人认为，让永历心动的则是接下来的这句话："陛下幸蜀之后可乘机掌控川东，发兵湖广，收复当地，并非难事（下捣荆襄之虚，如唾手尔）！"

永历在认可了这一方案后，马上让大臣找出地图，确定移跸的具体路径。与此同时，又派锦衣卫丁调鼎乘快马前去征求李定国的意见。

李定国对移跸建昌的方案也十分赞同，于是一回到城中，李定国就再次明确表达了对入蜀计划的支持，并提议要让相关部门多多筹集粮草，因为北上四川必定要经过武定，而武定比较荒凉，准备充足点，转移的时候方便。

于是，一切基本都定下来了，只等户部尚书龚彝和工部尚书王应龙完成粮草的备办，十五日就可启程了。不过需要说明的是，永历幸蜀过程中，李定国是不全程陪护的，他要留下来应对入滇的清军，因而护送圣驾的任务被李定国交给了广昌侯高文贵。

但在此时，无论是永历还是李定国，抑或是龚彝、王应龙，他们都不知道，在计划被确定的当天夜里，朝中的反对派大臣在针对此事同样紧张地进行着密谋。

密谋的主角有三个人，分别是朝中的内阁大学士马吉翔、马吉翔的弟弟马雄飞和马吉翔的女婿杨在。这样看来，称之为马家的家庭会议似乎更为贴切。

会议伊始，马吉翔在哀叹，认为永历入蜀受到了朝中川籍大臣的蛊惑，因而对朝廷前往夔东后的前途感到忧虑。但谁都知道这只不过是一番很扯淡的开场白，实际都是糊弄人的，真正的烦恼原因在后面呢。

果然，马吉翔忧国忧民一番后，开始把问题扯回了实际：若移跸蜀中，则文安之必来迎驾，此老非扶、雷之比，我安能不避贤路乎？

这才是正题，是马吉翔所担心的。永历来到四川，在当地督军的大学士文安之一定会来接驾，并就此顺理成章地回到朝中，入主内阁。文安之这个老油条远比现在内阁中的扶纲和雷跃龙难应付得多，到时马吉翔一党独揽朝政的时代就将彻底终结，再也不可能为所欲为了。

当然，马吉翔更担心的是，一旦失去了对朝中大权的掌控，让文安之、程源等比较正派的大臣掌握了机要部门，朝内平日的政敌必定会找到机会，凭借安龙附逆一事，除掉自己，祸及全家（我等举家无噍类）。所以说着说着，马吉翔的情绪愈发激动，到后来居然大哭了起来。

对于马吉翔的发言和痛苦，在场的人全部沉默不语。

突然，马雄飞拍案而起，提出了应急意见：事已至此，莫若于今晚会金少宰。

关键时刻，马雄飞提到了这个金少宰。看来在马雄飞的眼中，只要拜托此人，皇帝和大臣们定下的入蜀方案就注定会付之东流。那么这位仁兄到底是何人？为什么会有如此巨大的能量，以致能改变一切？

少宰，是明清时期对吏部侍郎的别称。这位金少宰原名叫金维新，云南人，据说和著名的旅行家徐霞客关系不错，生性好客，极为喜欢交朋友，因而人脉极广。但马雄飞之所以会提出找金维新，还不是因为他认识的人多，而是因为在他认识的人中，有一个关系特铁的，叫李定国。

金维新曾长期担任李定国的记室，是李定国最为信任的幕僚（注意，此处没有之一），甚至可以说是让李定国信任到了言听计从的地步。只要是金维新坚持的，李定国从来不曾否定，而金维新反对的，李定国从未继续坚持。就到了这样极端的地步，让人不服不行。

马吉翔之前为了保证自己在内阁呼风唤雨的地位，曾经不惜一切代价和金维新结成了朋友，关系还算相当不错。但是金维新真的会为了我而冒干预朝政的风险去向李定国求情，改变板上钉钉的入蜀计划吗？

马吉翔充满怀疑地看着弟弟马雄飞。而他得来的是马雄飞坚定的答复：他会的。

认定金维新会全力帮助自己，马雄飞有着充足的自信。第一，金维新是云南人，通常状况下，中国人都是非常安土重迁的，要他主动离开家乡，除非万不得已或是有利可图，不然就是一百个不愿意。至于第二，金维新有不能到四川（具体是建昌）的理由。

因为金维新曾经看上了一个姑娘，想娶回家，没想到一个叫王偏头的明军将领同样对女方有意思。所以双方为此产生过纠纷，估计就差单挑了。现在那个王偏头恰好就在做建昌总兵。金维新入蜀自然就要担心是否会遭到王偏头的报复。这也就是说，金维新从最初开始其实就是和我们站在一起的。

听完马雄飞的讲述，马吉翔大喜，当即与金维新取得了联络，并很快达成了一致反对入蜀方案的共识。

事情最终按照马吉翔等人的剧本演了下去，金维新和众多大臣的轮番进谏改变了李定国的态度，紧接着李定国的态度又影响了皇帝陛下和其他的大臣。因此十二

月十五日，永历和文武百官虽然是按时离开昆明的，可走的却不是东北方向，而是西南方向（当时到底往哪儿走，李定国尚在犹豫之中）！

永历和大臣们走了，李定国同白文选商量后决定，在朝廷和军民撤退以后，在四周放火，坚壁清野，把昆明一带留存的粮食一并烧光，以免资敌。然而当明军士兵准备动手时，大家却接到了从永历处下发的谕旨：不得焚烧仓廪！

至于理由，或许有人可能会嗤之以鼻："恐清师至此无粮，徒苦我百姓。"

是愚蠢还是仁慈，后世各有看法，本人不予评论。但此时我倒是想起了永历嫡母王太后当年说过的那句话：吾儿仁柔，非拨乱之才也。

或许朱由榔真的不太适合皇帝这个职业。

朝廷放弃了昆明，但兵马是分两路走的。其中一路护送永历君臣一路西行，先到安宁再往楚雄，后来李定国被说服，派兵部侍郎龚应祯赶到赵州，请永历前往永昌一带的滇西边远地区，躲避清军兵锋。另一路则是由庆阳王冯双礼、广平伯陈建、武功伯王会等将带领，为保证另一种转移方案的道路畅通，向四川建昌进发。

自此，由于李定国再次决策失误，明军被分隔成了两个部分，以致明朝方面的力量大为减弱。一些认清楚形势的朝中官员也开始先后从转移的队伍中私自出逃，避入山中隐居。

大势已不可挽回。

第二十章　最后的最后

十二月二十一日，李定国率部撤出昆明。

永历十三年（1659）正月初三日，清军占领昆明，随即四下分兵略地。

四天后，昆明失陷的消息传到永历君臣所在的永昌，朝廷更为震动。吏科给事中胡显等大臣就此在朝堂之上坚决反对继续西行，进入缅甸，并在面奏永历的过程中因言语过于激动，而失声痛哭。

在这几个大臣的带领下，朝堂之上立刻哭声一片。此时皇帝陛下身边的大臣剩下的已为数不多，但可以肯定地是，留下来的都是明朝最坚定的拥护者，所以他们的话是比较发自肺腑的，说的话都满怀真情，句句均可催人泪下。在这样的气氛下，永历深受感动，他叫来官员起草了份文书，一篇叫《罪己诏》，一篇叫《告上帝忏文》。

不用多说，都是自己骂自己的。但由于这两篇公开的检讨是在朝中大臣们的推动下写出的，因而从中也能很明确地看出广大官员的态度，两个字：愤怒。

一是怒之前永历过于信任马吉翔这个大奸臣，以致朝中斗争不休，人心尽丧；二是怒之后晋王重蹈覆辙，使马吉翔在孙可望叛变失势后得以再掌大权，导致国家大事被败坏到了今日的这个地步！

文章修订完成，传之四方。在众臣的怒火中，李定国又一次清醒了过来，而这回是没有期限的，彻彻底底的完全的清醒。

不久，李定国上表请求朝廷降罪处罚，并就奏请奉还黄钺。永历为平息众怒，

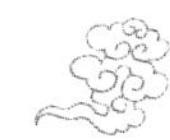

由此下令将李定国连降三级，但仍将明军的指挥权交托给了他，允许李定国戴罪立功。李定国的众多下属也跟着受到了依次降职的处分，不过同样依旧代署原职，奉旨立功赎罪。

作为李定国的老朋友，白文选的心情也异常激动。一见李定国，白文选就开始流泪，然后则是对好朋友的大声斥责："人主（指永历）以全国全师恢复宗社之重任，付托于公，一旦至此，谁执其咎？公于罗遮河因先走矣，其见无数万人民抢天呼地，悉锋刃之惨戮乎？"

面对白文选的呵斥，李定国终于也忍不住了，泪水一时流满脸庞："事既如此，夫复何言！惟本此孤忠，死而后已，以报君父，以结此残局。"

事情的发展证明，李定国的确说到做到了。

看到李定国上次流泪，白文选已经不记得是什么时候了，但他清楚的是，李定国是一个言出必行的人，所以白文选决定把阻击吴三桂大军的重任留给自己，让李定国保护永历先转移到更安全的地方。

就这样，白文选留了下来，镇守玉龙关，等待吴三桂和赵布泰的追兵。这也是白文选和李定国倒数第二次的分别，而下一回便是永别。

连续作战的失利和弥漫云南全境的悲观气氛，早已深深影响了几乎所有的明朝军队。虽然白文选留了下来，但他早已预料，这一战一定会输的，而自己能否在战斗中生还也是一个未知数。要想保证明朝不至就此灭亡，必须要提高明军的士气，而要提高明军的士气则需打上一场必定胜利的硬仗，而能够完成这一奇迹的。在白文选的眼中，只有李定国一人可以。

有难之时，伸手相助，是为朋友；患难之刻，肝胆相照，是为兄弟；生死之间，舍生取死，是为知己。虽然李定国这一生结交过许多人，然而在我看来，能够称为李定国知己的，唯此一人。

李定国离去几天后，清军大举来攻，白文选率部出战，被吴三桂、赵布泰联手击败。白文选部下总兵吕三贵战死，明军损失大象三头，马一百四十匹，由永历钦赐的巩昌王金印也在此战中被清军缴获。白文选带领残部屡战屡退，退至永平县后，派兵烧毁澜沧江上的铁索桥，引兵入木邦土司地区。

正月十五日，永历和大臣们在李定国部将靳统武的保护下，继续向西部撤离，其间包括大学士扶纲、户部尚书龚彝、礼部侍郎郑逢元、兵科给事中胡显在内的许多人要么掉队，要么弃官而走，随行大臣的数量再度锐减。然而此时，工部尚书王应龙却在众多同事为自己寻求后路的时候，不为所动。

看着远去的人群，王应龙叫来了自己的儿子，对他说道："我本是出身低贱之人，但却累蒙国恩，授职司空，心中早已多有惭愧。如今年老力衰，既不能匡扶社稷，又不能继续跟随君主患难，这样还可以厚着脸皮活下去吗（尚可觍颜求活人世乎）？”

言毕，自缢殉国。其子从之。

血战！磨盘山

几番交手下来，李定国认识到有谋的洪承畴加上有勇的吴三桂，这一组合的强悍确实远远超出了自己的想象，作为三军主帅的多尼似乎也并非很熊。

不过，要击败无论数量还是质量都强于明军的清军，倒不是不可能。在李定国看来，反败为胜的第一步就是粉碎洪承畴和吴三桂的组合。

洪承畴这只老狐狸躲在贵阳，遥控三路清军的行动，并为前线提供充足的援兵与粮草，从当时的形势来看，李定国是打不着的。所以，那就要向吴三桂下手。虽然吴三桂本人绝非鲁莽之辈，手下的士兵大多数来源于关宁铁骑，战斗力绝不逊于满洲骑兵，但要灭掉吴三桂，对于李定国而言还是比较有把握的。事实上，李定国已就此制订了一个计划。一个重创清军主力并以此为契机挽救危局的完美计划。

永历十三年二月二十一日，在大理击败了白文选部的吴三桂率军渡过怒江，取道永昌，准备抢先攻入腾越州（今云南腾冲），捉拿暂时在此处避难的永历君臣，在那里他将完成最终的任务，彻底了结明朝最终的希望。

但当时的吴三桂并没有料到，腾越地方的永历不过是个饵，而险些被了结的倒是他自己。这是因为，前往腾越的路上有一个地方，名叫磨盘山。

磨盘山在怒江以西二十里处，其山径险箐深，仅容单骑，为西出腾越之要冲。也就是说，想要尽快到达腾越，那必须要走磨盘山，而要走磨盘山，那必须得一人一马，前后相接地慢慢走，因为此处虽是捷径，却道路狭窄。鉴于有前两项因素，这里此时恰好就具备了另一重身份，李定国为吴三桂和他的士兵们预备好的集体公墓。

在磨盘山的沿山小道旁的草丛中，李定国为远道而来的敌人安排了三重惊喜。

第一重，地雷。

众所周知，明朝的火器运用和发展，无论在中国史上还是世界史上都处于极为发达的领先地位。倘若明朝没有灭亡，或是清朝将这一事业完好地继承发展了下来，估计一百多年后，燃起大火的地方不会是圆明园，倒很有可能是卢浮宫和白金汉宫。

中国很有可能是世界上第一个发明出地雷的国家，虽然还是雏形阶段，但明军军火专家发明出来的这东西，埋在土里后的确真能用，而且还很响。当年朱棣靖难

时就吃过亏，差点被这玩意儿给轰飞。现在，经过近两百多年的应用和完善，到了明朝末期，地雷的隐蔽性更强，杀伤力也更大，达到一个开花、漫天飞人的场景，估计问题已经不大了，这就是李定国送给吴三桂的第一份见面礼。

地雷响完，接下来就是第二份礼物了，三路伏兵的联合打击。其中，初伏为泰安伯窦名望，二伏为广昌侯高文贵，三伏为武靖侯王国玺。此三将都是常年追随李定国出战的将领，能力均比较突出，战斗意志也十分坚决，因而被安排为给予陷入慌乱的清军以最直接打击的人选。

第三重，就是李定国自己。古代的大将们往往都有与敌方名将直接交手以分胜负的习惯，吴三桂是这样的，李定国也不例外，似乎斗智之余，单挑一把，亲斩敌人主帅于马下，这样的成就感会更强。因此李定国与埋伏好的三将约定，时机一到，他会亲率一支生力军杀入阵中，亲手解决传说中的吴三桂。为之前阵亡的明军将士们报仇雪恨。

而为了保证这个全歼吴三桂及其所部、威慑其他两路清军的计划取得圆满成功，李定国特意嘱咐埋伏的军队携带足量的预制干粮在身上，切忌生火做饭，以免冒出炊烟使清军侦骑有所察觉。

一切部署已定，就等吴三桂出现了。

不久，前方传来消息，吴三桂和他的军队已临近伏击区，且看似并未发现异样。前锋部队甚至业已进入二伏高文贵的狙击圈内。

不过得到这一消息的李定国并未立刻下达总攻的命令。他很清楚，吴三桂本人尚未入网，所以现在还不能收绳。等一下，再等一下。只要吴三桂和他的主力部队一踏入伏击地点，马上按照原定计划，首尾夹击，将敌人一网打尽。

然而就在再等一下的这一关键时刻，一件出乎李定国预料的事发生了，虽然这并非是李定国的错。

连续打败明军，日益逼近永历的所在，近几个月所发生的一切都让吴三桂感到极为欣喜。吴三桂的这种乐观态度也极大感染了广大清军，大家纷纷激动地讨论，抓到永历后要如何分配永历的个人财产，包括他的老婆。所以在这样的形势下，清军上下没有一个人意识到即将到来的危险，所有人怀着难抑的兴奋，大踏步地迈向李定国埋伏的同时，也迈向地狱的入口。

吴三桂做梦都不会想到，连战连败的明军居然在前方撑开了口袋，等着自己钻进去，他天真地以为李定国和他的部队已被强大的清军打怕了，早就闻风跑路，说不定如今正躲在哪个角落暗自发抖。自己只要走过这段步步难行的磨盘山山路，前方便是一片坦途！

纵马横行千万里，擒得永历报君王！吴三桂至此彻底晕了头。

就在吴三桂沉浸在自己功成名就的美梦之中时，一个人突然闯入了他的梦境，叫醒了傻笑着的吴三桂。这位仁兄名叫卢桂生，时任明朝光禄寺少卿，简单说来，此人是个叛徒。

卢桂生在吴三桂步入伏击区之前，及时找到了吴三桂，并将李定国的计划毫无保留地和盘托出。吴三桂闻讯大惊，急忙派人前往先锋营传令：全军后撤，与此同时，进入路旁的草木丛中搜杀明军伏兵！

李定国的伏击计划遭到泄露，但是埋伏在山路旁的窦名望等三将和明军士兵们却对此毫不知情。很快，得知险些遇伏的清军前锋营的士兵从兴奋转入了恐惧，最终又将恐惧变为了愤怒，立刻奉命后撤，并沿途深入草丛，在杂草间胡乱砍动。由于李定国的士兵们纪律性很强，没得到主帅的命令绝对不会擅自出战，因而一时间清军的行为给埋伏的部队造成了很大的伤亡。

战场情势突变，敌军发起反攻，主帅无法及时做出相应的指示。类似的情景，前文中也出现过，没错，就是郑成功发起南京战役的时候。那时因为局面转换太快，郑成功平日军纪又过于严格，以致分散各处的伏击部队的主将不敢擅作主张，最终导致各路明军被分割包围，各个击破，郑成功的陆上武装也就此全部赔光。不过与观音山的情况不同的是，磨盘山的明军将领懂得什么叫见机行事，救兵如救火。

发现清军前部开始后退，并四处分散，走进草丛挥起马刀，作为第一路伏兵总指挥的窦名望就意识到了情况有变。虽然按照计划，自己的部队是应该等到敌军全部进入伏击圈，随即发起进攻的，但鉴于当前的形势，如不尽快做出反应，就会有越来越多的士兵白白牺牲掉。在做出伏击计划已经暴露的判断的同时，窦名望做出了自己的应急决定。

“鸣炮出战！”窦名望下达了命令。

虽然他知道清军并未全部进入伏击圈，但他还是果断做出了自己的决定，一个在当时最为正确的决定。

清军前锋部队人数并不多，只有几千人，可相对于窦名望而言这却是一个不小的数目。因为在窦名望身边只有步兵三百人。

即便敌众我寡，即便计划失败，窦名望依然拔出了腰间的战刀，向着埋伏在身后草丛中的士兵们大声喊道：清兵就在前方，大家随我一同杀敌！

三百明军就此一拥而上，在并不占据优势的情势下开始了同敌人的拼死搏杀。

窦名望持刀冲在了士兵们的最前面，当场接连砍杀了清军兵将数人。身后的士兵们看到主将如此搏命，体内的热血也当即沸腾了起来，纷纷奋勇死战。

明军将士的勇猛抵抗大大出乎了清军的预料，因此起初多达数千人的前锋营居

然被压住了势头，只是挨打，完全没想到去还手，甚至当马刀砍入自己身体的那一刻还认为是幻觉。不过随着被撂倒的清兵越来越多，其余人也渐渐回过神来了，这是真事。好在这部分明军的人数不多，在短暂的慌乱后，清军开始有序地组织起来，发起反击。

骑兵打步兵，还是以多打少，窦名望并没有取胜的奢望，但他很清楚，多消灭一个敌人，明军就少一个敌人，取胜的把握就会增添一分，因而窦名望和他的士兵们一直在奋战着。此时，窦名望已经亲手杀掉了吴军骑将数十员、清兵三十余人，从这个成绩上看，那真是很厉害。不过我们应该明确的问题却是另外的一点，一般人战斗到这个时候，身体必然已经相当疲惫。可是窦名望没有下达第二个命令——撤退，始终没有。至于原因，我们已经说过了。

就这样，战斗持续了近三个时辰，窦名望和他的士兵们以一人投降、其余三百人皆阵亡的结局，为这场惨烈的前哨战画上了句号。

他们十分勇敢，面对强敌战斗直至生命的最后一刻；他们很有气节，遭遇围攻死战不降；他们非常努力，拖住了大量的敌人，使得战局最终免于陷入崩溃。

我佩服这群人。

在窦名望的阵地上响起炮声不久，二伏、三伏的明军也应声鸣炮，正式宣布与清军正面交锋。当然他们中的大多数人都很清楚，这本来应该是场出其不意的伏击战，是靠智谋制胜的，但现在不知出了什么问题，变成了遭遇战。如今若要取胜，看来只能凭借真刀真枪的肉搏了。即便如此，这些士兵依然毫无怨言，在号炮的指示下，统一拔刀出鞘，搭箭上弦，冲入敌军，与清方开始了恶战。

李定国埋伏在山中的明军总计有六千人，后来吴三桂得知中计，派人传令搜杀伏兵，并用大炮轰击草丛的茂密处，事实上已经造成了伏兵中高达三分之二的伤亡。所以最后听到号炮而发起进攻的其实仅有二千人，而此时到达山上的清军据保守估计已达一万二。事实证明，这又是一场差距悬殊的对战。但是令所有人没有想到的是，最后那一万二千余清兵包括将领，没有一个活着回去的。

李定国判定计划有变，靠的不是有人来报，或者听说了卢桂生叛变投敌的消息，而是单纯地依据他对战场环境的分析，具体说来，是靠炮声。

听见号炮的次序不对头，坐镇山顶的李定国由此迅速做出准确判断：情况有变。他立刻派遣部队前往伏击地点增援，自己则取消了原定亲自出战的打算，开始调派部署兵力，阻挡住力图攻上山的吴三桂所统的清军后队。

经过长达一天的战斗，无论是明军还是清军，伤亡都是相当惨重。明军方面伤亡多达三分之二，李定国的精锐部队在此战中基本消耗殆尽，除窦名望外，三伏的主将王国玺也战死了。李定国见兵将损失严重，只得在消灭山上清军并打退吴三桂的追兵后，离开腾越，率领主力前往孟定（今云南耿马傣族佤族自治县西）休整，留下定朔将军吴三省断后兼收集溃卒。

至于清军那里，但凡上山的无一例外全部报销，更为严重的是，当时山上的人中，清军的高级将领有不少，其中包括两名国公、十八名都统（内有赵布泰的侄子多波罗、祖大寿的长子祖泽润），是清朝自从与永历政权作战以来阵亡高级将领最多的一役。

后来此战的消息传回北京，清廷因损兵折将的事大为恼怒，经诸王、大臣会议的商议，决定追究统兵将领的责任。主帅多罗信郡王多尼被罚银五千两，多罗平郡王罗可铎、贝勒杜兰分别被罚银四千两、二千两不等，都统济席哈革被罚降级一等，副都统莽古图、傅喀、克星格受到相应处分，征南将军赵布泰最惨，直接被革职为民（两年后在弟弟鳌拜的帮助下得以复职）。

伤亡了万余人，又让李定国击退了追击部队，吴三桂就此不敢再轻易继续深入，只好下令全军退后三十里安营，等待后续部队的增援。可见磨盘山之役战斗的激烈和对双方在心理方面造成的巨大影响，的确是很难用言语表达出来的。

然而受到此战影响最大的一方，在我看来还不是李定国和吴三桂两个当事人，而是身在腾越的永历朝廷。由于李定国在磨盘山战败的谣言传来，朝廷上下再次陷入了混乱，马吉翔趁机怂恿靳统武的部将孙崇雅纵兵大肆掳掠，马吉翔本人则联合司礼监李国泰一道催促永历起驾，尽快逃离营地，躲避乱兵。

在马吉翔等人的引导下，永历和部分大臣在士兵的保护下趁夜离开布岭，并于二十六日到达曩本河，此地已是名副其实的中缅边境了，距离缅甸的关卡不过十里。经历了一夜的混乱后，永历身边剩下的臣子更加少了，而且辎重被抢，宫嫔被掠，基本上处于一无所有的状态。情况虽然如此困难，但有两个人却依旧忠诚地追随在永历的身边。一个是永历的妻子王皇后，另一个则是黔国公沐天波。

王皇后是一个非常贤惠的妻子，她陪在自己丈夫的身边，原因很简单，是出于一种责任，那叫爱。沐天波同样是出于一种责任，不过比较特殊，从我们今天的视角看来，应该叫把合同履行到底。

两百多年前，朱家和沐氏签订的镇守云南、拱卫皇室的合同，就让我沐天波贯彻到底吧。

趁清兵追来之前，永历和大臣们商议后决定退入缅甸。作为世守云南的黔国公，沐天波正是与缅方接洽相关事务的最佳人选。沐天波在得到皇帝陛下的命令后，派人以自己的名义前往关卡，将入境之事通知了守关缅兵。

云南沐国公在西南地区的名声之大，绝对不是盖的。在得知现任黔国公沐天波亲自到来的消息后，守关的缅方士兵纷纷下马，以表示对这一传闻中的大人物的敬

意。不过当他们得知明朝方面提出的要求时，守关的缅将也提出了一个相应的条件，跟随永历入缅、寻求政治避难是可以的，但你们不能带武器进入缅甸（必尽释甲仗，始许入关）。

这也难怪，即便是二十一世纪，缅甸也是一个并不发达的国家，更不用说在当时，和明朝的水平就不是一个层次。永历一行加上文武百官，随行人马有近两千人，这个数目外加先进的武器，如果突然心血来潮，想要趁机征服缅甸，这在缅甸当局看来也绝非不可能。因而出于对自身安全的考虑，缅甸守关的将领坚决要求明军士兵缴械。

一个士兵一旦被他人缴械，这跟俘虏在本质上基本就没什么区别了。所以缅甸边关的这一要求很快在明军内部引起了很大的争议。部分官员认为倘若就此被解除武装，朝廷将变成缅甸方面的盘中餐，想怎么吃，就怎么吃，完全失去了主动权，这是很危险的。不过，与此同时也有一些大臣针锋相对地指出，如果再耽搁一段时间，等到清军赶来，朝廷上下就全要遭殃，不如暂且权宜行事的好。

在朝臣的争论声中，永历给出最后的答复：同意。

这是一个遭到无数后人唾弃指责的回复，有人甚至就此得出了"这样的皇帝，不救也罢"的结论。可就我个人来看，话是不能这么说的。

我们看历史时要注意的一点是，我们是观众，而并非主演。观众与主演的不同之处在于，作为观众，你可以知道同一时间段内都发生了什么事，每个人的心里都是怎么想的，甚至是了解最终的结局究竟如何，所以你往往能做出更为准确的判断，得知做某件事是否合适，等等。原因很简单，你是看客，能够做到更全面，更客观。但假如你就是其中的主演呢？那一切会变得怎么样？

现在你不知道同时期乃至不远的地方的真实情况，而且听到的多半是谣言，你不知道自己身边的人到底是怎样想的，他们的心里到底有没有在打自己的算盘，更不用说能够预知自己的决策正确与否了。那么在恐慌的情绪笼罩着所有人，自己最得力的将军很可能战败，敌人或许在下一分钟就将追上来杀死自己的情况下，作为永历，你是过关还是不过关呢？如果不过关，你是否又知道自己的生存之路在哪里呢？

这个时候，有些人或许依然可以给出思路清晰明确的答案来，有些则可能已经混乱了。情况就是这样，不同的人会有不同的表现和选择，而历史的残酷和有趣之处也都在于这样的一个地方，你能看到一个选择的过程与结果，并能就此提出不一样的方案，但是却没有人能够帮你确定你的选择是否正确，是否会比当事人的决定还要糟糕，因为已经发生的事已经发生了，而没能发生的事则永远没可能发生。

我并不清楚当时的永历为何要如此做出选择，毕竟他本人无论如何也是不可能告诉我他那阵子的思考过程的。反正我们今天唯一知道的只是一个结果：在皇帝陛下的命令下，明军武官、士兵和锦衣卫将随身武器纷纷抛弃在了关卡前，随后跟着永历一同进入了缅甸境内。被李定国指派护驾的靳统武和他的士兵则没有跟随永历朝廷入缅，而是在边关就此同皇帝和群臣告别，回去将朝廷的动向回报给了李定国。

接到靳统武的相关报告，李定国的反应第一是震惊，第二是震惊，第三还是震惊。李定国的军事斗争经验告诉他，缅方在朝廷入境后封锁边境、禁止明军入内的种种行为，一定有所图谋。李定国马上派出自己的僚属高允臣作为使者，要求接回永历君臣。

谁知高允臣一入缅境就被缅方杀害，迎驾之事就这样陷入了僵局。

永历一行刚进入缅甸境内时，情况还是十分顺利的。二十九日到达蛮莫，当地的缅甸土官思线主动出境，前来迎接。永历对思线的热情款待很是满意，于是临行前，特地赐给了思线金牌、缎帛等厚礼，作为谢礼。

永历的本意是前往当时缅甸的国都阿瓦，与当时的缅甸国王见上一面，谈点借兵复国之类的问题，所以皇帝陛下一路之上并未在各地耽搁太久，而是一直向阿瓦全速前进。就在赶路的途中，永历突然得到了黔国公沐天波、华亭侯王惟华、东宫典玺太监李崇实三人联合觐见的请求。

沐天波是比较有眼光的，认为朝廷虽然进入缅甸避难，可大明的命运却绝对不能就此完全置于缅甸的掌控之下，万一缅甸当局的态度发生变化，其后果必定将十分严重。他找到了王惟华和太监李崇实，提出了自己的一个想法：将入缅的大臣和士兵分成两部分，一半继续跟随皇帝到阿瓦，一半由太子朱慈炫带领，折回云南，督理当地的各路明军，一边坚持抗清，一边作为朝廷的外援，防止缅方图谋不轨，起到威慑的作用。

沐天波的建议很快得到了另外两人的一致赞同。三个人在商量后决定一起求见永历，请求皇帝批准这一方案。

永历对沐天波的意见很是赞许，他认为这样做的确可以有效预防缅甸国王翻脸不认人，投降清军，把自己一家人送给清军换钱花。再者说了，太子已经不再是小孩子了（时年十二岁），该让他承担一些保卫国家的责任了。于是，永历当场批准了沐天波等人的方案，并派人拟旨，准备送太子朱慈炫回国抗战。

然而就在此时，一个人对永历的这一旨意提出了强烈的反对。不是别人，正是永历的老婆，朱慈炫他妈。

王皇后就这一个儿子，而且还未成年（古人二十岁行冠礼才算成年），就这么让一个小孩子家出去，在王皇后看来，是件很不地道的事。况且云南地区战火纷

飞，明军又分散在各地，本不好统一指挥，如此艰巨的任务，朱慈炫是无论如何也无法承担的。王皇后的反应很激烈，据说甚至打算把提议太子出行的沐天波等三人叫过来臭骂一顿。

爱子心切，可以理解。

在王皇后的坚持下，太子最终没能成行。但王皇后本人并没有意识到，正是由于自己当时的反对，最后才导致朱慈炫没能活到行冠礼的那一天。所以说，有些伤害往往是打着爱的名义进行的，这句话并不是没有道理的。

二月初二日，缅甸国王莽达派出四艘客船来迎接永历君臣一行。由于缅方提供的船只体积太小，随行的所有人员不能全部登船，因此永历从中挑选了六百四十六人护送并陪伴自己走水道南下，其他的人要么自己自费雇船跟从前往，要么和总兵潘世荣保护下的岷王世子等人骑马走陆路前行。就这样，永历一行被分成了两路并将各自迎来不同的命运。

初六日，永历君臣从水路出发，乘船南下。经过近半个月的旅程，船队终于到达了距阿瓦并不遥远的井梗（今曼德勒一带）。当时的缅甸是大明的属国之一，缅甸国王莽达应该算是永历的臣子，因此二十四日，永历应缅甸国王的请求，派出了中府都督马雄飞、御史邬昌琦两位大臣作为特使，前往阿瓦与缅甸方面商议迎接的相应礼节问题。

当马雄飞、邬昌琦将带来的敕书交给缅方时，出问题了。缅甸的工作人员在拿出明神宗时期颁给缅甸国王的敕书同永历颁发的敕书进行核对时发现了一个严重的问题：两份敕书上所盖的玉玺大小稍微有所出入。这在我们今天看来也许是件小事，不过在当时人们的眼中这却是件天大的事儿。

玉玺的规格不符，就意味着永历的帝位来得不合法，并非正统。换句话说，这帮自称明朝皇帝和大臣的人，很可能是假的，是冒牌货，此来缅甸也许另有所图！

缅方对永历等人的身份产生了怀疑，打算采取相应的措施对付永历等人。但关键时刻，沐天波再次出马，挽回了即将恶化的形势。

虽说玺印对不上（永历的那枚的确是新制的），但沐天波随身携带的征南将军印却是货真价实的。这颗将军印是早先朝廷所赐而为沐家历代相传，平时沐家代表朝廷与西南土司和邻近国家进行公文往来用的就是它，因此缅甸当局在对比征南将军印记之后，才算相信了这些不速之客的身份，表示允许永历和其随行人员暂时居留在缅甸境内。

本来缅甸国王对于这位“南幸”的明朝皇帝就不十分待见，现在发现他的皇位似乎还来路不正，恰好给了莽达一个不尊重永历君臣的合适理由。所以永历等人虽然到达了阿瓦近郊，缅方却一直对永历和缅王的会面只字不提，而是十分低调地将一行人就近安置在城郊，还明文规定，不允许明朝人员擅自进入国都。这样看，莽达兄还真不见外，把宗主国的皇帝陛下当难民了。

三月十七日，正在王宫中像平日一样休息的莽达突然接到了一个急报，国都阿瓦城对岸处发现了一支人马的迹象，对方约有千余人，马匹数百匹，且部分成员可以很容易看出是久经操练的武士，形迹十分可疑。

这一报告很快便引起了缅甸方面的不安情绪，莽达甚至大声叫嚣：这绝对是个阴谋，明朝并非是来避乱的，而是意在吞并我国！

既然国王大人都这样断定了，缅甸的大臣们立刻迎合莽达的思路，讨论起应对的办法。最后缅方的一致意见是迅速出动军队，先下手为强，消除这一隐患。

于是阿瓦城内的缅军大举出动，对他们心目中的敌人进行了严密的包围。其实这批人马实在不需要如此大费周章。这部分走陆路来到阿瓦的明朝人员中，士兵也就几百人，而且还没携带任何武器，其余大部分都是手无缚鸡之力的文官及其家属，所以真要说成是威胁，顶多也就是会造成当地的物价稍有涨幅而已。

但缅军士兵可不这么考虑。他们接到的命令只有一个：彻底消除可能的隐患。因而缅军在没打招呼的情况下，突然对这部分明朝人发动了攻势。在发现这些人几乎很难进行有效的抵抗时，又强行把这批人不分男女老幼，分别安插在附近各村的村民家中，令他们严加看管。所谓的看管标准则是一家一人，禁止往来。就这样，许多入缅避难的大臣家庭顷刻之间妻离子散，连家产也被缅军士兵和当地村民抢光，甚至完全失去了人身自由。在这种屈辱的情境下，通政使朱蕴金、中军姜成德不堪忍受，悬梁自缢。更多的人则在囚禁中变得日渐消沉。

五月初七日，缅甸当局经过商议，决定将在井梗暂居的永历一行和随后到达的陆路人马集中安置在与阿瓦城隔河相望的近郊，并用当地随处可见的竹子为明方人员围造了一座城，其中有草房十间作为明朝皇帝的住所，至于其他的随行官员，缅甸政府是不予安排住所的，这些人唯有自己动手，自行搭建住所居住。

就这样，永历君臣算是正式在缅甸安定了下来，不过缅方始终没有给予明朝人员正式的官方接待，甚至莽达住在阿瓦城内、永历住在阿瓦城外，离得如此之近，两个人也从来没有见过面，更不用说是按照礼仪规定对永历行藩臣大礼了。

生了病的老虎不但不再是老虎，有时连一只病猫都不如！

永历对缅方的无礼无能为力，只得苦笑。毕竟此时永历手中没钱没武器，说什么也是不灵的。

朝廷在缅甸的生活日渐艰苦，这个消息也很快传到了国内。当时多尼、赵布泰、吴三桂的三路大军已基本完成了对云南全境的占领，罗托、洪承畴依旧固守贵州，明军虽然没有受到毁灭性的打击，却因清军堵住了交通要道而被分成了若干个

独立的部分，很难组织有效的反攻，而且由于清军主要力量多集中在比较繁华的城镇，明军为了生存就只能待在穷乡僻壤、鸟不生蛋的蛮荒之地，那条件的艰苦程度绝不亚于入缅的部分。

然而就是在这样不利的情况下，白文选得知朝廷的窘境，立刻率军从驻地木邦出发，攻往缅甸境内，要求缅方送回永历等人。

虽然白文选兵力不多，还是接连被清军击败过的，但缅甸组织迎击的军队在白文选面前却是不堪一击，缅军很快便被明军击败。按照某些史书的说法，白文选所部大败缅军数十万，兵锋直指缅都阿瓦。个人以为，这个记载或许有些失实，但数万人我看还是有的。

眼看着缅军一溃千里，明军即日便会兵临城下，莽达着急了。他马上派人逼迫永历下发了要求退兵的诏书，这才使得白文选退去，暂时保住了自己的王位。但这件事让莽达认识到了一点，做事一定不能太过分，否则即便永历没有那个能力，白文选却是能随时要了自己这条老命的。

磨盘山战役后，李定国基本上丧失了再次对清军发动大规模打击的兵力，不过李定国并没有因此灰心丧气，而是积极联络散布各地的明军余部，准备联合展开反攻的行动，从清军防守薄弱处入手，率先收复云南和四川的部分失地，建立明军的反攻根据地。李定国的这一想法很好，也可以说是当时唯一的办法了。然而不久之后，一个消息的传来彻底打乱了李定国的计划：冯双礼被俘了。

当初朝廷决定放弃昆明时，冯双礼等人带领部分主力北上进入了四川建昌。他们的目的很明确，避开清军的主力，转入敌后，和在当地颇具实力的夔东十三家军实现联合，以便开创抗清事业的新局面。

西南清军的目光主要在李定国和白文选的身上，所以冯双礼部很顺利地到达了建昌，并顺利地与夔东十三家军完成了会师。可是接下来的事情就不大顺利了。在督师阁部文安之亲自统领大军围攻重庆并即将有所突破时，明军内部突然发生内变。早有降清打算的谭诣因被同行的涪侯谭文发现自己的企图，当夜派人刺杀了谭文，密约降清。

次日，清军出城迎战，谭诣忽然率部临阵倒戈，使明军阵列陷入了混乱，就此被击败。不久，新津侯谭弘在谭诣的招引下也跟着向清军投降。至此，攻打重庆的明军水师全线崩溃。行至丰都的明军陆上部分在得到报告后，不得不撤回原地。

重庆战役失败，忠州、万县等地因此陷落。这一切使得在四川坚持抗清的明军诸将信心大受打击，部分将领准备向二谭学习，趁机降清，于是以德安侯狄三品为首的一些人暗中联络了吴三桂，下定了叛变的决心。

永历十三年（1659）四月，狄三品看准机会，借口商议军情，将冯双礼活捉，随即带队不远千里前往投降。与此同时，镇守四川嘉定的延长伯朱养恩、总兵龙海阳也叛了，四川境内的抗清势力遭到了沉重的打击。但更为严重的问题是，这股投降的风潮开始暗中在西南地区扩散开来。

首先是叙国公马惟兴、淮国公马宝及汉阳王马进忠的儿子马自德等带领所部兵马七千人在滇西北降清，紧接着镇守永昌的怀仁侯吴子圣投降，这些人的行为直接带动了新的归降风。不久，岐山侯王会、总兵杨成等率众四千余人，扬武伯廖鱼领兵六百名，征蛮后将军杨武收得染瘴病亡的广昌侯高文贵余部三千余人，先后向清军投降。随即这些将领和他们的军队总计三万人被清廷下令编为十营，马宝等十位明军降将被分别任命为总兵，承担协助西南清军镇守当地、稳定局势的任务。

武将们多是因退到边荒地区后，遭遇瘴气瘟疫，补给不足等诸多困难，以致士兵人数锐减，各自失去联系，最终选择降清的。至于文官，在我看来，是由于失去了对未来的信心。比如降清的东阁大学士张佐宸、户部尚书龚彝、兵部尚书孙顺、侍郎万年策、兵科都给事中胡显等人，大多都是十分忠于永历、一心拥护明室的官员，要说他们会降清，别说永历不信，就连他们自己在下定决心前也从没有过这种打算。之所以会做出这种有违他们本意的抉择，相信他们更多的是无奈。

天子入缅，名将战败。满眼的失意景象已经彻底摧垮了他们坚持下去的决心。对于一个读书人而言，做官有没有俸禄按时拿，会不会被敌兵发现杀死，这一切并不重要，唯一重要的是他们能在绝望的黑暗中看到象征希望的一丝光芒。现在这些人已经看不到光芒了，因而他们选择了投降。

说实话，我能理解他们心中的纠结与煎熬。所以我并不打算给予他们过多的责备，至少他们已经尽到了自己的本分。

明朝官员的纷纷投降，深深刺激了李定国。当时李定国退守云南边地，正在孟艮（在今缅甸景栋一带）休整军队，由于那会儿信息通信手段的限制，李定国无法稳定处在远方的各路明军的军心，只得眼睁睁看着自己的战友先后摇身一变成了自己的新敌人。这种痛苦不是我们一般人能够体会到的，不过让李定国感到欣喜的是，有一个人始终站在自己的身边，陪同自己一起坚持了下来，那个人正是白文选。

永历十四年（1660）七月，白文选第二次带兵进入缅甸，意图接回永历。可是鉴于缅军人多势众，明军对于当地的地形又不太熟悉，这一次的营救再次以失败告终。白文选没有办法，经过考虑，他决定回国找到李定国，与李定国合兵一处，再试上一把。

九月，明军在李定国和白文选的带领下，第三次打入缅甸，不到半个月便已深

入缅甸腹地，推进到了缅甸都城阿瓦附近。缅王莽达大惊，只好故技重施，逼迫永历下发敕书，命令明军退兵。

缅甸方面此时不但有永历本人做挡箭牌，皇后王氏和太子朱慈炫也在缅人手中，因而李定国不敢轻举妄动，万一莽达翻了脸，伤到了皇帝一家子，那麻烦可就大了。于是，在同白文选商议后，李定国决定率军撤回云南，不过大军始终不离中缅边境，以便给缅方施加压力，迫使莽达答应归还永历的请求。

永历十五年二月二十八日，白文选通过一些缅甸人秘密给永历送上了一封奏疏，在奏疏中，白文选简单叙述了当前的国内局势，并表明害怕伤及皇帝陛下，是明军迟迟不敢攻打阿瓦的唯一原因，因而有鉴于此，白文选提出最好朝廷内外能共同努力，争取让缅甸人主动把人送出来。

对于白文选的意见，永历表示赞同。因而在永历的示意下，朝廷内部开始配合白文选在阿瓦城外七十里处搭浮桥渡江的军事行动，开展与缅方的交涉。

谁知，双方的交涉刚刚步入正轨，外面的消息就传来了：缅军已把浮桥砍断，明军无法渡河，暂时打不过来了。缅甸的使者立马单方面宣布终止会晤，不见人影。

遇到这种事情，也只能说是明朝的气数真的已经到头了。

不过，沐天波从来不信邪，白文选的军事营救计划没能成功，沐天波却趁机联络好了总兵王启隆，暗中召集了数十名死士，歃血为盟，决定杀掉卖国的马吉翔、李国泰二人，保护太子殿下突出重围，回国投奔李定国、白文选，重整旗鼓。至于永历本人，之后能救得出去最好，救不了也只能就这么着了。

这是一个万不得已的行动，也是同样受困于缅甸的明朝大臣最终能做的事情。可是遗憾的是，沐天波的这一计划还是暴露了，因为他忘记了，马吉翔特务头子的工作已经干了十多年，朝廷上下都遍布了马吉翔的眼线。

马吉翔发现了沐天波等人的密谋，立刻采取行动反击。在李国泰的帮助下，马吉翔以永历的名义下令将参与此事的沐府家丁李成、王启隆的家丁何爱等人处死（沐天波和王启隆两个重臣，马吉翔还是没胆碰的），并通知缅甸方面增加了看守永历和大臣们的缅兵数量。这样一来，永历的住处被搞成了集中营一样，任何人出入都会遭到守兵严格检查，此后就算永历再想向外传播消息都变得困难无比，更不用提杀出血路送一个大活人回国了。

危机！咒水之难

就在朝廷内外惨淡经营，寻求方法救出永历或太子时，众人面对的形势突然遇到了重大变动。

永历十二年十月初九日，吴三桂带领清军包围元江城，击败了忠于明室的元江府土知府那嵩，削平了云南境内实力最强的反清土司。西南地区大规模的反清运动自此基本上都被镇压下去。于是乎，入滇的清军内部开始为下一步行动展开激烈的争论。多尼等人以满洲兵将不适应云南当地湿热的气候为由，要求撤军回京，洪承畴等人则主张继续留下大量清军驻守西南，因为李定国还在。

双方的意见分歧很大，谁也说不服谁，因而此事最终上报清廷，请求清廷的最高决策机构议政王大臣会议定夺。

之后，清廷和前线的清军主要将领经过长达两个月的讨论，终于做出了如下决定：调回希望早日班师回京休息的罗托、多尼、赵布泰三将及其所部满洲兵，留平西王吴三桂为西南地区的清军统帅，会同固山额真卓罗带领的少数满洲兵一道进军缅甸，捉回永历。至于入缅清军的具体部署工作和相关进军事宜，还是由留镇贵阳的经略洪承畴全权负责。

其实早在永历十三年，洪承畴就已开始与缅甸方面进行谈判，并派使者给莽达带去了自己的亲笔信和一份名单。名单上明确列出了清军需要缅方交出的三个人：朱由榔、沐天波和李定国。

估计洪承畴当时并不知道李定国没有跟随永历入缅，所以把李定国的名字也加上去了。莽达很清楚，想要凭借自己的力量抓住李定国，下辈子也绝对不可能，因而对于洪承畴的来信，莽达一直没给回复。

到了当年八月，洪承畴因为年老体衰、目疾加剧，上疏清廷请求回京养病。两个月后，清廷批准解除洪承畴经略的职务，改任吴三桂为留镇云南的清军最高长官，总管云南全省的军民事务。

要知道，洪承畴和吴三桂的关系非同寻常，并不只是老朋友那样简单，两人在同为明朝工作时就已然相识，后来他们的人生际遇又十分相似，所以二人之间的共同语言远比其他的明朝降将间要多上太多。因此，在洪承畴回朝复命前，吴三桂特地找到了洪承畴，他有个问题想要请教这个老前辈。

“我为云南主官，统领一省军政要务，不知先生有何教我？”

这是一句看上去极为简单的问话，但其实不然。知道这句话的深意，并给出吴三桂最需要的答案的，在这个世界上估计只有洪承畴一人。

在清廷手下工作了这么多年，洪承畴明白吴三桂的意思。清廷向来对明朝降将并不信任，特别是像自己和吴三桂这样在明朝时就名声很大、很能打仗的猛人，清廷是不会安心地把这些人长期放在外面的，更何况还让这些人大权在握，统领大军。现在不过是情况比较特殊，李定国过于彪悍，普通的人挡不住，因而这个机会

才降临到自己和吴三桂这种人的头上。所以说，吴三桂问题的真正含义应该是这样的：怎样才能保证我一直掌握云南的军政大权，而不至于被清廷搞掉？

对此，老狐狸洪承畴的回答很有深意，他是这么回答的："不能让云南一天不出事（不可使滇一日无事也）。"

听完洪承畴的建议，吴三桂如获至宝，欣喜不已。可以肯定的是，首先他明白洪承畴了解了自己的意思，最后是因为吴三桂得到了他想要的答案。

洪承畴走后，吴三桂开始每天上疏清廷，极言李定国等明军余部扰乱云南社会治安，请求清廷出兵增援自己，以实现对李定国部明军和入缅的永历的斩草除根。

平心而论，清朝高层对逃入缅甸的永历和在边境土司地方打游击的李定国、白文选的追剿行动并非很热心。毕竟在清廷眼中，永历和李定国已经失去了赖以发展势力的土地和人民，只能在粮食都缺的欠发达地区四处跑，不可能再对清朝的统治形成太大的威胁，那就省点力气，让他们自生自灭吧。

但吴三桂的接连上疏却给清廷提供了继续用兵西南的理由：只要永历父子不死，国内老百姓的复明希望就永远不会灭绝，而只要李定国不灭，凭借此人的能力，假以时日，就会有联合西南边境、东南沿海以及夔东山区的抗清武装一同起事的可能。到时洪承畴不在了，李定国又和郑成功联了手，发起反攻，清廷是扛不住的。

吴三桂的这封奏折说到了清朝高层的心坎里，于是清廷终于下定了决心，按照吴三桂说的，对明朝赶尽杀绝，斩草除根！

永历十四年（1660）八月，应吴三桂的要求，清廷以内大臣爱星阿为定西将军，率八旗军赶赴云南，协助吴三桂对李定国进行会剿并进兵缅甸捉拿永历。

得知清朝出兵的消息，缅甸当局的态度也发生了一百八十度的大转变。或许是出于对李定国的畏惧，莽达决定配合清兵的行动，消灭中缅边境的明朝势力，以避免再次成为明朝的缅甸军民宣慰司。

因此永历十五年（1661）正月初六日，莽达的使者来到云南求见吴三桂，并向吴三桂提出了合作的条件：缅甸方面交出永历，清军作为主力攻击李定国、白文选部明军，而缅军可从旁进行配合。

出乎莽达预料的事情出现了，吴三桂居然回绝了缅方的请求，并装起了孙子，表示没有清廷兵部的允许，自己不便出动大军。吴三桂只表示愿意派兵在永昌、大理等边境地段上大张旗鼓地进行声势方面的支持，至于与李定国作战的事，还是缅军打主力的好。

十万缅军三次与李定国、白文选部交手，每次都被万余明军打得四散奔逃，伤亡惨重，竟然还让我们充主力，你是不是嫌我们缅甸的人口消减得不够快啊！

吴三桂的回复令莽达非常愤怒，决定不再靠清军帮手，还是用老办法，拿永历做人质以保证自己的王位。在莽达看来，李定国、白文选虽然能打，但始终是要老的，而自己的手里不但有永历还有永历的儿子，难道还怕拖不到李定国或自己寿终正寝的那一天么？

莽达得过且过，把问题留给下一代国王解决的想法很快被大家看穿了，并由此激起了缅甸国内许多人的愤怒。其中反应最激烈的是他的弟弟，最有可能成为下届国王的莽白。

在一些缅甸大臣的支持下，莽白对不负责任的哥哥出手了。

永历十五年（1661）五月二十三日，莽白果断发动了一场极为成功的宫廷政变。在当场杀死莽达后，莽白自立为王。

在新国王看来，莽达既不把皇帝送还给李定国，又不把他作为逃犯引渡给清朝的政策，这是极端错误的。这样只会导致缅甸长期处于明清两股势力的夹缝中，不得安宁，甚至还有被卷入战争而亡国的可能。毕竟以当时缅军的实力来看，无论是李定国还是吴三桂，两位爷谁都惹不起。

不过就当时的情况看，李定国被清军吃掉的可能性还是大一些，因而莽白与手下大臣们定计，决意无条件地将永历君臣打包送给清朝。

七月十六日，缅甸方面为免夜长梦多，终于决定采取行动。

缅甸政府打算这样：派人以过江议事为名，把永历身边得力的大臣骗来与会，然后当场加以控制，该抓的抓，该杀的杀，该留着干苦力的送去劳作。铲除永历的羽翼后，再直接派兵抓住永历本人送给清军，一切就此完事。

但缅甸方面这一计划还是有些缺陷，那就是他们太低估永历君臣的智商了。论搞阴谋诡计，明朝人是绝对的专家级别，莽白和他的大臣们在一群老狐狸、老油条的面前也就是幼稚园的水平，而且还是刚入园的那种。因此缅方放了话，明朝方面却没有反应，好像压根儿就不知道有这回事。

这下轮到莽白急了。鉴于自己在名义上还是大明皇帝的臣子，莽白也不好强逼永历的重臣出席。他只好再次派出使者，假惺惺地当着永历君臣的面说道："我们大王邀你们前去与会只是担心你们有所企图，因此想让双方官员一起到河边共饮咒水，对天盟誓。如果你们肯去，以后可以同你们加强贸易往来，不然两边就彻底断绝关系，那时你们的生活将会更加艰难。"

话说到这个份上，摆明了是在威胁。永历君臣并不担心缅甸政府要把戏，担心的正是对方封锁自己的生活物资来源。这下朝廷被点了死穴，没办法了。永历一时间不知如何回复。

这个时候，还是沐天波站了出来。面对来势汹汹的缅甸使者，沐天波厉声呵斥

道："你们缅甸原本不过是我大明的一个宣慰司。今天我君臣到来，是天朝上邦。你国王该在此应答，才是你下邦之理，如何反将我君臣困在这里！"

"我虽然不知道你们今天有何奸计，但你可以回去告诉你们国王，就说我天朝皇帝，不过是天命所使，今已行到无生之地，可却不会受你等土人之欺！今日我君臣虽然势穷，量你们的国王也不敢无礼。任尔国兵百万，象有千头，我君臣不过随天命一死而已。但我君臣死后，自有人来与尔国王算账！"

话是这么说，不过这里毕竟是缅方领土，而且莽白又是那种在我的地盘由不得你做主的人。所以明朝方面没办法，最后还得派人去。

在派哪些大臣前去定盟这个问题上，永历还是动了一番脑筋的。他选定的代表团的两个主要领导分别是马吉翔和李国泰。

这两人都曾一度是永历十分信任的人，但现在他们却是永历十分想除掉的人。原因很简单，他们不仅祸国，而且还卖国。只是由于二人在朝中的势力太大，党羽遍布，永历才一直没有下手。如今机会来了，就派马吉翔和他的死党们去参加那个注定凶险万分的会谈，这一招就叫借刀杀人。

当时的马吉翔是内阁的首辅，前往与会，这绝对属于正当防卫，马吉翔找不到拒绝的理由。但老奸巨猾的马吉翔最终还是提出了一个前提条件：除非有黔国公沐天波陪同，否则宁死不走。

马吉翔掌握着朝中的军政大权，实在不好强迫，而明知此去九死一生，派沐天波随行，实在舍不得，因而马吉翔的这个要求使永历陷入了极为被动的境地。

就在永历踌躇的时候，沐天波站了出来：臣愿随同马阁老前去。

难道你不知道此行极端危险，一去就有可能再也回不来了吗？

我知道。不过作为国家的勋戚大臣，我愿意走这一遭。陛下，请保重吧。

看着沐天波远去的身影，永历心中百感交集。历经了多年的腥风血雨，尔虞我诈，永历曾经怀疑过这个世界上是否有真情和诚信这些东西在，甚至认定世上的人究其一生不过是在追求利益二字。然而，在与沐天波相处的这短短几年里，永历慢慢认识到，自己以前的想法或许是很片面的。追求利益的人虽然存在，而且很多，但是这个世间之所以还有温暖，是因为真情未断。

坚持原则、恪守道义的人，无论何时都是有的，虽然不多，但他们活着。

马吉翔等人本以为，有沐天波这位深受西南边境各邦国、土司重视的人物压场，缅甸人不敢把自己这点人怎么样的。然而事情的发展告诉马吉翔，他错了。

七月十九日，明朝代表团刚刚抵达盟会地点不久，就被在此等候多时的三千缅兵团团包围了。

缅军的指挥官在军队完成了包围后，随即下达了命令：杀。

缅甸人起初的确是不想杀沐天波的，因此几名缅甸士兵得到的命令是先将沐天波从会场架走。但没想到沐天波的反应实在太快，缅兵刚一靠近，他就夺过了缅兵的刀，接连砍翻了几个缅人，并号召身边的总兵魏豹、王升、王启隆等几个武官一同奋起反抗，所以缅军只好一不做二不休，把在场的所有人统统杀掉，包括沐天波。

一场血腥的屠杀后，到场的四十二名明朝官员全部遇难，其中虽然有马吉翔、马雄飞、太监李国泰这样早该杀的，可更多的还是朝廷的栋梁。

缅军杀完人后，开始向永历的所在处蜂拥前行。在分派任务的时候，上面曾经许诺过，执行完任务，你们有权去明朝驻地好好抢上一把。

面对杀到眼红的三千缅军，此时朝廷可以组织起来保卫“行宫”的只有十三个人，领头的总兵邓凯还因伤正处于跛足状态。这么个状况，想要抗击入侵之敌，傻子都知道很难。

永历不是傻子。在缅军攻入行宫的同时，他已决定同王皇后一起自缢，以身殉社稷。就在永历准备好结束自己生命的那一刹那，邓凯突然闯了进来，用一句话打消了皇帝陛下寻死的打算。

“太后年老，飘落异域。皇上失社稷已不忠，今弃太后又不孝，何以见高皇帝于地下？”

是啊，忠孝不能两全，这样死了，到下面的确不好交代。

于是，永历回到殿中，静静等待着上天为自己安排的最后结局。

在将行宫中的女子钱帛搜刮殆尽后，缅甸方面的大臣这才姗姗来迟，下达了约束缅兵的命令：不可伤皇帝及沐国公。

敢情你还知道你们是做臣子的啊。

不过，莽白这一套捡了便宜又卖乖的手法并没有施行到底。不久，永历、太后、皇后、太子等二十五人就被缅兵请到了一间小屋内，集中关了起来，缅方对此的解释是避免皇室再次遭到乱兵的骚扰。可是众人很清楚，这一切其实只是阴谋的开始。

喋血！篦子坡

莽白在策划了“咒水之难”后，成功杀死了永历身边几乎所有的大臣和侍卫，并将永历等剩余的几十个人完全置于严密监视下。接下来要做的，就是把永历等人引渡给清方了。

永历十五年（1661）四月，定西将军爱星阿率领满洲兵马到达贵阳，在休整了

十天后，大军进入云南，正式与吴三桂所部实现会师。

经过商议，二人敲定在当年的八月二十四日，由昆明兵分两路进入缅甸，捉拿永历等明朝的重要人士。

十一月初九日，总兵马宁、副都统石国柱及降将马宝、马惟兴等带领的先头部队推进到木邦，白文选率领明军据守锡波，凭江为险，与之交战。之前白文选的部将张国用、赵德胜曾经打算挟持文选降清，发起过一场兵变，虽然没能成功，但却成功地使白文选与李定国失去了联络。所以当马宁部的两万清军杀来时，白文选只得独自应战。

本来此时的白文选已经不占优势。然而上天似乎依旧觉得白文选先生不够惨，所以白文选又接到了一份惊喜。

白文选派出执行侦察任务的副将冯国恩在行动中被清军发现，随即被俘，严刑拷打没撑过去，就这样投降了，还把明军的具体部署给泄露了出去。

白文选得知此事，当即大惊，连忙下令烧毁浮桥，率部退往茶山。

十一月二十五日，清总兵马宁等在猛养追到了白文选，并指挥大军将白文选部围了起来。在深陷重围的情况下，白文选数次组织突围都未能成功。此时他身边的士兵早就不足四千。

几天后，白文选在自己的营帐里接见了老朋友马宝。马宝此次孤身前来，目的很单纯，是代表吴三桂劝降的。

进退无路，欲战不能，白文选已经别无选择。

“吾负皇上，负晋王矣。”一声哀叹过后，白文选率领四百九十九名官员、三千八百余名士兵，并战马三千六百二十四、象十二头，归降。中兴大明这条无限坎坷的路，白文选终究没能坚持到最后。

白文选战败降清、吴三桂统军入缅这两个消息相继传入了被囚禁的永历耳中。他知道，离最终的结局已经不再遥远了。

“太后复病，天意若不可挽回，鞑子来杀朕，使太后骸骨得归故土。”这是永历对邓凯下达的最后命令，也是永历唯一的愿望。

回去吧，回去也好。作为明朝的皇帝，就算是死，总要死在自己的故土之上才好。

想到此处，永历释然了。

于是他提起笔来，给来追杀自己的吴三桂写下了一封信，一封写满自己哀伤、愤懑、希望的信。事实证明，这也是永历留下的最后一份公之于众的文件。

永历的亲笔信并没能感动当时的吴三桂。十二月初一日，在吴三桂的统领下，清军主力部队五万余人已迫近缅甸的国都阿瓦。

一两万装备残破不堪、后勤给养都供应不足的明军就能够连续击败几倍于己的缅军，缅王莽白对于这些场景始终记忆犹新。现在吴三桂带来的清军兵精粮足，士气正盛，要抵抗基本是没戏唱，因此莽白在与大臣们商议后，决定立刻把永历等人送给吴三桂，以避免吴三桂冲动一把，率军攻城。

商榷已定，缅甸方面派出宰相锡真作为使者，前往与吴三桂谈判并传达相关信息。

永历十六年（1662）二月，按照约定，缅甸将永历、两宫太后、皇后王氏、太子朱慈炫等移交清方。清军就此退兵，回到云南境内。

永历君臣长期被缅方囚禁，因此对小屋外的情况并非十分了解。当一队缅甸士兵突然闯入永历住地，口称有中国兵驻军城外，要求永历等人立刻转移时，众人还搞不清到底是谁来了。后来在缅兵的扈从下来到河岸，见着了等在这里的一个人，永历这才有些安心。

等在江边的那位，是永历的臣子、武功伯王会。但此时永历并不知道，不久之前，王会先生刚刚选择了跳槽。

王会望见皇帝陛下驾到，远远迎了上来，声称自己是奉晋王李定国之命特来迎驾。王会这么一说，永历产生了一种误解：李定国得知清军入缅，特地赶来救自己了。

永历君臣在不明真相的情况下，怀着轻松的心情渡过了伊洛瓦底江。清军将领最大的担心——永历得知实情后会在渡河时投水自尽的场景终于不会发生了。上岸走了一段时间后，永历便已有所察觉，因为沿途所见并不像王会告知的那样，特别是从王会本人的眉宇之间，永历捕捉到了一丝心虚的神色。

果然，到达王会所谓的李定国落脚处，事情终于暴露了。然而永历似乎早就预料到了会有这种结局，因此在骂走王会之后，永历显得十分从容，径直在清兵引导下走进了一个军帐之中。

就这样，永历一行被骗进了清军大营。在这里，永历将与吴三桂进行一次载入史册的对话。

得知永历已安然到来，吴三桂先派出了自己的部将们前往拜见。这么做一是为了再次验证永历的身份是否属实，二是要看看这位皇帝陛下的情绪是否稳定。

在得到永历南面朝北而坐、异常镇定的答复后，吴三桂决定去见永历一面。

吴三桂走进营帐，并没有像他的下属一样对永历行叩拜礼，不过是长揖一下，那意思是我来了。

我们有理由相信，永历虽说知道吴三桂，或许也听人描述过他的相貌，但一开始他并不知道吴三桂就是自己眼前的这位。所以永历凭借自己唯一保留的事物，大

明皇帝的尊严，开始了这场对话。

“来者何人？”

没人回应。

又重复了一遍，对方还是不吭声。

永历感到很奇怪，又提高了音量，第三次问了同样的问题，这才听到了答复。

“吴三桂。”

之所以会有这种效果，前文不止一次提过，永历是一个很有“范儿”的人，属于不怒自威的气质型，再加上有过王坤的系统礼仪教育，足以震慑住不少人。之前的李成栋和之后的刘文秀、李定国，据说就是因此心甘情愿地臣服于永历，为他效命的。

虽然永历不再是吴三桂的皇帝，吴三桂也不再是明朝的大臣，但面对如此有威严的囚徒，吴三桂还是情不自禁地伏在地上，不敢随便出声。（王问为谁？三桂噤不敢对。再问之。遂伏地不能起。）

听到对方回答是吴三桂，永历心中的怒火马上腾起，随即开始像呵斥自己的臣子一样，大声质问吴三桂：你不是汉人么？你不是我大明的臣子么（可以做吴襄的儿子理解），为何甘为汉奸叛国负君，做出这种事情来？你扪心自问，你的良心到底在哪里？

面对永历的呵责，平日不可一世的吴三桂彻底怂了，只是依旧跪伏在地上，不敢吭声，直到永历发泄完了自己的满腔怒火的那一刻。永历很明白，落入了清军的手中，自己就此只有死路一条，虽然永历已不奢望活下去了，但他还有一个愿望。对话的最后，永历以稍显舒缓的语气说出了自己的这个愿望：我本北京人，欲还见十二陵而死，这件事你能帮我实现吗？

吴三桂至此才勉强说出了他的第二句台词，当然，也是最后的一句：我能。

事情的发展证明，吴三桂又一次违背了他的承诺。

明永历十六年，清康熙元年三月十二日，清廷以诏书的形式对外发布了清军入缅擒获永历的消息。同一天，永历父子被押回云南昆明。昆明城中幸存的百姓自发聚集在道路的两旁，等待着再次看到自己的皇帝，他们中的大多数人都很清楚，这是最后一眼了。

四月二十五日，由吴三桂等人提出的就地处决永历父子的建议得到了清廷核准，永历一行被从原崇信伯李本高宅内被带出，送往秘密刑场篦子坡，执行绞刑。除朱由榔、太子朱慈炫被送往金蝉寺用弓弦勒死，随即当场被昆明知县聂联甲带人火化后，随行的二十余人也尽数被秘密杀害。次日，清兵在火化处拾取大骨携回，送往京师作证。云南城内，一些胆子大的百姓以出城上坟为借口，寻找到了永历父子未烧尽的骨片，葬于太华山，时加祭奠。

虽然明朝的最后一位皇帝永历也已死于清军之手，但他带给云南百姓的，人们不会遗忘，至少那些靠着保留的粮食而挨过兵乱的人会记得。在他们看来，这是一个好皇帝。

因而，当地人自此改称篦子坡为迫死坡。

各自的结局

所有的一切到此似乎该结束了。随着主演朱由榔的离世，本书的其他几位主角也即将迎来各自的结局。

清军入缅时，李定国正在中泰边境一带的景线地区活动（当时中国和泰国是接壤的），准备在作为明朝属国的暹罗的帮助下养精蓄锐，等实力有所复原后，先收复云南，再入缅迎驾。可李定国没想到的是，吴三桂最后还是比自己快了一步。

不久，永历父子遇害的消息传来，李定国因此每日捶胸大哭，以致伤心过度，数日不能理事。

五月十五日，李定国得知属下原有的六千兵马由于长期驻扎在人烟稀少地区，粮食不足，医药短缺，差不多已病死过半。李定国由此深感复兴无望，于是撰写表文焚告上天，提出了两种截然相反的请求：

倘若明祚未绝，希望军马无灾，明军各将同心协力，出滇救主（当时消息并未得到最终的明确）。如果明朝的气数已尽，李定国则希望一人速死，以保证部下兵将们不再饱受疾苦（乞赐定国一人早死，无害此军民）。

此时，上天似乎终于听到了李定国的祷告，遗憾的是，他给出的答案是后者。

六月十一日是李定国的生日，不知是命运的安排还是时间的巧合，李定国从这天起开始发病，并始终未能治愈。六月二十七日，李定国病逝于景线，一代名将就此归天。

我知道，虽然他被后世公认为南明第一名将、明末最杰出的军事家、抗清英雄，但他还是有着与普通人相同的遗憾与悔恨、愤懑与哀伤。

因为他临终之前，有言如下：“宁死荒徼，无降也！”

一代豪杰赍志以殁，每当看到此语，我都不太好受。但闭上眼，脑海中似乎能依稀看到百万雄兵以及那大军之中的将军身影。

李定国去世后，其表弟马思良不堪忍受艰苦的生活，辜负了表兄的嘱托，联合总兵胡顺都、王道亨出走降清。不久，接受李定国托孤的平阳侯靳统武也生病而

死，李定国的旧部就此陷入进一步的混乱之中。李定国的儿子李嗣兴和刘文秀之子刘震最后未能恪守李定国的教导，先后降清，被授予都统之职。

不过，听从李定国的遗命的人倒不是没有，一部分明军士兵在极端恶劣的条件下还是坚持了下来，没有降清，没有回国。久而久之，这群继承了李定国遗志的人生存了下来，并逐渐发展成了今天的十多万之众，他们被称为果敢族。

即便岁月已经过去了几百年，但是坚定与坚守，迄今犹未改变。

就在李定国离世前后，作为李定国毕生对手的孙可望和最大劲敌的洪承畴也先后死去。洪承畴还算好些，是在康熙四年（1665）寿终正寝的，享年七十三，属于善终。相比较而言孙可望要惨上许多，因为无论是当时还是后世，许多人都一致认定，孙可望死于谋杀。

自永历十二年开始，随着清军在西南的进兵越来越顺利，永历朝廷的局面日益危急，曾大红大紫过一段时间的孙可望其本人的地位也每况愈下。

当时孙可望意外得知，自己自幼失散的亲弟弟孙可升居然还活着，而且正在清军驻上海县的部队里当兵。孙可望大喜过望，立即决定把弟弟及其家眷叫到北京来，与自己同住。鉴于孙可望的地位已大不如前，生活又略显拮据，因而付不出太多的搬家费，所以孙可望就打算请求顺治批准，利用政府的驿站车马设备，以实现自己全家团聚的愿望。

谁知，孙可望这一奏章刚送上去，被顺治批交兵部议奏，立刻就招来了骂声一片。左都御史魏裔介带头参劾孙可望公车私用、浪费国家资源的可耻行为，随即义正词严地指出，孙可望这是在图谋不轨，想要败坏顺治和大清的名誉，损害其在老百姓心目中的良好形象，要求有关部门对孙可望进行严惩。

魏裔介的这份骂章着实把孙可望吓得不轻。孙可望没办法，只好一面上疏为自己辩解，一边绝口不提使用驿站车马的事，转而四处借钱，筹集路费。如此一来，才总算从言官们的口水中爬上岸来。

这个王爷当得着实窝囊啊！相信此时的孙可望一定有这样的想法。然而他并不知道，这一切不过是个开始，魏裔介等人不过是奉命行事。

一年后，孙可望被人揭发在城中放债取利，又被推上了风口浪尖。事实上，当时北京的许多官员都在兼营着放债的业务，也没啥人管。但谁让你是孙可望呢？就不成了。清廷是绝对不会放弃这样一个敲打孙可望的好机会的。

对于此事，顺治先派出内阁学士马迩吉来到孙可望处，奉旨训斥。臭骂一顿后，过了几天，再喂胡萝卜，宣布免除孙可望破坏金融秩序的罪责，免于处罚。

如此这般，类似的恶整又搞了一年多，孙可望终于受不了了，被迫主动上疏，请求批准自己辞去义王封爵，退还册印。顺治出于当时李定国统领的明军尚在抵抗的考虑，果断拒绝了孙可望的请求，并为此下诏，暖言宽慰孙可望，让他把心收到肚子里。

孙可望并不知道，自己的心是可以收回去的，只不过命要没了。

永历十四年（1660）十一月，西南大势已定。永历逃亡缅甸被扣，李定国、白文选只能进入原始丛林打游击，过着有上顿没下顿的生活。清廷意识到，孙可望已经没用了。

十一月二十日，孙可望在没有任何预兆的情况下突然死了。官方对此给出的说法是，突发急病，没抢救过来。据知情人士透露，当天孙可望被叫去陪同打猎，去时活着，回来就死了。原因很简单，因为当天的猎物只有一个，正是孙可望本人。

孙可望死后，兔死狐悲一番是免不了的。孙可望被厚葬赐谥号，其子孙征淇袭封义王。然而奇怪的事情并未就此而中断。个把月后，孙征淇也病死了，他年龄尚幼的弟弟孙征淳被找来承袭了爵位。到了康熙七年，李定国病殁于边地的消息被广泛传播，南方的明军余部由此进一步瓦解，孙家的地位也跟着进一步下降。义王的年俸被由五千两减少为三千两，几年后孙征淳又病死了。这一次他的弟弟袭爵时，爵位已经是慕义公了。之后是一等轻车都尉，直到乾隆年间下令：孙可望子孙所有世职，嗣后不必承袭。老孙家自此彻底销声匿迹。

在当时的清廷看来，孙可望的死是必然的事，李定国的死是早晚的事，而他们最关注的其实是郑成功的状况。

永历十六年（1662），清廷终于得到了确切的消息。郑成功在当年的五月初八日，因为接连得到清军挖掘郑氏祖坟、留镇厦门的儿子郑经与奶妈通奸生子、永历父子遇难的消息，以致极度悲愤绝望，气噎而死。一切烦恼，就此一笔勾销！清朝高层为此弹冠相庆，毕竟几年之内接连成功除掉了永历、李定国、郑成功三大心腹之患，而且还如此顺利，这是清廷从来没想到的。

剩下的就是小事情了。

康熙三年（1664），清浙江提督张杰在降将的帮助下，捕捉到了已经下令解散部队、归隐荒岛的张煌言，并将誓死不降的张煌言在杭州处决，自此，南明最后的三杰全部殒命。

同年，清廷组织三省会剿夔东十三家军，取得了最终的胜利。主将郝摇旗（即郝永忠）、袁宗第等人先后被俘，并一道被押解到巫山县城就地处死，南明的最后武装和基地也就此覆亡。之所以把夔东十三家军的溃败作为本文的结局，是因为据说当时郝摇旗等人曾拥立过一个韩王朱本铉承继明统，号称定武帝。虽然史学界对这个定武帝是否存在尚有争议，不过对此本人还是那个态度，虽不能给出答案，但是要给大家展示一个可能。

至于从康熙三年（1664）到康熙二十三年（1684）的事儿，明显属于清朝的范畴，这里就不多说了。休息，休息一下吧。

总而言之，言而总之，最后的最后，还是要有一句结束语的。这句话我已经写过了，就在本文的最开始，还记得吗？

结束了？没有！历史每天都在继续着。

主要参考书目

完成这大长篇已经有两年了，期间陆陆续续有朋友询问拙作的出版时间以及参考书目，谢谢大家的关心！参考书目肯定是有的，本来应该是直接附在书后，没打算单独发出来，不过，没料到出版的事情一再延后，又接连有这样那样的事要应对，所以估计要等上很长的一段时间了。至于其中的原因，很复杂，但用一句话还是能说清楚的：因为没红了，所以就黄了。

即便如此，本人在这段时间也没敢闲着，经过反复删删改改，在听取广大读者意见的前提下，已经定出了标准的出版稿。删改后全书总计 1060 千字，分为三部，之中加入了些许新的流行元素，希望大家依旧支持与喜欢。过一段时间，不太忙了，如果可以的话，会在空间与本人的新浪博客同时更新修订版，大家如还有建议，可以继续提，本人继续改，力求为这段历史的爱好者提供一个无限趋近最佳的版本。

为了方便喜爱历史的朋友们深入学习，现在把本文的主要参考书目列下（一些过于“野”的野史就不列出了，免得误人子弟，招来板砖横飞，那后果是很严重的，你懂的）：

《明实录》，上海书店出版社，2015 年；

《清实录》，中华书局，2008 年；

《国榷》，（明）谈迁，中华书局，1958 年；

《庭闻录》，（清）刘健，上海书店，1985 年；

《爝火录》,（清）李天根，浙江古籍出版社，1986年；
《平寇志》,（清）彭孙贻，上海古籍出版社，1984年；
《甲申传信录》,（明）钱士馨，上海书店，1982年；
《幸存录》,（明）夏允彝，台湾大通书局，1987年；
《南渡录》,（明）李清，浙江古籍出版社，1988年；
《弘光实录钞》,（明）黄宗羲，见《南明史料（八种）》，江苏古籍出版社，1999年；
《鹿樵纪闻》,（清）梅村野史，国史馆台湾文献馆，1995年；
《荷牐丛谈》,（明）林时对，江苏广陵古籍刻印社，1990年；
《狩缅纪事》（明）刘茝，浙江古籍出版，1986年；
《愿学集》,（明）邹元标，上海古籍出版社，1993年；
《赐闲堂集》,（明）申时行，两淮盐政采进本；
《明文海》,（明）黄宗羲，中华书局，1987年；
《行朝录》,（明）黄宗羲，绍兴先正遗书本；
《明会典》,（明）申时行，中华书局，1989年；
《天下郡国利病书》,（明）顾炎武，上海科学技术文献出版社，2002年；
《三垣笔记》,（明）李清，中华书局，1982年；
《永历实录》,（明）王夫之，岳麓书社，1982年；
《张苍水集》,（明）张煌言，上海古籍出版社，1985年；
《北征录》,（明）张煌言，查东山稿本；
《安龙纪事》,（明）江之春，见《明清史料丛书八种》，北京图书馆出版社，2005年；
《先王实录》,（明）杨英，福建人民出版社，1981年；
《海上见闻录》,（明）阮曼锡，福建人民出版社，1982年；
《所知录》,（明）钱秉镫，上海古籍出版社，1987年；
《岭表纪年》,（明）鲁可藻，浙江古籍出版社，1985年；
《明史》,（清）张廷玉等，中华书局，1974年；
《明通鉴》,（清）夏燮，中华书局，1959年；
《明季北略》,（清）计六奇，中华书局，1984年；
《明季南略》,（清）计六奇，中华书局，1984年；
《明会要》,（清）龙文彬，中华书局，1998年；
《明季稗史初编》,（清）留云居士，上海书店，1988年；
《明史纪事本末》,（清）谷应泰，中华书局，1977年；

《玉光剑气集》，（清）张怡，中华书局，2006年；

《甲申朝事小纪》，（清）抱阳生编著，书目文献出版社，1987年；

《三湘从事录》，（清）蒙正发，北京古籍出版社，2002年；

《罪惟录》，（清）查继佐，浙江古籍出版社，1986年；

《东南纪事》，（清）邵廷采，北京古籍出版社，2002年；

《台湾外记》，（清）江日昇，福建人民出版社，1983年；

《南疆逸史》，（清）温睿临，中华书局，1959年；

《小腆纪年附考》，（清）徐鼒，中华书局，1957年；

《小腆纪传》，（清）徐鼒，中华书局，1958年；

《行在阳秋》，（清）戴笠，光绪22年上海图书集成印书局活字排印本；

《东华录》，（清）蒋良骐，中华书局，1980年；

《石匮书后集》（清）张岱，中华书局，1959年；

《隆武遗事》，（清）佚名，商务印书馆，1911年；

《崇祯长编》（清）邓凯，北京古籍出版社，2002年；

《清史稿》，（清）赵尔巽，中华书局，1998年；

《朝鲜李朝实录中的中国史料》，吴晗，中华书局，1980年；

《明史简述》，吴晗，中华书局，1980年；

《南明史》，顾诚，中国青年出版社，2003年；

《南明史》，钱海岳，中华书局，2006年；

《南明史：1644—1662》，（美）司徒琳（Lynn A.Struve），上海书店出版社，2007年；

《南明史》，南炳文，南开大学出版社，1992年；

《南明史略》，谢国桢，吉林出版集团有限责任公司，2007年；

《中国断代史系列——明史上下》，南炳文、汤纲，上海人民出版社，1991年；

《晚明史：1573—1644年》，樊树志，复旦大学出版社，2003年；

《剑桥中国明代史：1368—1644》，（美）牟复礼（Frederick W.Mote）、（英）崔瑞德（Denis Twitchett），中国社会科学出版社，1992年、2006年；

《国史大纲》，钱穆，台湾商务印书馆，2005年；

《中国历代政治得失》，钱穆，生活·读书·新知三联书店，2001年；

《中国大历史》，黄仁宇，生活·读书·新知三联书店，2007年；

《十六世界明代中国之财政与税收》，黄仁宇，生活·读书·新知三联书店，2001年；

《南明史纲史料》，柳亚子，上海人民出版社，1994年；

《清朝前纪》，孟森，（上海）商务印书馆，1930 年；
《明清史讲义》，孟森，中华书局，1981 年；
《明清史论著集刊》、《续编》，孟森，中华书局，1984 年、1986 年；
《明史考证》，黄云眉，中华书局，1986 年；
《清初农民起义史料辑录》，谢国桢，上海人民出版社，1986 年；
《明清之际党社运动考》，谢国桢，辽宁教育出版社，1998 年；
《陈子龙及其时代》，朱东润，上海古籍出版社，1984 年；
《史可法年谱》，史元庆，中国友谊出版公司，1991 年；
《简明清史》，戴逸主编，人民出版社，1985 年；
《明清史论著合集》，商鸿逵，北京大学出版社，1988 年；
《明季党社考》，（日）小野和子，上海古籍出版社，2006 年；
《明代社会生活史》，陈宝良，中国社会科学出版社，2004 年；
《明清战争史略》，孙文良，江苏教育出版社，2005 年；
《中国经济通史》第七卷，吴量恺主编，湖南人民出版社，2002 年；
《清史新考》，王锺翰，辽宁大学出版社，1990 年；
《明清史新析》，韦庆远，中国社会科学出版社，1995 年；
《台湾通史》，连横，商务印书馆，1983 年；
《民族英雄郑成功大事简表》，王振仁，历史教学，1982 年。